# DIREITO AMBIENTAL MINERÁRIO
## REGIME JURÍDICO DOS IMPACTOS E DANOS AMBIENTAIS NA MINERAÇÃO

LUIS ANTONIO MONTEIRO DE BRITO

*Prefácio*
Édis Milaré

*Apresentação*
Consuelo Yoshida

# DIREITO AMBIENTAL MINERÁRIO
## REGIME JURÍDICO DOS IMPACTOS E DANOS AMBIENTAIS NA MINERAÇÃO

Belo Horizonte

2021

© 2021 Editora Fórum Ltda.

É proibida a reprodução total ou parcial desta obra, por qualquer meio eletrônico, inclusive por processos xerográficos, sem autorização expressa do Editor.

## Conselho Editorial

Adilson Abreu Dallari
Alécia Paolucci Nogueira Bicalho
Alexandre Coutinho Pagliarini
André Ramos Tavares
Carlos Ayres Britto
Carlos Mário da Silva Velloso
Cármen Lúcia Antunes Rocha
Cesar Augusto Guimarães Pereira
Clovis Beznos
Cristiana Fortini
Dinorá Adelaide Musetti Grotti
Diogo de Figueiredo Moreira Neto (*in memoriam*)
Egon Bockmann Moreira
Emerson Gabardo
Fabrício Motta
Fernando Rossi
Flávio Henrique Unes Pereira
Floriano de Azevedo Marques Neto
Gustavo Justino de Oliveira
Inês Virgínia Prado Soares
Jorge Ulisses Jacoby Fernandes
Juarez Freitas
Luciano Ferraz
Lúcio Delfino
Marcia Carla Pereira Ribeiro
Márcio Cammarosano
Marcos Ehrhardt Jr.
Maria Sylvia Zanella Di Pietro
Ney José de Freitas
Oswaldo Othon de Pontes Saraiva Filho
Paulo Modesto
Romeu Felipe Bacellar Filho
Sérgio Guerra
Walber de Moura Agra

CONHECIMENTO JURÍDICO

Luís Cláudio Rodrigues Ferreira
Presidente e Editor

Coordenação editorial: Leonardo Eustáquio Siqueira Araújo
Aline Sobreira de Oliveira

Av. Afonso Pena, 2770 – 15º andar – Savassi – CEP 30130-012
Belo Horizonte – Minas Gerais – Tel.: (31) 2121.4900 / 2121.4949
www.editoraforum.com.br – editoraforum@editoraforum.com.br

Técnica. Empenho. Zelo. Esses foram alguns dos cuidados aplicados na edição desta obra. No entanto, podem ocorrer erros de impressão, digitação ou mesmo restar alguma dúvida conceitual. Caso se constate algo assim, solicitamos a gentileza de nos comunicar através do *e-mail* editorial@editoraforum.com.br para que possamos esclarecer, no que couber. A sua contribuição é muito importante para mantermos a excelência editorial. A Editora Fórum agradece a sua contribuição.

Dados Internacionais de Catalogação na Publicação (CIP) de acordo com a AACR2

---

B862d     Brito, Luis Antonio Monteiro de

Direito Ambiental Minerário: regime jurídico dos impactos e danos ambientais na mineração / Luis Antonio Monteiro de Brito.– Belo Horizonte : Fórum, 2021.
351 p. 14,5x21,5cm.

ISBN: 978-65-5518-295-8

1. Direito Ambiental. 2. Direito Minerário. 3. Direito Administrativo. I. Título.

CDD 344.046
CDU 349.6

---

Elaborado por Daniela Lopes Duarte - CRB-6/3500

Informação bibliográfica deste livro, conforme a NBR 6023:2018 da Associação Brasileira de Normas Técnicas (ABNT):

BRITO, Luis Antonio Monteiro de. *Direito Ambiental Minerário:* regime jurídico dos impactos e danos ambientais na mineração. Belo Horizonte: Fórum, 2021. ISBN 978-65-5518-295-8.

*Para meus pais, Mônica e José Claudio,
fonte de inspiração diária e esteio
imprescindível para os rumos da vida.*

# SUMÁRIO

PREFÁCIO
Édis Milaré ..................................................................................... 11

APRESENTAÇÃO
Consuelo Yatsuda Moromizato Yoshida ........................................ 15

INTRODUÇÃO ................................................................................ 19

CAPÍTULO 1
CARACTERIZAÇÃO JURÍDICA DOS IMPACTOS AMBIENTAIS
NEGATIVOS E DOS DANOS AMBIENTAIS NA MINERAÇÃO ........ 31

1.1 A Mineração como atividade economicamente estratégica ............... 32
1.1.1 Reflexos econômicos da exauriência dos recursos minerais ............. 33
1.1.1.1 Os recursos naturais não renováveis sob a perspectiva da Economia ............................................................................... 37
1.1.1.2 Os minérios como "recursos comuns" ......................................... 45
1.1.1.3 Mineração e suas externalidades ................................................ 49
1.1.2 Evolução da dominialidade sobre os recursos minerais no Brasil e o atual regime de titularidade .................................................. 61
1.1.2.1 Regime Regaliano (ou Dominial): titularidade da Coroa ou do Império ............................................................................... 63
1.1.2.2 Regime de Acessão (ou Fundiário): unicidade dominial (*cuius est solum, eius est usque ad coelum et ad inferus*) ............ 67
1.1.2.3 Regime de Concessão: retomada da dualidade dominial ............ 72
1.1.2.4 A Constituição Federal de 1988 e a dupla (tripla ou quádrupla?) dominialidade ................................................ 77
1.2 A mineração como atividade ambientalmente impactante ............... 81
1.2.1 Mineração, desenvolvimento econômico-social sustentável e direito fundamental ao meio ambiente ecologicamente equilibrado ............................................................................... 85

1.2.2 Os princípios de eficiência econômico-ambiental e o controle das externalidades ............................................................................... 92
1.2.3 O minério como bem ambiental ........................................................ 101
1.2.3.1 Compreendendo o conceito de bem ambiental ................................. 102
1.2.3.2 Consequências da qualificação dos recursos minerais como microbens ambientais ......................................................................... 107
1.2.4 A necessária intervenção no meio ambiente para realização da mineração ............................................................................................. 113
1.3 Caracterizando impacto ambiental negativo e dano ambiental ....... 118
1.3.1 Contextualizando a discussão conceitual .......................................... 118
1.3.2 Impacto e dano ambiental na legislação e na doutrina .................... 122
1.3.3 Distinguindo os conceitos de impacto ambiental negativo e de dano ambiental .................................................................................... 128
1.3.4 Critérios de distinção entre impacto ambiental negativo e dano ambiental .................................................................................... 135

CAPÍTULO 2
INSTRUMENTOS JURÍDICOS DE CONTROLE DE IMPACTOS AMBIENTAIS NA MINERAÇÃO ................................................................. 141
2.1 Licenciamento ambiental: o principal instrumento de controle de impactos ambientais negativos ..................................................... 145
2.1.1 O licenciamento ambiental como instrumento de controle de impactos ambientais negativos ..................................................... 146
2.1.2 Controle de impactos ambientais negativos da atividade minerária pelo licenciamento ambiental ........................................... 158
2.2 Os estudos ambientais e minerários e sua importância para o controle dos impactos ambientais negativos na mineração .............. 166
2.2.1 Estudos ambientais aplicáveis à mineração ...................................... 167
2.2.1.1 Mineração, impactos ambientais significativos e o Estudo de Impacto Ambiental e seu respectivo Relatório de Impacto sobre o Meio Ambiente (EIA/RIMA) ................................................. 171
2.2.1.2 O que fazer quando a mina é encerrada? O Plano de Recuperação de Áreas Degradadas (PRAD) ............................................................ 179
2.2.2 "Estudos minerários" e sua (possível) repercussão ambiental ......... 186
2.2.2.1 O Relatório Final de Pesquisa (RFP), o indicativo de exequibilidade técnica e econômica e os fatores ambientais ............ 187
2.2.2.2 O Plano de Aproveitamento Econômico (PAE) como o eixo de realização do empreendimento minerário e a influência de suas exigências ambientais ........................................................................ 192

2.2.2.3 O Plano de Segurança de Barragem (PSB) como instrumento de mitigação de riscos envolvendo a gestão de rejeitos minerais..........196

2.3 As medidas administrativas de compensação ambiental: contrapondo os impactos negativos com ações positivas................201

2.3.1 Caracterização das medidas compensatórias administrativas........201

2.3.2 Análise crítica da compensação ambiental da Lei do SNUC...........208

2.3.3 As medidas compensatórias administrativas como instrumento de controle de impactos ambientais negativos na mineração..........216

2.4 Os *royalties* minerários e sua função como compensação pelos impactos ambientais negativos da mineração................221

2.4.1 O que é *royalty*?..............222

2.4.2 A Compensação Financeira pela Exploração dos Recursos Minerais – CFEM................224

2.4.3 A CFEM, os princípios de eficiência econômico-ambiental e a compensação dos impactos ambientais causados pela mineração................229

CAPÍTULO 3
REAÇÃO JURÍDICA AO DANO AMBIENTAL MINERÁRIO...........237

3.1 Caracterização jurídica do dano ambiental minerário................240

3.1.1 O que é dano?..............240

3.1.2 O que é dano ambiental?..............244

3.1.3 O que é dano ambiental minerário?..............257

3.2 Reação reparatória ao dano ambiental minerário: a responsabilidade civil ambiental como estratégia prioritária........263

3.2.1 A responsabilidade civil ambiental na visão majoritária da doutrina e da jurisprudência................264

3.2.2 Reflexões críticas sobre dogmas da responsabilidade civil ambiental................271

3.2.2.1 Rediscutindo a teoria do risco integral e a amplitude do conceito de "poluidor" indireto................272

3.2.2.2 O ônus da prova em matéria de responsabilidade civil ambiental sob a égide do Código de Processo Civil de 2015..............281

3.2.2.3 A inadequação da atribuição de caráter *propter rem* à responsabilidade civil ambiental................285

3.2.2.4 A prescritibilidade da pretensão jurídica de reparar danos ambientais................289

3.2.3 As funções da responsabilidade civil ambiental................299

3.2.3.1 Função reparatória: a essência da responsabilidade civil ambiental................301

3.2.3.2 Funções preventiva e pedagógica: efeitos incidentais ao dever
de indenizar ..................................................................................304
3.2.3.3 Função punitiva: impossibilidade presente e perspectiva futura....308
3.3 Reações punitivas ao dano ambiental minerário: função
preventivo-pedagógica das sanções e os métodos alternativos
de indução à reparação ...........................................................................312
3.3.1 Responsabilidades penal e administrativa ambiental:
direito punitivo e as finalidades da pena ..............................313
3.3.2 O procedimento de conversão de multa simples em serviços
de preservação, melhoria e recuperação da qualidade do
meio ambiente..........................................................................319
3.3.3 O condicionamento da transação penal e da suspensão
condicional do processo ao prévio compromisso de reparação
do dano ambiental...................................................................323

CONCLUSÃO...............................................................................................327

REFERÊNCIAS..............................................................................................337

# PREFÁCIO

Agradeço a Luis Antonio Monteiro de Brito por me dar oportunidade de dizer aos seus leitores que esta sua nova obra chega em boa hora – e por poder sublinhar toda a sua importância.

Sob a ótica de um século predestinado à prática da sustentabilidade, *preservação ambiental* e *desenvolvimento socioeconômico* são objetivos intuídos como complementares, e não mais excludentes, que desafiam um permanente diálogo, capaz de unir ideias, esforços e iniciativas, em ordem a construir uma agenda apoiada na economia do conhecimento da natureza.

Há cinco anos, a Agenda Global 2030, da ONU, já alertava: "Nós podemos ser a primeira geração a obter êxito em acabar com a pobreza; assim como também podemos ser a última com chance de salvar o Planeta". Não por outra razão, em janeiro deste ano, na reunião do Fórum Econômico Mundial, realizada em Davos, Suíça, os participantes foram alertados de que o atual modelo econômico não é mais sustentável e que terá que mudar para incorporar, entre outras coisas, proteção ao meio ambiente e respeito aos direitos humanos. E nem poderia ser diferente. Afinal, é na natureza que as atividades econômicas encontram a sua base de sustentação; e é de uma natureza combalida que surgem ameaças para a própria viabilidade de longo prazo de muitos negócios.

Enquanto nos ocupávamos dessa pauta, a Mãe Natureza, em sua misteriosa sapiência, pôs em evidência as conexões planetárias que inevitavelmente fazem de todas as nações e de todos os seres elementos interdependentes em uma complexa e vulnerável rede de vida – sempre em movimento, sempre evoluindo. Os Governos e particularmente a sociedade nacional sentem-se, com razão, preocupados com essa situação que nada tem de fictícia, senão de cruamente real e concreta.

Por isso, é indispensável ordenar, ou reordenar, o comportamento do Estado e da própria sociedade, ela mesma, para adequarem as normas jurídicas e as medidas práticas a essa realidade nova e cambiante que condiciona a "casa comum" e seus bilhões de moradores.

É nesse contexto que vem a lume a obra do jovem jurista, vazada em três densos capítulos, focada numa análise ampla do Direito Ambiental Minerário, inteiramente "antenada" e afinada com a contemporaneidade, e que mostra o contributo que uma abordagem dos regimes jurídicos de *impactos* e *danos ambientais* pode dar para o objetivo comum da sustentabilidade, visando a gerir a escassez e a fazer com que as respostas à crise ecológica sejam o mais equitativas possível.

Como resultado, ocupou-se o autor, no primeiro Capítulo, em considerar que o conceito de *impacto ambiental*, previsto no art. 1º da Resolução CONAMA 001/1986, distancia-se do conceito jurídico de *dano ambiental*, pois o *impacto* pode consistir em um *dano* ou não, de modo que pode perfeitamente haver impactos sem que haja dano. Ou, como enfatizado, o impacto em sentido amplo pode desdobrar-se em: *(i) impacto em sentido estrito*, sempre que a interferência no ambiente for *aceita e gerenciada pela sociedade*; e *(ii) dano*, verificável na interferência indesejada pela *sociedade e contra legem*.

Já no segundo Capítulo, analisou-se os instrumentos jurídicos de prevenção e controle dos impactos ambientais negativos, como o licenciamento ambiental em suas diferentes modalidades, os estudos ambientais (EIA/RIMA e PRAD) e minerários (Relatório Final de Pesquisa, Plano de Aproveitamento Econômico e Plano de Segurança de Barragens), as medidas compensatórias administrativas e os *royalties* minerários.

O Capítulo terceiro foi dedicado ao tratamento das reações jurídicas à danosidade ambiental, em suas três modalidades – administrativa, civil e penal –, com incursões nas especificidades que o tema eleito requeria. Por seu caráter essencialmente reparatório, o foco foi concentrado na responsabilidade civil, com percuciente análise de temas ainda pouco explorados pela doutrina, como, por exemplo, a responsabilidade do causador indireto do dano, a prescrição da pretensão reparatória das lesões ambientais, a dinamização do ônus da prova e, também, o possível caráter *propter rem* da responsabilidade civil ambiental.

Enfim, trata-se de trabalho que, embora elucubrado no âmbito da Academia, não se limitou a realizar um debate estéril, encerrando, em verdade, relevante contribuição prática para todos os que militam na seara ambiental ou se interessam pelo tema.

Parabéns, doutor Brito, por seu magnífico livro, que, tenho certeza, por sua didática e profundidade, servirá de norte a iluminar nossa caminhada em harmonia com a natureza.

Inverno, 2020.

Édis Milaré
Doutor em Direito (PUC-SP). Advogado.

# APRESENTAÇÃO

Sinto-me privilegiada, gratificada e recompensada por ter participado, como professora e orientadora, da sólida formação jurídica do jovem e já destacado autor desta consistente, ousada e polêmica obra, que representa a versão comercial de sua tese de doutorado, defendida com brilhantismo na PUC/SP em 2019.

O percuciente estudo se insere na temática do Direito Ambiental Minerário, ainda pouco abordada pela doutrina nacional. Nele, o autor, com formação especializada e advogado atuante nas áreas ambiental, agrária e minerária na Amazônia, propõe-se, a partir do estudo dos respectivos regimes jurídicos, a identificar a diferença conceitual entre impactos e danos ambientais causados pela atividade minerária e suas consequências jurídicas, em especial no que se refere à aplicação dos instrumentos de prevenção, controle e correção de resultados ambientais negativos decorrentes da mineração.

O objetivo é o de garantir que instrumentos eventualmente destinados a controlar de modo específico uma das categorias estudadas (impactos e danos ambientais) não sejam aplicados indevidamente em relação à outra.

Defende o autor que essa aplicação indevida dos instrumentos usualmente se verifica na prática, inclusive na jurisprudência, e em muito motivada por uma confusão conceitual realizada pela própria doutrina especializada e pela insuficiência e imprecisão da legislação pertinente.

Com esse propósito, buscou demonstrar que impactos e danos ambientais, embora possam inclusive ser visualmente idênticos no plano fático, diferenciam-se juridicamente com relação ao momento de ocorrência, à origem, à previsibilidade, à tolerabilidade e ao instrumento jurídico de controle a ser utilizado, mesmo em atividade economicamente estratégica e necessariamente impactante ao meio ambiente, como é a mineração.

A partir dessas premissas bem estruturadas, avançou a pesquisa na demonstração de que instrumentos como o licenciamento e os estudos ambientais, as medidas compensatórias administrativas e os *royalties* minerários representam medidas de controle de impactos ambientais negativos, que devem ser prevenidos, mitigados ou compensados.

Nessa ordem de ideias, a análise, avançando ainda mais, busca evidenciar que as responsabilidades civil, administrativa e penal representam reações jurídicas ao dano ambiental, e não ao impacto, sendo a reparação do dano a estratégia prioritária em relação à punição do infrator.

Salienta-se que a composição que é feita de modo prevalente pela responsabilidade civil ambiental pode ser realizada pelos demais sistemas de responsabilização como alternativa absoluta ou parcial às punições administrativa e penal.

A minuciosa análise empreendida mostra-se importante não apenas para os estudiosos e profissionais que atuam na área de mineração; a melhor compreensão da distinção conceitual, e de sua grande relevância prática, acaba por influenciar nos processos decisórios e nos limites de atuação dos diversos agentes envolvidos, independente do setor econômico.

Merecem ser retratados, resumidamente, os destaques feitos, por oportunidade da elogiosa defesa pública da tese, pela banca examinadora composta pelos Professores Luciana Costa da Fonseca (CESUPA), Rodrigo Jorge Moraes (Escola Brasileira de Direito – EDB/SP), Érika Bechara (PUC/SP) e Regina Vera Villas Bôas (PUC/SP), além desta orientadora.

Os examinadores destacaram a relevância e a inovação do tema escolhido e da abordagem empreendida, inclusive sua aplicação ao direito ambiental de forma ampla, com transcendência em relação à área específica do direito ambiental minerário.

Com efeito, a distinção conceitual e de regime jurídico entre impacto e dano ambientais e a consequente influência dessa diferenciação na aplicação dos instrumentos jurídicos de prevenção, controle e correção de resultados ambientais negativos são importantes para o direito ambiental em si e para todos os setores econômicos cujas atividades influenciam o meio ambiente.

Foi também realçada a importância do estudo da mineração, por ser uma atividade econômica estratégica, carente ainda de melhor compreensão pela academia e pelos operadores do Direito, principalmente por sua interface com o direito ambiental, o que sobrelevou a atualidade da discussão.

Foi elogiada a visão prática que permeia o estudo; embora seja um trabalho acadêmico robusto e bem fundamentado, não se limita a debates e considerações teóricas; a pesquisa tem cunho teórico-prático, consistindo em reflexões significativas que contribuirão com o cotidiano do direito ambiental – e o influenciarão.

O espírito crítico e a ousadia dos posicionamentos foram também pontos de destaque, entre os quais a análise de "dogmas" da responsabilidade civil por danos ambientais, pois foram discutidos temas pouco abordados pela doutrina, com posicionamento firme e fundamentado, mesmo contrariando entendimentos já arraigados.

Finalizo esta Apresentação com duas homenagens: ao precoce autor, que reúne qualidades ímpares e serve de referência e incentivo a tantos outros jovens que almejam construir uma promissora e exitosa carreira acadêmica e profissional como a dele. E à sua família, cuja tradição jurídica o inspirou a se dedicar com zelo e competência às nobres funções de jurista, professor e advogado combativo.

Graduado em Direito pela Universidade Federal do Pará (2013), tornou-se Especialista em Direito Ambiental e Gestão Estratégica da Sustentabilidade pela PUC/SP (2015), quando fui sua orientadora na monografia. O autor fez o curso aos sábados, viajando quinzenalmente para São Paulo para comparecer às aulas.

Conquistou, com destaque, o título de Mestre em Direito pela Universidade Federal do Pará (2016) com a dissertação "Isenções fiscais e proteção ambiental: entre o poluidor-pagador, o usuário-pagador e protetor-recebedor" publicada como livro em 2017. Tive a honra de integrar a banca examinadora, com especial deferência de seu orientador, Prof. Calilo Kzam.

Almejando o Doutorado em Direito pela PUC/SP, novamente o autor viajou de Belém a São Paulo, dessa vez semanalmente, para cursar as disciplinas necessárias à complementar os créditos, conseguindo compatibilizar os estudos com sua atuação profissional em Belém.

De assistente da estimada Profa. Dra. Luciana Costa da Fonseca, e merecedor de sua confiança, tornou-se o atual Coordenador da Especialização em Direito Agroambiental e professor da Graduação em Direito do Centro Universitário do Pará (CESUPA). É Presidente da Comissão de Meio Ambiente da OAB/PA e Diretor Norte da União Brasileira da Advocacia Ambiental (UBAA).

A tradição jurídica da família é digna de encômios: sua mãe, Mônica, é Procuradora Federal; seu pai, José Claudio, foi Procurador Regional do Trabalho e até hoje atua como professor universitário, tendo construído sólida carreira com reconhecimento nacional, em especial nas áreas do direito do trabalho, direito sindical e direitos humanos, e realizado Doutorado em Direito das Relação Sociais, também na PUC/SP, concluído em 1999, sob a orientação do Professor Cássio Mesquita Barros.

Além disso, os avós paternos foram Desembargadores do Tribunal Regional do Trabalho da 8ª Região, onde o tio, padrinho do qual o autor é homônimo, é hoje Juiz Titular do Trabalho.

Para além da inspiração profissional, a família como um todo o inspirou também pelo exemplo, pelo esforço e pela honestidade, além de ter servido como base de apoio irrestrito que permitiu que o autor alcançasse seus objetivos pessoais e profissionais.

Seu irmão mais novo, João Augusto, está prestes a se formar em medicina na Universidade do Estado do Pará (UEPA), possuindo igualmente o perfil acadêmico familiar.

Sem descuidar de sua vida pessoal, o autor casou-se em 2019, poucos meses antes da defesa da tese, com Camilla, companheira de longos anos, que representa porto seguro para os desafios da sua vida e também a alegria para os momentos de descontração.

Enfim, por todas as contribuições que esta obra propicia, ela é recomendada a diferentes públicos, em especial a magistrados, membros do Ministério Público, advogados, professores, pesquisadores, consultores, gestores ambientais, estudantes.

Parabéns ao autor, aos demais homenageados e à editora.

São Paulo, janeiro de 2020.

**Consuelo Yatsuda Moromizato Yoshida**
Desembargadora Federal – TRF 3ª Região. Doutora e Professora de D. Ambiental e D. Difusos (PUC-SP e UNISAL/Lorena). Coordenadora do Curso de Especialização (D. Ambiental e Gestão Estratégica da Sustentabilidade – PUC-SP).

# INTRODUÇÃO

Com valor de produção anual de US$34 bilhões em 2018 e projeção de US$35 bilhões para 2019, gerando a indústria extrativa e a indústria de transformação aproximadamente 703 mil empregos diretos,[1] a mineração ostenta notória importância estratégica na economia nacional,[2] em especial para os Estados e Municípios naturalmente agraciados com a presença de grandes jazidas.

É o caso, por exemplo, do Estado do Pará, detentor de uma das principais províncias minerais brasileiras, ironicamente situada sob a maior e mais rica floresta tropical do mundo, no qual, em 2018, dos US$15,608 bilhões decorrentes de suas exportações totais, as indústrias de extração e de transformação mineral responderam por 88%, o equivalente a cerca de US$13,725 bilhões – dado que demonstra a expressiva relevância da atividade minerária para a economia paraense.[3]

Para além do fator estritamente monetário, a mineração é também estratégica pela sua imprescindibilidade para a vida cotidiana humana, considerando que praticamente todos os bens de consumo utilizados diuturnamente pela sociedade têm componentes minerais ou, no mínimo, foram manufaturados a partir de máquinas e ferramentas compostas por minérios.

---

[1] INSTITUTO BRASILEIRO DE MINERAÇÃO (IBRAM). *Relatório anual de atividades:* julho 2018 a junho 2019. Disponível em: www.ibram.org.br. Acesso em: 23 nov. 2020.

[2] Em razão da relevância econômica da mineração, há quem afirme, como Elias Bedran, que analisar a regulação jurídico-minerária é como compendiar e detalhar a história econômica de um país (BEDRAN, Elias. *A mineração à luz do direito brasileiro:* comentário, doutrina e jurisprudência. Rio de Janeiro: Elba. v. 1. 1957, p. 9).

[3] SINDICATO DAS INDÚSTRIAS MINERAIS DO ESTADO DO PARÁ (SIMINERAL). *8º Anuário Mineral do Pará:* 2019. Dados da mineração. Disponível em: www.simineral.org.br. Acesso em: 23 nov. 2020.

Celulares e computadores, carros e aviões, materiais de construção, fios condutores de energia elétrica e até mesmo papéis e cremes dentais, todos são exemplos de produtos de uso indispensável que derivam da atividade minerária ou com ela se relacionam.

Essa essencialidade da mineração para a vida humana e seu caráter estratégico para a economia dos países detentores das jazidas são potencializados por três características inerentes aos minérios: finitude, rigidez locacional e distribuição assimétrica.

Precisamente, como recursos naturais não renováveis, a exploração dos minérios conduz paulatinamente à sua exauriência física, pelo que a extração deve ser realizada em bases racionais para garantir eficiência nos ganhos em perspectiva intergeracional. Além disso, como bens dotados de rigidez locacional, é impossível escolher de modo livre o local de sua exploração, que invariavelmente terá de ser realizada onde os minérios naturalmente estiverem localizados – muitas vezes, áreas de difícil acesso ou social e ecologicamente sensíveis –, posicionamento esse que é, a propósito, assimetricamente distribuído, vez que se espalha pelo globo terrestre de forma desigual, sem observar fronteiras nacionais e internacionais ou interesses políticos e econômicos.

Aprioristicamente, essas características conferem considerável poder e riqueza aos países naturalmente favorecidos com a presença de jazidas, vez que os finitos recursos minerais somente poderão ser explorados em seus territórios, o que os coloca em posição privilegiada em relação aos países dependentes da importação de minérios, propiciando a realização de um sistêmico desenvolvimento, desde que baseado em uma política socioeconômica adequada, mormente para a alocação apropriada da renda mineral.

Até porque, por não raro envolver vultosos investimentos e por comumente somente poder ser realizada em áreas antes pouco exploradas – isso quando não totalmente intocadas – a mineração, especialmente os grandes projetos, tem considerável impacto nas regiões em que é desenvolvida, não apenas em decorrência do próprio empreendimento minerário, mas também por servir como atração de novos investimentos para dar suporte aos projetos mineradores, impulsionando a economia, mobilizando a região e criando ambiente favorável para a consecução de avanços sociais para a comunidade envolvida durante a implantação, no desenvolvimento e mesmo após a desativação da atividade, sempre condicionado ao adequado investimento da renda mineral pelo Poder Público.

Por outro lado, paralelamente à sua inegável relevância econômica, a mineração é uma atividade essencialmente causadora de impactos ambientais, haja vista a necessária intervenção no meio ambiente para que seja realizada a exploração das reservas minerais, que afeta não apenas a área das minas[4] em si, mas também seu entorno, bem como por ser atividade econômica baseada fundamentalmente na extração de recursos naturais.

Esse conflito entre o potencial de desenvolvimento econômico e os impactos socioambientais é notável característica da atividade minerária, sendo frequentemente intensos os debates que precedem a instalação de novos projetos,[5] em especial aqueles de maior expressão, por envolverem interesses extremamente caros à sociedade e que, à primeira vista, conflitam de forma quase excludente entre si.[6]

Essa oposição entre desenvolvimento econômico e preservação do meio ambiente, porém, certamente não pode conduzir a uma solução radical que evidencie um dos fatores em detrimento da anulação do outro.

---

[4] Jazida e mina são conceitos próximos, mas que não se confundem. Em rigor, com base no artigo 4° do Decreto-Lei nº 227/1967 (Código de Mineração), pode-se sinteticamente definir jazida como sendo o reservatório de recursos minerais com viabilidade técnica e exequibilidade econômica em termos estáticos, enquanto que a mina é a jazida em lavra, ou seja, em exploração industrial, tendo caráter dinâmico. Essa distinção conceitual legal está mantida no Projeto de Lei nº 5.807/2013 (PL 5.807/13), conhecido popularmente como o "Novo Marco Regulatório da Mineração", conforme definições de seu artigo 2º, XII e XIV.

[5] Debate relativamente recente nesse sentido sucedeu em torno da tentativa do Governo Federal de extinguir a Reserva Nacional do Cobre e Associados (RENCA), área com cerca de 47 mil km2 (que se aproxima em tamanho ao território do Estado do Espírito Santo, da Dinamarca ou da Suíça) situada entre o sul do Amapá e o norte do Pará, que havia sido criada pelo Governo Militar de Figueiredo por meio do Decreto nº 89.404 de 1984 não para proteção ambiental, mas sim para reservar a pesquisa da riqueza mineral da região exclusivamente à Companhia de Pesquisa de Recursos Minerais (CPRM), uma empresa estatal. Entre variados argumentos a favor e contra a extinção da reserva, alguns deles radicais, enviesados e equivocados, cuja análise detida e casuística transbordaria os limites deste trabalho, o caso é uma elucidativa ilustração do intenso embate envolvendo a mineração, tendo em vista que a atividade poderia ser econômica e socialmente benéfica para a região da RENCA, caso adequadamente explorada e fiscalizada, mas foi amplamente criticada ante o receio de que acarrete negativos impactos socioambientais irreparáveis em área de notável relevância ecológica, como é a Amazônia, críticas essas que foram tão intensas que pressionaram o Governo Federal a revogar a extinção RENCA através do Decreto nº 9.159, de 25 de setembro de 2017.

[6] Jorge Alex Athias e Fernando Facury Scaff chegam a afirmar que a mineração é a atividade econômica que mais gera posições e controvérsias em relação à sua possível exploração sustentável (cf. ATHIAS, Jorge Alex; SCAFF, Fernando Facury. Mineração e sustentabilidade ambiental: questões contemporâneas. In: VILLAS BOAS, Regina Vera; REMÉDIO JÚNIOR, José Ângelo; VILHENA, Marlene S. (coord.). Contemporaneidade do direito ambiental e minerário em debate: estudos em homenagem à Professora Consuelo Yatsuda Moromizato Yoshida. Rio de Janeiro: Jurismestre, 2017. p. 189).

Com efeito, tanto não se pode conceber uma anacrônica exploração econômica desmedida, que seja desconectada em absoluto da preservação do meio ambiente, quanto um conservacionismo ambiental entesourador irrestrito, que prescinda dos potenciais benefícios socioeconômicos que a utilização adequada dos recursos minerais pode proporcionar.

É preciso, portanto, identificar um modelo para a realização da mineração que consiga congregar desenvolvimento econômico, preservação ambiental e benefícios sociais de modo verdadeiramente sustentável, para que a atividade gere proveitos imediatos para a geração presente (intrageração), mas também favoreça as gerações futuras (intergeração).

Nesse sentido, nos termos da Constituição Federal de 1988, considerando serem os recursos minerais de titularidade da União (artigo 20, IX), ressalta-se competir privativamente à mesma União legislar sobre mineração (artigo 22, XII) e competir de forma comum aos diversos entes federativos a proteção do meio ambiente e o combate à poluição em qualquer de suas formas (artigo 23, VI), a preservação das florestas, da fauna e da flora (artigo 23, VII) e o registro, o acompanhamento e a fiscalização da pesquisa e da exploração minerária em seus territórios (artigo 23, XI).

Além disso, admite-se a exploração econômica da mineração pela iniciativa privada (artigo 176, §1º), mas se assegura em contrapartida uma compensação financeira à sociedade (artigo 20, §1º), que deixa de usufruir dos recursos extraídos e é impactada pela instalação do empreendimento, sem deixar de observar o meio ambiente em si, cuja recuperação é obrigação indispensável do minerador (artigo 225, §2º).

Em suma, a mineração é uma atividade cuja prática sustentável depende de uma interface constante e afinada entre empreendedores e Poder Público, que devem sempre ponderar os interesses socioambientais envolvidos e afetados pelos empreendimentos para garantir que os impactos gerados sejam mais positivos que negativos, e que estes sejam devidamente controlados e mitigados, favorecendo o desenvolvimento sustentável.

Considerando esse cenário, entre diversos outros fatores necessários para garantir a sustentabilidade da atividade minerária, as obrigações de prevenir e controlar de forma satisfatória os impactos ambientais negativos e os danos ambientais decorrentes da mineração influenciam, de forma decisiva, a atividade.

Evitar ou pelo menos minimizar o risco de ocorrência de impactos e danos ambientais decorrentes da mineração, reduzindo sua expressividade e compensando ou corrigindo aqueles que efetivamente forem provocados, constitui fundamento indispensável da sustentabilidade dos empreendimentos minerários.

Não obstante, verifica-se preliminarmente que, embora o ordenamento jurídico brasileiro, em princípio, disponha de instrumentos tendentes a controlar impactos negativos e danos ambientais em geral e na mineração em específico, persiste a ocorrência de eventos em que a atividade mineira conduziu a um dano ambiental extraordinário de ampla lesividade.

Episódio emblemático – e, por isso, ilustrativo dessa tensa relação entre atividade mineral e meio ambiente – foi o rompimento da barragem de rejeitos de mineração conhecida como "Fundão", pertencente ao complexo minerário de Germano, controlada pela Samarco Mineração S.A., localizada no subdistrito de Bento Rodrigues, a 35km do centro da cidade de Mariana em Minas Gerais, acidente ocorrido em 5 de novembro de 2015, que gerou expressivos prejuízos socioambientais.

Até o momento, mais de quatro anos após o evento lesivo, os danos causados pelo rompimento da barragem ainda não foram definitivamente mensurados, assim como os montantes indenizatórios para reparação das lesões sofridas individual e coletivamente. Aliás, nem mesmo são conclusivas as apurações das responsabilidades pelo acontecimento e por suas consequências, pelo que nem mesmo os responsáveis foram devidamente identificados, impossibilitando uma reparação justa, célere e eficiente.

Lamentavelmente, em 25 de janeiro de 2019, uma nova grande tragédia socioambiental veio a ocorrer, em cenário semelhante, dessa vez com o rompimento de barragem de rejeitos de minérios da mina Córrego do Feijão, no Município de Brumadinho, também em Minas Gerais, também ocasionando um prejuízo ambiental significativo e um elevado número de óbitos, em amplitude distante de ser identificada, até porque, ao tempo de conclusão deste trabalho, nem mesmo as apurações preliminares haviam encerrado.

Embora este livro não realize abordagens casuísticas, mas sim uma análise abrangente de cunho teórico, os casos de Mariana e de Brumadinho, por sua magnitude e notoriedade, servem como representação da dificuldade de reparação quando danos ambientais ocorrem a despeito dos mecanismos de prevenção e controle de que dispõe o ordenamento jurídico brasileiro, o que coloca em xeque não apenas o sistema de responsabilidade civil ambiental, mas também a própria fiscalização preventiva, que deveria servir para impedir ou minimizar os riscos de ocorrência de tragédias como essas.

A propósito, não obstante seja uma obviedade, vale evidenciar que o rompimento de barragens de rejeitos de mineração consiste em apenas uma das inúmeras possíveis causas geradoras de efeitos ambientais adversos decorrentes da atividade minerária, dentre diversas outras que evidentemente também ensejariam medidas corretivas, caso viessem a ocorrer, sendo muitas delas impassíveis de serem antecipadas, vez que imprevisíveis e inevitáveis.

Por exemplo, podem causar danos ambientais excepcionais a lavra ilegal de minérios realizada em condições precárias ou com procedimentos inadequados, a extração em área superior à permitida, a utilização indevida de explosivos, a não realização – ou o não cumprimento – de planos de contingenciamento da fauna e da flora impactadas pela área da exploração, entre diversas outras condutas que são igualmente lesivas ao meio ambiente.

Vale ressaltar que essa diversidade de causas é um reflexo da característica da mineração de ser uma atividade intrinsecamente relacionada ao meio ambiente e essencialmente causadora de impactos ambientais por ser centrada na exploração de recursos naturais e por depender inevitavelmente de uma intervenção na área da jazida – comumente um local de sensível relevância ecológica –, o que, por óbvio, faz com que se pressuponha a ocorrência de efeitos ambientais negativos, em maior ou menor grau, na mina e em seu entorno, tornando imprescindível, por conseguinte, o controle e a reparação dos excessos.

Neste ponto, evidencia-se que as expressões "impacto ambiental negativo" e "dano ambiental", já ao longo desta breve exposição, foram deliberadamente relacionadas como categorias distintas.

Essa opção conceitual é justificada e, com efeito, constitui elemento indispensável para análise dos instrumentos de direito ambiental minerário, pois se pretende analisar, de forma objetiva, cada uma dessas categorias para avaliar se elas correspondem a institutos jurídicos diferentes ou se apenas consistem em designações diferentes para o mesmo fenômeno jurídico de modo a identificar as repercussões jurídicas que a eventual existência de regimes jurídicos distintos pode implicar na realização dos mecanismos jurídico-ambientais de prevenção e controle de impactos e danos ambientais disponíveis no ordenamento jurídico brasileiro.

Essa distinção não tem finalidade puramente conceitual, pois, sendo categorias distintas, impacto ambiental negativo e dano ambiental serão controlados mediante instrumentos diferentes ou, pelo menos, com consequências jurídicas particulares.

Essas expressões são com frequência relacionadas como sinônimas pelo legislador, pela jurisprudência e até mesmo pela doutrina, ainda que tacitamente, o que pode implicar em equívocos na avaliação de eventos de degradação ambiental derivados da mineração e na escolha do instrumento jurídico para controle desse efeito ambiental adverso, caso impacto e dano sejam mesmo institutos diferentes.

Um fator complicador para essa análise é que uma eventual distinção entre impacto ambiental negativo e dano ambiental pode ser consideravelmente tênue – assim como a diferenciação em relação a outras categorias próximas, como degradação, poluição, utilização, consumo, exploração e extração – vez que, em princípio, suas consequências fáticas podem ser bastante similares ou mesmo idênticas, bem como porque seus instrumentos de controle podem eventualmente coincidir.

Por isso, pretendeu-se realizar análise que, mediante critérios objetivos, consiga identificar seus possíveis diferentes pressupostos jurídicos de incidência e os efeitos jurídicos deles derivados, em especial para identificar as corretas soluções administrativas e judiciais a serem adotadas em cada hipótese.

Outra ressalva importante é a de que uma possível distinção entre impacto ambiental negativo e dano ambiental tende a transcender o restrito campo da mineração, abrangendo, com efeito, todas as atividades que possam causar efeitos adversos ao meio ambiente. Logo, se constatada, provavelmente essa diferenciação terá aplicabilidade ampla, não se subsumindo à atividade minerária.

A despeito disso, a mineração constitui cenário propício para o estudo dessa categorização justamente por sua característica de ser atividade que necessariamente depende de intervenção no meio ambiente para sua realização, exigindo o máximo de cautela para identificação casuística dessas diferentes categorias jurídicas.

Aliás, dessa eventual divergência de conceitos e de regime jurídico pode emergir uma implicação de grande relevância, ao menos para fins de confirmação – ou refutação – de um dogma relativamente assentado sobre a atividade minerária: o de que a mineração é uma atividade essencialmente "danosa" ao meio ambiente, por se assentar na extração de recurso natural e por depender de intervenção, maior ou menor, no meio ambiente para ser realizada.

Essa ilação, assim como a própria distinção conceitual e o exame de suas consequências jurídicas, serão detidamente analisados ao longo deste livro, sendo pressupostos imprescindíveis para compreensão do direito ambiental minerário.

Precisamente, a pretensão é averiguar se existe distinção entre impacto negativo ambiental e dano ambiental para identificar se essa possível diferenciação tem relevância prática na utilização dos instrumentos jurídicos de controle de impactos e danos ambientais na mineração.

Para tanto, este livro será dividido em três capítulos, estruturados com o intuito de caracterizar impacto ambiental negativo e dano ambiental na mineração, objetivando-se verificar se são designações sinônimas de um mesmo instituto ou se são categorias que se submetem a regimes jurídicos distintos e que são prevenidas, controladas e corrigidas por instrumentos jurídicos particulares.

Precisamente, o primeiro capítulo fará uma abordagem introdutória de modo a realizar a caracterização jurídica dos impactos ambientais negativos e dos danos ambientais na mineração. Será iniciado com uma breve exposição acerca do caráter economicamente estratégico da atividade minerária, como panorama contextual da discussão jurídica. Após, será realizada exposição detida da intrínseca relação entre mineração e meio ambiente, com ênfase na possível distinção entre impacto ambiental negativo e dano ambiental, cerne do primeiro capítulo.

No segundo capítulo, será realizada a análise dos instrumentos jurídicos de prevenção e controle que podem ser, em princípio, especificamente direcionados aos impactos ambientais negativos na mineração. Abrangerá, em suma, o licenciamento ambiental em suas diferentes modalidades, os estudos ambientais e minerários, as medidas compensatórias administrativas e os *royalties* minerários.

Por fim, a análise será direcionada ao estudo das reações aos danos ambientais, consubstanciada na tríplice responsabilidade ambiental. Por seu caráter essencialmente reparatório, o foco será concentrado na responsabilidade civil, mas também serão abordadas as responsabilidades administrativa e penal, cujo foco é punitivo, mas que admitem métodos reparatórios alternativos à penalização integral.

É importante frisar que o foco central deste livro é especificamente a análise dos instrumentos jurídico-ambientais aplicáveis para controle de impactos ambientais negativos e dos danos ambientais decorrentes da mineração. Logo, as abordagens sobre os mecanismos estudados, como o licenciamento ambiental, os estudos ambientais e outros instrumentos, serão limitadas aos propósitos essenciais voltados à demonstração da maior efetividade deles no controle de impactos e de danos na mineração.

Não se estudará, por exemplo, o licenciamento ambiental em si, de modo exaustivo, mas apenas a sua função e importância na identificação de riscos e na mitigação de efeitos ambientais adversos decorrentes das atividades minerárias. Do mesmo modo, ainda ilustrativamente, não se analisará a responsabilidade civil ambiental de modo genérico, mas apenas as peculiaridades que a mineração confere nesse sistema de responsabilização.

As fontes de análise serão basicamente o ordenamento jurídico positivo brasileiro e a doutrina especializada nas temáticas abordadas ao longo do trabalho. O enfoque, evidentemente, será no ordenamento jurídico e na Ciência do Direito, mas alguns aspectos de outras ciências, em especial da Economia, serão incidentalmente abordados, apenas no que forem necessários para dar suporte ao objeto central do livro.

Mais precisamente, a obra focará no estudo de tema relacionado ao direito ambiental, por analisar institutos típicos desse ramo do direito, ainda que direcionados a uma atividade econômica específica, e ao direito minerário,[7] por influenciar na disciplina regulatória dos recursos minerais. É, portanto, em essência, uma pesquisa sobre direito ambiental minerário.[8]

Além disso, a discussão é eminentemente teórico-conceitual, a partir da análise das categorias jurídicas em si tomadas abstratamente, como forma de analisar e eventualmente delimitar os regimes jurídicos do impacto ambiental negativo e do dano ambiental na mineração em sua multifacetada amplitude. Por isso, ainda que eventualmente sejam expostos alguns casos concretos ao longo da obra, essa abordagem será lateral, tomada apenas como ilustração das considerações realizadas na pesquisa.

---

[7] A autonomia científica e didática do direito minerário é reconhecida, entre outros, por William Freire, que assevera que a disciplina sofreu notável expansão nos últimos anos na medida em que a regulação da matéria foi ampliada no ordenamento brasileiro (FREIRE, William. *Código de mineração anotado*. 5. ed. Belo Horizonte: Mandamentos, 2010. p. 63), enquanto que, para Gilberto Bercovici, o "direito minerário" seria apenas parte do direito econômico (BERCOVICI, Gilberto. *Direito econômico do petróleo e dos recursos minerais*. São Paulo: Quartier Latin, 2011. p. 12).

[8] Utilizando a mesma terminologia, cf. REMÉDIO JÚNIOR, José Ângelo. *Direito ambiental minerário*: mineração juridicamente sustentável. Rio de Janeiro: Lumen Juris, 2013. p. XIII.

Ainda, frisa-se que este livro se concentrará no exame do ordenamento jurídico brasileiro. Não se fará, portanto, propriamente uma análise de Direito comparado, embora ocasionalmente possam ser abordados autores estrangeiros e realizados pontuais comparativos com outros ordenamentos, cuja exposição, contudo, também receberá tratamento incidental e representativo.

A despeito da histórica importância da mineração para o Brasil, são relativamente escassos os trabalhos jurídicos sobre a temática, em especial acerca de sua interação com o direito ambiental.

Mais que isso, precisamente sobre o impacto ambiental negativo e o dano ambiental na mineração, talvez os fatores mais delicados da relação entre meio ambiente e atividade minerária, não há uma análise específica tendente a caracterizá-los, a identificar as eventuais diferenças entre seus regimes jurídicos e a constatar os reflexos dessa possível distinção nos instrumentos de direito ambiental tendentes a prevenir, controlar e corrigir efeitos ambientais adversos, o que possibilitaria propor eventuais aprimoramentos nesse sistema, tal como se pretende realizar, nesta pesquisa, de forma inédita.

Considera-se que este livro possui relevância científica e prática para o Direito, tendo em vista que uma análise efetiva do sistema jurídico brasileiro de prevenção, controle e correção de impactos ambientais negativos e danos ambientais na mineração é fundamental para evitar que a sustentabilidade dessa atividade economicamente estratégica e essencial para o cotidiano humano seja inviabilizada por uma confusão conceitual e de regime jurídico entre institutos jurídicos que, embora aparentemente sinônimos, podem ter características especiais que os diferenciem, bem como, principalmente, pela aplicação indiscriminada e equivocada de instrumentos jurídicos de prevenção, controle e/ou correção próprios de uma dessas categorias como solução para problemas relacionados à outra.

Ainda que evitar totalmente os efeitos ambientais adversos na mineração seja fática e tecnicamente impossível no atual cenário tecnológico do setor, é preciso atuar para conter os excessos e, principalmente, para mitigar o risco de ocorrência de danos ambientais de expressiva intensidade.

Mais que isso, é importante avaliar os pontos de ineficiência desse sistema de prevenção, controle e correção/reparação para indicação de aprimoramentos, tendo em vista que, apesar da amplitude regulatória do ordenamento jurídico brasileiro, persiste a confusão conceitual, de regime jurídico e de uso de instrumentos jurídicos de prevenção e reação, pelo que identificar os problemas é primeiro passo indispensável para a proposição de soluções efetivas e compositivas dos diversos interesses envolvidos.

CAPÍTULO 1

# CARACTERIZAÇÃO JURÍDICA DOS IMPACTOS AMBIENTAIS NEGATIVOS E DOS DANOS AMBIENTAIS NA MINERAÇÃO

Este primeiro capítulo tem como objetivo principal analisar a possível distinção conceitual e de regime jurídico entre impacto ambiental negativo e dano ambiental, pressupostos indispensáveis para a análise dos instrumentos jurídicos de prevenção, controle e correção aplicáveis a essas categorias, que se realizará nos capítulos subsequentes.

Tomando como panorama a complexa dicotomia da mineração – ser, ao mesmo tempo, economicamente estratégica e ambientalmente impactante – será realizada uma abordagem transversal que possa caracterizar a atividade minerária em sua multifacetada complexidade.

De início, será qualificado o caráter estratégico da mineração para a economia dos territórios naturalmente favorecidos com a presença de jazidas. Essa discussão não é simples, visto que, também na perspectiva da Ciência Econômica, o caráter positivo da atividade minerária não é unânime e irrestritamente aceito, sendo usual o debate em torno da qualificação da riqueza mineral como uma maldição ou como uma dádiva.[9]

Precisamente, será realizada breve análise de aspectos da chamada "economia dos recursos naturais não renováveis", passando para um histórico da regulação da atividade minerária no Brasil, com enfoque na variação do regime dominial dos minérios e nos reflexos

---

[9] Para uma análise acurada sobre essa discussão, cf. ENRÍQUEZ, Maria Amélia. *Mineração*: maldição ou dádiva? Os dilemas do desenvolvimento sustentável a partir de uma base mineira. São Paulo: Signus, 2008. Ou, ainda, cf. ENRÍQUEZ, Maria Amélia. Mineração e desenvolvimento sustentável: é possível conciliar? *Revista Iberoamericana de Economia Ecológica*. V. 12. 2009.

econômicos desse percurso, sempre com o objetivo de caracterizar a importância estratégica da atividade para a economia e para a própria vida humana, o que a torna de interesse social.

Na sequência, na segunda parcela deste capítulo inicial será analisada a relação intrínseca entre atividade minerária e meio ambiente, evidenciando as particularidades do desenvolvimento sustentável na mineração, o caráter de bem ambiental que recai sobre os minérios e a inevitabilidade da intervenção no meio ambiente para a realização da atividade.

Finalmente, no terceiro momento do capítulo, a análise visará identificar eventual distinção conceitual entre impacto ambiental negativo e dano ambiental, para avaliar se a mineração é de fato uma atividade invariavelmente danosa ao meio ambiente, bem como para servir de suporte para os próximos capítulos, em que serão detalhados os regimes jurídicos de cada uma dessas categorias e analisados seus instrumentos de controle.

## 1.1 A Mineração como atividade economicamente estratégica

A mineração é uma das mais antigas atividades produtivas exercidas pela humanidade, e a própria história da civilização é marcada pela evolução da relação do homem com os minérios – idade da pedra lascada (paleolítico), idade da pedra polida (neolítico) e idade dos metais (cobre, bronze e ferro) –, sendo o consumo de bens minerais imprescindível para nossa vida contemporânea.[10]

Por sua indispensabilidade para o cotidiano, a atividade minerária tem caráter estratégico para a economia dos países agraciados com ricas províncias minerais, como é o caso do Brasil,[11] reputado verdadeiro "país mineiro",[12] vez que permite que a exploração mineral

---

[10] ENRÍQUEZ, Maria Amélia. *Mineração*: maldição, *cit.*, p. 1.
[11] Em 2016, segundo dados do IBRAM, o Brasil liderou a produção mineral mundial de nióbio, ocupou a terceira posição para minério de ferro, vermiculita, grafita e bauxita, e a quinta em caulim, minérios em que é considerado um *global player*, fora as produções minerais de estanho, níquel, magnesita, manganês, cromo, ouro e rochas ornamentais, nas quais é também exportador (INSTITUTO BRASILEIRO DE MINERAÇÃO – IBRAM. *Economia mineral – 2017*. Disponível em: www.portaldamineracao.com.br. Acesso em: 6 out. 2017).
[12] A expressão é utilizada inclusive, por exemplo, para intitular artigo escrito por José Mendo Mizael de Souza, que, enaltecendo a atividade, ressalta a importância da mineração para

seja utilizada como propulsora de desenvolvimento econômico e de correspondentes avanços sociais, dada a posição privilegiada dos países mineiros no mercado internacional.

Para compreensão do cenário em que se insere esse caráter economicamente estratégico, primeiro serão expostos elementos da chamada economia dos recursos naturais não renováveis, que intenciona identificar o ponto ótimo de eficiência na exploração econômica de bens finitos. Na sequência, será realizado percurso histórico da regulação brasileira sobre mineração a partir da análise das alterações no regime dominial dos recursos minerais, tema com impacto imediato na questão econômica.

A intenção, em síntese, é apresentar a importância da mineração para a economia brasileira, que torna sua realização de interesse nacional, tal como propugnado pela Constituição Federal de 1988 (artigo 176, §1º), apesar de ser essencialmente impactante ao meio ambiente, ainda que de forma controlada e não necessariamente nociva.

## 1.1.1 Reflexos econômicos da exauriência dos recursos minerais

A Economia como atividade humana e como objeto de estudo científico pode ser compreendida a partir de duas ilações básicas.[13] A primeira delas é a de que é impossível estabelecer ou prever um limite para as necessidades humanas, pois estas são ilimitadas. A segunda, em oposição, é a de que os recursos disponíveis para a satisfação dessas necessidades são finitos e severamente limitados.[14]

Essa noção geral de Economia é também o alicerce para a compreensão da economia dos recursos naturais, que é embasada na

---

o desenvolvimento socioeconômico brasileiro, chegando inclusive a qualificá-la como a "quintessência da democracia" (cf. SOUZA, José Mendo Mizael de. Brasil, país mineiro. *In:* SOUZA, Marcelo Mendo Gomes de (coord.). *Direito minerário aplicado.* Belo Horizonte: Mandamentos, 2003).

[13] Além de ser caracterizada como ciência, a economia também pode ser tomada como um método de investigação, uma técnica de previsão de escolhas racionais com base no comportamento humano. Essa é a concepção sobre a qual se funda a corrente teórica chamada "análise econômica do direito" (cf. GICO JR. Ivo. Introdução ao Direito e Economia. *In:* TIMM, Luciano Benetti (org.). *Direito e economia no Brasil.* 2. ed. São Paulo: Atlas, 2014. p. 13). O tema, apesar de ser de grande relevância e interesse, não será abordado neste trabalho, que tomará a Economia apenas como Ciência Econômica.

[14] NUSDEO, Fábio. *Curso de economia:* introdução ao direito econômico. 9. ed. São Paulo: Editora Revista dos Tribunais, 2015. p. 23-24.

indissociável tensão entre a infinitude das necessidades humanas e os escassos recursos ambientais que são utilizados para supri-las.

Esse entendimento, apesar de ser hoje notório, nem sempre foi compreendido pela sociedade, que, antes, diante de uma aparente abundância ilimitada dos recursos, que transmitia uma falsa noção de inesgostabilidade (ou ao menos de "autorrenovação" ambiental infinita), utilizava-os de forma livre, sem preocupação preservacionista e sem alocá-los como custos do processo produtivo e muito menos como custos sociais, sendo esta uma noção consideravelmente recente, mais difundida a partir da Conferência de Estocolmo de 1972.[15][16]

Vale ressaltar, contudo, que escassez é um conceito relativo, que não tem caráter meramente quantitativo. Com efeito, a escassez depende de uma relação entre quantidade disponível e procura por sua utilização.[17] É por isso que um produto quantitativamente expressivo pode ser escasso se sua demanda for igualmente acentuada. Por outro lado, é possível que um recurso quase exaurido não seja tido como escasso se a busca por ele for inexistente.

Logo, escassez é uma concepção de mercado, tendo relação com oferta e procura, mais precisamente com um cenário de demanda

---

[15] A Conferência de Estocolmo de 1972 é reputada um marco da consciência ambiental moderna em razão da edição da Declaração sobre o Ambiente Humano, a qual, entre outras disposições, elencou o direito ao meio ambiente equilibrado como direito humano, o que fez com que fosse considerada verdadeiro prolongamento da Declaração Universal dos Direitos do Homem de 1948 (cf. SILVA, José Afonso. *Direito ambiental constitucional*. São Paulo: Malheiros, 2003. p. 58-59 e 69). Nada obstante, o percurso para a mudança conceitual acerca do meio ambiente iniciou com o movimento "conservacionista" no século XIX, caracterizado pelo respeito à natureza e à vida em harmonia com o meio ambiente, sem, porém, criticar de forma intensa a intervenção humana que hoje é tida como excessiva, em termos de poluição e exploração dos recursos, bem como sem a propagação intensa dos valores ecológicos, situação que somente foi alterada com o surgimento do movimento "ecológico" (ou ambientalista propriamente dito), cuja estruturação se deu na década de 1960, intensificado por estudos como o de Rachel Carson acerca dos efeitos do uso de pesticidas (CARSON, Rachel. *Silent spring*. Boston & New York: Houghton Mifflin Company, 1994) e o relatório "Os limites do crescimento" (*Limits to Growth*), do Clube de Roma, para só então chegar em Estocolmo e nas diversas conferências subsequentes promovidas pela Organização das Nações Unidas (ONU), tais como a Conferência das Nações Unidas sobre Meio Ambiente e Desenvolvimento (Rio de Janeiro, 1992), a Cúpula Mundial sobre Desenvolvimento Sustentável (Joanesburgo, 2002) e a Conferência das Nações Unidas sobre o Desenvolvimento Sustentável (Rio de Janeiro, 2012).

[16] Para um detalhamento acerca do histórico do movimento ambientalista, cf. SARLET, Ingo Wolfgang; FENSTERSEIFER, Tiago. *Direito ambiental*: introdução, fundamentos e teoria geral. São Paulo: Saraiva, 2014.

[17] NUSDEO. Fábio. *Curso de economia*: introdução ao direito econômico. 9. ed. São Paulo: Editora Revista dos Tribunais, 2015. p. 26.

expressiva em face a uma restrita disponibilidade material. É por isso que, como afirma Cristiane Derani, "na abundância não há lucro. A construção da escassez é necessária para garantir-se o lucro".[18] Isto é, a partir do momento em que há a percepção da escassez de um produto, a economia tende a tentar controlar esse recurso para integrá-lo aos custos do mercado, pois a este passa a interessar, por possibilitar o lucro com suas transações.

Ressalta-se ainda que escassez não se confunde com exauriência. Esta pode ser física, quando se relaciona com o esgotamento material dos recursos, ou tecnológica, quando relativa a uma potencial perda de importância do recurso para o processo produtivo, o que faria com que perdesse valor e utilidade. De outra banda, reitera-se, a escassez tem perfil mais econômico, relacionando-se com um aumento da procura que torne os recursos fisicamente disponíveis insuficientes para a infinitude das necessidades.[19]

Essa distinção é importante porque, muito embora os recursos naturais em geral sejam reconhecidos como escassos, nem todos são materialmente exaurientes. Nessa linha, alguns são renováveis, como a água, enquanto outros, porém, são fisicamente esgotáveis, como, por exemplo, os minérios e o petróleo.

É claro que, de modo geral, todos os recursos naturais são potencialmente exauríveis, até porque podem ser naturalmente extintos ou mesmo esgotados por uma exploração inadequada. Por isso, o caráter de "renovável" é atribuído não ao recurso que jamais pode se extinguir, mas sim àquele que, em condições normais da natureza ou mesmo de exploração econômica racional, tem sua preservação assegurada, dada sua capacidade de reprodução natural que permite a manutenção e a multiplicidade de espécies.[20]

Para compreender essa relação entre escassez e exauriência, bem como sobre a questão da oportunidade na exploração, é ilustrativa a "fábula do fazendeiro irlandês", que conta a estória de um sujeito humilde e de parcos recursos que, certo dia, descobriu que sua propriedade tinha uma grande reserva de turfa, material com bastante valor agregado à época, por seu uso como combustível. Preocupado com a

---

[18] DERANI, Cristiane. Direito ambiental econômico. 3. ed. São Paulo: Saraiva. 2008, p. 96-97.
[19] SCAFF, Fernando Facury. Royalties do petróleo, minério e energia: aspectos constitucionais, financeiros e tributários. São Paulo: Revista dos Tribunais, 2014. p. 42-43.
[20] Idem. Ibidem, p. 39.

sustentabilidade da exploração, pensando ser aquela reserva de turfa potencial garantidora da riqueza de sua família por várias gerações, o fazendeiro dividiu a propriedade em diversos quadrantes para que a extração fosse realizada de forma gradual, sem esgotamento súbito por uma geração que impedisse as subsequentes de usufruir da renda.

Essa tradição teria sido mantida por seus sucessores, que, mesmo com as restrições na exploração, viviam de modo consideravelmente confortável, até que um dia a turfa simplesmente parou de ser extraída, não pelo seu esgotamento, e sim porque sua utilização como combustível havia sido substituída no mercado por alternativas melhores.[21] [22]

Apesar de ser retratado como uma "lenda", o conto do fazendeiro irlandês representa bem o real dilema da sustentabilidade no uso dos recursos naturais não renováveis, embasado na relação entre exauriência e escassez. O sujeito detinha titularidade sobre um recurso de alto valor agregado que facilmente lhe teria proporcionado fortuna com brevidade, contudo, preocupado com suas gerações futuras, limitou a extração para que os recursos fossem mantidos como exploráveis por mais tempo, entesourando-os parcialmente.

Essa precaução intergeracional, apesar de legítima e quem sabe até mesmo recomendada, ironicamente acabou prejudicando sua família, pois a turfa perdeu valor de mercado, pelo que o domínio da jazida se tornou inútil. O recurso ainda era materialmente exauriente, pois a extração ainda lhe geraria o esgotamento físico, mas deixou de ser considerado escasso ante o desinteresse do mercado.

Logo, nesse caso, por mais que possa parecer paradoxal, mais sustentável teria sido explorar mais rapidamente o recurso quando possuía alto valor no mercado e empregar a renda dele derivada em outros investimentos que favorecessem as gerações futuras, ainda que isso provocasse um esgotamento mais célere da jazida, do que manter intocada parte da reserva até que ela simplesmente perdesse valor.

Exemplo contemporâneo desse fenômeno ocorre com a companhia indiana *Coal India*, maior exploradora de carvão mineral do mundo, que projeta encerrar a operação de 53 de suas 174 minas, em parte por não as considerar mais economicamente viáveis pelo avanço

---

[21] HANESSON, Rögnvaldur. *Investing for sustainability*: the management of mineral wealth. Norwell: Klumer, 2001. p. 1-2.
[22] Essa mesma fábula é referida por Fernando Facury Scaff para ilustrar a exauriência tecnológica, cf. SCAFF, Fernando Facury. *Royalties, cit.*, p. 42.

da competição com fontes de energia renovável, como a solar.[23] [24] Ou seja, tal como no conto do fazendeiro irlandês, apesar de o carvão mineral continuar a ser materialmente finito, o avanço de alternativas tecnológicas mais baratas e menos poluentes fez com que diminuísse sua escassez e, consequentemente, a viabilidade financeira de sua exploração em minas com custo mais alto de extração, pelo que perdeu potencial de lucro.

### 1.1.1.1 Os recursos naturais não renováveis sob a perspectiva da Economia

Nesse cenário particular, a chamada economia ambiental, portanto, pretende cuidar da racionalização dos custos ambientais decorrentes da escassez de recursos naturais. Visa-se garantir que a utilização desses bens seja realizada em bases sustentáveis, garantindo a melhor relação entre exploração e benefícios intergeracionais. Para tanto, propõe uma monetarização desses recursos, buscando lhes definir valores que permitam que o mercado "controle" o uso.[25]

A economia dos recursos naturais é, por isso, essencialmente vinculada à noção de equidade intergeracional, pois tem como objetivo identificar o ponto ótimo de utilização dos bens ambientais de modo a favorecer a presente geração sem prejudicar as futuras – ou mesmo as beneficiando também. Evita-se tanto o esgotamento presente quanto o entesouramento para o uso futuro, visando, com efeito, uma exploração que favoreça a economia mais sistematicamente e com respeito intergeracional.

Diversos economistas criaram teorias para identificar esse ponto ótimo de exploração, bem como para justificar e compensar a exploração de recursos naturais exauríveis por uma geração em detrimento das futuras.

É evidente que, pelos limites inevitáveis deste livro, serão

---

[23] Ver notícia do portal *Mining.com*, de 21 de junho de 2017, intitulada *World's top coal producer to close 37 mines*. Disponível em http://www.mining.com/worlds-top-coal-producer-close-37-mines. Acesso em: 17 nov. 2019.

[24] Ver, ainda, notícia do portal *Mining Technology*, de 13 de setembro de 2018, intitulada "*Coal India to close unsafe or underground coal mines*". Disponível em: https://www.mining-technology.com/mining-safety/coal-india-close-unsafe-underground-coal-mines. Acesso em: 17 nov. 2019.

[25] NUSDEO, Fábio. *Curso de economia*: introdução ao direito econômico. 9. ed. São Paulo: Editora Revista dos Tribunais, 2015. p. 308-309.

pontuados apenas alguns desses teóricos que estudam essa temática, com o objetivo de ilustrar a complexidade da discussão e demonstrar a importância da noção econômica para a regulação dos recursos naturais, sem pretensão de exaurir seu estudo ou efetuar críticas mais incisivas.[26] [27]

A primeira das teorias econômicas apresentadas será a de Harold Hotelling, baseada em artigo de sua autoria publicado em 1931, denominado *The economics of exhaustible resources*,[28] que tinha como objetivo solucionar os questionamentos de que os recursos naturais não renováveis estariam sendo explorados muito rapidamente e transacionados por valores muito baixos, o que prejudicaria as futuras gerações.[29]

Hotelling não concorda com a posição conservacionista de proibir a exploração dos recursos a partir de um dado ponto, em vez de regular e taxar, mas também diverge da utilização absolutamente livre.[30] Adota, portanto, uma postura mais tendente à concepção moderna de sustentabilidade, que norteia o direito ambiental.

Como solução para esse impasse entre exploração e preservação, conforme pontua Fernando Postali, Hotelling propõe o acréscimo do chamado "custo de uso", espécie de "custo de oportunidade" que consistiria em valor acrescido ao preço do recurso como compensação pela sua exploração antecipada que impede seu uso no futuro.[31] [32]

---

[26] Para uma análise mais abrangente de correntes de pensamento econômico relacionadas ao estudo da economia dos recursos naturais não renováveis, cf. ENRÍQUEZ, Maria Amélia. *Mineração*: maldição ou dádiva, cit.

[27] Além disso, para uma abordagem específica da economia dos recursos naturais tomada como fundamento material para criação e utilização de instrumentos jurídico-econômicos de regulação de condutas, em especial de mecanismos tributários, cf. BRITO, Luis Antonio Gomes de Souza Monteiro de. *Direito tributário ambiental*: isenções fiscais e proteção do meio ambiente. Rio de Janeiro: Lumen Juris, 2017.

[28] HOTELLING, Harold. The economics of exhaustible resources. *Journal of political economy*. v. 39, n° 1, 1931.

[29] *Idem. Ibidem*, p. 137.

[30] *Idem. Ibidem*, p. 138.

[31] POSTALI, Fernando Antônio Slaibe. *Renda mineral, divisão de riscos e benefícios governamentais na exploração de petróleo no Brasil*. Rio de Janeiro: BNDES, 2002. p. 20.

[32] Alexandre Coutinho da Silveira assevera que esse estudo de Hotelling dá fundamento à cobrança de *royalties* sobre a exploração de recursos naturais não renováveis (SILVEIRA, Alexandre Coutinho da. *Governança pública de royalties*: federalismo fiscal e futuras gerações. 2014. 392f. Dissertação (Mestrado em Direito). Departamento de Direito Econômico, Financeiro e Tributário da Faculdade de Direito. Universidade de São Paulo, São Paulo). Nesse sentido, no Brasil, a cobrança do custo de uso na exploração de recursos naturais exauríveis é identificada, por exemplo, no pagamento de *royalties* na atividade minerária ou petrolífera.

Isso, porque como consequência da finitude dos recursos, tende-se a aumentar seu valor quanto mais próximo estiverem da exauriência, sendo que essa precificação é realizada sempre de forma especulativa, considerando o valor do bem no futuro, não no presente.[33]

Logo, seriam os recursos vendidos a baixo custo quando ainda aparentemente abundantes – o que geraria prejuízos às futuras gerações, pois isso estimularia a exploração e aceleraria a exauriência – aumentando-se, porém, progressivamente o custo do bem exaurível conforme sua reserva física fosse diminuindo.

Por consequência, deve ser acrescido custo de uso que compense esse baixo custo atual, sendo que esse valor, segundo Bercovici,[34] deve ser revertido em favor do Estado, sob pena de a exploração dos recursos naturais exauríveis ser prejudicial à sociedade.[35]

Essa análise ficou conhecida como Renda de Hotelling, que, em síntese, propõe que o proprietário da jazida, público ou privado, a depender do regime de cada nação mineradora, seja compensado pela redução do valor de tal reserva pela extração de recurso que, pela exploração, torna-se indisponível no futuro.[36]

A teoria em questão surpreende pela lucidez em período no qual as questões ambientais ainda não eram detidamente debatidas, até porque mais de quarenta anos anterior à Conferência de Estocolmo em 1972, marco internacional do ambientalismo moderno. Nada obstante, frisa-se que o foco do trabalho de Hotelling era nas consequências econômicas do uso de recursos naturais, não propriamente nas implicações essencialmente socioambientais.

De todo modo, a questão temporal e a importância do controle (ou ao menos da compensação) da escassez e da exauriência já eram consideradas pelo economista americano, ao afirmar que:

---

[33] GARCIA, Maria da Glória F. P. D. *O lugar do direito na protecção do ambiente.* Coimbra: Almedina, 2015. p. 169.
[34] BERCOVICI, Gilberto, *op. cit.*, p. 28.
[35] Vale ressaltar que, atualmente, nem todos os países mineradores cobram *royalties* dos particulares pela exploração mineral, a forma mais usual de cobrança do "custo de uso" preconizado por Hotelling. É o caso, por exemplo, do Chile, do México, do Peru, da África do Sul e do Zimbabwe. Cf. OTTO, James M. *Mining taxation in developing countries.* Estudo preparado para UNCTAD (Conferência das Nações Unidas sobre Comércio e Desenvolvimento). Novembro/2000. p. 6-7.
[36] POSTALI, Fernando Antônio Slaibe, *op. cit*, p. 20.

The problems of exhaustible resources involve the time in another way besides bringing on exhaustion and higher prices, namely, as bringing increased information, both as to the physical extent and condition of the resource and as to the economic phenomena attending its extraction and sale.[37]

Em suma, sua análise destaca como economicamente inadequado desconsiderar as futuras gerações – ou pelo menos a impossibilidade de uso futuro – na exploração de recursos naturais não renováveis, sem apelar para o conservacionismo entesourador, e sim propondo uma alternativa economicamente regulável que encarece o uso presente como forma de limitar a exploração desenfreada, que tem como efeito colateral a proteção ambiental, por servir como desestímulo ao uso acelerado de recursos naturais.[38]

Já Robert Solow, cuja teoria foi inicialmente divulgada no artigo *Intergenerational equity and exhaustible resources*,[39] é economista que se baseou na teoria de justiça de John Rawls[40] para criticar as teorias de

---

[37] HOTELLING, Harold, *op. cit.*, p. 174. Em tradução livre: "Os problemas dos recursos exauríveis envolvem o tempo de outra forma que não apenas em termos de exaustão e preços mais altos, a saber, tais como trazer um aumento de informação, tanto como uma extensão física e condição do recurso, quanto como fenômeno econômico relacionado com extração e negociação".

[38] Autores liberais refutam essa concepção sustentando que o mercado é capaz de responder aos problemas ambientais através de suas próprias regras de funcionamento, precificando, por si só, de modo especulativo o valor dos recursos naturais não renováveis, sem a necessidade de intervenção do Estado na proteção do meio ambiente (cf. GARCIA, Maria da Glória F. P. D., *op. cit.*, p. 170).

[39] SOLOW, Robert Merton. Intergenerational equity and exhaustible resources. *The review of economic studies*, v. 41, Symposium on the economics of exhaustible resources. 1974.

[40] Não se fará neste livro uma análise pormenorizada das teorias de justiça. De todo modo, ressalta-se que John Rawls é filósofo político de extrema influência, tendo rompido com as teorias utilitaristas que prevaleciam anteriormente à sua proposta teórica, ao adotar uma base kantiana para formular uma doutrina contratualista alicerçada em dois princípios, um que determinaria que cada pessoa deve ter um direito igual ao sistema mais extenso de iguais liberdades fundamentais, que seja compatível com um sistema similar de liberdades para as outras pessoas; e o outro, que as desigualdades sociais e econômicas devem estar dispostas de tal modo que tanto (a) propiciem o máximo benefício esperado para os menos favorecidos, como (b) estejam vinculados a cargos e posições abertos a todos em condições de igualdade equitativa de oportunidades (Cf. RAWLS, John. *Uma teoria da justiça*. Nova tradução, baseada na edição americana revista pelo autor, Jussara Simões; revisão técnica e da tradução, Álvaro de Vitta. 3. ed. São Paulo: Martins Fontes, 2008). Ainda, para uma análise da relação entre a teoria de justiça de Ronald Dworkin, outro importante teórico do direito e filósofo político, e o direito ambiental, cf. BRITO, Luis Antonio Gomes de Souza Monteiro de. O dever geral de preservação como parâmetro da liberdade na teoria de justiça de Ronald Dworkin. *Revista Fórum de Direito Urbano e Ambiental*. Belo Horizonte: Fórum. Ano 15. nº 87. maio/junho 2016. p. 56-65.

crescimento da época, que teriam viés essencialmente utilitarista, por considerarem que a perda de utilidade para um indivíduo, ou mesmo uma geração, pode ser mais que compensada pelo incremento para outro.[41]

Basicamente, Solow entende que "as gerações anteriores têm o direito de extrair as reservas (otimamente, claro!) desde que elas adicionem valor (otimamente, claro!) ao estoque de capital reprodutível".[42] Ou seja, a exploração de recursos naturais seria admissível quando a presente geração, com esse uso, garantisse às futuras gerações um padrão de vida ou um nível de consumo positivo. Nenhuma das gerações tem prevalência sobre a outra.[43]

Em texto posterior, Solow sintetiza sua teoria questionando retoricamente e afirmando na sequência:

> What should each generation give back in exchange for depleted resources if it wishes to abide by the ethic of sustainability? We now have an answer in principle. It should add to the social capital in other forms, enough to maintain the aggregate social capital intact. In other words, it should replace the used-up resources with other assets of equal value (...).[44]

A perspectiva de Robert Solow, portanto, é de que os indivíduos devem explorar os recursos naturais não renováveis com vistas à sustentabilidade, compensando a extração particular de recurso finito em detrimento da sociedade com a geração de outro capital social que possa servir de contrapartida à coletividade, o que também poderia ser feito através do pagamento de *royalties*.[45]

---

[41] SOLOW, Robert Merton. Intergenerational, *cit.*, p. 29.
[42] *Idem. Ibidem*, p. 41.
[43] *Idem*, On the intergenerational allocation of natural resources. *The Scandinavian journal of Economics*, v. 88, nº 1, Growth and Distribution: Intergenerational Problems. 1986. p. 142.
[44] *Idem*, An almost practical step towards sustainability. *Resources for the Future*. Washington. 1992. p. 163. Em tradução livre: "O que deve cada geração devolver em troca dos recursos explorados se desejar respeitar a ética da sustentabilidade? Nós agora temos uma resposta em princípio. Ela deve adicionar ao capital social de outras formas, o suficiente para manter intacto o capital social agregado. Em outras palavras, ela deve repor os recursos utilizados com outros bens de igual valor (...)".
[45] Sobre os *royalties* em geral, cf. SCAFF, Fernando Facury. Royalties, *cit*. Para uma análise dos *royalties* da mineração no Brasil e sua interface com o direito ambiental, cf. BRITO, Luis Antonio Gomes de Souza Monteiro de Brito. *Royalties* minerários e os princípios ambientais do poluidor-pagador e do usuário-pagador. *Revista de Direito Ambiental*. São Paulo: Revista dos Tribunais. v. 84. 2016. p. 501-521.

Por sua vez, John Hartwick, com seu *Intergenerational equity and the investing of rents from exaustible resources*,[46] resumidamente sustenta, como solução para a escassez dos recursos naturais e a sua exauriência para as gerações futuras, que se deve:

> Invest all profits or rents from exhaustible resources in reproducible capital such as machines. This injunction seems to solve the ethical problem of the current generation shortchanging future generation by "overcomsuming" the current product, partly ascribable to current use of exhaustible resources.[47]

De forma simplificada, pode-se afirmar que a teoria de Hartwick considera como otimização do uso dos recursos naturais a aplicação do capital obtido com sua exploração em bens de capital, em investimentos que favoreçam as gerações futuras. É a chamada "regra de ouro" (*rule of thumb*).[48] Sem embargo, apesar da clareza da teoria de Hartwick, ela é criticada por se vincular a um ideal de "sustentabilidade fraca".[49]

Nota-se que essas três teorias são razoavelmente convergentes, sendo um dos pontos de contato seu caráter nitidamente mais intervencionista, ao se posicionarem favoravelmente à regulação estatal de modo a garantir a exploração adequada dos recursos naturais não renováveis para garantir os interesses das gerações presentes e futuras.

Em suma, Hartwick considera o consumo constante de forma mais tradicional e como uma meta alcançável por meio de reinvestimentos governamentais nos moldes da "regra de Hotelling", favorecendo o investimento em bens de capital. Solow, por sua vez, encara o consumo em termos mais amplos para englobar os benefícios dos recursos ambientais, no que demonstra uma postura muito mais consentânea com a moderna questão ambiental, chegando a afirmar, inclusive,

---

[46] HARTWICK, John M. Intergenerational equity and the investing of rents from exaustible resources. *The American economic review*. v. 67. nº 5. 1977.

[47] *Idem. Ibidem*, p. 972. Em tradução livre: "Investir todos os lucros ou rendas de recursos exauríveis em capital reprodutível, como as máquinas. Esta medida parece resolver o problema ético da presente geração se beneficiar sobre a futura geração por 'sobreconsumir' o produto atual, parcialmente imputável ao uso atual de recursos exauríveis".

[48] SILVEIRA, Alexandre Coutinho da, *op. cit.*, p. 108.

[49] Maria Amélia Enríquez afirma que na "sustentabilidade fraca" o objetivo do desenvolvimento sustentável, no âmbito da equidade intertemporal, é o não-decréscimo do bem-estar *per capita*. Por outro lado, a "sustentabilidade forte" adiciona o fator precaução às tomadas de decisão envolventes aos recursos naturais, de modo a preservar as escolhas das futuras gerações (ENRÍQUEZ, Maria Amélia. *Mineração, cit.*, p. 59 e 67-68).

que "o pecado capital não é minerar, e sim consumir as rendas da mineração".[50]

Como se registrou acima, há diversas outras teorias econômicas que estudam os recursos naturais não renováveis em perspectivas que tanto podem ser próximas quanto consideravelmente distintas daquelas adotadas por Hotelling, Solow e Hartwick, mas que, pelos limites deste trabalho, não serão detidamente abordadas.

Não obstante, por ser diametralmente oposta, é ilustrativa e merece registro a análise realizada por John Brätland, que sustenta que a exploração dos recursos naturais não renováveis deve ser regulada basicamente pela propriedade privada, considerando expressamente as ideias de Solow e Hartwick como intervencionistas com "problemáticas falhas de método e éticas implícitas em sua agenda".[51][52]

Como libertário, John Brätland pretende que o Estado seja mínimo, de modo a não interferir nas relações privadas a menos que seja para resguardar os direitos de propriedade (*property rights*), seguindo corrente do libertarismo que considera ilegítima a propriedade estatal sobre os recursos naturais não renováveis situados em imóveis particulares, bem como que os *royalties* (como os devidos na atividade minerária) são uma espécie de confisco, violadores da auto-propriedade dos indivíduos.[53]

Sua teoria, portanto, considera que os indivíduos são os legítimos proprietários dos recursos naturais, incluindo os não renováveis, que seriam meros acessórios de suas terras, podendo fazer com eles o que lhes melhor aprouvesse, sendo qualquer interferência externa nessa propriedade uma violação moral, mesmo que seja para favorecer o Estado ou para beneficiar a presente geração ou mesmo as futuras.

Vale frisar, contudo, que, especificamente em relação aos minérios, para grande parte das nações mineradoras a proposta de John Brätland somente seria juridicamente exequível se fossem realizadas consideráveis alterações na estrutura legislativa, pois a maioria desses ordenamentos jurídicos prevê que os recursos minerais pertencem, em geral, a um ente público.[54]

---

[50] SOLOW, Robert. An almost, *cit.*, p. 171.
[51] BRÄTLAND, John. Rawlsian investment rules for "intergenerational equity": breaches of methods and ethics. *Journal of libertarian studies:* an interdisciplinary review. v. 21. nº 04. 2007. p. 70.
[52] Rigorosamente, o artigo de referência de John Brätland tem como objetivo central cientificamente refutar as teorias de Hartwick e Solow.
[53] BRÄTLAND, John, *op. cit., passim.*
[54] OTTO, James, *op. cit.*, p. 6.

No Brasil, por exemplo, a União é a exclusiva titular dos recursos minerais do solo e do subsolo (artigo 20, IX, CF/1988), embora já se tenha passado por fase em que o proprietário do solo era o legítimo titular dos minérios porventura nele encontrados, no chamado "regime de acessão" (1891-1934), o qual tem como consequência contemporânea a existência das chamadas "minas manifestadas", que continuam a ser de titularidade do superficiário, e não necessariamente da União, tal como será detalhado adiante, no item 1.1.2.

Como registrado, não é intenção deste livro analisar criticamente essas teorias, nem sob o aspecto econômico, muito menos sob o prisma da filosofia política. Com efeito, a pretensão era meramente descrever o pensamento de algumas das principais correntes da economia dos recursos naturais, como forma de compreender o panorama da regulação ambiental em geral e dos minérios, como recurso natural não renovável, em específico.

De todo modo, considerando o ordenamento jurídico brasileiro, que admite a intervenção estatal para realização da política pública ambiental, nota-se uma aproximação mais acentuada com os três primeiros teóricos, vez que mais aplicáveis na interpretação do Direito nacional, em especial Robert Solow, que abrange mais efetivamente a questão ambiental.

Destaca-se que essa análise é importante para este livro porque, essencialmente, qualquer discussão de direito ambiental deve levar em consideração a escassez dos recursos naturais (ou mesmo sua exauriência, a depender do recurso) e a consequente necessidade de utilizá-los racionalmente como forma de preservar para usufruto pelas futuras gerações.

Especificamente na mineração, a necessidade de identificar o melhor momento para exploração dos recursos minerais é um imperativo ainda mais destacado, pois imprescindível para garantir a sustentabilidade da atividade.

Em suma, evidenciou-se que os recursos naturais são escassos e, em alguns casos, como o dos minérios, também exaurientes, sendo, porém, a necessidade humana pela sua utilização teoricamente ilimitada, tanto na presente quanto nas futuras gerações, o que demanda controle sobre sua utilização, que deve ser feita em bases sustentáveis, sem que isso implique no entesouramento dos recursos, mas apenas no imperativo de exploração racional.

### 1.1.1.2 Os minérios como "recursos comuns"

Dessa necessidade de utilização sustentável dos recursos naturais deriva uma ilação que deve ser mais detidamente analisada na sequência: é preciso, de alguma forma, controlar a exploração dos recursos minerais, pois o acesso livre e irrestrito acaba por induzir comportamentos não sustentáveis, prejudiciais à presente e às futuras gerações, não por desinteresse preservacionista em si, mas pela própria lógica econômica. Essa ausência de estímulo ao uso sustentável dos recursos naturais, incluindo os minérios, é considerada uma falha de mercado, mais precisamente uma "falha de incentivo",[55][56] cuja correção demandaria a intervenção do Estado.

Essa questão, que representa corte na discussão macro acerca da economia dos recursos naturais realizada acima, é imprescindível para compreender o papel do Estado como propulsor do uso racional dos recursos naturais e regulador do mercado.[57]

Para entender essa relação, primeiramente deve ser realizada a classificação econômica de bens, que são qualificados distintamente a depender de basicamente dois critérios: exclusividade e rivalidade.

Precisamente, exclusividade é a propriedade de um bem segundo a qual uma pessoa pode ser impedida de usá-lo; ou seja, pode haver restrição em seu acesso. Já a rivalidade consiste na propriedade do bem por meio da qual a sua utilização por uma pessoa impede outra de utilizá-lo também.[58]

---

[55] NUSDEO, Fábio, *op. cit.*, p. 131.
[56] Fábio Nusdeo, em linha semelhante à adotada por Hotelling, Hartwick e Solow, sustenta que uma estrutura institucional liberal baseada no tripé Constituição, códigos de Direito privado e poder de polícia é insuficiente para lidar com a vida econômica em toda a sua complexidade, visto que o mercado real é imperfeito, possuindo ao menos seis diferentes falhas: de mobilidade (relacionada à variação dos fatores de mercado), de transparência (relacionada à assimetria informacional), de estrutura (relativa à possível concentração econômica), analítica e institucional (relativa aos custos de transação), de sinalização (relacionada às externalidades) e de incentivo (referente ao problema dos bens coletivos). Nesse contexto, o Estado interviria para corrigir as imperfeições e permitir o funcionamento regular do mercado (cf. NUSDEO, Fábio, *op. cit.*, p. 114-139).
[57] Jorge Alex Nunes Athias assevera que a Constituição Federal brasileira de 1988 adotou o regime capitalista de produção, mas admitiu a intervenção do Estado, na economia, como planejador, como agente normativo e como regulador. Nesse contexto, um dos pontos de atuação interventiva do Estado brasileiro na economia está na tratativa da questão ambiental, pois os artigos 170, VI, e 225 direcionam que o Estado deve atuar para garantir que o crescimento econômico seja acompanhado da proteção ambiental, adotando claramente modelo de desenvolvimento sustentável (ATHIAS, Jorge Alex Nunes. *A ordem econômica e a Constituição de 1988*. Belém: CEJUP, 1997. p. 86-87 e 125-126).
[58] MANKIW, Nicholas Gregory. *Introdução à economia*. São Paulo: Cengage Learning, 2005. p. 224.

A depender da presença ou não desses elementos, os bens podem ser divididos em quatro espécies: bens privados, monopólios naturais, bens públicos e recursos comuns. Os bens privados são excludentes e rivais. Os monopólios naturais são excludentes, mas não rivais. Os bens públicos não são excludentes, nem rivais. Por fim, os recursos comuns não são excludentes, mas são rivais.[59]

Para este livro interessam mais propriamente apenas os bens públicos e, em especial, os recursos comuns, categoria em que se enquadram os recursos minerais.

Primeiro, para a Economia, bens públicos[60] são caracterizados quando, por sua natureza, não for possível impedir os agentes de deles usufruírem, e a utilização individual por um agente não for capaz de inviabilizar o uso por outros sujeitos. Exemplo clássico é o da defesa nacional: se o país está protegido, é impossível impedir qualquer indivíduo de desfrutar dessa proteção, e o fato de uma pessoa estar protegida não diminui a proteção das demais.

Dadas as suas características, não é possível dotar os bens públicos de preço (ou, então, pelo menos a sua precificação é muito difícil), o que restringe o interesse da iniciativa privada em ofertá-los no mercado, pois o lucro depende justamente da escassez do produto, do possível controle em seu acesso. Isso impede que os bens públicos sejam produzidos e consumidos na quantidade apropriada.[61] Logo, se a iniciativa privada não oferece tais bens por preferir aqueles dotados de exclusividade, mais propícios à geração de lucro, o Estado assume a oferta para corrigir essa falha de mercado.[62]

Contudo, subsiste ao Estado a complexa tarefa de analisar o custo/benefício para definir quais bens públicos irá oferecer, e em que

---

[59] Idem. Ibidem, p. 224-225.
[60] Não se deve confundir a noção econômica de bem público com a concepção jurídica, pois são conceitos distintos e não necessariamente coincidentes. Para o Direito, bem público guarda relação com a titularidade por parte do Estado, seguindo definição disposta nos artigos 98 a 103 do Código Civil, que os classifica em bens de uso comum, bens de uso especial e bens dominicais. Maria Sylvia Zanella assevera que melhor divisão é a que distingue os bens públicos entre os bens de domínio público do Estado, que são afetados a uma finalidade pública (bens de uso comum e bens de uso especial), e bens de domínio privado do Estado, que são aqueles considerados estatais simplesmente por fazerem parte do patrimônio público, independente da finalidade (bens dominicais). Cf. DI PIETRO, Maria Sylvia Zanella. Direito administrativo. 22. ed. São Paulo: Atlas, 2009. p. 667-668. A classificação dos bens na perspectiva jurídica será realizada mais detidamente no item 1.2.3.1, quando se analisará o conceito de bem ambiental.
[61] MANKIW, Nicholas Gregory, op. cit., p. 223.
[62] NUSDEO, Fábio, op. cit., p. 132.

quantidade, incumbência que é qualificada pela ausência de sinalização de preço na avaliação do potencial fornecimento,[63] seja porque esses bens não são precificáveis, seja porque a definição de seu preço exato é muito difícil. Por consequência, em rigor, as escolhas tendem a ser mais políticas do que efetivamente econômicas.

Quanto aos recursos comuns, frisa-se que, como registrado, estes se assemelham aos bens públicos por serem não exclusivos, estando *a priori* disponíveis para quem quiser usá-los. Porém, são dotados de rivalidade, pelo que o uso de um recurso comum por uma pessoa reduz ou mesmo elimina a possibilidade de outras pessoas também utilizá-lo.[64] Nessa categoria estão os recursos naturais.

Ou seja, assemelham-se os recursos comuns dos bens públicos por serem difíceis de precificar e pela falta de estímulo mercadológico para sua oferta, dado seu livre acesso. Contudo, nos recursos comuns há um agravante, pois, dada sua escassez (ou mesmo exauriência, a depender do recurso), se seu uso for absolutamente livre, nem todos terão acesso, considerando que quanto maior o consumo, menor a disponibilidade. Logo, é preciso atentar para a quantidade utilizada do recurso.

O fenômeno decorrente da utilização desarrazoada dos recursos comuns é chamado de "tragédia dos comuns", cuja disseminação foi feita após estudo do ecologista Garrett Hardin.[65]

Hardin ilustra o fenômeno através de um hipotético campo de pastagem que seria comum a todos os pastores de ovelhas de um dado local, sem que houvesse qualquer limitação ou precificação no acesso. Naturalmente, cada pastor iria querer aumentar seu rebanho e seus lucros e, para tanto, colocaria cada vez mais ovelhas no campo. Esse seria o comportamento de qualquer indivíduo racional. Contudo, a consequência dessa conduta seria a tragédia, pois:

---

[63] MANKIW, Nicholas Gregory, *op. cit.*, p. 229.
[64] *Idem. Ibidem*, p. 231.
[65] Estudo semelhante foi empreendido em 1954 por H. Scott Gordon, que, abordando especificamente o setor pesqueiro, afirma que, enquanto o exercício da atividade for irrestrito, haverá incentivo para exercê-la, gerando uma tendência de esgotamento dos peixes, pois, apesar de serem renováveis (pois podem se reproduzir), a exploração excessiva geraria uma escassez acentuada, que faria com que a própria atividade fosse inviabilizada, seja pela exauriência do recurso, seja porque sua baixa disponibilidade faria com que o custo de obtenção do peixe se equivalesse ao preço possível de venda (GORDON, H. Scott. The economic theory of a commom-property resource: the fishery. *The Journal of Political Economy*. v. 62. nº 2. 1954. p. 124-142).

Each man is locked into a system that compels him to increase his herd without limit – in a world that is limited. Ruin is the destination toward which all men rush, each pursuing his own best interest in a society that believes in the freedom of the commons. Freedom in a commons brings ruin to all.[66]

Em outros termos, sustenta-se que, com o tempo, o número de ovelhas teria crescido excessivamente, mas o local de pastagem seria o mesmo, pelo que acabaria se degradando por não conseguir suportar a exploração excessiva. Ou seja, o livre acesso a um recurso comum, no caso o campo de pastagem, conduziria ao seu esgotamento.

Nada obstante, vale frisar que, individualmente, o pastor que aumentasse seu rebanho e a exploração do pasto comum maximizaria seu lucro, relegando ao restante da coletividade os custos decorrentes de seu comportamento, visto que todos seriam prejudicados com o esgotamento do recurso comum.

Com efeito, haveria estímulo para que ampliassem sua produção, tendo em vista que o acesso aos recursos seria livre e gratuito, mas inexistiria incentivo para que compensassem a sociedade pelos custos sociais e pelos prejuízos ambientais gerados, visto que seria um custo desvantajoso se fosse assumido isoladamente, pois o indivíduo prescindiria parcialmente do lucro de sua operação em prol não apenas de si, mas dos demais indivíduos, incluindo seus concorrentes, que se beneficiariam sem custos, como "caronas".[67]

A solução para esse impasse poderia decorrer tanto de um processo de livre negociação entre os agentes envolvidos na exploração dos

---

[66] HARDIN, Garrett. The tragedy of the commons. *Science*. New Series. v. 162. nº 3859. 1968. p. 162. Em tradução livre: "Cada indivíduo está preso em um sistema que o compele a aumentar seu rebanho ilimitadamente – em um mundo que é limitado. Ruína é a destinação para a qual todos estão direcionados, cada um perseguindo seu melhor interesse em uma sociedade que acredita no livre acesso aos recursos comuns. Liberdade que conduz todos à ruína".

[67] Na Economia, "carona" (*free rider*) é o termo utilizado para designar o agente econômico que recebe o benefício de um bem, mas evita pagar por ele. Propicia o surgimento de caronas justamente o caráter não exclusivo do bem, em razão da impossibilidade, *a priori*, de controlar o acesso a ele, pelo que o agente que assumir os custos inerentes a esse bem (realização, manutenção etc.) não terá como impedir que outros usufruam desse dado bem e de seus benefícios, embora não tenham efetuado qualquer pagamento para tanto (MANKIW, Nicholas Gregory, *op. cit.*, p. 226). O *free rider* é, portanto, concorrente que se aproveita dos benefícios mercadológicos proporcionados por outro *player* que assumiu os custos para gerar essa vantagem generalizada ao mercado, mas que, por não ter investido, e sim aproveitado o investimento do outro sujeito, pode oferecer o mesmo produto por um preço menor (FORGIONI, Paulo Andrea. *Fundamentos do antitruste*. 6. ed. São Paulo: Revista dos Tribunais. 2013. p. 366).

recursos (solução de mercado), embora a concorrência e a rivalidade sejam aspectos inevitáveis que dificultariam a utilidade da negociação, quanto pela regulação estatal, através de políticas de comando e controle ou de estímulo econômico,[68] como se detalhará no tópico seguinte, no estudo das externalidades.

Para o momento, porém, interessa a reflexão de que os minérios, como recursos comuns, tragicamente dotados de não exclusividade e rivalidade na perspectiva econômica, a exemplo dos demais recursos naturais, devem ter algum tipo de controle na exploração que estimule a sustentabilidade da atividade, seja na limitação da extração, seja pela imposição do pagamento de compensação financeira à sociedade.

No Brasil, genericamente, pode-se identificar que ambas as estratégias de controle são legislativamente adotadas.

A limitação na extração começa pela necessidade de prévia obtenção de concessão mineral para exploração de recursos minerais, como é regra (artigo 176, §1º, Constituição Federal de 1988), e acompanha todo o desenvolvimento da atividade até o fechamento da mina, pelo controle do empreendimento (artigo 23, XI, Constituição Federal de 1988), embora não haja, *a priori*, restrições impostas ao minerador na quantidade de minério a ser extraído, sendo uma opção do concessionário conforme suas particulares estratégias de mercado.

Já a imposição de pagamento de compensação financeira é realizada na cobrança de *royalties* minerários (artigo 20, §1º, Constituição Federal de 1988), a chamada "Compensação Financeira pela Exploração de Recursos Minerais" (CFEM).

### 1.1.1.3 Mineração e suas externalidades

Os prejuízos sociais derivados da utilização desregrada de recurso comum por um agente individual são entendidos como externalidades negativas, consideradas uma das principais deficiências do sistema de absoluta autonomia de mercado, mais precisamente uma falha de sinalização, caracterizando-se quando uma transação entre agentes gera um efeito externo a um terceiro, mas que não é contabilizado e compensado pelas partes da relação.[69]

---

[68] GARCIA, Maria da Glória F. P. D., *op. cit.*, p. 163-164.
[69] NUSDEO, Fábio, *op. cit.*, p. 124.

Originalmente, a ideia de externalidade remonta ao economista inglês Alfred Marshall, que – em 1890, data da primeira edição de seu trabalho – sem as vincular a uma falha de mercado, nomeou-as "economias externas", que, em seu entender, consistiriam nas atividades que dependessem de forças além daquelas despendidas pelos próprios empreendedores para prosperar, sendo externas ao processo produtivo, mais relacionadas ao desenvolvimento industrial geral.[70]

Modernamente, entende-se que "uma externalidade ocorre quando uma transação entre dois agentes não leva em consideração um benefício ou uma perda para um terceiro sujeito externo à relação de mercado".[71] Seriam, portanto, falha de mercado que afeta o equilíbrio econômico, pois impossibilitam que seja maximizado o benefício total para a sociedade como um todo, incluindo os agentes diretos e a coletividade afetada.[72]

Segundo Maria Alexandra Aragão, duas são as características das externalidades: "a interdependência entre as decisões dos agentes econômicos, e a inexistência de compensações. Quem causa estorvos a outrem não os paga, quem cria benefícios a outrem não é compensado".[73]

Em síntese, externalidade consiste em um custo ou benefício externo não contabilizado pelas partes da transação, não sendo por elas auferido, mas sim por um terceiro agente, em regra uma coletividade. A externalidade pode ser negativa ou positiva. Será negativa quando o impacto sobre o terceiro for adverso e positiva quando lhe for benéfico.

As externalidades têm clara aplicação na seara ambiental. Isso, porque, como evidenciado ao longo deste capítulo, os recursos naturais, por serem qualificados, em regra, como recursos comuns, têm dificultada (ou mesmo impossibilitada) sua precificação.[74]

Para os fins deste livro, o conceito de externalidade é importante porque o direito ambiental tem vocação redistributiva, inspirando-se

---

[70] Cf. MARSHALL, Alfred. *Principles of economics*. 8. ed. Londres: Macmillan & Co, 1920.
[71] LÉVÊQUE, François. Externalities, public goods and the requirement of a state's intervention in pollution abatement. *In: Conference "Economics and Law of Voluntary Approaches in Environmental Policy"*. 1996. p. 3.
[72] MANKIW, Nicholas Gregory, *op. cit.*, p. 204.
[73] ARAGÃO, Maria Alexandra de Sousa. O princípio do poluidor pagador: pedra angular da política comunitária do ambiente. *In*: BENJAMIN, Antonio Herman; LEITE, José Rubens Morato. *Série Direito Ambiental para o Século XXI*. Vol. 1. São Paulo: O Direito por um Planeta Verde, 2014. p. 33.
[74] TUPIASSU, Lise. Fundamentos econômicos da tributação ambiental. *In*: TUPIASSU, Lise; MENDES NETO, João Paulo (Coords.). *Tributação, meio ambiente e desenvolvimento*. São Paulo: Forense. Belém: Editora CESUPA, 2016. p. 50.

na teoria econômica de que os custos e benefícios sociais externos à produção devem ser internalizados pelos agentes econômicos que os geram.[75] Além disso, no âmbito minerário, as externalidades negativas são representadas principalmente pela exploração privada de recursos naturais de titularidade pública (que, mediatamente, são da sociedade), pela questão intergeracional de exploração sustentável da riqueza mineral e pela geração de impactos ambientais para realização da atividade.

Explica-se: se o acesso às minas fosse livre, irrestrito, e todos os sujeitos interessados estivessem autorizados a realizar mineração quando quisessem e conseguissem, da forma como melhor lhes aprouvesse, de modo a maximizar seus lucros, então a tendência seria a ocorrência da "tragédia" tanto pelo esgotamento das reservas quanto, principalmente, pelo correlato impacto socioambiental não controlado.

Ao explorar economicamente recurso natural exauriente em detrimento do restante da coletividade, o sujeito gera uma externalidade negativa, pois o recurso já não mais poderá ser utilizado. No mesmo sentido são os impactos socioambientais decorrentes da mineração, que geram efeitos externos negativos à sociedade, que, em princípio, recebe o prejuízo, mas não os potenciais benefícios diretos.

Como forma de solucionar essa falha de mercado, no atual modelo regulatório nacional, a União, titular dos recursos minerais no Brasil, assume a regulação da atividade minerária, impondo requisitos para o acesso e a realização da mineração,[76] estabelecendo condicionantes ambientais para os empreendimentos mineradores (aqui em conjunto com os demais entes federativos) e imputando sobre o empreendedor, entre outras obrigações, o dever de pagar compensação financeira à sociedade através dos entes públicos que sediam as minas (o *royalty* minerário). Dessa forma, é possível garantir um controle da mineração sem restringir a atividade econômica absolutamente.

É claro que essa intervenção estatal não é livre de falhas, visto que o controle mais intenso é realizado sobre a atividade legalizada, o

---

[75] MILARÉ, Édis. *Direito do ambiente*. 11. ed. São Paulo: Revista dos Tribunais, 2018. p. 271.
[76] Como se detalhará adiante, no item 1.1.2, diferentemente de outros setores econômicos, como o madeireiro, em que o empreendedor explorador tem limites anuais de exploração estabelecidos pelos órgãos ambientais, na mineração o concessionário, *a priori*, tem liberdade de extrair o minério da forma e no momento que melhor lhe convier, seguindo sua particular estratégia comercial. O controle no acesso e na realização da mineração, portanto, limita-se ao procedimento licenciatório para outorga do direito de minerar e a um potencial empreendedor e a fiscalização sobre a atividade para controle de adequação aos parâmetros regulatórios em geral, não abrangendo limitação extrativa.

que, em razão especialmente da complexidade burocrática e dos altos custos de regularização, enfraquece o estímulo pelo licenciamento e, em contrapartida, até mesmo incentiva a atividade ilegal, que se torna muitíssimo lucrativa pela ausência dos custos de legalização, apesar do risco de punição.

Tanto o papel interventivo do Estado na economia para correção de externalidades é tema complexo e polêmico, que há forte corrente entre economistas que defende que o próprio mercado seria capaz, por si só, de corrigir essas deseconomias externas sem a interferência estatal. Precisamente, esses pensadores consideram que a falha não seria exatamente a externalidade, mas sim a livre circulação mercadológica dos recursos naturais.[77]

De fato, recordando-se a tragédia dos comuns, o grande problema dos recursos naturais está no livre e gratuito acesso aos recursos naturais, que gera incentivo para aumentar a exploração, mas não para a reparação ou para o uso racional. Logo, nessa linha privatística, a solução seria conferir direitos de propriedade privada (ou ao menos direito de uso restrito) sobre os recursos naturais, pois, dessa forma, os agentes privados proprietários tenderiam a otimizar a utilização dos recursos.

A solução para as externalidades estaria, então, em expandir o mercado para fazê-lo abranger direitos de propriedade privada em relação aos recursos ambientais. Além disso, dependeria do entendimento de que há reciprocidade entre efeitos externos positivos e negativos nas atividades.

Ronald Coase, vencedor do prêmio Nobel de Economia em 1991 e certamente o mais proeminente defensor dessa corrente, sustenta que:

> The traditional approach has tended to obscure the nature of the choice that has to be made. The question is commonly thought of as one in which A inflicts harm on B and what has to be decided is: how should we restrain A? But this is wrong. We are dealing with a problem of a reciprocal nature. To avoid the harm to B would inflict harm on A. The real question that has to be decided is: should A be allowed to harm B or should B be allowed to harm A? The problem is to avoid the more serious harm.[78]

---

[77] TUPIASSU, Lise, op. cit., p. 52.
[78] COASE, Ronald. The problem of social cost. *The Journal of Law & Economics*. 1960. p. 2. Em tradução livre: "A abordagem tradicional tem tendido a ocultar a natureza da escolha que deve ser realizada. A questão é comumente pensada como sendo uma em que A causa dano em B, e o que é decidido é: como devemos impedir A? Mas isso está errado. Nós

Nota-se que essa linha de pensamento evita uma posição de entesouramento irrestrito do meio ambiente, por considerar que, na verdade, certo nível de externalidades ambientais negativas pode ser tolerado quando otimamente equilibrado com o bem-estar social gerado pelas atividades econômicas impactantes do meio ambiente.

A solução para as externalidades seria, portanto, a prévia alocação dos direitos de propriedade sobre os recursos naturais, ou mesmo o direito de uso sobre eles, desde que isso permitisse que os agentes privados resolvessem os conflitos entre si. Com efeito, a partir da negociação entre esses agentes, em um sistema global de direitos de propriedade entre os sujeitos privados, seria possível alcançar um acordo que garantisse eficiência na alocação dos recursos.[79]

Para legitimar esse entendimento, formulou-se o chamado "Teorema de Coase", que, resumidamente, sustenta que as partes sempre poderão chegar a um acordo que seja eficiente e positivo para todos, desde que possam livremente negociar.[80]

Contudo, segundo Nicholas Gregory Mankiw, o Teorema de Coase só tem aplicabilidade quando essa negociação é efetiva, o que nem sempre é possível, por variados motivos, como, por exemplo, os custos de transação, que podem encarecer o acordo e impedir a correção das externalidades.[81] No caso específico dos bens ambientais, a dificuldade é ampliada em razão do interesse social difuso sobre eles, praticamente impossibilitando uma negociação privada.[82]

Nesse cenário, prevalece hodiernamente a corrente que entende não ser possível efetuar a correção das externalidades ambientais sem atuação do Estado, pois o mercado em si seria incapaz de solucionar esse problema em boa parte dos cenários.

Tradicionalmente, a intervenção estatal para resolver a ineficiente alocação de recursos ambientais era baseada em duas alternativas: ou o próprio Estado internalizava as externalidades, ou exercia seu poder de império para prevenir ou punir os agentes que causassem prejuízos sociais. Contemporaneamente, a tais medidas foi acrescida uma terceira

---

    estamos enfrentando um problema de natureza recíproca. Evitar o dano a B causaria dano em A. A questão verdadeira que deve ser realizada é: deve A estar autorizado a causar dano a B ou deve B ser autorizado a causar dano a A? O problema é evitar o dano mais acentuado".
[79] DERANI, Cristiane, op. cit., p. 92.
[80] MANKIW, Nicholas Gregory, op. cit., p. 211.
[81] Idem. Ibidem, p. 211.
[82] TUPIASSU, Lise, op. cit., p. 54.

via: a regulação através de instrumentos econômicos, financeiros e tributários.[83] O Estado internaliza as externalidades quando assume os custos para corrigir os prejuízos causados. Na esfera ambiental, essa atuação é identificada, por exemplo, quando o Estado age diretamente para despoluir um recurso degradado (um rio poluído, por exemplo). Ou seja, compensam-se as externalidades negativas com a criação de externalidades positivas.

O principal elemento negativo dessa abordagem é que a sociedade é duplamente prejudicada. Primeiro pela externalidade ambiental negativa em si, que essencialmente causa o custo social. Segundo porque, se o Estado custeia a correção, em rigor é a própria sociedade que assumirá o custo de correção do prejuízo causado pelos agentes privados, através da arrecadação tributária custeadora da atividade estatal.

A outra alternativa tradicional de intervenção estatal para correção das externalidades é a regulamentação, realizada através de políticas de comando e controle (*command and control policies*), consistindo na determinação de condutas obrigatórias ou proibidas. Nessa linha, por exemplo, o Estado poderia proibir o corte de madeira em determinada região ou prever como obrigatória a instalação de filtros nos escapamentos dos veículos automotores.

A vantagem desse tipo de política é que ela permite a produção de efeitos imediatos, com normatização objetiva, com limites facilmente identificáveis e de funcionamento conhecido pelos agentes econômicos e pela sociedade.[84]

Ocorre que, não obstante esse aspecto positivo, a solução não é tão simples. Conforme Mankiw, seria impossível proibir todas as atividades poluidoras, sendo necessário ponderar custos e benefícios da poluição de modo a definir os tipos e quantidades que se iria permitir.[85] A propósito, quanto a essa ponderação vale um acréscimo: se já não é possível impedir atividades poluidoras, mais ainda se dá em relação às atividades utilizadoras de recursos naturais, também geradoras de externalidades negativas, pelo uso individual de recursos de interesse difuso.

---

[83] *Idem. Ibidem*, p. 56.
[84] SCHOUERI, Luís Eduardo. *Normas tributárias indutoras e intervenção econômica*. Rio de Janeiro: Forense, 2005. p. 46.
[85] MANKIW, Nicholas Gregory, *op. cit.*, p. 212.

Logo, para alcançar um resultado definitivo que fosse positivo, seria preciso conhecer os detalhes das indústrias, das tecnologias alternativas, dos custos e dos benefícios, o que nem sempre é simples para o Estado, mormente em razão da assimetria informacional em relação aos agentes privados, que, conforme Mankiw, representa "uma diferença de acesso a um conhecimento relevante",[86] que, aqui se complementa, impede ou pelo menos dificulta a tomada decisória de forma ótima.

Ainda nessa linha, segundo Lévêque, a intervenção estatal na economia para corrigir externalidades ambientais somente faria sentido se:

> (i) os custos de transação forem positivos; (ii) custos administrativos de transação (que são os custos da intervenção pública na economia como um mecanismo de alocação de recursos) forem menores que os custos de transação do mercado privado; (iii) os custos administrativos de transação forem menores que os benefícios que a diminuição da poluição implicar.[87]

Registra-se, pois, a complexidade de adoção de políticas de comando e controle adequadas do ponto de vista econômico, visto que a dificuldade na obtenção de informações exatas sobre as atividades econômicas e seus custos torna problemática uma tomada de decisão eficiente.

Detalhando o problema e elencando as causas da insuficiência das políticas de regulamentação, Lise Tupiassu acentua que o peso administrativo dos instrumentos de controle, seu elevado custo e seu caráter estático, combinados com a insuficiência fiscalizatória que contribui para um esvaziamento de autoridade do Estado e com a ineficiência econômica desse tipo de medida, pois não há incentivo para adotar meios menos poluentes para alcançar resultados semelhantes, representam elementos que reforçam a deficiência dessa espécie política para fins de controle ambiental.[88]

E arremata afirmando que "a internalização e a regulação diretas das externalidades ambientais por parte do Estado não se mostraram suficientes para responder às necessidades de otimização das políticas ecológicas".[89]

---

[86] Idem. Ibidem, p. 480.
[87] LÉVÊQUE, François, op. cit., p. 9
[88] TUPIASSU, Lise, op. cit., p. 61.
[89] Idem. Ibidem, p. 62.

Particularmente, abstraindo-se a questão da eficiência e também a discussão acerca da restrição à liberdade, entende-se que, apesar dos problemas apresentados, as políticas de comando e controle devem ser aplicadas pelo Estado para definição de limites objetivos que impeçam usos absurdos e essencialmente nocivos, pois nem sempre é admissível a flexibilização da exploração, orientando-se para medidas proibitivas efetivas.

De todo modo, seguindo tendência contemporânea, tem avançado a realização da correção das externalidades ambientais através da regulação estatal pela utilização de instrumentos econômicos, financeiros e tributários.

Esses instrumentos são definidos como *Market-based incentives* ("incentivos baseados no mercado", em tradução livre) e emergiram justamente a partir da conscientização de que as abordagens tradicionais eram comumente ineficientes, especialmente no âmbito do controle da poluição.[90]

A base teórica para a compreensão dessa política regulatória é a teoria de Arthur Cecil Pigou, que, em seu livro *The Economics of Welfare*,[91] asseverou que o Estado deve intervir sobre as externalidades, de modo a corrigi-las tanto estimulando a correção pelo próprio agente privado quanto subsidiariamente assumindo os custos externos, tomando para si parte do que seria transmitido ao causador, nas hipóteses em que este não internalize integralmente o impacto.

O estímulo para que os próprios indivíduos efetuem a correção das externalidades, incorporando-as em seus custos em vez de repassá-las à sociedade, é feito através de instrumentos econômicos variados, tais como a tributação. Aliás, os tributos criados para corrigir externalidades são genericamente conhecidos como "impostos de Pigou".[92]

Sinteticamente, de acordo com a teoria de Pigou, os impostos poderiam ser utilizados para conferir um preço para a geração de impactos ambientais (ainda que através da mera utilização de recursos naturais), valor que seria fixado com base em uma abstração[93] e que

---

[90] JENKINS, Glenn Paul; LAMECH, Ranjit. *Green taxes and incentive policies*: an international perspective. San Francisco: International Center for Economic Growth & Harvard Institute for International Development. 1994. p. 1.
[91] Cf. PIGOU, Arthur Cecil. *The economics of welfare*. 4. ed. Londres: Macmillan & Co, 1932.
[92] MANKIW, Nicholas Gregory, *op. cit.*, p. 213.
[93] Ao longo deste capítulo, registrou-se que a economia dos recursos naturais pretende "monetarizar" tais recursos, de modo a mais eficientemente inseri-los no mercado. Contudo, essa precificação não é perfeita, haja vista a impossibilidade de valorar tais

tributaria de forma mais contundente as atividades ou os produtos que mais ostensivamente causassem externalidades ambientais negativas à coletividade.

Dessa forma, estar-se-ia impondo a internalização desse custo social pelo agente privado, caso este considerasse, após análise de custos, mais vantajoso continuar com a geração de impactos ambientais, mesmo que onerado com os tributos.

Sem embargo, frise-se que os impactos ambientais que os impostos de Pigou intentam tributar evidentemente devem ser aqueles reputados como toleráveis, vez que, se o resultado ambiental negativo for inadmissível, o correto é vedar sua geração a partir de uma política objetiva de comando e controle, e não conferir um preço, ainda que alto pela carga tributária, para sua geração, pois isso não impediria sua geração em absoluto, vez que o sujeito poderia sempre optar por pagar o preço para provocá-lo.

Na verdade, a tributação da teoria de Pigou tem como foco permitir uma análise de custo e benefício para a geração de efeitos ambientais que, ainda que adversos, sejam toleráveis, de modo a induzir comportamentos menos impactantes ao meio ambiente, ao deixá-los menos custosos que as condutas ambientalmente mais negativas, sem, contudo, proibir peremptoriamente a atividade.

Em contrapartida aos impostos, existem os "subsídios de Pigou", que consistiriam no instrumento hábil a internalizar no agente econômico os benefícios socioambientais externos que ele gerou a partir de sua conduta. Em princípio, exemplo seria uma isenção tributária na aquisição de maquinário que diminuísse os impactos ambientais do processo de extração mineral.

Essa espécie de instrumento econômico é preferida por parte dos economistas em detrimento das políticas de comando e controle, pois as regulamentações não levam em consideração particularidades dos agentes econômicos que podem resultar em alocações inadequadas de recursos extremamente custosas, ao fixar limites que não são uniformes entre as atividades e nem mesmo entre os *players* nelas atuantes, enquanto que a tributação permite essa alocação de forma mais eficiente.[94]

---

recursos pelos mais diversos motivos. Por isso se fala em "abstração", pois a atribuição de preço ao direito de poluir é baseada em cálculos que tentam atribuir um valor objetivo aos recursos naturais, mas que sempre devem ter em consideração que essa monetarização é imperfeita.

[94] MANKIW, Nicholas Gregory, *op. cit.*, p. 213.

Exemplificando, imagine-se um tributo cobrado sobre metro cúbico de emissão atmosférica ambientalmente adversa, mas tolerada, emitida: para um determinado agente, pode ser que o custo de redução dessa emissão compense em comparação ao pagamento do tributo; para outro, seria justamente o contrário, mais valeria pagar o imposto do que arcar com os custos de diminuição das emissões. Assim os custos seriam mais adequadamente alocados do que meramente impondo limites objetivos.

A tributação também se mostra positiva porque confere liberdade (ainda que relativa) aos agentes, que estarão livres para explorar determinadas atividades, ressalvado que farão o pagamento dos tributos correspondentes.

Em outras palavras, o Estado atua para desestimular condutas valoradas como ambientalmente negativas, sem impedir peremptoriamente a realização de tais atividades. Ou, alternativamente, pode agir para incentivar atividades ou condutas que sejam tidas como positivas, conferindo subsídios ou recompensas aos agentes, sem torná-las obrigatórias.

Na mineração, entende-se, um dos principais instrumentos econômicos corretores de externalidades ambientais é a cobrança de *royalties*, compensação financeira estabelecida no artigo 20, §1º, da Constituição de 1988, e que é consubstanciada no ordenamento jurídico brasileiro na chamada Compensação Financeira pela Exploração de Recursos Minerais (CFEM), devida aos entes federativos pela realização da atividade extrativa mineral, servindo tanto para custeio da infraestrutura pública necessária para suportar as mudanças implicadas pelos empreendimentos mineiros quanto para compensar a apropriação particular de recursos naturais que mediatamente são da coletividade e, também, os demais efeitos socioambientais negativos decorrentes da atividade.

Em sentido oposto, considerando não ser possível reputar os *royalties* minerários como compensação ambiental, Fernando Facury Scaff afirma simplesmente que o motivo pelo qual o *royalty* é cobrado não interessa, haja vista que, em seu entender, essa análise extrapolaria os limites do direito positivo e porque, ainda que se insistisse nessa verificação, considerando-se o aspecto histórico, seria essa cobrança qualificável como uma compensação política, conforme as razões da Assembleia Nacional Constituinte.[95]

---

[95] SCAFF, Fernando Facury. Royalties, *cit.*, p. 93.

Por razões distintas, mas também entendendo que a CFEM não representa compensação ambiental, vale registrar que o STF, no julgamento do Recurso Extraordinário 228.800-5/DF, entendeu que essa exação, a despeito da designação, não é compensação financeira, e sim participação no resultado, por ter utilizado o faturamento como base de cálculo e porque somente poderia ser compensação se utilizasse os valores concretos de cada operação minerária e seus efeitos ambientais adversos.

Vale frisar, contudo, que o constituinte Ronan Tito expressamente asseverou, em seu discurso favorável à supressão do artigo constitucional que autoriza a não cobrança de ICMS na origem sobre petróleo e energia elétrica (considerada a razão política para a inclusão constitucional da compensação financeira via *royalties*), que "o *royalty* apenas indeniza os estragos ecológicos em municípios e regiões"[96] provocado por tais atividades, o que demonstra que, ainda que sucinta e lateralmente, a temática ambiental foi, sim, abordada na Assembleia Nacional Constituinte.

Além disso, na Exposição de Motivos da Lei nº 8.001/1990, que, juntamente com a Lei nº 7.990/1989 regulamentou infraconstitucionalmente a compensação financeira da mineração propugnada no artigo 20, §1º, da Constituição de 1988, o legislador expressamente registrou que uma das razões da cobrança é utilizar as verbas para garantir a preservação do meio ambiente impactado pelas atividades minerárias.[97]

Ainda nessa linha, frisa-se que a eleição do faturamento como base de cálculo de uma exação não serve para desnaturar seu caráter de compensação financeira, pois se trata de mera opção política do legislador, que apenas definiu um parâmetro para aferição da contraprestação devida pelo minerador.

Em todo caso, é fato que historicamente os *royalties* não são relacionados como uma contrapartida pelos prejuízos ambientais

---

[96] *Diário da Assembléia Nacional Constituinte*. Ata da 329ª Reunião, de 27.08.1988, ano II, nº 301, publicada em 28.08.1988. Disponível em: www.imagem.camara.gov.br. Acesso em: 6 out. 2017.

[97] Precisamente, consta na Exposição de Motivos da Lei nº 8.001/1990, que: "A nova Constituição, como não poderia deixar de fazê-lo, estendeu aos Estados e Municípios o direito a uma compensação pela exploração de recursos hídricos e minerais (art. 20, §1º). Além do mais, o novo texto constitucional caracterizou-se e notabilizou-se por uma elevada preocupação com a preservação do meio ambiente, explicitada nos termos do seu art. 225, preocupação essa que de certa maneira justifica e confirma a necessidade de provimento de recursos específicos para esse fim, oriundos de um aproveitamento econômico dos recursos explorados nos territórios estaduais e municipais".

externos provocados pela exploração de recursos naturais, e sim como simples preço público pago ao proprietário do recurso natural pelo seu uso,[98] verdadeira expressão de domínio,[99] tampouco foram amplamente qualificados como compensação ambiental pela Constituinte, como se explicitou.

Não obstante, com a ciência de que a interpretação jurídica não se cinge à investigação da *mens legislatoris* ou ao aspecto histórico-legislativo em si, dependendo de uma visão sistemática e contemporânea do ordenamento (mas sempre dentro dele), entende-se que, hoje, pelo regime constitucional brasileiro, em interpretação conjugada dos artigos 20, inciso IX e §1º, e 225 da Constituição de 1988, é possível qualificar o pagamento de *royalties* minerários também com uma compensação ambiental[100] pela exploração privada de recursos naturais de titularidade pública.[101]

É importante ressalvar, porém, que neste momento ainda não se realizará análise pormenorizada do regime dos *royalties* minerários, o qual será detidamente mais estudado apenas no item 2.4. Com efeito, sua abordagem nesta oportunidade tem como finalidade relacioná-los como um dos principais instrumentos econômicos de correção de externalidades ambientais geradas pela atividade minerária, ilustrando essa estratégia de controle dos efeitos adversos ao meio ambiente através de mecanismo positivado em nosso ordenamento.

---

[98] ALVES, Marcelo Luiz de Souza. Reflexões preliminares sobre a compensação financeira pela exploração dos recursos naturais: CFEM. *In:* GANDARA, Leonardo André *et al.* (coord.). *Direito minerário:* mining law. Belo Horizonte: Del Rey, 2011. p. 240.

[99] SCAFF, Fernando Facury. Royalties, *cit.*, p. 87-88.

[100] Corroborando com esse entendimento, Romeu Thomé assevera que "[o] objetivo do constituinte foi estabelecer uma compensação pela degradação ambiental da exploração mineral e pelo impacto socioeconômico do esgotamento da mina e, portanto, os recursos devem ser, definitivamente, utilizados pelo Poder Público para a recuperação do meio ambiente, o desenvolvimento da infraestrutura da cidade e a atração de novos investimentos e atividades, com o intuito de minimizar a dependência local em relação à atividade mineral" (SILVA, Romeu Faria Thomé da. A função socioambiental da CFEM – Compensação Financeira por Exploração de Recursos Minerais. *Revista de Direito Ambiental.* São Paulo: Revista dos Tribunais. v. 55. 2009. p. 175-188). No mesmo sentido é Consuelo Yoshida, ao afirmar que a CFEM tem "finalidade compensatória em face da coletividade direta ou indiretamente afetada pela extração, apropriação e privatização do uso dos recursos minerais e pelos custos socioambientais decorrentes da exploração minerária" (YOSHIDA, Consuelo Yatsuda Moromizato. A efetividade e a eficiência ambiental dos instrumentos econômico-financeiros e tributários. Ênfase na prevenção. A utilização econômica dos bens ambientais e suas implicações. *In:* TORRES, Heleno Taveira (org.). *Direito tributário ambiental.* São Paulo: Malheiros, 2006. p. 551).

[101] Para uma leitura específica e mais detalhada dessa discussão, cf. BRITO, Luis Antonio Gomes de Souza Monteiro de. Royalties cit.

Em síntese, a partir da análise empreendida neste tópico pode-se concluir que a mineração é uma atividade geradora de externalidades ambientais, pela exploração e apropriação individual de recursos naturais de domínio público por um particular e, principalmente, por depender de intervenção ambiental para ser realizada, justamente as duas características que, entende-se, qualificam a mineração como essencialmente impactante ao meio ambiente. Consequentemente, controlar impactos ambientais negativos é também internalizar externalidades ambientais.

No mais, também a geração de externalidades é elemento econômico que influencia no caráter estratégico da mineração, pelo que é imprescindível considerar os efeitos externos negativos que a atividade proporciona e atuar para remediá-los como forma de garantir a sustentabilidade da mineração.

## 1.1.2 Evolução da dominialidade sobre os recursos minerais no Brasil e o atual regime de titularidade

Outro aspecto que influencia no caráter economicamente estratégico da mineração é o regime de dominialidade dos recursos minerais, cuja variação historicamente provocou reflexos diretos na regulação de exploração e aproveitamento mineral e, agora com a Constituição Federal de 1988, também de proteção ambiental.

Por isso, com a consciência de que, como afirma Elias Bedran,[102] analisar a regulação minerária de um país é compendiar e detalhar sua história econômica, neste momento será realizado breve histórico da regulação minerária brasileira, com ênfase na variação da titularidade sobre os recursos minerais,[103] principalmente para analisar o atual regime de dominialidade estabelecido pela Constituição Federal de 1988.

Para os fins deste livro, a importância de perquirir acerca da titularidade sobre os recursos minerais está justamente na influência que esse domínio exerce na regulação ambiental da atividade minerária.

---

[102] BEDRAN, Elias, op. cit., p. 9
[103] Paulo Henrique Farias Nunes assevera que os recursos minerais possuem regime próprio de uso e apropriação, que tem variado desde o Brasil Colônia, justamente o que se pretende brevemente estudar nesta oportunidade (NUNES, Paulo Henrique Farias. *Meio ambiente & mineração*: o desenvolvimento sustentável. 1. ed. (2006), 4ª reimpressão. Curitiba: Juruá, 2011. p. 95).

Como já se registrou brevemente, e se detalhará adiante, no item 1.2, a mineração é uma atividade fundamentalmente conectada ao meio ambiente, primeiro, pela necessária intervenção ambiental para sua realização, e, segundo, sendo este o ponto que interessa na oportunidade, pela extração de recurso natural que hoje, pelo ordenamento brasileiro, é de titularidade público-federal até sua explotação pelo concessionário minerador.

Classicamente, a doutrina classificava os regimes de dominialidade minerária em regaliano, dominial, sistema de acessão (ou fundiário), sistema de *res nullius*, sistema de ocupação e sistema de concessão.[104] Contemporaneamente, entre outras classificações, há quem os divida em regaliano, dominial, de acessão (ou fundiário) e de concessão[105] ou simplesmente em regaliano, de acessão (ou fundiário) e dominial[106].

A categorização dos regimes de dominialidade e exploração dos minérios decorre da avaliação realizada sobre o histórico legislativo brasileiro, dependendo de certa dose de subjetividade classificatória, pois varia de acordo com os critérios adotados.

Em rigor, mais importante que a ordenação utilizada é o conteúdo da análise, até porque as classificações podem variar consideravelmente, sendo praticamente ilimitadas, tendo em vista que, desde que haja uma diferença entre elementos para fazer uma distinção, ainda que mínima, então é possível dividi-los em classes diversas.[107]

Como para este livro o elemento distintivo que interessa para fins classificatórios é a variação de titularidade sobre os recursos minerais

---

[104] Com sutis variações, adotam essa classificação, por exemplo, Elias Bedran (BEDRAN, Elias, *op. cit.*) e Maria Sylvia Zanella Di Pietro (DI PIETRO, Maria Sylvia Zanella, *op. cit.*). Por sua vez, Attílio Vivacqua amplia ainda mais essa categorização dividindo os sistemas em regaliano, dominial, de *res nullius*, de *res omnium*, de inapropriabilidade do ignoto, de ocupação (ou da liberdade industrial ou mineira), da mina aos mineiros, da reserva estatal, da adjudicação em hasta pública, da acessão (ou fundiário) e fundiário concessional (cf. VIVACQUA, Attílio. *A nova política do subsolo e o regime legal das minas*. Rio de Janeiro: Panamericana, 1942).

[105] Nesse sentido, *v.g.*, cf. SERRA, Silvia Helena; ESTEVES, Cristina Campos. *Mineração*: doutrina, jurisprudência, legislação e regulação setorial. São Paulo: Saraiva, 2012; RAMOS, Bruno Yoheiji Kono. *A questão fundiária na Amazônia e os reflexos jurídicos no uso e ocupação do solo público pela mineração*: estudo de caso do Estado do Pará. 2014. 186f. Dissertação (Mestrado em Direito). Programa de Pós-Graduação em Direito. Pontifícia Universidade Católica de São Paulo. São Paulo.

[106] Nessa linha, exemplificativamente, cf. SCAFF, Fernando Facury, *op. cit*; BERCOVICI, Gilberto, *op. cit.*

[107] John Stuart Mill assevera que um dos princípios fundamentais da lógica é justamente a possibilidade de fazer diferentes classificações, a depender dos elementos distintivos eleitos (cf. MILL, John Stuart. *Sistema de lógica dedutiva e indutiva*. 2. ed. São Paulo: Abril Cultural, 1979. p. 149).

que impacte na regulação minerária brasileira, então também o percurso histórico realizado será dividido conforme o câmbio no titular do minério implique em real alteração no regime regulatório.

Assim, serão abordados, em sequência, o regime regaliano (titularidade da Coroa ou do Império), o regime de acessão ou fundiário (titularidade do proprietário da terra) e o regime de concessão (titularidade do Estado brasileiro).

Por fim, será analisado de modo destacado o regime constante na Constituição Federal de 1988, em que a titularidade é incontroversamente da União (artigo 20, IX), por ser o ordenamento atual e por ser o primeiro a receber, efetivamente, influência das questões ambientais, por força principalmente do artigo 225 constitucional.

### 1.1.2.1 Regime Regaliano (ou Dominial): titularidade da Coroa ou do Império

A exploração de recursos minerais, especificamente ouro e pedras preciosas, foi um dos principais objetivos para o estabelecimento de uma colônia no Brasil pelos portugueses.[108][109]

Precisamente, a busca por minérios representou o segundo ciclo econômico do país, precedido apenas pelo desenvolvimento da cana-de-açúcar, tendo sido responsável pelo estímulo à interiorização e à consequente descentralização econômica em relação à costa brasileira.[110]

Embora no descobrimento, em 1500, vigessem as Ordenações Afonsinas (1446), quando do início da efetiva colonização do Brasil por Martim Afonso de Sousa com a fundação da Vila de São Vicente no hoje Estado de São Paulo em 1532, a legislação vigente no país eram as Ordenações Manuelinas (1521), que, sobre os minérios (Livro II, Título XV, §15), estabeleciam que eram direitos reais pertencentes ao rei

---

[108] BERCOVICI, Gilberto, op. cit., p. 56.

[109] Em rigor, desde o primeiro documento oficial conhecido acerca do "Novo Mundo", a Carta de Pero Vaz de Caminha, já se faziam referências acerca de possíveis riquezas minerárias presentes no território brasileiro. Por exemplo, "Porém um deles pôs o olho no colar do Capitão, e começou de acenar com a mão para a terra e depois para o colar, como que nos dizendo que ali havia ouro. Também olhou para um castiçal de prata e assim mesmo acenava para a terra e novamente para o castiçal como se lá também houvesse prata" (A Carta de Pero Vaz de Caminha. Disponível em: www.objdigital.bn.br. Acesso em: 9 out. 2017).

[110] ARAÚJO, Flávia Möller David. O licenciamento ambiental no direito minerário. São Paulo: Verbatim, 2015. p. 59.

em seus reinos, "os vieiros e minas d'ouro, ou prata, ou qualquer outro metal". Vigorava, portanto, o chamado regime regaliano (ou realengo), que distinguia a propriedade do solo das riquezas minerais, que eram de titularidade da Coroa Portuguesa.[111]

Como proprietária exclusiva dos minérios, marca de um Estado Patrimonial Real,[112] a Coroa Portuguesa podia permitir a exploração mineral aos súditos designados, com o pagamento pelo explorador do "quinto"[113] sobre o valor bruto extraído, equivalente, portanto, a 20% do metal ou pedras preciosas obtidos na extração minerária na colônia.[114]

Como solo e subsolo correspondiam a propriedades distintas para fins de exploração mineral, tendo em vista que os minérios eram de titularidade da Coroa, a atividade minerária era realizada por particulares através de concessão expressa em Foral ou Alvará, chamada "data mineral", que tinha natureza jurídica de propriedade privada e demarcava uma área que deveria ser continuamente explorada, sob pena de perda da concessão.[115]

Substituindo as Ordenações Manuelinas, as Ordenações Filipinas (1603) mantiveram o sistema regaliano e o pagamento do quinto, estabelecendo (Livro II, Título XXXIV, §4º) que "(...) de todos os metaes que se tirarem, depois de fundidos e apurados, nos pagarão o quinto em salvo de todos os custos". Também em 1603, foi editado o 1º Regimento de terras minerais do Brasil, entendido como o primeiro código de minas americano,[116] embora no período colonial não houvesse propriamente uma preocupação efetiva de regular a atividade, e sim em garantir o recebimento de riquezas da colônia pela metrópole.[117]

O regime regaliano foi mantido praticamente inalterado até a independência brasileira em 1822, a edição da Lei de 20 de outubro de 1823 (que manteve em vigor no Brasil todas as leis portuguesas

---

[111] SCAFF, Fernando Facury. Royalties, cit., p. 101.
[112] Estado Patrimonial Real é aquele em que os recursos pertencem à Coroa, e a receita patrimonial é a principal fonte de arrecadação (SCAFF, Fernando Facury. Royalties, cit., p. 101).
[113] O "quinto" (20%) foi posteriormente reduzido para o "dízimo" (10%), com a edição do Alvará de 13 de maio de 1803 (RIBEIRO, Carlos Luiz. Direito minerário: escrito e aplicado. Belo Horizonte: Del Rey, 2006. p. 4). Tal Alvará é reputado por Attílio Vivacqua como "um dos mais liberais e notáveis códigos mineiros do século XIX, que antecederam o Código de Minas de Napoleão" (VIVACQUA, Attílio, op. cit., p. 506).
[114] VIVACQUA, Attílio, op. cit., p. 497.
[115] BERCOVICI, Gilberto, op. cit., p. 56.
[116] VIVACQUA, Attílio, op. cit., p. 500.
[117] SERRA, Silvia Helena; ESTEVES, Cristina Campos, op. cit., p. 26.

anteriores a 25 de abril de 1821, data do retorno da família real para Portugal, até que fossem especialmente revogadas) e a promulgação da Constituição Imperial de 1824.

Há doutrina que entende que, com a formalização da independência a partir da referida Lei de 20 de outubro de 1823, o sistema regaliano havia sido transformado em um novo regime, chamado de sistema dominial, caracterizado basicamente pela transferência de titularidade dos minérios da Coroa Portuguesa para o Império Brasileiro.[118]

Outros, porém, entendem que, apesar da alteração de titularidade, o regime regaliano havia sido mantido[119] ou que ele se confundia com o dito sistema dominial,[120] pois toda a regulação minerária existente à época permaneceu sem alterações, incluindo o sistema de datas minerais, que dividia propriedade do solo e do subsolo para fins de identificação do titular dos minérios e servia como instrumento de concessão para realização da atividade mineral no país, entendimento que é adotado neste trabalho.

À parte dessa questão terminológica, com repercussão muito mais acadêmica do que prática, a principal discussão ocorrida na transição do Brasil Colônia para o Brasil Independente se deu em torno de uma possível transferência de titularidade dos recursos minerais para os particulares proprietários do solo.

Esse entendimento se baseava no artigo 179, XXII, da Constituição Imperial de 1824, que dispunha que "E' garantido o Direito de Propriedade em toda a sua plenitude. Se o bem publico legalmente verificado exigir o uso, e emprego da Propriedade do Cidadão, será elle préviamente indemnisado do valor della. (...)".

Por não haver referência no transcrito dispositivo acerca da propriedade dos recursos minerais, discutiu-se se não teria havido uma transferência de titularidade em favor do proprietário do solo,

---

[118] Nesse sentido, por exemplo, SERRA, Silvia Helena; ESTEVES, Cristina Campos, *op. cit.*, p. 27; RAMOS, Bruno Yoheiji Kono, *op. cit.*, p. 87. Bruno Feigelson também adota essa classificação, asseverando que, com a independência brasileira, o sistema regaliano foi substituído pelo sistema dominial imperial (FEIGELSON, Bruno. *Curso de direito minerário.* São Paulo: Saraiva, 2012. p. 41).
[119] SCAFF, Fernando Facury, *op. cit.*, p. 102; BERCOVICI, Gilberto, *op. cit.*, p. 65.
[120] Paulo Henrique Faria Nunes destaca que "apesar da diferença entre o sistema regaliano e o sistema dominial quanto à pertença dos recursos minerais (ao rei ou ao Estado), na prática os dois sistemas produziam os mesmos efeitos, uma vez que ambos vedavam a propriedade dos recursos minerais aos particulares" (NUNES, Paulo Henrique Faria, *op. cit.*, p. 96).

como forma de resguardar a plenitude do direito de propriedade. Isto é, o artigo 179, XXII, da Constituição Imperial de 1824 teria não apenas unificado a propriedade do solo e do subsolo, como conferido domínio ao particular sobre os recursos minerais eventualmente existentes em suas propriedades.

Precisamente, defendia-se que a já mencionada Lei de 24 de outubro de 1823 teria de fato ratificado o sistema regaliano, com as devidas adaptações para o novo Brasil independente (precisamente a conversão de titularidade da Coroa para o Império), mas teria sido substituída pela Constituição Imperial de 1824, que, para garantir a plenitude da propriedade, teria tornado o subsolo e seus possíveis recursos minerais como acessórios do solo. Essa alteração teria sido inclusive confirmada pelo Decreto de 27 de janeiro de 1829, que reconheceu o direito dos proprietários de realizar exploração mineral em suas propriedades independente de autorização estatal.[121][122]

Não obstante, tal entendimento não prevaleceu, tendo saído vitoriosa a tese de que, por não haver previsão expressa acerca da titularidade sobre os recursos minerais, deveria ser seguido o regime que vigia à época, remanescendo, consequentemente, o domínio dos minérios com o Império.[123]

Quanto ao citado Decreto de 27 de janeiro de 1829, que havia autorizado a exploração mineral por particulares em suas propriedades sem autorização e, em princípio, encerrado o regime regaliano, foi ele considerado inconstitucional em relação à Carta Imperial de 1824 pelo Conselho de Estado, em parecer elaborado pelo Visconde de Sousa Franco, pelo Visconde de Sapucaí e pelo Marquês de Olinda, que o revogou em 22 de outubro de 1866, através do Aviso nº 461.[124]

Em suma, nos períodos colonial e imperial vigeu, no Brasil, o sistema regaliano de titularidade minerária, que previa que o domínio sobre os minérios era, primeiro, da Coroa Portuguesa, e depois da

---

[121] RIBEIRO, Carlos Luiz, *op. cit.*, p. 5.
[122] Propriamente, declarava o Decreto de 27 de janeiro de 1829: "(...) que os substitutos do Imperio não precisam de autorização para empreender a mineração nas terras de sua propriedade por meio de Companhias de socios nacionaes e estrangeiros".
[123] SERRA, Silvia Helena; ESTEVES, Cristina Campos, *op. cit.*, p. 27
[124] BERCOVICI, Gilberto, *op. cit.*, p. 66-67. Além do Aviso nº 461, Silvia Serra e Cristina Esteves afirmam que a continuidade da titularidade do Estado sobre os minérios pós-Carta de 1824 foi confirmada pela edição da Lei nº 374/1845, da Lei nº 514/1848, da Lei nº 601/1850, do Decreto nº 3.350/1864, da Lei nº 1.057/1867 e dos Avisos de 24 de setembro de 1868 e de 7 de fevereiro de 1871 (SERRA, Silvia Helena; ESTEVES, Cristina Campos, *op. cit.*, p. 27, nota de rodapé 5).

independência, do Império do Brasil, sendo que ao particular era possível a exploração minerária mediante as chamadas datas minerais, uma espécie primitiva de concessão mineral.

### 1.1.2.2 Regime de Acessão (ou Fundiário): unicidade dominial (*cuius est solum, eius est usque ad coelum et ad inferus*)

O regime regaliano somente foi substituído com a promulgação da Constituição de 1891, a primeira editada após a proclamação da República em 1889, quando foi instituído o regime de acessão (ou fundiário), que, em um sistema de unicidade dominial, atribuía ao proprietário do solo também a propriedade irrestrita do subsolo, incluindo os recursos minerais nele encontrados, tornando as minas acessórios da propriedade superficial[125] através de seu artigo 72, §17, que assim dispunha originalmente:

> Artigo 72. A Constituição assegura a brasileiros e a estrangeiros residentes no País a inviolabilidade dos direitos concernentes à liberdade, à segurança individual e à propriedade, nos termos seguintes:
> 
> §17. O direito de propriedade mantém-se em toda a sua plenitude, salva a desapropriação por necessidade ou utilidade pública, mediante indenização prévia. As minas pertencem aos proprietários do solo, salvas as limitações que forem estabelecidas por lei a bem da exploração deste ramo de indústria.[126]

---

[125] Silvia Serra e Cristina Esteves afirmam que a adoção do regime de acessão teria partido de influência do movimento do individualismo jurídico que vigia à época, reforçado pelo fato de que a mineração não era mais vista como fonte de lucro para o Estado, pois o Alvará de 1803 havia cercado a mineração de benefícios fiscais (SERRA, Silvia Helena; ESTEVES, Cristina Campos, *op. cit.*, p. 27).

[126] Após a Emenda Constitucional de 3 de setembro de 1926, o §17 foi alterado para ter a seguinte redação, com a inclusão de duas alíneas: "§17. O direito de propriedade mantem-se em toda a sua plenitude, salvo a desapropriação por necessidade, ou utilidade pública, mediante indemnização prévia *a)* A minas pertencem ao proprietario do solo, salvo as limitações estabelecidas por lei, a bem da exploração das mesmas; *b)* As minas e jazidas mineraes necessarias á segurança e defesa nacionaes e as terras onde existirem não podem ser transferidas a estrangeiros". Nota-se que, apesar de mantida a propriedade do superficiário sobre os minérios encontrados em suas terras, a Constituição passou a prever maiores restrições sobre os recursos minerais.

Essa opção constituinte pela adoção do regime de acessão, que representou uma ruptura em tradição jurídica de dualidade dominial "cujas raízes mergulhavam no subsolo da nacionalidade",[127] teria ocorrido contextualmente na disputa entre a União e os Estados pelas terras devolutas, que, por força do artigo 64 da Carta de 1891, haviam sido, em regra, transferidas da primeira para os segundos, excepcionadas apenas as terras indispensáveis para a defesa das fronteiras, fortificações, construções militares e estradas de ferro, que permaneceram com a União. Como contrapartida à manutenção dessa porção de trechos devolutos sob domínio federal, a União teria "doado" aos particulares os recursos minerais.[128]

O regime de acessão também foi incorporado pelo Código Civil de 1916, por meio de seus artigos 43, I, 61, II e 526:

> Artigo 43. São bens imóveis: I. O solo com os seus acessórios e adjacências naturais compreendendo a superfície, as árvores e frutos pendentes, o espaço aéreo e o subsolo.

> Artigo 61. São acessórios do solo: II. Os minerais contidos no subsolo.

> Artigo 526. A propriedade do solo abrange a do que lhe está superior e inferior em toda a altura e em toda a profundidade, uteis ao seu exercicio, não podendo, todavia, o proprietario oppor-se a trabalhos que sejam emprehendidos a uma altura ou profundidade taes, que não tenha elle interesse algum em impedi-los.

A propósito, o transcrito artigo 526, ao prescrever que "a propriedade do solo abrange a do que lhe está superior e inferior em toda a altura e em toda a profundidade", estabeleceu no ordenamento jurídico nacional o princípio jurídico latino *"cuius est solum, eius est usque ad coelum et ad inferus"*, que metaforicamente exprime que o proprietário tem direito a tudo que está acima de seu solo até o céu (*rectius*: paraíso) e a tudo que está abaixo dele até o inferno.

É importante destacar que o regime de acessão não implicava que necessariamente o proprietário dos minérios seria um particular, mas sim que o titular dos recursos minerais seria o detentor do domínio

---

[127] VIVACQUA, Attílio, *op. cit.*, p. 518.
[128] CALÓGERAS, José Pandiá. *As minas do Brasil e sua legislação*. v. 3. Rio de Janeiro: Imprensa Nacional, 1905. p. 67.

sobre o solo no qual os minérios se encontravam. Logo, entende-se, podiam os minérios ser de um particular, de um Município, de um Estado ou da União, a depender de quem fosse o proprietário do solo.[129] O sistema de acessão, ao conferir titularidade sobre os minérios ao proprietário do solo, como uma extensão do direito de propriedade, permitia-lhe fazer o que melhor lhe aprouvesse em relação aos recursos minerais localizados em suas terras, inclusive protegê-los de terceiros.

Essa sistemática acessionista se amolda à estudada teoria de Ronald Coase acerca da solução de mercado para solução de externalidades (*vide* item 1.1.3), pois o estabelecimento de *property rights* sobre os recursos minerais, ainda que conectado à propriedade do solo, fazia com que tais bens passassem a ser dotados de exclusividade do ponto de vista econômico, haja vista que era possível ao particular proprietário proibir os demais indivíduos de utilizar os minérios que estivessem localizados em solo de seu patrimônio.

Não obstante, o regime de acessão foi fortemente criticado, pois, apesar de ter aumentado o poder dos proprietários de terras na exploração dos recursos minerais, dos quais passaram a ser também proprietários, o que teoricamente deveria representar um aspecto positivo do ponto de vista da liberdade mercadológica, acabou gerando como contrapartida uma retração na exploração mineral.[130]

Nesse contexto crítico, foram editadas duas leis que, no entender de Fernando Facury Scaff,[131] acabaram por restringir o poder dos proprietários, as popularmente chamadas Lei Pandiá Calógeras e Lei Simão Lopes.

---

[129] Segue-se nesse particular a lição de Attílio Vivacqua, que também elenca os municípios como possíveis titulares de domínio mineral (VIVACQUA, Attílio, *op. cit.*, p. 523). Fernando Facury Scaff registra estranheza quanto a esse posicionamento, asseverando que não há previsão constitucional nesse sentido (SCAFF, Fernando Facury. Royalties, *cit.*, p. 103, nota de rodapé 59). Também Gilberto Bercovici divide as minas no regime de acessão em particulares, estaduais ou federais, ainda que sem efetuar a crítica realizada por Scaff (BERCOVICI, Gilberto, *op. cit.*, p. 69). Contudo, com a devida vênia, considera-se que era despicienda disposição constitucional expressa conferindo titularidade aos municípios sobre os minérios em seus territórios, pois isso era diretamente depreendido do próprio artigo 72, §17, da Constituição Republicana de 1891, ao dispor que "as minas pertencem aos proprietários do solo". Ou seja, seria titular do minério o proprietário do solo no qual o recurso mineral estivesse, independente de ser ente privado ou público. Logo, para ser proprietário de minério, bastaria que o município fosse proprietário de solo com recursos minerais em sua área.
[130] SCAFF, Fernando Facury. Royalties, *cit.*, p. 105. Também nesse sentido, afirmando que a sujeição à vontade do superficiário fez cair a produção mineral, cf. SERRA, Silvia Helena; ESTEVES, Cristina Campos, *op. cit.*, p. 28.
[131] SCAFF, Fernando Facury. Royalties, *cit.*, p. 105.

Precisamente, a Lei Pandiá Calógeras (Decreto nº 2.933/1915)[132] reafirmou, em seu artigo 7º, que as minas poderiam pertencer à União, aos Estados ou ao proprietários do solo (excluindo literalmente os municípios), mas dispôs, em seu artigo 2º, que as minas constituem propriedade imóvel, distintas do solo, sendo alienáveis isoladamente.[133] Com isso, autorizou-se expressamente a realização de negócios isolados em relação aos minérios sem que fosse necessário envolver a superfície, o que, aparentemente, mais ratificou o regime acessionista que o desqualificou, pois conferiu liberdade negocial aos proprietários.

A Lei Simão Lopes (Decreto nº 4.265/1921), por sua vez, regulou a propriedade e a exploração das minas, também dispondo as minas como propriedade imóvel, acessória do solo, mas distinta dele (artigo 5º), expressamente autorizando o proprietário a arrendar, hipotecar ou alienar o minério independente do solo ou vice-versa (artigo 6º). Mais uma vez, entende-se que essa disposição muito mais reforçava o regime de acessão, ao conferir ao proprietário o direito de negociar isoladamente seus minérios, do que o enfraquecia.

Em rigor, entende-se que as restrições estabelecidas por essas duas leis em "desfavor" do proprietário do solo se relacionam mais com a disposição de uma regulação para exploração mineral do que com as previsões acerca da distinção entre solo e minérios para fins negociais.

Nessa linha, Silvia Serra e Cristina Esteves evidenciam que, como no regime dominial (ou regaliano, conforme a terminologia adotada neste trabalho), o regime de acessão estabelecia que o proprietário do solo era também o proprietário do subsolo, sendo que, em ambos, solo e subsolo não se confundiam. A diferença seria, portanto, que no regime "dominial" o subsolo mineral constituía propriedade da Coroa ou do Império, enquanto que no regime de acessão os recursos minerais eventualmente localizados em uma terra de titularidade diversa seriam também de domínio do proprietário do solo, ainda que um particular.

---

[132] Para Carlos Luiz Ribeiro, essa lei marca "o nascimento da legislação minerária brasileira" (RIBEIRO, Carlos Luiz, *op. cit.*, p. 7).
[133] Gilberto Bercovici destaca que, apesar dos esforços, a Lei Pandiá Calógeras nunca chegou a ser implementada efetivamente, pois recebeu diversos questionamentos acerca de sua constitucionalidade pela previsão diferenciada em relação ao regime de dominialidade dos minérios (BERCOVICI, Gilberto, *op. cit.*, p. 82). Particularmente, concorda-se que a Lei Pandiá Calógeras (assim como a Simão Lopes) realmente divergia da disposição constitucional acerca da titularidade sobre solo e subsolo, mas se considera que cindir solo e subsolo em bens distintos para fins negociais, em princípio, não constituía um problema para o proprietário, pois continuava como titular de ambos, com a diferença de que ficava livre para negociá-los separadamente.

Aliás, em razão desse entendimento, as autoras chegam a afirmar que o sistema acessionista nem mesmo pôs fim à dualidade dominial.¹³⁴ Discorda-se parcialmente desse entendimento. Com efeito, entende-se que o regime de acessão, tal como originalmente disposto pela Constituição Republicana de 1891, realmente estabeleceu um sistema de unicidade dominial, transformando solo, subsolo e seus minérios em uma só propriedade, sendo o solo o principal, e o subsolo e os recursos minerais, os acessórios.

Logo, a unicidade dominial do regime de acessão não tem a ver com uma indissociável união dominial entre solo, subsolo e recursos minerais, mas sim no sentido de que, a princípio, o proprietário do solo é o mesmo proprietário do subsolo e dos minérios, a menos que ele transacionasse os direitos sobre tais bens de forma distinta, como havia sido autorizado a fazer pelas Leis Pandiá Calógeras e Simão Lopes.

Mais que isso, é importante destacar que o subsolo é, em regra e independente do regime, parte da propriedade do solo. Com efeito, a unicidade ou dualidade dominial que ora se discute não se refere propriamente a uma distinção entre propriedade do solo e do subsolo, e sim entre os dois em relação aos minérios, estes sim potencialmente titularizados por um sujeito diverso, estejam esses recursos na superfície ou no subsolo.

Enfim, considera-se que o regime de acessão, que vigorou no Brasil de 1891 a 1934,¹³⁵ representa um relevante marco histórico na regulação nacional da mineração, pois de fato consistia em sistema consideravelmente diverso do que tradicionalmente vigia no país e também daquele que agora vige, pós-Constituição de 1934, como se detalhará nos subitens seguintes.

Com efeito, o regime acessionista proporcionou, à mineração brasileira, cenário de ampla liberdade, prestigiando o interesse individual em detrimento do real/imperial (regaliano) e do coletivo/nacional (concessional), experiência que tem relevante papel comparativo para fins analíticos.

---

¹³⁴ SERRA, Silvia Helena; ESTEVES, Cristina Campos, op. cit., p. 28.
¹³⁵ Países como os Estados Unidos da América continuam a adotar o sistema de acessão até os dias atuais (BERCOVICI, Gilberto, op. cit., p. 71).

## 1.1.2.3 Regime de Concessão: retomada da dualidade dominial

Com a Revolução de 1930, que depôs o então Presidente da República Washington Luís e impediu a posse do presidente eleito Júlio Prestes, pondo fim à chamada "República Velha" e elevando Getúlio Vargas à chefia do "Governo Provisório", marcado pelo viés nacionalista de busca por uma maior independência econômica, que tinha como um dos pressupostos o controle estatal sobre os recursos naturais,[136] foi instaurado novo regime de dominialidade sobre os recursos minerais, encerrando o sistema de acessão e inaugurando o regime de concessão, com o restabelecimento da dualidade dominial, a partir da Constituição e do Código de Mineração, ambos de 1934, com a influência de ideais sociais e pelo interesse nacional.[137]

Esse novo sistema de dominialidade em certa medida se assemelha ao regime regaliano, pois também separa a propriedade da terra da propriedade sobre os recursos minerais, com a diferença de que no regime de concessão a titularidade sobre os minérios é estatal, direcionada ao interesse público, enquanto que no regaliano a propriedade era da Coroa ou do Império, logo, direcionado basicamente ao interesse da realeza.[138]

Vale frisar que, apesar de a doutrina, de modo geral, convergir no sentido de que o ano de 1934 marca a transição do regime de acessão minerária para um novo sistema dominial dual, não há unidade terminológica na designação desse novo regime.

Com efeito, exemplificativamente, Fernando Facury Scaff e Gilberto Bercovici o chamam regime dominial,[139] Bruno Feigelson, por sua vez, nomeia o sistema como dominial republicano[140] e, finalmente, Paulo Henrique Faria Nunes, Silvia Serra e Cristina Esteves o intitulam como regime de concessão,[141] terminologia também adotada neste livro.

---

[136] Antes mesmo da edição da Constituição de 1934, o Governo Provisório editou uma série de medidas, como o Decreto nº 20.233/1931, o Decreto nº 20.799/1931 e o Decreto nº 23.266/1933, suspendendo atos que implicassem alienação ou oneração de jazidas minerais, com o objetivo de buscar a viabilização do desenvolvimento do aproveitamento dessas riqueza (cf. BERCOVICI, Gilberto, op. cit., p. 92).
[137] SERRA, Silvia Helena; ESTEVES, Cristina Campos, op. cit., p. 28.
[138] SCAFF, Fernando Facury. Royalties, cit., p. 106.
[139] SCAFF, Fernando Facury. Royalties, cit., p. 105-108 (vale registrar que Scaff também admite a nomenclatura alternativa "regime de concessão"); BERCOVICI, Gilberto, op. cit., p. 90-104.
[140] FEIGELSON, Bruno, op. cit., p. 41.
[141] NUNES, Paulo Henrique Faria, op. cit., p. 96; SERRA, Silvia Helena; ESTEVES, Cristina Campos, op. cit., p. 28.

Não obstante, essa multiplicidade de designações representa questão de matiz eminentemente teórico, sem grandes implicações práticas, tendo em vista que, apesar da utilização de nomenclaturas diferentes, a doutrina contemporânea, em regra, concorda no sentido de que o regime de acessão foi substituído por um novo sistema de dualidade dominial, que distingue a propriedade do solo e do subsolo da titularidade sobre os recursos minerais, sendo a exploração destes realizada mediante concessão mineral.

Essa alteração teria sido promovida, como registrado, pela Constituição de 1934, que, em seu artigo 118, estabeleceu que:

> Artigo 118. As minas e demais riquezas do subsolo, bem como as quedas d'água, constituem propriedade distinta da do solo para o efeito de exploração ou aproveitamento industrial.

Nota-se que o transcrito dispositivo constitucional retomou a distinção dominial entre os minérios e o solo no qual se localizam, mas, em rigor, não indicou quem seria o proprietário de tais recursos minerais. Essa questão somente foi esclarecida pelo Código de Mineração de 1934 (Decreto nº 24.642/1934), especificamente em seu artigo 5º, §1º, mas com o reforço em seus artigos 4º e 11:

> Artigo 4º. A jazida é bem immovel e tida como cousa distincta e não integrante do solo em que está encravada. Assim a propriedade da superfície abrangerá a do sub-solo na forma do direito comumm, exceptuadas, porem, as substancias mineraes ou fosseis uteis á industria.
>
> Artigo 5º. As jazidas conhecidas pertencem aos proprietários do sólo onde se encontrem, ou a que fôr por legítimo título. §1º. As jazidas desconhecidas, quando descobertas, serão incorporadas ao patrimônio da Nação, como propriedade imprescritível e inalienável. §2º. Só serão consideradas conhecidas, para os efeitos dêste Código, as jazidas que forem manifestadas ao poder público na fórma e prazo prescrito no art. 10.
>
> Artigo 11. O proprietário ou interessado que não satisfizer as exigências do art. 10 perderá *ipso facto* todos os seus direitos sôbre a jazida, que será considerada desconhecida na fórma do §2º do art. 5º

Registra-se que o citado §1º do artigo 5º, ao posicionar literalmente os minérios como patrimônio da "Nação" e não da União ou dos Estados, gerou cizânia doutrinária acerca da titularidade exata sobre os recursos minerais, tendo havido quem sustentasse ser um sistema de *res nullius*,[142] somente alterado na Constituição de 1988, que expressamente dispôs os minérios como bens da União (artigo 20, IX).

Esse posicionamento foi reforçado pela exposição de motivos anexa ao Código Minerário de 1934, na qual o então Ministro Juarez Távora afirmou que:

> Na realidade por estas circunstâncias, o regime jurídico instituído para as minas no Brasil é o de autorizações e concessões dos poderes públicos, como meros administradores, não sendo, em suma, senão o da *res nullius* em sua mais pura acepção. A ninguém pertencem de fato as minas: como detentoras as terão aqueles que as lavrarem enquanto mantiverem a lavra em plena atividade.

A despeito disso, acabou por prevalecer o entendimento de que, na verdade, essa "nacionalização" foi uma "federalização" dos recursos minerais, até porque a possibilidade de os Estados exercerem atividades regulatórias era excepcional e submetida a rigorosas condições,[143] posição reforçada pela previsão do artigo 119 da Constituição de 1934, que estabelecia que a exploração mineral seria realizada mediante "autorização ou concessão federal".

Detalhe importante acerca da transição de regime de dominialidade minerária promovido pela Carta de 1934 e regulamentado pelo Código de Mineração de 1934 foi a preocupação em resguardar os direitos adquiridos daqueles particulares que tinham minas em suas propriedades descobertas durante o regime de acessão, em que lhes era conferida titularidade dominial sobre tais recursos minerais.[144]

Precisamente, foi estabelecido pelo Código de Mineração (artigos 5º, 10, 11 e 12), em respeito ao depreendido do artigo 119[145] da Constituição de 1934, que as jazidas conhecidas continuariam a pertencer ao patrimônio dos proprietários das terras onde se localizassem,

---

[142] SCAFF, Fernando Facury. Royalties, *cit.*, p. 106.
[143] SCAFF, Fernando Facury. Royalties, *cit.*, p. 108 e p. 119-120. Ainda nesse sentido, cf. BERCOVICI, Gilberto, *op. cit.*, p. 93; VIVACQUA, Attílio, *op. cit.*, p. 465; SERRA, Silvia Helena; ESTEVES, Cristina Campos, *op. cit.*, p. 29.
[144] NUNES, Paulo Henrique Faria, *op. cit.*, p. 97.
[145] Rigorosamente, o artigo 119 não trata de forma expressa acerca da proteção ao direito adquirido daqueles que se beneficiaram com o regime de acessão, mas é claro no sentido de que, mesmo que tenha havido uma transferência de dominialidade dos minérios para o controle estatal, havia a possibilidade de haver minas de propriedade de particulares, ao estabelecer que o aproveitamento industrial dos minérios, "ainda que de propriedade privada", estarão sujeitas à autorização ou concessão federal (cf. BERCOVICI, Gilberto, *op. cit.*, p. 96-97).

desde que manifestadas pelo particular ao poder público no prazo de um ano contado da publicação do Código, consagrando, assim, o instituto do "manifesto de mina", categoria jurídica identificada até os dias atuais e que é submetida a diversas particularidades regulatórias.[146]

Pois bem, vencida a polêmica ocorrente quando da transição dos sistemas, foi estabilizado o regime de concessão nas demais Constituições posteriores (artigo 143 da Constituição de 1937, artigo 153 da Constituição de 1946, artigo 161 da Constituição de 1967, artigo 168 da Emenda Constitucional de 1969 e artigo 176 da Constituição de 1988), prevalecendo até os dias atuais,[147] variando basicamente acerca dos possíveis titulares das concessões minerais,[148] com posições mais ou menos refratárias ao capital estrangeiro.

Nesse contexto, a Constituição de 1937 adotou clara postura nacionalista ao estabelecer a nacionalização progressiva das minas e jazidas minerais (artigo 144) e pela exigência de nacionalidade brasileira aos acionistas das mineradoras (artigo 143, §1º).

Por sua vez, a Constituição de 1946 aliviou as restrições sobre estrangeiros ao dispor que as concessões poderiam ser realizadas por brasileiros e por "sociedades organizadas no País", tendo assegurado ainda preferência ao proprietário do solo na exploração dos minérios localizados em suas propriedades, de acordo com a natureza das minas (artigo 153, §1º).

Já no regime militar, a Constituição de 1967 manteve a possibilidade de realização de atividade minerária por empresas organizadas no país (artigo 161, §1º) e eliminou o direito de preferência do proprietário, mas instituiu o direito de participação nos resultados da lavra (artigo 161, §2º), que seria igual ao dízimo do imposto único devido sobre minerais (artigo 161, §3º). Alteração importante promovida pela Carta de 1967 foi a atribuição de competência legislativa apenas à União para tratar de jazidas, minas e recursos minerais (artigo 8º, XVII, *h*),

---

[146] Para uma análise específica sobre o instituto do "manifesto de mina" e suas implicações jurídicas, cf., *v.g.*, SCAFF, Fernando Facury. Royalties, *cit.*, p. 109-115; CASTRO, Antonio Falabella de. O manifesto de mina em face da compensação financeira (Lei nº 7.990/89). *In*: SOUZA, Marcelo Mendo Gomes de (coord.). *Direito minerário aplicado*. Belo Horizonte: Mandamentos, 2003. p. 221-262; GONÇALVES, Andréa Viggiano. A participação do proprietário do solo nos resultados da lavra de mina manifestada. *In*: SOUZA, Marcelo Mendo Gomes de (coord.). *Direito minerário em evolução*. Belo Horizonte: Mandamentos, 2009. p. 277-291.

[147] SCAFF, Fernando Facury. Royalties, *cit.*, p. 116.

[148] NUNES, Paulo Henrique Faria, *op. cit.*, p. 97.

deixando de se admitir a competência supletiva dos Estados (artigo 8º, §2º), como vigia nas anteriores.

Também em 1967, pouco após a promulgação da Constituição, entrou em vigor o Decreto-lei nº 227/1967, que instituiu o Código de Mineração em vigor até a atualidade. Sua principal disposição foi a confirmação de que o proprietário da terra não tinha mais preferência na exploração dos minérios em seus imóveis, conferindo-se direito de prioridade ao primeiro requerente da autorização de pesquisa ou do registro de licença mineral (artigo 11, *a*), garantia que persiste até hoje.[149]

Em 1969, sobreveio a Emenda Constitucional nº 1, que por muitos foi considerada verdadeira nova Constituição, fortalecendo o centralismo político e o aumento da censura, bem como incorporando os Atos Institucionais. No âmbito da mineração, porém, foi mantida a divisão de titularidade entre o solo e os recursos minerais (artigo 168), a necessidade de concessão federal a brasileiros ou a sociedades organizadas no país para exploração mineral (artigo 168, §1º) e a participação do proprietário do solo nos resultados da lavra (artigo 168, §2º) também equivalente a 10% do imposto sobre minerais (artigo 168, §3º).

Nota-se dessa breve exposição que o regime de concessão de fato foi adotado por todas as Constituições brasileiras a partir de 1934, que iniciou a substituição ao anterior regime de acessão, sendo o novel sistema caracterizado basicamente pela federalização dos recursos minerais e a retomada da dualidade dominial, que divide propriedade

---

[149] Vale registrar que o Projeto de Lei nº 5.807/2013, enviado pelo Poder Executivo ao Congresso Nacional e que propõe a instituição de um novo marco regulatório para a mineração (um novo Código de Mineração, portanto), na forma como proposto, extingue o direito de prioridade (criticado por alguns por favorecer a atuação especulativa por parte de requerentes sem intenção de explorar os minérios, mas apenas de transacionar a cessão da prioridade) e estabelece um sistema de licitações prévias para aproveitamento mineral, abstratamente criando um cenário de desincentivo à realização de investimentos privados no setor, em especial na pesquisa, pois faz com que aquele que efetue dispêndios para localização dos recursos minerais deixe de ter preferência no aproveitamento se tiver feito o requerimento à autarquia minerária, o que acaba fortalecendo o papel do Estado nesse processo. Para uma análise moderna e mais detalhada acerca do direito de prioridade e dos potenciais impactos jurídicos e econômicos do Projeto de Lei nº 5.807/2013, cf. VALE, Caroline Fernandes do; PEREIRA, Antônio Carlos Tozzo Mendes. O princípio da prioridade na mineração: acertos e desacertos. *In*: AZEVEDO, Marcelo; CASTRO JÚNIOR, Paulo Honório; MATTOS, Tiago; FREIRE, William (coords.). *Direito da mineração*: questões minerárias, ambientais e tributárias. Belo Horizonte: D'Plácido, 2017. p. 163-180.
Finalmente, para encerrar a discussão, é importante ressalvar que o direito de prioridade não foi afetado pelas Medidas Provisórias nº 789, 790 e 791 (esta a única confirmada na Lei nº 13.575/2017) editadas em 2017, pelo que, ao menos até uma eventual confirmação do Projeto de Lei nº 5.807/2013, a garantia de precedência continua normalmente em vigor.

do solo e do subsolo daquela sobre os minérios, sendo o aproveitamento mineral possível, em regra, mediante concessão realizada pelo Poder Público federal.

Esse regime foi mantido pela Constituição de 1988, que será analisada em apartado no subitem seguinte, como forma de destacar o sistema vigente atualmente no ordenamento jurídico brasileiro e as peculiaridades decorrentes dessa nova ordem constitucional.

### 1.1.2.4 A Constituição Federal de 1988 e a dupla (tripla ou quádrupla?) dominialidade

A Constituição Federal de 1988 expressamente dispôs os recursos minerais como sendo bens da União (artigo 20, IX), mantendo a divisão dominial entre solo e o subsolo em relação aos minérios, garantindo-se ao concessionário explorador a propriedade do produto da lavra (artigo 176) e, ao proprietário do solo, participação nos resultados da lavra (artigo 176, §2º). No mais, a Carta de 1988, após alteração pela Emenda Constitucional nº 6 de 1995,[150] manteve a possibilidade de exploração mineral por brasileiros e por empresas constituídas sob as leis brasileiras e que tivessem sede e administração no Brasil (artigo 176, §1º).

Rigorosamente, portanto, o regime de concessão, nos moldes estudados no subitem anterior, foi mantido com a promulgação da Constituição de 1988, com algumas observações que merecem ser destacadas.

Primeiro, como os recursos minerais foram expressamente dispostos como bens da União, foi confirmado seu caráter de bem público, havendo, porém, divergência acerca da categorização mais adequada que sobre eles recaia nesse sentido.

Há quem os qualifique como bens de uso especial (artigo 99, II, do Código Civil), indisponíveis e com destinação pública específica definida constitucionalmente, qual seja a exploração e o aproveitamento de seus potenciais com vistas a garantir o desenvolvimento, a redução

---

[150] Originalmente, antes da Emenda Constitucional nº 6/1995, a Constituição Federal de 1988 se restringia a brasileiros e a empresas brasileiras de capital nacional, que, por força do hoje revogado artigo constitucional 171, II, eram aquelas "cujo controle efetivo esteja em caráter permanente sob a titularidade direta ou indireta de pessoas físicas domiciliadas e residentes no País, entendendo-se como controle efetivo da empresa a titularidade da maioria de seu capital votante e o exercício, de fato e de direito, do poder decisório para gerir suas atividades", o que representava restrição à atuação de estrangeiros no setor (SERRA, Silvia Helena; ESTEVES, Cristina Campos, *op. cit.*, p. 31).

das desigualdades, a erradicação da pobreza e a soberania econômica nacional.

Nessa linha, a concessão mineral seria uma concessão de uso, consistindo em ato administrativo federal que, sem transmitir domínio ou direito real sobre os minérios, outorga ao concessionário o direito de exploração mineral com os direitos conexos para que possa atuar efetivamente, sendo mantida a titularidade federal sobre os recursos minerais inertes, transferindo-se ao explorador apenas o produto da lavra, ou seja, o minério extraído.[151]

Por outro lado, há quem os defina como bens dominicais, pelo que a concessão mineral seria qualificada como uma "concessão de direito real de uso", pois, como atribui o produto da lavra ao concessionário e autoriza a cessão e transferência das autorizações de pesquisa e das concessões para exploração, ainda que com a anuência do poder concedente, não poderia ser qualificada de modo distinto, vez que confere certa liberdade ao particular e indica caráter essencialmente patrimonial aos minérios.[152]

Outros, porém, como William Freire, preferem classificar os minérios em categoria à parte dos bens dominicais e dos bens de uso especial, pois inclui tanto os recursos minerais conhecidos como os ainda não identificados, pelo que o domínio da União sobre os minérios deveria ser qualificado como um "domínio público mineral especial", pois, embora federal, não pode ser utilizado discricionariamente pela União, devendo ser explorado por particular que tem garantido o produto da lavra, sempre no interesse nacional, "no interesse de seu povo".

Mais que isso, William Freire defende que o próprio termo "concessão" seria equivocado, pois a União seria obrigada a permitir o aproveitamento econômico de seus recursos minerais ao particular que assim o requeresse primeiramente, desde que com o cumprimento das condicionantes regulatórias, salvo se ficasse demonstrado que a exploração contrariaria o interesse nacional ou se a outorga do direito minerário violasse o artigo 42 do Código de Mineração,[153] mais adequado do que "autorização" ou "concessão", portanto, seriam as denominações "consentimento para pesquisa" e "consentimento para lavra".

---

[151] BERCOVICI, Gilberto, *op. cit.*, p. 289-290.
[152] RIBEIRO, Carlos Luiz, *op. cit.*, p. 7-10, 18-19 e 21-26.
[153] FREIRE, William, *op. cit.*, p. 65-69 e p. 82-84.

Frisa-se que há ainda corrente que defende que os minérios, como recursos ambientais, não se qualificariam como bens públicos, e sim como "bens difusos" ou como "bens de uso comum do povo", na acepção do artigo 225 constitucional, discussão a ser mais detidamente realizada na sequência, no item 1.2.2, quando se estudará de modo específico a qualificação dos recursos minerais como bens ambientais.

De todo modo, adianta-se que, embora em outra oportunidade já se tenha defendido posição semelhante,[154] entende-se agora que os recursos minerais realmente se qualificam como bens públicos federais, sendo direcionados ao desenvolvimento e à garantia da soberania nacional, sempre no interesse social nacional, mas que, em razão do regime ambiental constitucional, hoje têm sua exploração influenciada pelo dever geral de proteção do meio ambiente e pela necessidade de conferir uso sustentável aos recursos naturais.

Quanto à categorização da concessão mineral, filia-se ao entendimento de que não pode ser confundida com as tradicionais classificações de direito administrativo, pois consiste em evidente hipótese *sui generis* de concessão, tendo em vista que o particular concessionário, com a extração do recurso mineral, torna-se o proprietário do produto da lavra, não subsistindo à União qualquer direito sobre aquele minério explotado em específico.

Não obstante, para o momento, importa destacar que, embora classicamente se afirme que há um regime de dualidade dominial no âmbito da mineração, que separa propriedade do solo e do subsolo daquela sobre os recursos minerais, entende-se que, mais adequado para a compreensão efetiva do fenômeno seria afirmar pela existência de uma tripla ou até mesmo quádrupla dominialidade.

Explica-se: em uma mesma relação mineral podem ser identificados três titulares individualizados distintos. Primeiro a União, como titular dos recursos minerais inertes nas jazidas (minério *in situ*), segundo o proprietário da terra na qual os minérios estão localizados, que tem direito à participação nos resultados da lavra, e terceiro o concessionário explorador dos recursos minerais, que, com sua extração, se tornará o titular do produto mineral.

A esses três possíveis sujeitos ainda é possível acrescer um quarto, consubstanciado na coletividade que, embora não possua gestão direta na relação minerária, tem interesse difuso na exploração

---

[154] Cf. BRITO, Luis Antonio Gomes de Souza Monteiro de. Royalties, *cit.*

dos minérios com vistas à realização do interesse nacional de garantir o desenvolvimento, a superação da pobreza e a soberania econômica brasileira, bem como a exploração sustentável dos recursos naturais e a compensação pelo usufruto por um particular de bens minerais que, em última instância, originalmente pertenciam à sociedade brasileira.

É bem verdade que, *a priori*, esse posicionamento tem relevância eminentemente teórica. Porém, dele também derivam implicações práticas, considerando que posiciona a atividade minerária como sendo movida por múltiplos interesses distintos, que devem ser resguardados.

Embora a União se qualifique como a proprietária dos recursos minerais inertes como garantia e proteção do interesse nacional, o proprietário do solo no qual eles se localizam também tem seu interesse minimamente resguardado, por ter direito à participação nos resultados da lavra, o mesmo se falando em relação ao concessionário titular do direito minerário, que tem direito ao produto da lavra realizada e a potencialmente lucrar com a exploração da atividade, e à própria coletividade, cujos interesses social, econômico e ambiental também devem ser observados.

É claro que algumas dessas ponderações também poderiam ser realizadas em relação às Constituições anteriores que também adotaram o regime de concessão. Contudo, é inegável que a Carta de 1988 estabeleceu um regime moderno e complexo, potencializado pela inclusão da pauta ambiental na equação.

O que se depreende fundamentalmente dessa análise é que, tal qual a escassez e a exauriência dos recursos minerais e as potenciais externalidades geradas pela atividade minerária, também o regime de dominialidade dos minérios influencia notadamente no caráter economicamente estratégico desses recursos.

Isso, porque, embora tenha papel essencial na balança comercial, no desenvolvimento econômico e no próprio cotidiano humano, o que confere considerável e estratégico potencial econômico à mineração, há fatores que devem ser levados em consideração como ponderação do modo mais adequado de realização da atividade, garantindo-lhe sustentabilidade social, econômica e ambiental.

A regulação minerária é direcionada a proporcionar os benefícios econômicos da mineração, mas sempre com ressalvas que idealmente assegurem que essas vantagens serão auferidas por todos os agentes envolvidos na relação, desde o concessionário explorador, que potencialmente lucrará com a atividade, passando pelo proprietário do solo, que recebe participação nos resultados da lavra, pela União, que é titular oficial dos minérios, e pela coletividade, que é mediata interessada na sustentável exploração desses recursos, por questões sociais, econômicas e ambientais.

## 1.2 A mineração como atividade ambientalmente impactante

Paralelamente ao seu potencial econômico estratégico para o desenvolvimento nacional, outra característica elementar da mineração é ter uma relação indissociável com o meio ambiente, tanto pela inevitável intervenção ambiental necessária para a realização da atividade minerária quanto pela qualidade de bem ambiental que recai sobre os recursos minerais.

A mineração, portanto, sustenta-se sobre uma complexa dicotomia, pois, ao mesmo tempo em que confere potencial impulso econômico para o desenvolvimento da nação, ostenta caráter essencialmente impactante ao meio ambiente, interesses que, *a priori*, parecem contrapostos e excludentes, embora na verdade sejam potencialmente compatibilizáveis, cenário que se torna ainda mais complexo quando adicionamos à reflexão os aspectos sociais envolvidos, também fortemente influenciados pela atividade minerária.

Ainda nesse contexto, por representarem circunstâncias inerentes aos empreendimentos mineradores e, consequentemente, fatores a serem considerados na avaliação da conveniência econômico-ambiental da exploração mineral, quatro características dos recursos minerais merecem ser destacadas, quais sejam sua finitude, rigidez locacional e distribuição assimétrica, bem como o caráter unitário da jazida.

O caráter de recurso natural não renovável já foi amplamente discutido na parcela inicial deste capítulo, em especial no subitem 1.1.1, tendo sido demonstrado em suma que, por sua escassez e exauriência, os minérios devem ser explorados em bases racionais para garantir eficiência nos ganhos em perspectiva intergeracional, com a ressalva de que essa sustentabilidade não necessariamente consiste em extrair os recursos minerais lenta e gradualmente, baseando-se, em verdade, muito mais na identificação do momento em que essa exploração tem mais capacidade de converter patrimônio estático em riqueza dinâmica, o que pode até mesmo resultar em uma exploração mais acelerada, de modo a evitar a perda de valor mercadológico do recurso, e na aplicação adequada da renda mineral.

Quanto à rigidez locacional, William Freire sustenta consistir na impossibilidade de o empreendedor escolher livremente o local onde operará sua atividade produtiva, visto que as minas obviamente devem ser lavradas onde a natureza as colocou.[155]

Ou seja, da rigidez locacional decorre que o desenvolvimento de um empreendimento minerário não pode ser reposicionado para local diverso daquele onde a jazida está naturalmente situada, para se optar, por exemplo, por uma área que sentisse menos os impactos socioambientais. Logo, na mineração, ou se assume e se atua para controlar e abrandar seus inevitáveis impactos, ou se impede a própria atividade em absoluto.[156]

Aliás, é muito provável que se as mineradoras pudessem escolher o local de exploração, dariam preferência para locais com melhores condições logísticas, financeiras e de desenvolvimento humano, por uma questão de racionalidade econômica, pois isso presumivelmente facilitaria a realização da atividade, por aproximar a operação dos centros decisórios, dos principais mercados consumidores e da mão-de-obra qualificada, embora a proximidade com os grandes centros urbanos possa representar um sensível aumento de custo.

Por certo, o ideal seria que as minas estivessem em locais livres de ônus, de fácil acesso e sem elementos de sensibilidade ecológica e/ou social, e não em leitos de rio, em áreas de preservação permanente, em reservas legais, em unidades de conservação, em terras indígenas ou com presença de comunidades tradicionais, todos exemplos claros de espaços que dificultam (ou mesmo inviabilizam) a mineração, entre diversos outros possíveis.

Não obstante, como não é possível contestar a natureza, resta ao minerador – e ao Poder Público – o desafio de equacionar o interesse de explorar os minérios com as dificuldades sociais, econômicas e ambientais que o empreendimento minerador pode proporcionar.[157]

---

[155] FREIRE, William, *op. cit.*, p. 55.
[156] Nesse sentido, Gabriel Luis Bonora Vidrih Ferreira salienta que o legislador constitucional brasileiro admite a inevitável interferência da mineração no meio ambiente justamente porque, "do contrário, não permitindo as intervenções na área a fim de possibilitar a extração do minério, estaria bloqueando o seu exercício e esvaziando todo o conteúdo da manifestação do princípio da livre iniciativa na mineração" (FERREIRA, Gabriel Luis Bonora Vidrih. Mineração, meio ambiente e ordem econômica. *In:* YOSHIDA, Consuelo Yatsuda Moromizato; REMÉDIO JÚNIOR, José Ângelo (org.). *Direito minerário e direito ambiental:* fundamentos e tendências. Rio de Janeiro: Lumen Juris, 2014. p. 126).
[157] Outro desafio decorrente da rigidez locacional, este potencializado pelo modelo federativo brasileiro, é o quase inevitável "jogo de pressão" exercido pelos entes públicos

Já a distribuição assimétrica se relaciona com a disposição das riquezas minerais no planeta, natural e incontrolavelmente ocorrida de modo difuso entre as diversas regiões do globo, de acordo com suas particulares condições naturais, em especial geológicas e climáticas, não importando fronteiras geopolíticas ou qualquer dos interesses do homem, que, no atual estágio científico e tecnológico, ainda não é capaz de criar jazidas minerais, devendo se contentar com a exploração daquelas formadas na natureza após milhões de anos.[158]

A distribuição assimétrica, portanto, intensifica as implicações da rigidez locacional. Isso, porque não apenas o empreendimento minerário deve ser realizado no exato local da jazida, vez que é impossível movimentá-la conforme interesses particulares, como o minerador também estará sujeito a identificar o recurso mineral que pretende explorar em locais muitas vezes distantes dos centros organizacionais da empresa, justamente porque os recursos minerais estão assimetricamente distribuídos ao redor do globo.

Finalmente, o caráter unitário da jazida pode ser compreendido em duas perspectivas distintas, uma fática, representada pela unidade natural da massa individualizada da substância mineral que pode se estender por amplos territórios, inclusive internacionalmente,[159] e outra jurídica, tendo em vista que o artigo 4º do Código de Mineração dispõe que a jazida é tida como uma unidade para fins de exploração, não importando eventual fracionamento quando da conversão do minério *in situ* em produto da lavra.

Além dessas características, José Ângelo Remédio Júnior também elenca como elementos caracterizadores da mineração a necessidade de grandes investimentos e o longo prazo de duração da atividade, bem

---

para licenciar ambientalmente as atividades minerárias. Isso, porque, embora a concessão mineral seja federal, as licenças ambientais podem ser federais, estaduais ou municipais (artigo 23 da Constituição de 1988 combinado com os artigos 7º, XIV, 8º, XIV, e 9º, XIV, Lei Complementar nº 140/2011), a depender de circunstâncias casuísticas de cada empreendimento, o que, na prática, acaba por criar uma falta de sintonia regulatória. Isso, porque o minerador, na esteira do contestável excesso de subjetividade do licenciamento ambiental, fica sujeito às exigências do licenciador, pois, como não é possível escolher a posição do minério, caso queira explorá-los, ou o minerador aceita as condições impostas ou simplesmente desiste, ficando à mercê de demandas que podem até certas vezes ser justas, mas que são desprovidas de base legal (cf. SCAFF, Fernando Facury. Royalties, *cit.*, p. 51). O tema licenciamento ambiental na mineração será mais detidamente abordado no capítulo 2, quando da análise dos instrumentos de controle dos impactos ambientais negativos gerados pela atividade minerária.

[158] SCAFF, Fernando Facury. Royalties, *cit.*, p. 43.
[159] Cf. REMÉDIO JÚNIOR, José Ângelo, *op. cit.*, p. 16.

como a significativa degradação ambiental e a apropriação particular de um recurso natural não renovável.[160] Contudo, ressalva-se que o investimento necessário e o prazo de duração somente serão realmente expressivos nos casos de grandes empreendimentos mineradores, haja vista serem fatores estritamente conectados com o porte da atividade, adquirindo certo caráter de proporcionalidade. Se grande projeto, provavelmente exigirá de modo proporcional grandes investimentos e um longo prazo de realização; porém, se projeto de pequeno porte, possivelmente demandará investimentos menores e se encerrará mais brevemente.

Já com relação à significativa degradação ambiental e à apropriação particular de um recurso natural não renovável, as ressalvas serão analisadas de forma detida nos itens seguintes, em especial 1.2.3 e 1.2.4, nos quais se apresentará o minério como bem ambiental e a mineração como essencialmente impactante.

Não obstante, vale registrar desde já a relativa discordância quanto à classificação da atividade minerária, como sempre, causadora de significativa degradação ambiental, pois, de certo modo, transparece a equivocada ideia de inevitabilidade de danos ambientais expressivos, quando, na verdade, o que há é uma essencial geração de impactos, que não necessariamente serão significativos.

No mais, ressalva-se que de fato a mineração consiste na apropriação por um particular de recursos naturais não renováveis de interesse difuso, pois caracterizados como bens ambientais, mas titularizados estrategicamente pela União, como amplamente registrado no item 1.1.2.

Frisa-se que compreender essas características dos minérios é importante para evidenciar que, como a mineração somente poderá ser realizada nos locais onde as jazidas estiverem posicionadas, então, para aproveitar os benefícios da atividade para o desenvolvimento da nação, será sempre imprescindível compatibilizar esse interesse econômico com os impactos socioambientais causados, atuando proativamente de modo a controlar e mitigar seus efeitos negativos e potencializar os positivos ou, pelo menos, reagindo de modo eficiente para corrigir aqueles que extrapolarem as previsões.

Portanto, repise-se, desenvolver mineração quase sempre importa em cenário de escolha trágica. Ou se assume os impactos ambientais

---

[160] Idem. Ibidem, p. 16-17.

que a atividade causará – e se age para sua mitigação, evidentemente – ou então se prescinde em absoluto da sua realização.

Nesse contexto, nos itens seguintes será realizada análise da intrínseca relação entre mineração e meio ambiente, como o delicado contraponto ao potencial econômico da atividade, com o objetivo principal de caracterizar a atividade como essencialmente causadora de alterações ambientais adversas, pressuposto necessário para compreensão conceitual de impacto ambiental e de dano ambiental, objeto central deste primeiro capítulo.

## 1.2.1 Mineração, desenvolvimento econômico-social sustentável e direito fundamental ao meio ambiente ecologicamente equilibrado

De início, é importante evidenciar a particular relação existente entre a atividade minerária com o princípio do desenvolvimento sustentável e o direito fundamental ao meio ambiente ecologicamente equilibrado, que representam os alicerces do direito ambiental.

Para tanto, pretende-se na oportunidade caracterizar o direito fundamental ao meio ambiente equilibrado especificamente para destacar a influência que recebe da atividade minerária e também sua relação com o princípio do desenvolvimento sustentável.[161][162]

Nesse contexto, destaca-se que a elevação do meio ambiente ecologicamente equilibrado ao *status* de direito fundamental é derivação do processo histórico-evolutivo da questão ambiental, mormente da alteração do foco de preservação de cunho exploratório, na qual prevalecia

---

[161] Consuelo Yoshida e José Ângelo Remédio Júnior asseveram que ao princípio do desenvolvimento sustentável e ao direito fundamental ao meio ambiente ecologicamente equilibrado deve ser acrescido também como fundamento do regime jurídico-ambiental da mineração o caráter de "bem ambiental" dos recursos minerais, cuja decorrência mais importante é a oneração imposta sobre a propriedade mineral em razão de sua função ecológica (YOSHIDA, Consuelo Yatsuda Moromizato; REMÉDIO JÚNIOR, José Ângelo. Direito minerário e direito ambiental: fundamentos do regime jurídico-ambiental. *In:* THOMÉ, Romeu (org.). *Mineração e meio ambiente*: análise jurídica interdisciplinar. Rio de Janeiro: Lumen Juris, 2017. p. 8-10).

[162] Já se teve a oportunidade de realizar análise congênere em artigo especificamente direcionado ao estudo do licenciamento ambiental na mineração. Cf. BRITO, Luis Antonio Gomes de Souza Monteiro de. Mineração e meio ambiente: o licenciamento ambiental como instrumento de realização do desenvolvimento sustentável. *In:* BASTOS, Elísio Augusto Velloso; FONSECA, Luciana Costa da; CICHOVSKI, Patrícia Blagitz (coords). *Direitos humanos na Amazônia*. Salvador: JusPodium, 2017. p. 529-564.

uma visão utilitarista da relação entre homem e natureza, para a atual proteção ambiental pelo valor intrínseco do meio ambiente.[163]

Como é cediço, o marco legal internacional da consciência ambiental moderna é a Declaração de Estocolmo de 1972,[164] tendo sido esta o resultado de discussões sobre a necessidade de mudança da relação do Homem com o meio ambiente que já eram travadas em nível extralegal há consideravelmente mais tempo.[165]

Precisamente, a referida Declaração apresentou diversos princípios que podem ser considerados como prolongamentos da Declaração Universal dos Direitos do Homem de 1948, tendo servido de marco inaugural para que as Constituições supervenientes, inclusive a brasileira, de 1988, reconhecessem o meio ambiente ecologicamente equilibrado como um direito fundamental.[166] [167]

À evidência, a Constituição de 1988, consagrando a consciência ambiental moderna, elevou, em seu artigo 225, o direito ao meio ecologicamente equilibrado ao *status* de "direito-dever fundamental", incutindo uma dimensão ecológica à dignidade da pessoa humana nos níveis individual e também difuso.[168]

Fala-se em "direito-dever fundamental" em razão do caráter dúplice da questão ambiental, que envolve todos, Estado e particulares, estes individual e difusamente considerados tanto no direito de usufruir de um meio ambiente equilibrado quanto no dever de protegê-lo em

---

[163] Jorge Alex Athias destaca que a questão ambiental moderna se caracteriza pela conscientização de que o "crescimento econômico, ao custo da degradação ambiental, compromete o destino da humanidade, e coloca o pesado fardo nos ombros das gerações futuras" (ATHIAS, Jorge Alex Nunes. *A ordem, cit.*, p. 125).

[164] Apesar de efetivamente representar o marco internacional da normativa ambiental, ressalta-se que a Declaração de Estocolmo foi precedida por outros instrumentos legais locais, que inclusive influenciaram as discussões da Conferência, tais como as estadunidenses *National Environmental Policy Act* (Lei da Política Nacional do Meio Ambiente) de 1970, *Clean Air Act* (Lei do Ar Limpo) de 1970 e *Clean Water Act* (Lei da Água Limpa) de 1972. Cf. SARLET, Ingo Wolfgang; FENSTERSEIFER, Tiago. *Direito ambiental, cit.*, p. 75.

[165] Para detalhamento acerca da evolução do movimento ambientalista, cf. SARLET, Ingo Wolfgang; FENSTERSEIFER, Tiago. *Direito ambiental, cit.*, p. 67-83.

[166] SILVA, José Afonso. *Direito ambiental constitucional*. São Paulo: Malheiros, 2003. p. 58-59 e 69.

[167] Além da Constituição brasileira de 1988, incorporaram a proteção ambiental em seu texto, *v.g.*, a Constituição Portuguesa (1976), a Espanhola (1978), a Alemã (1949, através da reforma constitucional de 1994), a Colombiana (1991), a Sul-africana (1996), a Suíça (2000), a Francesa (1958, através da incorporação constitucional da Carta do Meio Ambiente de 2004), a Equatoriana (2008) e a Boliviana (2009).

[168] SARLET, Ingo Wolfgang; FENSTERSEIFER, Tiago. *Direito constitucional ambiental*: Constituição, direitos fundamentais e proteção do ambiente. 3. ed. São Paulo: RT, 2013. p. 31.

respeito aos demais indivíduos da presente e das futuras gerações, implicando, ao mesmo tempo, em "um complexo de direitos (posições subjetivas) e deveres (dimensão jurídico-objetiva) fundamentais de cunho ecológico"[169] que recai sobre todos.

O direito fundamental ao meio ambiente de qualidade é enquadrado como um direito transindividual, uma terceira categoria de direito fundamental acrescida às esferas individual e social, mas que ainda é tida como excessivamente heterogênea e vaga, abrangendo direitos consideravelmente díspares entre si,[170 171] mas que convergem por transcenderem os níveis individual e social, para assumir um caráter verdadeiramente difuso.

Além disso, por força da disposição do artigo 225 constitucional, tal direito fundamental será considerado resguardado quando a interação dos recursos ambientais for capaz de garantir a sadia e digna qualidade de vida dos indivíduos. Logo, o direito não estabelece o dever de garantir a conservação absoluta dos recursos ambientais, admitindo, portanto, que haja intervenção no meio ambiente desde que o equilíbrio mínimo seja preservado, assim como, consequentemente, a sadia qualidade de vida da coletividade.

Isso, porque "mesmo se caracterizando como um objetivo irrenunciável, a defesa do meio ambiente deve ser concretizada respeitando e resguardando os demais direitos fundamentais e liberdades públicas".[172]

Pois bem, sendo o direito ao meio ambiente ecologicamente equilibrado um direito fundamental, que é ainda fortemente conectado aos direitos fundamentais à dignidade, à vida e à saúde, facilmente se depreende que a mineração acaba por ter inevitável influência na realização desse direito, haja vista os impactos ambientais que causa e a gradativa exauriência dos recursos naturais explorados, o que acaba por intervir no equilíbrio ambiental.

Para solucionar esse conflito e resguardar o direito fundamental ao meio ambiente ecologicamente equilibrado apesar dos impactos da

---

[169] SARLET, Ingo Wolfgang; MACHADO, Paulo Affonso Leme; FENSTERSEIFER, Tiago. *Constituição e legislação ambiental comentadas*. São Paulo: Saraiva, 2015. p. 127.

[170] *Idem. Ibidem*, p. 35.

[171] Para a compreensão do processo histórico-evolutivo dos direitos fundamentais, seus fundamentos, classificações e características, cf. BRITO FILHO, José Claudio Monteiro de. *Direitos humanos*. 2. ed. São Paulo: LTr, 2018; SARLET Ingo Wolfgang. *A eficácia dos direitos fundamentais*. 10. ed. Porto Alegre: Livraria do Advogado, 2009.

[172] FERREIRA, Gabriel Luis Bonora Vidrih, *op. cit.*, p. 118.

mineração, a chave está no princípio do desenvolvimento sustentável, que, em síntese, orienta para a congregação da eficiência econômica com a prudência ambiental e a equidade social, de modo que todos esses fatores sejam realizados de forma otimizada e intergeracional, maximizando os benefícios sociais, econômicos e ambientais da atividade e minimizando – ou mesmo eliminando – os prejuízos.

No âmbito internacional, a conceituação de "desenvolvimento sustentável" foi realizada precipuamente no Relatório Brundtland (também chamado "Nosso Futuro Comum"), em 1987, pela Organização das Nações Unidas, tendo sido concebido como "o desenvolvimento que satisfaz as necessidades presentes, sem comprometer a capacidade das gerações futuras de suprir suas próprias necessidades".

Os principais objetivos incutidos nessa conceituação, na lição de Alexandre Kiss e Dinah Shelton, seriam: a retomada do crescimento econômico, mas com a alteração da dimensão qualitativa; o atendimento às necessidades essenciais de emprego, alimentos, energia, água e saneamento; a garantia de um nível sustentável ao crescimento demográfico; a melhora e a conservação dos recursos básicos; a reorientação da tecnologia e a gestão dos riscos; e a conciliação entre a economia e o meio ambiente na tomada de decisões.[173]

Nota-se que, juridicamente, o desenvolvimento sustentável realmente não se limita à relação entre meio ambiente e atividade econômica, abrangendo também aspectos sociais. É, portanto, uma combinação de elementos direcionada à realização de desenvolvimento que propicie melhora de vida para todos os indivíduos, conjugando economia, meio ambiente e fatores sociais.

Nesse sentido, assevera Ramon Martín Mateo que o desenvolvimento sustentável não se cinge à mera compatibilização entre economia e ecologia, abrangendo ainda aspectos de solidariedade social,[174] aludindo claramente à necessidade de conformação de objetivos intergeracionais, para que os benefícios socioeconômicos sejam percebidos pela geração presente e pelas futuras.

No âmbito nacional, a Constituição de 1988 não apresenta um conceito direto de desenvolvimento sustentável, porém, ao incluir em seu artigo 170, VI, a defesa do meio ambiente como princípio da ordem

---

[173] KISS, Alexandre; SHELTON, Dinah. *Guide to international environmental law*. Leiden/Boston: Martinus Hijhoff Publishers, 2007. p. 187.

[174] MARTIN MATEO, Ramon. *Manual de derecho ambiental*. 3. ed., revisada, ampliada y puesta al día. Navarra: Thomson Aranzadi, 2003. p. 38.

econômica juntamente com outras diretrizes econômicas e sociais,[175] e, em seu artigo 225, a previsão de que o direito ao meio ambiente ecologicamente equilibrado deve ser resguardado intergeracionalmente, consagrou esse modelo de desenvolvimento como sendo o vigente em nossa ordem constitucional.

Por isso, pode-se afirmar que no Brasil vigora um "capitalismo socioambiental", embasado nos eixos econômico, social e ambiental.[176][177] Em suma, realizar o desenvolvimento sustentável pressupõe a compatibilização desses três elementos, não se podendo admitir que haja a preponderância de um em relação ao outro. Em verdade, é preciso que todos sejam simultaneamente realizados, na maior medida possível, para que sejam assegurados os direitos que são subjacentes a esse modelo econômico, entre os quais o direito fundamental ao meio ambiente ecologicamente equilibrado.

No âmbito minerário, é preciso sempre levar em consideração, mais uma vez, que a atividade é estratégica para a economia nacional, mas essencialmente causadora de impactos sociais e ambientais. Logo, realizar o desenvolvimento sustentável na mineração é ainda mais delicado, em razão da inevitabilidade da intervenção no meio ambiente e da apropriação particular de recursos naturais não renováveis difusos.

Não obstante essa relevância econômica, há quem, a exemplo de Danielle Celentano e Adalberto Veríssimo, sustente que a mineração possui um perfil econômico não sustentável, pois, em seu entender, apesar de propiciar um rápido crescimento durante a instalação e a exploração da jazida, geraria um abrupto declínio quando da desativação, pois os atrativos do polo minerário normalmente deixam de

---

[175] Eros Roberto Grau ressalta que a Constituição de 1988, ao incluir a defesa do meio ambiente como princípio da ordem econômica, contrapõe as anacrônicas correntes de pensamento que ainda se baseiam em uma concepção de exploração predatória dos recursos naturais sob o argumento de que proteger o meio ambiente seria "retornar à barbárie", destacando ainda que essa defesa constitucional do meio ambiente é um pressuposto para realização do desenvolvimento, por ser indispensável para assegurar vida digna a todos e a garantir justiça social (GRAU, Eros Roberto. *A ordem econômica na Constituição de 1988*: interpretação e crítica. 2. ed. São Paulo: Revista dos Tribunais, 1991. p. 255-256).
[176] SARLET, Ingo Wolfgang; FENSTERSEIFER, Tiago. Estado socioambiental e mínimo existencial (ecológico): algumas aproximações. *In:* SARLET, Ingo Wolfgang. *Estado socioambiental e direitos fundamentais*. Porto Alegre: Livraria do Advogado, 2010. p. 24.
[177] Essa concepção coaduna, ainda, com a formulação de Gerd Winter, que assevera que o desenvolvimento sustentável é sustentado por três pilares: o econômico, o social e o ambiental (WINTER, Gerd. *Desenvolvimento sustentável, OGM e responsabilidade civil na União Europeia*. Campinas: Millenium, 2009. p. 2).

existir, pelo fato de a economia estar sustentada na mineração. Esse fenômeno é conhecido como "*boom*-colapso".[178] Particularmente, com o devido acatamento, discorda-se do posicionamento de que a mineração é necessariamente insustentável do ponto de vista econômico, entendendo-se, com efeito, que ela apenas depende de uma gestão adequada de recursos pelo Poder Público, de modo que se converta o minério em renda mineral, e esta, em benefícios de longo prazo, que se mantenham mesmo após a desativação da mina. É, portanto, essencialmente uma questão de governança pública.

Nesse ponto, converge-se com Maria Amélia Enríquez, por se entender que os desafios econômicos para o desenvolvimento da atividade mineira devem ser analisados sob a perspectiva da macro e da microeconomia, visto que a renda mineral, sendo variável em relação à demanda e ao câmbio, além de finita, pois atrelada à capacidade da mina, deve ser estrategicamente utilizada para garantir desenvolvimento socioeconômico de longo prazo.[179]

Aliás, nesse contexto, André Felipe Soares de Arruda e Carolina Ferreira Souza sustentam que os interesses envolvidos na mineração não podem se limitar aos dos exploradores da atividade, devendo servir precipuamente à concretização de desenvolvimento econômico e social.[180]

Quanto a esse posicionamento, ressalva-se apenas que não há preponderância do social frente ao empreendedor na realização da atividade minerária, tampouco deste em relação à coletividade.

Com efeito, o que deve haver não é uma sujeição do empresário em relação à sociedade (nem vice-versa), mas sim uma compatibilização de interesses, de modo que o empreendimento seja potencialmente lucrativo a quem se arriscou no mercado, mas gere, como contrapartida, benefícios, inclusive de longo prazo, à sociedade e ao meio ambiente que foram impactados pela atividade, gerados pelo Poder Público, como gestor da renda mineral.

---

[178] Cf. CELENTANO, Danielle e VERÍSSIMO, Adalberto. *O avanço da fronteira na Amazônia*: do *boom* ao colapso. Belém, PA: Instituto do Homem e Meio Ambiente da Amazônia (IMAZON), 2007. p. 28.

[179] ENRÍQUEZ, Maria Amélia. *Mineração*: maldição, *cit.*, p. 123.

[180] ARRUDA, André Felipe Soares de; SOUZA, Carolina Ferreira. O princípio da sustentabilidade e o direito minerário: antinomia entre necessidade e permanência. *In*: YOSHIDA, Consuelo Yatsuda Moromizato; REMÉDIO JÚNIOR, José Ângelo (org.). *Direito minerário e ambiental*: fundamentos e tendências. Rio de Janeiro: Lumen Juris, 2014. p. 9.

Em outras palavras, objetiva-se que a mineração propicie a realização de modelo de desenvolvimento sustentável, com a viabilização econômica e socioambiental da atividade, abrangendo desde a fase inicial de pesquisa e prospecção até a etapa final da exploração, com o fechamento da mina.[181]

Em razão disso, como forma de compatibilizar esses fatores e aproveitar os benefícios socioeconômicos que a extração mineral pode proporcionar à nação, sem que os seus inevitáveis impactos ambientais sejam excessivos, é importante que a atividade seja devidamente regulada, de modo a controlar o empreendimento sem importar em limitação excessiva ao exercício da livre iniciativa, havendo preferência pela utilização de instrumentos preventivos, mitigatórios e compensatórios, devendo o tradicional modelo "reaja e corrija", típico do sistema de responsabilidade civil, ser apenas complementar de uma abordagem "preveja e previna", mais eficiente para o resguardo do equilíbrio ambiental.[182]

Dessa forma, são ampliadas as chances de garantir a mitigação dos inevitáveis impactos ambientais da mineração e a redução do risco de ocorrência de danos ao meio ambiente derivados da atividade, bem como assegurar benefícios à sociedade e também ao empreendedor, pois antecipadamente se avalia o potencial de impacto e se define medidas para minimização dos efeitos negativos.

Nota-se, portanto, outra decorrência importante da possível distinção conceitual entre impacto e dano ambiental na mineração, que se estuda neste trabalho. Isso, porque ao individualizar essas categorias jurídicas e identificar os instrumentos jurídicos aplicáveis sobre cada uma delas, será possível, de forma efetiva, atuar de modo direcionado a garantir o desenvolvimento sustentável pela mitigação dos impactos ao meio ambiente, e, por consequência, do direito fundamental ao equilíbrio ambiental.

---

[181] YOSHIDA, Consuelo Yatsuda Moromizato; REMÉDIO JÚNIOR, José Ângelo, *op. cit.*, p. 12.
[182] YOSHIDA, Consuelo Yatsuda Moromizato. *Tutela dos interesses difusos e coletivos.* 1. ed. 2. tiragem. rev. atual. São Paulo: Juarez de Oliveira, 2006. p. 75.

## 1.2.2 Os princípios de eficiência econômico-ambiental e o controle das externalidades

Embora não seja uma temática restrita à mineração, mas comum a todo o direito ambiental, é importante realizar a caracterização jurídica dos princípios de eficiência econômico-ambiental, que representam importante fundamento a nortear os instrumentos de correção de externalidades ambientais, entre as quais se incluem os impactos e danos ambientais, inclusive, evidentemente, aqueles causados pela atividade minerária.

Inicialmente, é importante destacar que se entende que os princípios que aqui se convencionou chamar de "princípios de eficiência econômico-ambiental" são todos agrupados em torno de uma mesma noção elementar: internalizar externalidades ambientais, sejam elas negativas, sejam elas positivas.

Nesse contexto, os princípios do poluidor-pagador e do usuário-pagador representam normas jurídicas que têm como foco desestimular a produção de externalidades ambientais negativas ou, caso ocorram, garantir que sejam internalizadas pelo causador.

Na outra banda, o princípio do protetor-recebedor, que não será estudado de modo específico neste livro, mas que merece registro a título informativo, tem como objetivo também internalizar externalidades ambientais, mas aquelas de natureza positiva, através do incentivo para realização de condutas ambientalmente benéficas e da recompensa, no caso de concretização desses resultados positivos ao meio ambiente.

Apesar de comumente serem estudados em separado, entende-se que todos esses princípios são, na verdade, corolários de um princípio maior, que mais adequadamente representa a orientação normativa pretendida pelo direito ambiental, sendo a base comum que conecta todos os princípios econômico-ambientais.

Particularmente, optou-se por nomear esse "macroprincípio" justamente como "princípio da eficiência econômico-ambiental", pois se concebe que seu objetivo é prevenir condutas negativas ao meio ambiente e estimular as positivas, impondo o custo e sancionando os efeitos adversos e recompensando os benéficos. Em suma, tem como finalidade que sejam internalizadas as externalidades ambientais, tanto positivas quanto negativas, de modo a garantir eficiência na gestão dos recursos e na proteção do meio ambiente.

É importante ressalvar que não se está "criando" um novo princípio sem respaldo do direito positivo, até porque não serve a ciência jurídica para criação do Direito, ou mesmo depreendendo uma "nova norma" a partir de uma interpretação elástica do ordenamento jurídico brasileiro.

Pelo contrário, o princípio da eficiência econômica-ambiental é uma simples releitura científica de fenômeno jurídico já amplamente reconhecido doutrinária, jurisprudencial e, em especial, legalmente.

É claro que, por ser temática apenas ao tema principal, neste livro não se realizará de forma detida a estruturação jurídica do princípio da eficiência econômico-ambiental,[183] optando-se por estudar apenas os seus corolários do poluidor-pagador e do usuário-pagador, representativos da via negativa do referido princípio,[184] por serem as designações mais usualmente empregadas pela doutrina.

Nesse sentido, para compreender esses princípios, repisa-se primeiro que, como estudado no item 1.1.1.3, externalidade consiste no efeito externo percebido por terceiros gerado a partir de uma transação entre agentes, podendo ter natureza negativa ou positiva.

Isto é, por ineficiência na transação econômica, sujeitos externos, usualmente a coletividade em si, percebem um prejuízo ou um benefício como derivação de uma relação privada entre agentes individuais.

É possível corrigir essa falha de mercado com o uso de políticas de comando e controle e, também, por instrumentos econômicos, fundamentados no citado princípio da eficiência econômico-ambiental.

A geração de externalidades ambientais, mormente as negativas, ocorre de forma mais acentuada como decorrência do caráter de recurso comum típica dos recursos ambientais, vez que, nesse contexto, os agentes tendem a assumir os benefícios e negligenciar os prejuízos, o que se caracteriza pelo simples uso não racional desses recursos.[185]

Assentam-se os princípios do poluidor-pagador e do usuário-pagador sobre esse conceito de externalidade, como vertentes do prisma negativo da eficiência econômico-ambiental, sendo que o primeiro intenciona garantir que o poluidor internalize os custos sociais causados por sua poluição, e o segundo, que o utilizador dos recursos naturais

---

[183] Para um estudo detalhado nesse sentido, cf. BRITO, Luis Antonio Gomes de Souza Monteiro de. *Direito, cit.* Capítulo 3.

[184] Apesar de não os agrupar em torno de um princípio-matriz, Consuelo Yoshida destaca que os princípios do poluidor-pagador e do usuário-pagador convergem justamente em torno da necessidade de internalizar as externalidades ambientais negativas (YOSHIDA, Consuelo Yatsuda Moromizato. *Tutela, cit.*, p. 86).

[185] Tratando do princípio do poluidor-pagador, Lise Tupiassu assevera que seu objetivo é encerrar a "gratuidade" dos recursos naturais (Cf. TUPIASSU, Lise, *op. cit.*, p. 63).

compense a coletividade por explorar tais bens em detrimento de todos os demais indivíduos.

Quanto ao princípio do poluidor-pagador, originalmente sua concepção foi realizada, em 1972, na Recomendação C(72)128 da Organização para a Cooperação e Desenvolvimento Econômico (OCDE),[186] que, em síntese, definiu que o princípio, ainda concebido em nível estritamente econômico, orientaria para uma alocação dos custos de prevenção e controle da poluição, além de impor uma harmonização entre as políticas ambientais dos diversos países para evitar o chamado *dumping* ecológico.[187]

Essa concepção do princípio do poluidor-pagador foi reiterada na Declaração do Rio de Janeiro de 1992 (ECO-92), em seu Princípio 16, quando adentrou no plano jurídico internacional. Confira-se:

> Tendo em vista que o poluidor deve, em princípio, arcar com o custo decorrente da poluição, as autoridades nacionais devem promover a internalização dos custos ambientais e o uso de instrumentos econômicos, levando na devida conta o interesse público, sem distorcer o comércio e os investimentos internacionais.[188]

Frisa-se que, ao longo dos anos, novas análises foram realizadas, inclusive pela própria OCDE,[189] tendo o princípio se modificado e ganhado contornos mais nítidos e uma conformação jurídica mais sólida.

Nesse contexto, em concepção já contemporânea acerca do princípio do poluidor-pagador, leciona Cristiane Derani que este consiste na ordenação de que o indivíduo que causar, com suas atividades, poluição que gere prejuízos à sociedade, deverá internalizar essa consequência negativa.[190]

Em sentido semelhante, Ingo Wolfgang Sarlet e Tiago Fensterseifer sustentam que o princípio do poluidor-pagador orienta

---

[186] OCDE. *Guiding principles concerning the international economic aspects of environmental policies*. Recommendation C(72)128. Paris, 1972.

[187] *Dumping* ecológico (ou ambiental) consiste na instituição de legislação ambiental menos protetiva por um país, como forma de atração de investimentos, pelo menor custo com a adoção de procedimentos e equipamentos ambientalmente mais sustentáveis.

[188] ORGANIZAÇÃO DAS NAÇÕES UNIDAS. *Declaração do Rio sobre meio ambiente e desenvolvimento*. Conferência das Nações Unidas sobre Meio Ambiente e Desenvolvimento. Rio de Janeiro, 1992.

[189] Em 1974, a OCDE editou recomendação denominada *"The implementation of the Polluter-Pays Principle"*, de 1974, a Recomendação C(74)223, que elencou as limitações impostas pelo princípio do poluidor-pagador em face dos incentivos fiscais.

[190] DERANI, Cristine, *op. cit.*, p. 142.

para a internalização dos custos ecológicos nas práticas produtivas, em última instância no preço dos bens e serviços, de modo a evitar que a sociedade suporte, indiscriminada e injustamente, o ônus em substituição aos agentes econômicos.[191]

Vale ressaltar que o poluidor-pagador não se limita à responsabilização do causador da degradação ambiental, haja vista que também o referido princípio tem escopo preventivo, para impedir a ocorrência lesiva. Além disso, não se trata apenas de internalizar o simples fato ambiental adverso, mas também os custos de sua diminuição ou afastamento.[192]

Aliás, há até mesmo quem desatrele desse princípio a função de responsabilização. Nesse sentido, Maria Alexandra Aragão descreve o poluidor-pagador como sendo princípio relacionado estritamente à precaução, à prevenção e à redistribuição dos custos da poluição, diferenciando-o do princípio da responsabilidade, que ordenaria a reparação dos danos causados,[193][194] no que diverge de Cristiane Derani, que considera os princípios em referência como sinônimos.[195][196]

Ainda sobre o princípio do poluidor-pagador, válido apresentar a lição de Ramon Martín Mateo, que, tratando do "postulado funcional" do "pago", afirma:

> El principio <<el que contamina paga>> constituye una auténtica piedra angular del Derecho Ambiental. Su efectividad pretende eliminar las motivaciones económicas de la contaminación, aplicando a la por los imperativos de la ética distributiva. (...). La aplicación de este principio pretende evitar en primer lugar que se produzcan daños ambientales,

---

[191] SARLET, Ingo Wolfgang; FENSTERSEIFER, Tiago. *Princípios, cit.*, p. 85.
[192] DERANI, Cristine, *op. cit.*, p. 142.
[193] ARAGÃO, Maria Alexandra de Sousa, *op. cit., passim*.
[194] Também nesse sentido, excluindo a função de responsabilização do princípio do poluidor-pagador, cf. BORGES, Felipe Garcia Lisboa; TUPIASSU, Lise Vieira da Costa. Função de reparação do princípio do poluidor-pagador e o posicionamento do STJ: uma análise crítica da questão. *Revista de Direito Ambiental*. v. 87. ano 22. p. 17-36. São Paulo: Revista dos Tribunais. jul.-set. 2017.
[195] DERANI, Cristiane, *op. cit.*, p. 142.
[196] Annelise Steigleider vai além e relaciona o princípio do poluidor-pagador como sendo um princípio informador da responsabilidade civil por danos ambientais (STEIGLEIDER, Annelise Monteiro. *Responsabilidade civil ambiental*. 2. ed. Porto Alegre: Livraria do Advogado, 2011. p. 168-170). Em sentido oposto, Ingo Sarlet e Tiago Fensterseifer entendem que o princípio do poluidor-pagador é uma consequência normativa do princípio da responsabilidade quando aplicado à matéria ambiental (SARLET, Ingo Wolfgang; FENSTERSEIFER, Tiago. *Princípios, cit.*, p. 85).

es decir, imponiéndose que se pague para no contaminar, (...), y en el supuesto de que éstos hayan llegado a materializarse, que se remedien, o que se compensen, y que se sancione en su caso a los autores.[197][198]

Particularmente, entende-se que o poluidor-pagador abrange tanto aspectos de precaução, prevenção e redistribuição dos custos da poluição, como também sustenta a responsabilização do agente poluidor, não se restringindo a um desses elementos apenas, podendo ser depreendido, entre outros dispositivos, das disposições do artigo 225, §3°, da Constituição de 1988[199] e do artigo 4°, VII, da PNMA.[200][201]

De todo modo, pode-se afirmar que o que se objetiva com o princípio do poluidor-pagador é a internalização da externalidade negativa causada à sociedade pela atividade particular poluente. O fundamento, portanto, é o resultado social lesivo que decorre da poluição e que não é incluído pelo poluidor entre seus custos.

Alexandra Aragão detalha que a responsabilidade pelo pagamento deve recair sobre o "poluidor-que-deve-pagar", ou seja, sobre aquele que tem controle sobre as condições que geram a poluição, tendo poder para preveni-las.[202][203]

Já quanto ao que deve ser pago pelo poluidor, a autora portuguesa evidencia que devem ser incluídos tanto os custos diretos (despesas com medidas de prevenção) quanto os indiretos (custos administrativos

---

[197] MARTÍN MATEO, Ramon, op. cit., p. 49.
[198] Em tradução livre: "O princípio do "poluidor-pagador" constitui uma autêntica pedra angular do Direito Ambiental. Sua efetividade pretende eliminar as motivações econômicas da contaminação, aplicando-a pelos imperativos da ética distributiva. (...). A aplicação deste princípio pretende evitar, em primeiro lugar, que se produzam danos ambientais, isto é, impondo-se que se pague para não contaminar, (...), e no suposto de que estes hajam chegado a se materializar, que sejam remediados ou que sejam compensados e que se sancione em seu caso aos autores".
[199] Art. 225, §3°, da CF/1988. §As condutas e atividades consideradas lesivas ao meio ambiente sujeitarão os infratores, pessoas físicas ou jurídicas, a sanções penais e administrativas, independentemente da obrigação de reparar os danos causados.
[200] Art. 4°, PNMA. A Política Nacional do Meio Ambiente visará: VII - à imposição, ao poluidor e ao predador, da obrigação de recuperar e/ou indenizar os danos causados e, ao usuário, da contribuição pela utilização de recursos ambientais com fins econômicos.
[201] Ingo Sarlet e Tiago Fensterseifer reforçam esse entendimento, afirmando que, embora os dispositivos não mencionem expressamente o "poluidor-pagador", o princípio está neles incutido (SARLET, Ingo Wolfgang; FENSTERSEIFER, Tiago. Princípios, cit., p. 86).
[202] ARAGÃO, Maria Alexandra de Sousa, op. cit., p. 132.
[203] Lise Tupiassu é precisa ao identificar que, embora o dever de pagamento seja imputado ao fornecedor causador do dano ecológico e idealmente por ele seja assumido, na prática os custos tendem a ser repassados aos consumidores (TUPIASSU, Lise, op. cit., p. 65).

de realização de políticas públicas),²⁰⁴ devendo ser abarcados também, entende-se em particular, os custos de indenizações por danos ambientais eventualmente causados pela atividade poluente, por se considerar que o aspecto da responsabilidade civil é abarcado pelo princípio do poluidor-pagador.

Em suma, o subprincípio do poluidor-pagador se assenta na noção de que o causador da poluição é quem tem condições e a obrigação de realizar medidas preventivas e precaucionais para evitar, ou pelo menos minimizar, os riscos e prejuízos da poluição, devendo sobre ele recair o custo para implementação dessas medidas, sendo ainda seu o dever de fazer o pagamento das reparações que sejam necessárias como decorrência da poluição causada.

Por isso, pode-se sintetizar que o princípio do poluidor-pagador tem como fato gerador a pretensão de (e a efetiva) realização de atividade poluidora, a potencial (e a efetiva) degradação ambiental dela decorrente, sendo seu pagamento caracterizado como uma assunção pelo poluidor de custos sociais que sejam consequência da poluição, a sua internalização, que inclui desde as medidas precaucionais até a responsabilidade civil por danos ambientais.

Já no que tange ao princípio do usuário-pagador, de início deve ser ressaltado que sua abordagem específica é relativamente menos difundida do que a do princípio do poluidor-pagador. Ainda preliminarmente, frisa-se que se considera que ambos não se confundem, representando especificações distintas da via negativa da eficiência econômico-ambiental.

Não obstante, há doutrina, como Paulo Affonso Leme Machado, que entende que o princípio do usuário-pagador abrange o poluidor-pagador, pois o primeiro representaria toda forma de uso dos recursos naturais, incluindo a utilização do poluente, objeto do segundo.²⁰⁵ ²⁰⁶

Particularmente, considera-se que o usuário-pagador é especificamente direcionado ao usuário de recursos ambientais com finalidade econômica, conforme previsão da parte final do já citado inciso VII do art. 4º da Lei nº 6.938/1981, podendo ser diferenciado do poluidor-pagador em razão deste ser atrelado mais propriamente à poluição.

---

[204] ARAGÃO, Maria Alexandra de Sousa, *op. cit.*, p. 149.
[205] MACHADO, Paulo Affonso Leme, *op. cit.*, p. 94.
[206] Em sentido oposto, há autores que defendem que o usuário-pagador é uma decorrência ou mesmo um sinônimo do princípio do poluidor-pagador (nesse sentido, cf. ARTIGAS, Priscila Santos. *Medidas, cit.*, p. 130).

Tratando do princípio do usuário-pagador, Marcelo Abelha Rodrigues faz sua associação com a geração de custos ecológicos por parte daqueles que utilizam os bens ambientais quando não houver degradação do meio ambiente, espécie de pagamento de empréstimo.[207] Observação pertinente também é a de Édis Milaré, que acentua que o usuário-pagador se funda na qualidade de bem de uso comum do povo dos bens ambientais, que ensejam interesse difuso da coletividade, mesmo que o particular tenha assumido titularidade de uso sobre tal recurso.[208][209] Ou seja, orienta-se que o agente usuário de recurso ambiental que gere custo ecológico pelo mero uso econômico também deve internalizar tal perda.

Além disso, sobre o prejuízo difuso decorrente da utilização dos recursos naturais, leciona Bruno Kono Ramos que:

> Caso não seja contabilizado como custo de produção, gera efeitos negativos para sociedade ou externalidades negativas, pois a coletividade é quem arcará com os ônus socioambientais e com os resultados da apropriação de um bem ambiental sem qualquer contraprestação.[210]

É importante não confundir o "custo ambiental social" (externalidade negativa ambiental pelo consumo rival) com o "custo industrial" despendido para realização da atividade econômica. Em tese, a composição do preço do bem ou serviço que utiliza recursos ambientais no processo produtivo deve englobar ambos.[211]

---

[207] RODRIGUES, Marcelo Abelha. Aspectos jurídicos da compensação ambiental do art. 36, §1°, da Lei Brasileira das Unidades de Conservação (Lei 9.985/2000). *Revista de Direito Ambiental*. vol. 46. São Paulo: RT. 2007, p. 144-145.

[208] MILARÉ, Édis, *op. cit.*, p. 273.

[209] Em sentido semelhante é Érika Bechara ao afirmar que o usuário-pagador serve para a otimização da utilização dos recursos porque: "(...) muitos recursos ambientais, como a água e os minerais, apesar de serem difusos (o próprio art. 225 da CF é categórico em afirmar que os bens ambientais são de uso comum do povo), sob a administração do Poder Público, são, por vezes, apropriados individualmente por pessoas e empresas, tanto para usos privados como para usos comerciais/industriais" (BECHARA, Erika. *Licenciamento ambiental e compensação ambiental na lei do Sistema Nacional de Unidades de Conservação (SNUC)*. Atlas: São Paulo, 2009).

[210] RAMOS, Bruno Yoheiji Kono. Ensaio sobre a questão fundiária no Estado do Pará e seus efeitos sobre os empreendimentos minerários diante das perspectivas do novo marco regulatório da mineração. In: YOSHIDA, Consuelo Yatsuda Moromizato; REMÉDIO JÚNIOR, José Ângelo (org.). *Direito minerário e direito ambiental*: fundamentos e tendências. Rio de Janeiro: Lumen Juris, 2014. p. 36.

[211] Sobre a distinção entre custo social e custo industrial e sua relação com o princípio do usuário-pagador, cf. BRITO, Luis Antonio Gomes de Souza Monteiro de. Análise da tarifa de contingência e do bônus tarifário na cobrança pelo consumo de água à luz

Diante dessas considerações, pode-se afirmar resumidamente que o princípio do usuário-pagador se caracteriza por ter como fato gerador a utilização econômica não poluente de recursos naturais, partindo do pressuposto de que a exploração de um desses recursos por um indivíduo impede que os demais, que também dele são titulares em caráter difuso, possam dele usufruir, pelo caráter rival desse bem.

O pagador, obviamente, deve ser o usuário do recurso natural com fins econômicos. Já o pagamento se caracteriza como uma compensação devida à coletividade, por não mais poder utilizar um bem que também lhe pertencia, assim como uma retribuição pelos custos de medidas de controle dessa utilização.

Finalmente, tendo sido fixadas as bases conceituais dos princípios do poluidor-pagador e do usuário-pagador em termos distintivos, alguns pontos ainda devem ser explicitados para a compreensão efetiva da temática.

Primeiro, reitera-se que poluidor-pagador e usuário-pagador são formas específicas de realização do princípio da eficiência econômico-ambiental em sua via negativa. O primeiro é destinado ao poluidor, ao causador de degradação ambiental, e o segundo, ao usuário dos recursos ambientais com finalidade econômica. Essencialmente, ambos têm por escopo a internalização das externalidades ambientais negativas, divergindo apenas sobre o fato gerador e o destinatário.

É justamente por essa base comum que se sustenta que poluidor-pagador e usuário-pagador, apesar de, quando tomados dentro de suas especificidades, não se confundirem, na verdade representam uma única norma que abrange a ambos.

E não apenas a eles.

Isso, porque apesar de ser possível, sim, a simples especificação em poluidor-pagador e usuário-pagador, o conteúdo do princípio que os abarca é muito mais abrangente. Com efeito, é possível extrair, do mesmo comando principiológico de internalização das externalidades ambientais negativas, a orientação pela assunção dos custos ambientais gerados, *v.g.*, pelo consumidor ou pelo explorador de recursos naturais. Seriam, quem sabe, os princípios do "consumidor-pagador" e do "explorador-pagador".

---

dos princípios ambientais e consumeristas. In: José Rubens Morato Leite; Heline Sivini Ferreira. (Org.). *Temas emergentes em ambiente, sociedade e consumo sustentável*. São Paulo: Instituto O Direito por um Planeta Verde, 2016, v. 1, p. 53-54.

Nessa linha, o consumidor seria aquele usuário que utiliza os recursos ambientais sem finalidade econômica, como o indivíduo que usufrui de água em sua residência para consumo próprio, pelo que a tarifa deveria abranger o custo industrial de distribuição do recurso hídrico e também o custo ambiental de uso exclusivo de um bem comum.

Já o explorador seria o sujeito que extrai recursos naturais não renováveis, como os minérios e o petróleo, vez que não se trata nem de mero usuário, pois contribui para o exaurimento do recurso, nem de poluidor, pois não necessariamente representa uma degradação ambiental qualificada.

Aliás, seguindo esse raciocínio, este possível subprincípio do "explorador-pagador" seria ainda mais adequado que o subprincípio do usuário-pagador para fundamentar as cobranças realizadas pela ocorrência de alterações ambientais adversas toleráveis em razão da atividade minerária.

Contudo, rigorosamente, considera-se despicienda e até mesmo contraproducente a "criação" de mais esses dois princípios ou quantos mais puderem ser extraídos da noção de "internalizar externalidades ambientais negativas", vez que, afastando a discussão terminológica clássica, é facilmente compreensível que todos esses "princípios" derivam de tal noção, pelo que é possível agrupá-los em torno de uma única norma, o princípio da eficiência-econômica ambiental, que ainda abrange as realizações pela via positiva.

A propósito, vale ressaltar que as designações conferidas são, certamente, uma das principais causas das celeumas envolvendo esses princípios, pois confusas como decorrência da limitação semântica dos termos empregados.

Com efeito, para compreendê-las é preciso definir "poluidor" e "usuário" (e "consumidor", e "explorador" etc.), além de ressalvar que não se trata simplesmente de "pagar para poluir" ou "pagar para usar" (ou "pagar para consumir" ou "pagar para explorar" etc.), servindo, em verdade, principalmente para prevenção e desestímulo. Por isso, prefere-se uma nomenclatura mais abrangente, que possa englobar todos esses feixes de realização.

De todo modo, como o que importa efetivamente é o conteúdo, não a terminologia – apesar da importância desta para o apuro técnico e para o conhecimento científico – não há prejuízo em adotar as designações tradicionais, desde que seja feita uma clara delimitação conceitual para que se compreenda que o comando tem aplicação mais ampla do que seu nome aprioristicamente pode levar a entender.

Em síntese, os tradicionais princípios do poluidor-pagador e do usuário-pagador representam, na verdade, meros feixes de realização do macroprincípio da eficiência econômico-ambiental, que orienta a internalização das externalidades ambientais, de modo preventivo ou repressivo, quer no âmbito negativo, como estudado agora, quer no positivo.

A importância da análise desses subprincípios para este livro está no seu papel como fundamento para compreensão dos instrumentos de correção de impactos e danos ambientais na mineração, como se detalhará de modo detido nos capítulos seguintes.

### 1.2.3 O minério como bem ambiental

Como reiteradamente referenciado ao longo deste livro, uma das características inerentes da mineração, pela qual se considera que a atividade é indissociavelmente relacionada ao meio ambiente, é o fato de ela ser baseada na exploração de recurso natural não renovável, que, embora de titularidade federal e aproveitável por particulares mediante concessão mineral, são também de interesse difuso da coletividade, o que acaba por influenciar o regime de extração dos minérios.

Em outros termos, reconhece-se que os recursos minerais *in situ* são de titularidade da União, sendo apropriados pelo concessionário apenas quando extraídos da mina (produto da lavra), mas se considera que, como recursos naturais não renováveis com estratégica função ambiental e econômica definida pela Constituição, devem ser concedidos para exploração na medida que os interesses coletivos sejam minimamente resguardados.

Para compreender melhor essa concepção, nos subitens seguintes será realizada a caracterização dos minérios como microbens ambientais, ou seja, como recursos naturais componentes do equilíbrio ecológico, que corresponde ao macrobem ambiental.

A discussão em torno do conceito de bem ambiental representa uma temática repetidamente abordada na doutrina de direito ambiental, que, ainda que com certas variações, de modo geral converge em cindir o meio ambiente ecologicamente equilibrado dos recursos naturais que o compõem, pelo que não se tem aqui a intenção propriamente de reinventar a teoria, mas sim de indicar as particularidades existentes no âmbito mineral.

## 1.2.3.1 Compreendendo o conceito de bem ambiental

A Lei da Política Nacional do Meio Ambiente (Lei nº 6.938/1981 – PNMA), legislação que, inspirada na Conferência de Estocolmo de 1972, incorporou legislativamente de forma pioneira no Brasil a consciência ambiental moderna, estabelece em seu artigo 3º, I, que meio ambiente é "o conjunto de condições, leis, influências e interações de ordem física, química e biológica, que permite, abriga e rege a vida em todas as suas formas", o que, segundo José Rubens Morato Leite e Patrick de Araújo Ayala, significa que, juridicamente, meio ambiente é um bem incorpóreo e imaterial, representado pelo "conjunto de relações e interações que condiciona a vida em todas as suas formas".[212]

Por sua vez, a Constituição de 1988, em seu artigo 225, ao classificar o meio ambiente ecologicamente equilibrado como sendo um "bem de uso comum do povo", reconheceu, de acordo com Ingo Sarlet e Tiago Fensterseifer, que sobre o bem ambiental incide o interesse de toda a coletividade.[213]

E prosseguem os autores afirmando que:

> A natureza difusa do bem jurídico ambiental, que jamais pode ser confundida com natureza pública (em sentido estrito), implica a fusão dos universos público e privado, mas sempre permeado pela prevalência de toda a coletividade na sua proteção, bem como pela limitação ao interesse privado e público (secundário) quando esses se colocarem em rota de colisão com a tutela ecológica.[214]

Herman Benjamin, apesar de gerar resultado similar, esposa um entendimento diferente ao relacionar meio ambiente como "interesse", isto é, na perspectiva da legitimidade processual para agir, é realmente difuso,[215] mas como bem jurídico, mantém natureza de bem público, apesar de não ser afeto a uma pessoa jurídica de Direito Público interno em específico, e sim como um bem público de uso comum, caracterizando-se como uma entidade coletiva que se destaca dos bens

---

[212] LEITE, José Rubens Morato; AYALA, Patrick de Araújo. *Dano Ambiental*: do individual ao coletivo extrapatrimonial: teoria e prática. 6. ed. São Paulo: Revista dos Tribunais, 2014. p. 88.
[213] SARLET, Ingo Wolfgang; FENSTERSEIFER, Tiago. *Direito ambiental, cit.*, p. 323.
[214] *Idem. Ibidem*, p. 329.
[215] Sobre os interesses e direitos difusos, Consuelo Yoshida leciona serem eles caracterizados pela "indivisibilidade de seu objeto (elemento objetivo) e pela indeterminabilidade de seus titulares (elemento subjetivo), que estão ligados entre si por circunstância de fato (elemento comum)" (cf. YOSHIDA, Consuelo Yatsuda Moromizato, *op. cit.*, p. 3-4).

materiais de que é composto e que não se confunde com a variada dominialidade que recai sobre cada um eles.[216] Embora em mais de uma oportunidade já se tenha mantido entendimento diverso, tendo sido adotada a qualificação do bem ambiental como bem difuso,[217] após nova reflexão se passou a esposar posicionamento mais próximo àquele adotado por Herman Benjamin.

Precisamente, passou-se a concordar que o bem ambiental, enquanto bem jurídico *universitas corporalis*, mantém natureza essencialmente pública (mais no sentido social, e não exatamente patrimonial estatal), devendo ser compreendido como pertencente não ao Estado em si ou mesmo aos particulares, mas sim à coletividade de forma indeterminada representada pelo ente estatal, que deve gerir esse bem sempre em conformidade com o interesse difuso de garantir o equilíbrio ecológico.

Além disso, entende-se que reconhecer a natureza pública do bem ambiental não impede que sejam consideradas as características que estimularam sua categorização por parte da doutrina como "bem difuso", vez que preserva sua indivisibilidade e titularidade efetiva indeterminada.

Consequentemente, considera-se que a questão é muito mais classificatória e terminológica do que propriamente de conteúdo, tendo em vista a convergência das correntes em considerar meio ambiente como bem autônomo que deve ser utilizado com finalidade ecológica coletiva.

De todo modo, é importante ressalvar que, embora o meio ambiente seja comumente retratado como sendo bem jurídico que gera interesse processual difuso, na verdade o que define o direito ou interesse como difuso, coletivo, individual homogêneo ou individual puro é a pretensão de direito material que se pretende discutir em juízo, sendo que um mesmo fato pode gerar pretensões processuais de diferentes naturezas.[218]

---

[216] BENJAMIN. Antonio Herman Vasconcelos e. Função Ambiental. *BDJur*, Brasília, DF. Disponível em: http://bdjur.stj.jus.br//dspace/handle/2011/8754. Acesso em: 5 nov. 2017. p. 76-77.

[217] Cf. BRITO, Luis Antonio Gomes de Souza Monteiro de. *Royalties* cit.; BRITO, Luis Antonio Gomes de Souza Monteiro de. Mineração cit.; BRITO, Luis Antonio Gomes de Souza Monteiro de; KZAM NETO, Calilo Jorge. Análise das inconstitucionalidades da taxa de mineração do Estado do Pará (TFRM). *In:* KZAM NETO, Calilo Jorge; SILVA, Maria Stela Campos da; NEVES, Rafaela Teixeira Sena. (Org.). *Tributação e Direito Humanos*. Rio de Janeiro: Lumen Juris, 2018. v. 1. p. 183-214.

[218] Nesse sentido, cf. NERY JÚNIOR, Nelson. *Princípios do processo na Constituição Federal*. 12. ed. São Paulo: Revista dos Tribunais, 2016. p. 234.

Nesse contexto, exemplificativamente, um mesmo evento lesivo ao meio ambiente poderia ser capaz de gerar interesse difuso da coletividade para reparação dos danos ambientais, coletivo de uma associação empresarial eventualmente prejudicada, individual homogêneo em favor das vítimas que tivessem sofrido danos como reflexo do mesmo evento lesivo ao meio ambiente, sendo que esses mesmos sujeitos, caso quisessem, ainda teriam interesse individual para ajuizar ações autônomas por si próprios.

É justamente em decorrência dessa multiplicidade de interesses que derivam do mesmo bem jurídico que se afastou da qualificação do bem ambiental como bem difuso. Com efeito, entendeu-se que o fato de o bem ambiental ser indivisível e de interesse da coletividade não impede sua classificação como bem público, bastando que se compreenda que "público" não tem cunho fundamentalmente patrimonial, mas sim cariz social, tomando-se o Estado como o representante da sociedade.

Em suma, entende-se que o bem ambiental é público e, como regra, gerador de interesse difuso à coletividade pela sua adequada utilização, mas também sendo capaz de provocar interesses coletivos, individuais homogêneos e individuais puros, a depender da pretensão jurídica a ser eventualmente deduzida em juízo.

Finalmente, ainda nesse contexto, vale registrar que Celso Fiorillo, um dos vanguardistas no Brasil no estudo do bem ambiental, afirma que este "existe efetivamente apenas através do filtro de valoração e da sublimação que o ser humano efetua ao atribuir ao bem natural um significado transcendente ao dado meramente material",[219] o que significa que a concepção de meio ambiente adotada é artificial, pois cultural e juridicamente criada, vez que o bem ambiental, entendido como a concepção de equilíbrio ecológico, paradoxalmente, não existe por si só na natureza, mas sim apenas os recursos ambientais em si.[220]

Em outros termos, diz-se que o bem ambiental tal como deduzido juridicamente não existe na natureza, pois, faticamente, o que há são os recursos ambientais materialmente considerados, sendo a interação ecológica e o equilíbrio ambiental características antropicamente valoradas que lhes conferem relevância extraordinária e caráter unitário, enquanto ente coletivo que se autonomiza em relação aos recursos que o compõem.

---

[219] FIORILLO, Celso Antonio Pacheco. *Curso de direito ambiental brasileiro*. 18. ed. São Paulo: Saraiva, 2018. p. 135.
[220] Também nesse sentido, cf. REMÉDIO JÚNIOR, José Ângelo, *op. cit.*, p. 94.

Pois bem, feitas essas considerações gerais acerca do meio ambiente, que, com efeito, tornam a conclusão seguinte facilmente subsumível, vale evidenciar que o que genericamente se chama "bem ambiental" possui ao menos dois sentidos distintos: primeiro, como sinônimo de meio ambiente, acepção adotada e explicitada acima; e, segundo, como designação dos bens que o compõem, pelo que pode ser convenientemente classificado em macrobem e microbem ambiental; continente e conteúdo, respectivamente.

O macrobem consiste efetivamente no "meio ambiente ecologicamente equilibrado" referido no artigo 225 constitucional, não sendo algo corporeamente definido, mas sim o ideal equilíbrio ecológico dependente da interação harmônica entre os fatores bióticos e abióticos componentes do ecossistema terrestre, que é capaz de manter a estabilidade da natureza e a sadia qualidade de vida dos seres humanos, tanto da presente quanto da futura geração. É, portanto, imaterial e indivisível.

Esse macrobem é composto pelos microbens ambientais, que são os recursos ambientais individualmente considerados e fracionados na medida do possível (*v.g.* as florestas, as árvores, os rios, os minérios etc.), sendo passíveis de utilização e apropriação individual segundo as regras de direito, apesar de ser mantido certo interesse difuso em sua adequada exploração justamente por sua função na manutenção do equilíbrio ecológico.

De fato, pode haver uma variação no regime dominial dos microbens ambientais, que, portanto, podem ser públicos ou privados, mesmo que, via de regra, recaia sobre esses bens um interesse difuso da coletividade, que acaba por influenciar sua regulação específica, realizada pelo Estado como forma de estimular sua utilização e exploração sustentáveis.

É o caso, por exemplo, da exploração de recursos florestais, que não depende exclusivamente da propriedade privada sobre uma área com madeira nativa explorável, mas sim, no mínimo, de licenciamento ambiental e da aprovação de plano de manejo florestal sustentável, isso sem falar na fiscalização que acompanha toda a cadeia comercial do produto florestal, tudo com o objetivo de evitar que o particular explore de modo insustentável, mesmo sendo o proprietário dos recursos florestais, assegurando, em princípio, equilíbrio no uso desses recursos naturais de modo a não afetar o meio ambiente enquanto macrobem.

De modo semelhante é a exploração de minérios. Não basta simplesmente localizar uma jazida e iniciar a extração ou mesmo ser proprietário do solo que recobre os minérios, tendo em vista que, pelo atual regime dominial mineral brasileiro, embora não seja estipulado ao minerador concessionário um limite quantitativo para extração de minérios em suas minas, a exploração dos recursos minerais depende de prévia concessão pela União, sendo ainda necessário o pagamento de compensação financeira devida como contrapartida à apropriação por particular de bem público federal de interesse difuso e aos impactos socioambientais do empreendimento.

Em todo caso, dos dois exemplos de microbens ambientais resumidamente apresentados, recursos florestais e minerais, nota-se que o regime de apropriação e exploração de cada um deles é marcadamente distinto, o que reflete a liberdade político-legislativa do Estado em realizar a regulação de uso desses recursos, podendo indicar formas diferentes de garantir a sustentabilidade da utilização, da forma como considerar mais conveniente e adequada de acordo com a natureza de cada recurso.

Isso posto, sintetizando a divisão em macro e microbem ambiental, lecionam José Rubens Morato Leite e Patrick Araújo Ayala que:

> Na concepção de microbem ambiental, isto é, dos elementos que o compõem (florestas, rios, propriedade de valor paisagístico etc.), o meio ambiente pode ter o regime de sua propriedade variado, ou seja, pública e privada, no que concerne à titularidade dominial. Na outra categoria [macrobem ambiental], ao contrário, é um bem qualificado como de interesse público; seu desfrute é necessariamente comunitário e destina-se ao bem-estar individual.[221]

A partir dessas considerações, fica evidenciada a importância de compreender que macro e microbens ambientais são categorias distintas, mas que mantêm indissociável relação entre si. Os microbens compõem o macrobem, pelo que são formadores do equilíbrio ecológico. Por outro lado, a harmonia do meio ambiente é necessária para que os recursos naturais individualmente considerados não sejam degradados. Essa classificação, portanto, não pode servir para distinguir em absoluto essas "espécies", eis que o meio ambiente continua uno, indivisível.

Especificamente para os fins deste trabalho, essa distinção é relevante para apreender as implicações da categorização dos recursos minerais como microbens ambientais, tal como se estudará a seguir.

---

[221] LEITE, José Rubens Morato; AYALA, Patrick de Araújo, *op. cit.*, p. 91.

## 1.2.3.2 Consequências da qualificação dos recursos minerais como microbens ambientais

A partir das considerações gerais formuladas no item anterior, verificou-se que os minérios também consistem em microbens componentes do meio ambiente ecologicamente equilibrado, contando, porém, com algumas particularidades que devem ser explicitadas para que seja compreendido o regime jurídico particular de propriedade e utilização que orienta a utilização desses bens.

Nesse sentido, reitera-se que o artigo 20, IX, da CF/1988 definiu que os recursos minerais, inclusive os do subsolo, são bens da União. Essa condição é distinta daquela prevista para os recursos naturais em geral, realizada no já citado artigo 225 da CF/1988, em que são classificados como sendo "bens de uso comum do povo", sem especificar titular.

Tal divergência poderia ter como consequência uma possível diferença de regime, para que os recursos minerais não se enquadrassem dentre os microbens componentes do meio ambiente ecologicamente equilibrado previsto no artigo 225 da Carta Magna.

Sobre o tema, Consuelo Yoshida pugna pela ultrapassagem da visão clássica de que os recursos minerais são bens de propriedade da União, devendo os artigos 20 e 176 constitucionais ser interpretados em harmonia com o artigo 225, caracterizando-os como "bem ambiental de natureza difusa, de uso comum do povo, e não como bem público dominial ou dominical, como faz a doutrina clássica". Por isso, caberia à União o gerenciamento dos recursos minerais no interesse da coletividade que é "verdadeiramente a titular e beneficiária do rico patrimônio ambiental mineral existente em nosso subsolo".[222]

Logo, o correto hodiernamente seria considerar que a função da União é de administradora dos minérios, devendo utilizá-los de modo a assegurar o interesse público primário, que é o da coletividade, não podendo pretender realizar o interesse público secundário, que consiste na própria pretensão patrimonial do Estado.[223]

Não obstante, como se adiantou no item 1.1.2.4, por força da literalidade da disposição do artigo 20, IX, da Constituição de 1988, entende-se que os recursos minerais, quando *in situ*, de fato são de

---

[222] YOSHIDA, Consuelo Yatsuda Moromizato. *Tutela, cit.*, p. 91-92.
[223] Celso Antonio Bandeira de Mello define que interesse público primário é aquele que a lei aponta como sendo o interesse da coletividade, enquanto que o interesse público secundário é caracterizado quando o Estado age em seu proveito. MELLO, Celso Antonio Bandeira de. *Curso de direito administrativo*. 22. ed. São Paulo: Malheiros, 2007. p. 69.

propriedade da União, e não bens de titularidade difusa (quase como uma *res nullius*), embora preservem inevitável interesse difuso da sociedade.[224]

Com efeito, com a devida vênia às posições contrárias, entende-se que os minérios, tal qual os demais recursos ambientais individualmente considerados como microbens, possuem regime jurídico de domínio e uso peculiar, definido na forma da lei e, no caso dos minérios, da própria Constituição, regime esse que não se confunde com o do macrobem, este sim bem de uso comum do povo, embora ainda com natureza de bem público, como defendido no subitem anterior.[225]

De todo modo, concorda-se com o entendimento de que a União atua como gestora qualificada que deve garantir que os minérios sejam concedidos e explorados conforme o interesse não apenas do minerador, mas também da coletividade difusamente considerada, seja como contrapartida à sociedade pela apropriação por um particular de recurso natural não renovável, seja como compensação pelos impactos econômicos, sociais e ambientais que a atividade minerária inevitavelmente gera, seja ainda como a realização do dever da União de garantir que a mineração seja empreendida no interesse nacional, sendo esse interesse difuso a principal consequência da qualificação dos recursos minerais como microbem ambiental.

Isso, porque, na esteira de José Afonso da Silva, entende-se que "alguns bens ficam subordinados a um peculiar regime jurídico relativamente ao seu gozo e disponibilidade e também a um particular regime de polícia, de intervenção e de tutela pública".[226]

Não se acredita, portanto, que haja uma terceira categoria de bem jurídico além das espécies público e privado, mas apenas que certos bens são gravados com um interesse público especial, como uma função ambiental, ou, em outros termos, como um traço público de uso comum que os contamina.[227]

---

[224] Vale registrar que em oportunidades anteriores já se defendeu entendimento distinto, convergindo integralmente com a concepção dos recursos minerais como bens de natureza difusa. Nesse sentido, cf. BRITO, Luis Antonio Gomes de Souza Monteiro de. *Royalties, cit.*; BRITO, Luis Antonio Gomes de Souza Monteiro de. Mineração, *cit.* Em outra oportunidade mais recente, já flexibilizando esse entendimento, argumentou-se que os minérios consistiam em bens de titularidade federal que, por seu regime jurídico, mereciam tratamento diferente do regime dominial público usual (BRITO, Luis Antonio Gomes de Souza Monteiro de. KZAM NETO, Calilo Jorge. Análise, *cit.*, p. 183-214).

[225] Nesse sentido, cf. BENJAMIN, Antonio Herman Vasconcelos e. *Função, cit.*, p. 78.

[226] SILVA, José Afonso da. Bens de interesse público e meio ambiente. *Revista Crítica Jurídica*. nº 19. Jul-Dez/2001. p. 161.

[227] BENJAMIN, Antonio Herman Vasconcelos e. *Função, cit.*, p. 78.

Consequentemente, em termos práticos, tal qual na discussão envolvendo o macrobem, também a discordância em relação à categorização dos recursos minerais como bens difusos meramente gerenciados pela União, e não federais quando *in situ* e particulares quando já produto da lavra, tem relevância mais teórica que prática, tendo em vista que, à evidência, concorda-se que, em qualquer hipótese, a concessão e a exploração mineral devem ser realizadas com vistas ao interesse da coletividade, por questões econômicas, sociais e, especialmente, ambientais, o que é uma consequência do caráter estratégico da atividade.

Em suma, vale repisar, entende-se que os recursos ambientais, como microbens ambientais, podem ser públicos ou privados, conforme seu regime jurídico particular, sem que exclua sua função ambiental, que, com efeito, não implica na expropriação da titularidade do recurso ambiental, mas apenas o seu gravame em torno da finalidade ambiental difusa em prol da coletividade,[228] sendo esse o cerne para a compreensão da implicação jurídica de qualificar os recursos minerais como microbens ambientais.

Finalmente, para delimitar de forma mais precisa os limites das consequências jurídico-ambientais da qualificação dos recursos minerais como microbens ambientais, algumas distinções conceituais de categorias jurídico-minerárias próximas, embora fundamentalmente distintas, precisam ser realizadas.

Primeiro, relembra-se a diferenciação entre jazida e mina, estabelecida pelo artigo 4º do Código de Mineração, que dispõe, em suma, que jazida é o reservatório de recursos minerais em termos estáticos, representando a reserva (ou depósito) mineral *in situ*, enquanto que a mina é a jazida em lavra, "ainda que temporariamente suspensa",[229] ou seja, a jazida juridicamente autorizada para exploração industrial, tendo caráter dinâmico.

Vale frisar que essas definições conceituais legais *a priori* estão mantidas pelo artigo 2º, XII e XIV, no Projeto de Lei nº 5.807/2013 (Novo Marco Regulatório da Mineração), apresentado pelo Poder Executivo ao Congresso Nacional e ainda em análise, que dispõem, respectivamente, que jazida é o depósito identificado e possível de ser posto em produção, e que mina é a área produtora de minério, abrangendo instalações e equipamentos destinados à produção.

---

[228] Em sentido semelhante, cf. REMÉDIO JÚNIOR, José Ângelo, *op. cit.*, p. 95-96.
[229] FEIGELSON, Bruno, *op. cit.*, p. 89.

Merece registro, ainda nesse contexto, o artigo 84 do atual Código de Mineração, que dispõe que a jazida "é bem imóvel, distinto do solo onde se encontra, não abrangendo a propriedade deste o minério ou a substância mineral útil que a constitui". Esse dispositivo confirma o regime dominial de concessão vigente no ordenamento jurídico brasileiro ao evidenciar que o minério constitui bem distinto do solo, cuja propriedade, portanto, não abrange também a propriedade sobre os recursos minerais nele (e abaixo dele) localizados, tendo em vista que os minérios são sempre de propriedade federal (com exceção da extraordinária hipótese de se tratar de uma mina manifestada[230]).

A propósito, embora já registrado em outras oportunidades neste trabalho, reitera-se que não há dualidade dominial entre solo (superfície) e subsolo, como comumente a doutrina propugna de modo equivocado. Em rigor, o que há é distinção entre a propriedade do solo e a dos minérios eventualmente localizados em sua área, pois estes sempre serão da União.[231] Logo, o proprietário do solo também é o proprietário do subsolo, salvo se nele forem localizados minérios, que, em verdade, serão sempre federais, estejam eles na superfície ou no subsolo, estando nesse ponto a repercutida dualidade dominial.

William Freire assevera que jazida é o recurso mineral com viabilidade técnica e exequibilidade econômica constatada no Plano de Aproveitamento Econômico, entrando formalmente no mundo jurídico quando da aprovação do Relatório Final de Pesquisa. Já a mina seria o recurso mineral técnica, econômica e ambientalmente viável, tendo existência jurídica iniciada com a publicação da Portaria de Lavra (ou título equivalente nos demais regimes de aproveitamento mineral),[232] pelo que nem sempre a jazida será convertida em mina; conversão essa que é o objetivo principal da atividade minerária, frisa-se.

Em síntese, para ser considerada como juridicamente realizada a conversão da jazida em mina é prescindível o efetivo início das atividades, dependendo apenas da publicação da Portaria de Lavra (ou título congênere) e da concessão da licença ambiental (ou a declaração estatal de desnecessidade), momento em que, na perspectiva jurídica, está constatada a viabilidade técnica, econômica e ambiental da mina.

---

[230] Sobre o "manifesto de mina", vide item 1.1.2.3, acima.
[231] TRINDADE, Adriano Drummond Cançado. Princípios de direito minerário brasileiro. In: SOUZA, Marcelo Mendo Gomes de (coord.). *Direito minerário em evolução*. Belo Horizonte: Mandamentos, 2009. p. 65.
[232] FREIRE, William, *op. cit.*, p. 78-79.

Seguindo, agora nos termos do artigo 36 também do Código de Mineração, lavra é conceituada como "o conjunto de operações coordenadas objetivando o aproveitamento industrial da jazida, desde a extração das substâncias minerais úteis que contiver, até o beneficiamento das mesmas". Lavra, portanto, é a terminologia jurídica representativa da atividade minerária desde o processo de explotação até a fase de beneficiamento mineral.

A exemplo dos conceitos legais de jazida e mina, também o conceito de lavra está sendo preservado no Novo Marco Regulatório da Mineração, que, em seu artigo 2º, XIII, estabelece que lavra ou produção é o conjunto de operações de extração mineral de uma jazida, incluindo o beneficiamento.

Outra distinção conceitual importante é aquela entre substância, recurso e produto mineral. Nesse particular, substância mineral é gênero que se subdivide em recurso mineral, entendido como a substância não lavrada, ou seja, a substância *in situ*, e produto mineral (produto da lavra), compreendido como a substância lavrada e já destinada à distribuição, comércio e consumo.[233][234]

Há quem diferencie, também, mineral de minério, entendendo que os minerais consistem nas substâncias de composição química definida e estrutura atômica determinada e que se originam de processo inorgânico natural, e que os minérios nada mais são do que os minerais passíveis de serem explorados economicamente pelo homem.[235]

Finalmente, não obstante não sejam exatamente recursos minerais, mas sim resíduos sólidos derivados da atividade minerária, enquadrados no artigo 13, I, k, da Lei nº 12.305/2010 (Lei da Política Nacional de Resíduos Sólidos), vale registrar a distinção entre rejeitos e estéril.

Precisamente, rejeitos consistem nos resíduos resultantes do processo de beneficiamento a que são submetidos os minérios, podendo ter consistência lamacenta ou arenosa, enquanto que os estéreis

---

[233] SCAFF, Fernando Facury. Aspectos controvertidos sobre a CFEM – Compensação Financeira pela Exploração de Recursos Minerais (*royalties* da mineração). In: SCAFF, Fernando Facury; ATHIAS, Jorge Alex Nunes (coord.). *Direito tributário e econômico aplicado ao meio ambiente e à mineração*. São Paulo: Quartier Latin, 2009, p. 307.

[234] Na jurisprudência, essa distinção conceitual foi adotada no julgamento do Recurso Especial 756.530/DF, de relatoria do Ministro Teori Zavascki, publicado em 21/06/2007, no qual foi decidido que, para fins de cálculo da CFEM, devem ser computados os custos de venda dos produtos minerais, não dos recursos minerais.

[235] SERRA, Silvia Helena; ESTEVES, Cristina Campos, *op. cit.*, p. 39.

correspondem ao material escavado gerado pela lavra no decapeamento da mina, sendo usualmente dispostos em pilhas.[236] Uma das principais discussões envolvendo os rejeitos e estéreis de mineração – fora, claro, o debate em torno de sua adequada destinação e disposição – é acerca de sua natureza. Há quem defenda que se tratam de produto da lavra, no que seriam propriedade do concessionário, ou, no sentido oposto, que não seriam produto mineral, por não terem sido objeto de aproveitamento mineral e por serem desprovidos de economicidade, no que seriam apenas patrimônio do proprietário do solo. Em todo caso, para aproveitamento desses bens seria necessária a ciência do DNPM (hoje, ANM), ficando o gerador dos resíduos responsável por seu tratamento e destinação.[237]

Pois bem, feitas essas conceituações, nota-se que, apesar de haver certa convergência entre algumas dessas categorias, em princípio é possível delimitar as particularidades de cada uma delas, sendo que essas especificidades geram implicações jurídicas diversas, importando para este trabalho as consequências para o regime ambiental.

Com efeito, importa identificar quais desses institutos têm relevância ambiental e qual a medida dessa importância. Ou seja, interessa indicar quais deles são submetidos à função ambiental que torna imperiosa a sua utilização em conformidade com o interesse difuso e qual a limitação imposta pelo direito ambiental sobre os bens minerais.

Nesse ínterim, de modo geral, praticamente todas essas categorias jurídicas são influenciadas pelo direito ambiental, variando apenas em termos de gradação. Com efeito, até mesmo os rejeitos e os estéreis, como resíduos da mineração, sofrem influência do direito ambiental no que tange a sua adequada destinação e disposição.

*A priori*, seria afastado dessa influência do direito ambiental apenas o produto mineral (produto da lavra), vez que, após ser extraído da natureza, deixaria de ser bem público federal, passando ao patrimônio particular, deixando de ser propriamente microbem ambiental por deixar de compor o equilíbrio ecológico.[238]

---

[236] SILVA, Romeu Faria Thomé; LAGO, Talita Martins Oliveira. Barragens de rejeitos da mineração: o princípio da prevenção e a implementação de novas alternativas. *In:* THOMÉ, Romeu. *Mineração e meio ambiente*: análise jurídica interdisciplinar. Rio de Janeiro: Lumen Juris, 2017, p. 82-83.
[237] BELISÁRIO, Ana Carolina Valladares; VIAL, Gabriella Fernandes de Assunção. O aproveitamento mineral de rejeitos de mineração estocados em barragem. *In:* THOMÉ, Romeu. *Mineração e meio ambiente*: análise jurídica interdisciplinar. Rio de Janeiro: Lumen Juris, 2017, p. 108-110 e p. 113-115.
[238] GONÇALVES, Albenir Itaboraí Querubini; ZIBETTI, Darcy Walmor. Os recursos minerais segundo a classificação dos bens ambientais e suas implicações jurídicas. *In:* THOMÉ,

Contudo, embora parcialmente procedente, vez que o particular realmente se apropria do produto da lavra e tem liberdade para dar-lhe a destinação que considerar mais conveniente, desde que lícita, essa afirmação deve ser vista com ressalvas, pois obviamente o produto mineral também possui implicações ambientais, tal como o fato de servir como base de cálculo da CFEM, compensação que, entende-se, também serve como contrapartida à apropriação por particular de um recurso natural não renovável público de interesse difuso e aos impactos econômicos, sociais e ambientais da atividade.

De todo modo, interessa que, por se tratar de microbem ambiental, o recurso mineral influencia no equilíbrio ecológico, devendo ser seu regime de exploração regulado de acordo com essa característica, que torna intrínseca a relação da mineração com o meio ambiente, tendo em vista que o fato de a atividade consistir basicamente na extração particular de recursos naturais por si só já é suficiente para qualificar a indissociabilidade dessa relação.

Essa é a medida essencial para compreender os limites que o direito ambiental impõe sobre o regime de extração dos minérios. Com efeito, os recursos minerais são bens públicos federais, mas, como registrado, geram interesses difusos à coletividade, devendo ser concedidos pela União com o olhar voltado a esse interesse, sempre levando em consideração que devem ser ponderados não só os fatores ambientais, como também a importância socioeconômica da mineração.

### 1.2.4 A necessária intervenção no meio ambiente para realização da mineração

Ao lado do caráter de microbem ambiental dos recursos minerais, outra característica que torna intrínseca a relação entre mineração e meio ambiente é a inevitabilidade da intervenção ambiental para realização da atividade.

Rigorosamente, a própria extração do recurso mineral da jazida representa, por si só, uma intervenção da mineração no meio ambiente, pela qualidade de recurso natural dos minérios, o que confere certa obviedade à ilação de que a atividade minerária necessariamente interfere no meio ambiente em sua execução.

---

Romeu. *Mineração e meio ambiente*: análise jurídica interdisciplinar. Rio de Janeiro: Lumen Juris, 2017, p. 54.

Não obstante, embora essa ponderação seja procedente, o que se pretende explicitar na oportunidade não é mais a natureza de microbem ambiental dos recursos minerais explorados, e sim a inevitabilidade dos impactos ambientais causados pela atividade minerária, que vão além da própria extração do recurso natural, decorrentes justamente da necessária intervenção que a mineração deve realizar no meio ambiente para ser efetivada, seja ela mais ou menos invasiva.

Nesse sentido, vale destacar a consideração de Consuelo Yoshida, que ressalta que "não apenas a extração em si, mas o próprio processo de exploração minerária causa degradação ao meio ambiente, sendo impossível materialmente a restauração, o retorno da área à situação anterior às operações de lavra".[239]

Em outras palavras, a exploração mineral causa impacto ambiental não apenas pela própria explotação dos minérios, mas porque depende de intervenção na área da jazida e em seu entorno, muitas vezes dificultando sua plena restauração material.

É inevitável que a mineração intervenha no meio ambiente para sua realização, tendo em vista que os minérios, a depender de seu posicionamento, podem ter papel relevante em diversos processos ecológicos essenciais, como a estabilização dos solos e o regular fluxo dos recursos hídricos, além de influir no aspecto paisagístico, também resguardado pela Constituição Federal de 1988.

Essa inevitabilidade da intervenção ambiental causada pela mineração é reconhecida inclusive pela Constituição Federal de 1988, quando, em seu artigo 225, §2º, estabelece que "aquele que explorar recursos minerais fica obrigado a recuperar o meio ambiente degradado, de acordo com solução técnica exigida pelo órgão público competente, na forma da lei".

Como afirma José Afonso da Silva, tal disposição se qualifica dentro do terceiro conjunto normativo depreendido do artigo 225 constitucional, caracterizando-se como uma determinação particular que orienta um setor econômico específico (a mineração), diferenciando-se da norma-matriz ou norma-princípio, inserta no *caput* do artigo e que estabelece o direito de todos ao meio ambiente ecologicamente equilibrado, e das normas-instrumento, estabelecidas no §1º, que visam efetivar tal direito.[240]

---

[239] YOSHIDA, Consuelo Yatsuda Moromizato. *Tutela dos interesses difusos e coletivos*. 1. ed. 2 tiragem rev. atual. São Paulo: Juarez de Oliveira, 2006, p. 94.
[240] SILVA, José Afonso. *Direito ambiental, cit.*, p. 55. Em sentido semelhante, Cristiane Derani divide o artigo 225 na apresentação do direito ao meio ambiente ecologicamente

Ainda acerca desse dispositivo constitucional, Jorge Alex Athias ressalta que tal previsão específica é justamente uma consequência de a mineração ser uma das atividades econômicas que mais evidentemente provocam degradação ambiental.[241]

Na mesma linha é Gabriel Luis Bonora Vidrih Ferreira, ao asseverar que o parágrafo 2º do artigo 225 da Constituição "é um reconhecimento, operado pelo legislador constitucional, a respeito da interface direta da jazida com os demais recursos ambientais e da necessária interferência no meio ambiente para a atividade seja realizada".[242]

Vale registrar que, através do referenciado dispositivo, a Constituição não apenas admite que a mineração essencialmente interfere de forma adversa no meio ambiente, como reconhece que essa característica, por si só, não representa impeditivo para a realização da atividade, pois sua execução pode ser tolerada com a condição de o explorador recuperar o meio ambiente que degradar.

Essa recuperação deve ser feita de acordo com a solução técnica exigida pelo órgão ambiental, conforme estabelecido no licenciamento ambiental da atividade, a partir de estudos ambientais apresentados pelo minerador, em especial o Plano de Recuperação de Áreas Degradadas (PRAD), regulamentado pelo Decreto nº 97.632/1989, a ser mais detidamente estudado no Capítulo 2. A propósito, há quem considere que o fechamento e a recuperação ambiental da mina representa a última fase do empreendimento minerário.[243][244]

Essa tolerância aos inevitáveis impactos da mineração guarda íntima relação com a previsão do artigo 170, VI, da Constituição Federal de 1988, que inclui a defesa do meio ambiente como princípio da ordem econômica e destaca que essa proteção deve ser realizada considerando a realização de tratamento diferenciado de acordo com os impactos ambientais da atividade econômica desenvolvida, desde seus produtos e serviços até seus processos de elaboração e prestação.

---

equilibrado, na descrição do dever do Estado e da coletividade de resguardar esse direito e na prescrição de normas impositivas que visem garantir a proteção ambiental, categoria na qual se insere o §2º (DERANI, Cristiane, op. cit., p. 245).

[241] ATHIAS, Jorge Alex Nunes. A ordem econômica cit., p. 127.
[242] FERREIRA, Gabriel Luis Bonora Vidrih, op. cit., p. 121.
[243] Nesse sentido, cf. REMÉDIO JÚNIOR, José Ângelo, op. cit., p. 322.
[244] Essa última etapa da atividade minerária chegou a ser formalizada pela Medida Provisória 790/2017, que havia alterado o artigo 7º, caput e §2º, do Código de Mineração, justamente para prever que a recuperação ambiental era parte integrante do empreendimento. Contudo, tal mudança não foi confirmada, vez que a MP 790/2017 expirou sem ter sido foi convertida em lei.

Logo, a "proteção ambiental nas atividades econômicas deve, assim, ser guiada por um preceito de natureza isonômica, que reconhece que o tratamento ambiental igualitário exige o reconhecimento e a consideração das diferenças dos sistemas produtivos",[245] o que evidentemente abrange as particularidades da mineração, que, apesar de inevitavelmente impactante ao meio ambiente, é essencial para o cotidiano humano e economicamente estratégica, devendo ser realizada, ainda que com as devidas cautelas para minimização dos efeitos negativos que dele podem derivar.

Sobre o caráter impactante ao meio ambiente da atividade minerária, ressalta-se ainda que parte da doutrina vai além da simples classificação da mineração como necessariamente interventora no meio ambiente, para qualificá-la como inevitavelmente causadora de degradação ambiental significativa.

Nesse sentido, por exemplo, é José Ângelo Remédio Júnior, ao afirmar que uma característica inerente à atividade minerária é justamente ser causadora de significativa degradação ambiental, pois "salta à vista que a mineração pode afetar as mais diversas espécies de bens ambientais como a fauna, flora, solo, ar e água".[246][247]

Essa afirmação, porém, merece ser ponderada. Isso, porque a mineração não necessariamente causa degradação significativa, tanto em razão de uma possível variação no porte da atividade – empreendimentos de menor porte, via de regra, gerarão menor degradação ambiental em termos absolutos, sendo que essa degradação pode até mesmo chegar a ser insignificante em termos práticos – quanto pela utilização de tecnologias que permitam que essa alteração ambiental adversa seja mais bem controlada e abrandada, inclusive em grandes empreendimentos.

Essa reflexão tem importância que ultrapassa o caráter meramente teórico, pois tem ao menos uma considerável implicação prática, relacionada à exigibilidade do Estudo (Prévio) de Impacto Ambiental

---

[245] FERREIRA, Gabriel Luis Bonora Vidrih, *op. cit.*, p. 122.
[246] REMÉDIO JÚNIOR, José Ângelo, *op. cit.*, p. 16-17.
[247] Paulo de Bessa Antunes esposa posicionamento semelhante ao afirmar que "É indiscutível que, em princípio, a mineração é uma atividade causadora de alto impacto ambiental (...)", ressalvando, contudo, que esses impactos "não fazem com que a mineração seja uma atividade proscrita ou ilegal em nosso país" (ANTUNES, Paulo de Bessa. *Direito ambiental*. 18. ed. São Paulo: Atlas, 2016, p. 1346-1347). Não obstante, vale ressaltar que o próprio autor ressalva que esse "alto impacto" da mineração existe apenas "em princípio", claramente reconhecendo que podem haver – como de fato há – casos em que esse impacto não será expressivo.

(EIA), necessário justamente para licenciamento de atividades potencialmente causadoras de significativa degradação ao meio ambiente.

Precisamente, entendendo-se que a mineração sempre causa significativa degradação ambiental, então sempre será exigível a apresentação do EIA para licenciar mineradoras, mesmo para empreendimentos de menor porte e com intervenção ambiental menos expressiva, como frequentemente é o caso daqueles especializados na mineração de recursos minerais utilizados na construção civil ou de exploração de água mineral.

Por outro lado, entendendo-se que a qualificação da degradação como significativa é casuística, dependendo da avaliação contextual de cada empreendimento minerário a ser desenvolvido, então o EIA será dispensado em empreendimentos menos ambientalmente degradantes, o que é muito mais razoável na perspectiva prática, tendo em vista a burocracia, a complexidade e o custo para realização de EIA, que pode até mesmo inviabilizar empreendimentos menores.

Essa questão da exigibilidade irrestrita (ou não) do EIA em empreendimentos minerários também será abordada com maior profundidade no Capítulo 2, valendo para o momento, porém, a reflexão acerca das características da atividade minerária e de como essa categorização gera implicações jurídicas relevantes no campo prático.

Finalmente, outra ponderação que deve ser realizada a partir dessa qualificação da atividade minerária como necessariamente causadora de significativa degradação ambiental é a de que não se pode confundir degradação com impacto e, principalmente, com dano ambiental.

Com efeito, o que se assevera neste item é que a mineração é uma atividade econômica que necessariamente depende da intervenção no meio ambiente para ser executada e que é essencialmente causadora de impacto ambiental negativo, fatos reconhecidos e tolerados pela Constituição Federal de 1988, precisamente em seu artigo 225, §2º.

Contudo, para compreender definitivamente essa afirmação, que é o objetivo principal deste primeiro capítulo, cumpre finalmente realizar de forma detida a análise conceitual de impacto ambiental negativo e dano ambiental, identificando suas características e possíveis elementos particulares que implicam em eventuais regimes jurídicos diferentes, tal como se fará no item seguinte.

## 1.3 Caracterizando impacto ambiental negativo e dano ambiental

Após as considerações efetuadas nos itens anteriores, nos quais se apresentou o contexto e as características gerais da atividade minerária para qualificá-la como sendo economicamente estratégica, pela sua relevância no desenvolvimento econômico nacional e pela sua indispensabilidade para a vida cotidiana, e ambientalmente impactante, por se assentar na extração de recurso natural não renovável e por depender de necessária intervenção ambiental para seu desenvolvimento, neste último tópico finalmente se realizará a caracterização das categorias impacto ambiental negativo e dano ambiental, de modo a confirmar a sinonímia dos institutos ou a existência de regimes jurídicos distintos entre eles.

Neste momento, a análise será essencialmente conceitual, com o intuito central de identificar a natureza jurídica e o respectivo regime jurídico a que se submetem impacto e dano ambiental, restando aos capítulos seguintes o estudo específico dos instrumentos aplicáveis para controle dessas alterações ambientais adversas, investigação que depende da conceituação a ser efetuada neste item, tendo em vista ser direcionada a confirmar ou refutar as conclusões expendidas a partir da análise dos mecanismos de controle aplicáveis.

### 1.3.1 Contextualizando a discussão conceitual

A despeito de sua importância, a análise conceitual dos institutos impacto ambiental negativo e dano ambiental é uma temática usualmente tratada sem a devida cautela pela doutrina especializada, isso quando não totalmente negligenciada por ela.

Na mesma linha, é comum verificar na prática jurídica certa confusão interpretativa entre essas categorias, muitas vezes reputadas como sinônimas,[248] gerando potenciais inadequações analíticas por parte do Poder Público, justamente o que se pretende evitar a partir do estudo aqui realizado.

---

[248] Luis Enrique Sánchez ressalta que, se já realizada pelos próprios operadores do Direito, essa confusão conceitual é também identificada com frequência na imprensa e no próprio cotidiano social, sendo comum verificar a associação da locução "impacto ambiental" com um dano à natureza (cf. SÁNCHEZ, Luis Enrique. *Avaliação de impacto ambiental*: conceitos e métodos. 2. ed. São Paulo: Oficina de Textos, 2013, p. 29).

É bem verdade que, rigorosamente, não há respostas exatas para questões conceituais,[249] pelo que em investigações desse cariz a intenção não deve ser buscar um significado único para as palavras, termos e expressões, pois elas não têm um exclusivo sentido, e sim identificar os usos mais adequados dos conceitos para uma dada finalidade.[250] O conteúdo é mais importante que o termo utilizado, certamente, mas a diferenciação conceitual favorece a compreensão prática adequada de categorias diversas.

No particular, o objetivo de realizar a distinção conceitual entre impacto ambiental negativo e dano ambiental é identificar os instrumentos jurídicos de controle especificamente aplicáveis a cada uma dessas categorias jurídicas e analisar as eventuais diferenças de regime jurídico que essa divergência pode provocar sobre esses mecanismos, evitando sua aplicação equivocada.

A esse respeito, Priscila Artigas assevera que distinguir impacto de dano ambiental é importante, pois a doutrina e a jurisprudência vêm confundindo sobremaneira os institutos, implicando em uma exigência errônea de correção de impactos na forma de reparação civil, o que pode gerar arbitrariedades por parte dos órgãos licenciadores,[251] bem como, acrescenta-se, do Ministério Público e do próprio Judiciário.

Nesse sentido, por exemplo, seria desacertado requerer reparação civil de impactos ambientais negativos como se estes se equivalessem a danos, quando na verdade devem ser prevenidos, mitigados ou compensados administrativamente, mormente no âmbito do licenciamento ambiental e quando sua geração já tiver sido inclusive admitida pelo órgão ambiental licenciador como tolerável para a atividade.

Igualmente equivocado seria negligenciar a ocorrência de danos ambientais por reputá-los como uma alteração ambiental adversa inevitável e tolerável para a realização de uma determinada atividade, quando deveriam motivar a responsabilização civil do causador do dano, pois sempre repudiados em nosso ordenamento, ensejando dever de indenizar.

Por conseguinte, para evitar confusões desse gênero, é válido identificar, conceituar e diferenciar dano ambiental e impacto ambiental negativo para, então, indicar qual o instrumento correto para prevenir, controlar, mitigar, corrigir ou reparar cada um deles.

---

[249] WILSON, John. *Pensar com conceitos*. 2. ed. São Paulo: Martins Fontes, 2005, p. 5.
[250] *Idem. Ibidem*, p. 10.
[251] ARTIGAS, Priscila Santos. *Medidas compensatórias no direito ambiental*: uma análise a partir da Lei do SNUC. Rio de Janeiro: Lumen Juris, 2017, p. 12.

A propósito, apesar de nem sempre proporcionar graves consequências práticas como as hipoteticamente sugeridas acima, essa confusão conceitual é reiteradamente verificada em nossa jurisprudência, inclusive em nossos Tribunais Superiores, mormente no Superior Tribunal de Justiça (STJ).

Nessa perspectiva, por exemplo, é o Recurso Especial 1.668.060/SP:

> PROCESSUAL CIVIL. PRODUÇÃO DE PROVAS. CERCEAMENTO DE DEFESA. OCORRÊNCIA. PRÉVIO DEFERIMENTO DE PRODUÇÃO DE PROVA TÉCNICA PERICIAL E APRESENTAÇÃO DE QUESITOS E ASSISTENTES TÉCNICOS. JULGAMENTO ANTECIPADO DA LIDE. IMPOSSIBILIDADE.
>
> (...)
>
> 3. A jurisprudência do STJ afirma que, ainda que se entenda que é possível à administração pública autorizar a queima da palha da cana de açúcar em atividades agrícolas industriais, a permissão deve ser específica, precedida de estudo de impacto ambiental e licenciamento, com a implementação de medidas que viabilizem amenizar os danos e recuperar o ambiente. (...)[252]

Da análise do julgado, nota-se que o Estudo de Impacto Ambiental (EIA) e o licenciamento foram considerados instrumentos preliminares tendentes ao controle de "danos ambientais" inevitavelmente provocados pela queima da palha de cana-de-açúcar, o que permite depreender que, para o STJ, ao menos no âmbito de sua Segunda Turma, haveria um nível de danosidade ambiental reputado como tolerável, desde que previsto e autorizado por licenciamento ambiental subsidiado por EIA, com a respectiva indicação das medidas de mitigação e compensação pertinentes.

Nessa mesma linha, tomando danos ambientais e impactos ambientais negativos como sinônimos, ainda ilustrativamente no âmbito da Segunda Turma do STJ, verifique-se:

> PROCESSUAL CIVIL. ADMINISTRATIVO E PROCESSUAL CIVIL. NECESSIDADE DE REALIZAÇÃO DE ESTUDO DE IMPACTO AMBIENTAL. NECESSIDADE DE EXAME DO ACERVO FÁTICO-PROBATÓRIO. SÚMULA 7/STJ.

---

[252] BRASIL. Superior Tribunal de Justiça. *Recurso Especial 1.668.060/SP*. Relator Ministro Herman Benjamin. Segunda Turma. Julgamento: 27/06/2017. Publicação: Diário de Justiça Eletrônico 30/06/2017.

O Tribunal de origem manteve a sentença, que, em análise fático-probatória, concluiu pela prescindibilidade da realização do Estudo de Impacto Ambiental, pois a construção de muro de contenção não irá provocar nenhuma espécie de dano ambiental ao local de obras. Desse modo, modificar o acórdão recorrido ensejará uma revisão do acervo fático-probatório, o que é inadmitido em sede de recurso especial, conforme orientação firmada pela Súmula 7/STJ. Agravo regimental improvido.[253]

PROCESSUAL CIVIL. ADMINISTRATIVO. AUSÊNCIA DE VIOLAÇÃO DO ART. 535 DO CPC. DEVIDO ENFRENTAMENTO DAS QUESTÕES RECURSAIS. LICENÇA AMBIENTAL. HOTÉIS SITUADOS NA VIA COSTEIRA. ANULAÇÃO DA SENTENÇA. NECESSIDADE DE PRODUÇÃO DE PROVA PERICIAL. PRINCÍPIO DO LIVRE CONVENCIMENTO DO JUIZ. REVISÃO DAS PREMISSAS FÁTICO-PROBATÓRIAS. IMPOSSIBILIDADE. INCIDÊNCIA DA SÚMULA 7/STJ.

(...) 2. A Corte *a quo* consignou que diante da "inexistência de perícia nos autos, não é possível verificar a potencialidade de dano desses empreendimentos, se de pequena monta ou se capaz de provocar um significativo impacto ambiental de repercussão nacional ou regional, o que definiria a competência do IBAMA", e determinou a anulação da sentença de primeira instância e o encaminhamento dos autos à origem para que se proceda à produção de prova pericial. (...).[254]

No primeiro julgado foi considerado que o Estudo de Impacto Ambiental (EIA) era dispensável, no caso analisado, por não ser a atividade licenciada (construção de muro de contenção) passível de causar dano ambiental ao local de obras, implicitamente reputando que o EIA serve para antecipação e controle de danos, no que se infere que o STJ os considera sinônimos de impactos ambientais.

Já no segundo precedente foi considerado que, sem a identificação da potencialidade de determinados empreendimentos causarem dano ambiental ou a sua extensão, então não seria possível afirmar se o efeito ambiental adverso (o dano) seria de pequena monta ou se capaz de provocar um "significativo impacto ambiental".

---

[253] BRASIL. Superior Tribunal de Justiça. *Agravo Regimental no Recurso Especial 1.570.537/AL*. Relator Ministro Humberto Martins. Segunda Turma. Julgamento: 10/11/2016. Publicação: Diário de Justiça Eletrônico 19/04/2017.
[254] BRASIL. Superior Tribunal de Justiça. *Agravo Regimental no Recurso Especial 1.404.858/RN*. Relator Ministro Humberto Martins. Segunda Turma. Julgamento: 24/11/2015. Publicação: Diário de Justiça Eletrônico 18/12/2015.

Em ambos, portanto, tal como no primeiro julgado colacionado e analisado acima, impacto e dano ambiental foram reputados como tendo coincidência semântica, no que seriam meras designações distintas para o mesmo instituto jurídico.

Contudo, como se demonstrará ao longo deste item conclusivo do primeiro capítulo, esse entendimento é conceitualmente equivocado, porque danos ambientais são resultados lesivos excepcionais, não sendo toleráveis em qualquer hipótese. Com efeito, o que o EIA e o licenciamento ambiental visam é garantir a prevenção, o controle, a mitigação ou a compensação dos impactos ambientais negativos, estes, sim, toleráveis e inerentes a certas atividades econômicas.

## 1.3.2 Impacto e dano ambiental na legislação e na doutrina

Para compreender a distinção conceitual aqui estudada, deve ser destacada primeiro a definição normativa de impacto ambiental, apresentada primariamente pela Resolução CONAMA nº 1/1986:

> Artigo 1º, Resolução CONAMA 1/1986. Para efeito desta Resolução, considera-se impacto ambiental qualquer alteração das propriedades físicas, químicas e biológicas do meio ambiente, causada por qualquer forma de matéria ou energia resultante das atividades humanas que, direta ou indiretamente, afetam:
> 
> I – a saúde, a segurança e o bem-estar da população;
> 
> II – as atividades sociais e econômicas;
> 
> III – a biota;
> 
> IV – as condições estéticas e sanitárias do meio ambiente;
> 
> V – a qualidade dos recursos ambientais.

Em uma leitura superficial, seria possível depreender que a disposição regulamentar, em certa medida, relaciona impactos ambientais mais fortemente a alterações negativas, ofuscando a possibilidade de as atividades provocarem impactos ambientais positivos, que seriam caracterizados como efeitos colaterais benéficos ao meio ambiente.[255]

---

[255] Priscila Artigas assevera que os "impactos ocasionados por determinado empreendimento ou uma atividade podem em muitas situações ser positivos. É o que ocorre, por exemplo, quando a instalação de uma fábrica representa o aumento de número de empregos formais em uma região com elevado de desemprego ou informalidade" (ARTIGAS,

Diz-se "em certa medida" porque essa associação com efeitos negativos é apenas inferida, vez que, por exemplo, "afetar" a qualidade dos recursos ambientais mediante a alteração das propriedades físicas do meio ambiente não implica necessariamente em algo negativo, podendo muito bem ser uma influência benéfica.

Essa possível vinculação restritiva, em muito, deriva da proximidade entre o referido conceito de impacto ambiental e a definição de poluição apresentada no artigo 3º, III, da Lei nº 6.938/1981 (Lei da Política Nacional do Meio Ambiente – PNMA),[256] diferenciados basicamente pela última consequência listada nos respectivos dispositivos como possível caracterizadora de cada instituto, sendo que, no caso do impacto ambiental, seria uma alteração da "qualidade dos recursos ambientais", e na hipótese da poluição, seria o lançamento de "matérias ou energias em desacordo com os padrões ambientais estabelecidos".[257]

Ocorre que, diferentemente do conceito legal de poluição, que expressamente afirma que ela se caracteriza como uma degradação ambiental qualificada pela identificação de consequências negativas específicas, o conceito regulamentar de impacto ambiental apenas refere que ele consiste em uma alteração ambiental que afeta um dos fatores elencados nos incisos, sem afirmar se essa influência é negativa ou positiva, permitindo presumir tanto no sentido que a restringe ao caráter negativo quanto naquele tendente à admissão de que o impacto pode ser também positivo, que se considera o entendimento correto.

Em todo caso, ressalva-se que essa usual associação dos impactos ambientais com efeitos negativos é compreensível, por tratar a Resolução em comento da exigibilidade e do regime jurídico do EIA, estudo necessário para empreendimentos potencial ou efetivamente causadores de significativa degradação ambiental, logo, causadores

---

Priscila Santos. O dano ambiental e o impacto negativo ao meio ambiente. *Revista do Advogado*. Ano XXXVII. Mar. 2017. nº 133. p. 175, nota de rodapé 2).
[256] Artigo 3º, Lei nº 6.938/1981. Para os fins previstos nesta Lei, entende-se por:
III - poluição, a degradação da qualidade ambiental resultante de atividades que direta ou indiretamente:
a) prejudiquem a saúde, a segurança e o bem-estar da população;
b) criem condições adversas às atividades sociais e econômicas;
c) afetem desfavoravelmente a biota;
d) afetem as condições estéticas ou sanitárias do meio ambiente;
e) lancem matérias ou energia em desacordo com os padrões ambientais estabelecidos.
[257] Luís Enrique Sánchez, por exemplo, faz exatamente essa vinculação ao afirmar que os conceitos de impacto ambiental, da Resolução CONAMA nº 1/1986, e de poluição, da Lei nº 6.938/1981, coincidem, servindo ambas para qualificar apenas o impacto negativo, não o positivo (SÁNCHEZ, Luís Enrique, *op. cit.*, p. 32-33).

de consideráveis efeitos adversos ao meio ambiente, pelo que os impactos que mais interessariam para tal estudo seriam propriamente os negativos.

Ainda, frisa-se que, embora o dispositivo em análise afirme que o conceito de impacto ambiental é aplicável "para efeito" da Resolução nº 1/1986 – o que em tese o restringiria ao regime jurídico do EIA –, na verdade essa definição regulamentar é utilizada de modo amplo como referência conceitual de impacto ambiental no ordenamento jurídico brasileiro, bem como pela doutrina e pela jurisprudência, mormente na falta de conceituação legal ou constitucional específica.

Já no que tange ao dano ambiental, diferente do impacto ambiental, não há no ordenamento jurídico brasileiro qualquer definição legal,[258] sendo sua conceituação essencialmente doutrinária, o que, ironicamente, ao mesmo tempo é positivo, por permitir maior precisão conceitual ao impedir o engessamento normativo, e negativo, por conferir excessiva subjetividade ao intérprete, agravada pela dificuldade de definição do que é dano ambiental.[259]

A propósito, a falta de definição legal do que se concebe como dano ambiental e, portanto, a ausência de marco jurídico objetivo que legalmente o diferencie do impacto ambiental negativo contribuem decisivamente para a confusão conceitual entre os institutos, vez que, por consequência, sua diferenciação é efetuada basicamente em nível doutrinário, a partir de uma leitura sistêmica do ordenamento que permita individualizar cada categoria a partir de suas características específicas, tal como se pretende realizar neste trabalho.

Com a intenção de objetivar um conceito de dano ambiental, José Rubens Morato Leite e Patrick de Araújo Ayala lecionam que pode ser ele concebido tanto como uma alteração indesejada no conjunto

---

[258] Diferentemente do Brasil, há países que fazem a conceituação legal de dano ambiental. É o caso, por exemplo, da Argentina, que, no artigo 27 da Lei nº 25.675/2002, define dano ambiental como sendo "(...) toda alteración relevante que modifique negativamente el ambiente, sus recursos, el equilibrio de los ecosistemas, o los bienes o valores colectivos"; do Peru, que, no artigo 142.2 da Lei nº 28.611/2005, dispõe que: "Se denomina daño ambiental a todo menoscabo material que sufre el ambiente y/o alguno de sus componentes, que puede ser causado contraviniendo o no disposición jurídica, y que genera efectos negativos actuales o potenciales"; e da Itália, que no artigo 300 do Decreto Legislativo 152/2006 estabelece que: "È danno ambientale qualsiasi deterioramento significativo e misurabile, diretto o indiretto, di una risorsa naturale o dell'utilità assicurata da quest'ultima".

[259] Nessa linha, Delton Winter de Carvalho assevera que o conceito aberto de dano ambiental é benéfico por não restringir o direito, mas arriscado por propiciar definição muito ampla (CARVALHO, Delton Winter de. *Dano ambiental futuro*: a responsabilização civil pelo risco ambiental. 2. ed. Porto Alegre: Livraria do Advogado, 2013, p. 102).

dos elementos componentes do meio ambiente, lesionando o direito fundamental ao meio ambiente ecologicamente equilibrado a que todos têm direito, quanto como sendo os efeitos que essa alteração gera na saúde das pessoas e em seus interesses,[260] aludindo claramente a uma noção de dano ambiental individual.[261]

Mais analiticamente, Édis Milaré define dano ambiental como as interferências humanas sobre o meio ambiente (natural, cultural e artificial) "capazes de desencadear, imediata ou potencialmente, perturbações desfavoráveis (*in pejus*) ao equilíbrio ecológico, à sadia qualidade de vida, ou a quaisquer outros valores coletivos ou de pessoas".[262]

Referência na doutrina jurídico-ambiental portuguesa, Carla Amado Gomes entende que dano ambiental pode consistir tanto no evento indesejado (*ex post*) que enseja responsabilidade civil quanto naquele previsto e intentado (*ex ante*) que demanda compensação antecipada como contrapartida ao efeito negativo ambiental a ser provocado.[263]

Apesar de não diferenciar impacto de dano e, mais que isso, afirmar que há dano ambiental tolerável[264] mediante compensação antecipada, a autora portuguesa acaba por corroborar com a tese deste

---

[260] LEITE, José Rubens Morato; AYALA, Patrick de Araújo, *op. cit.*, p. 98. Annelise Steigleder corrobora com esse posicionamento ao afirmar que "a expressão 'dano ambiental' tem conteúdo ambivalente e, conforme o ordenamento jurídico em que se insere, a norma é utilizada para designar tanto as alterações nocivas como efeitos que tal alteração provoca na saúde das pessoas e em seus interesses" (STEIGLEDER, Annelise Monteiro. *Responsabilidade civil ambiental*: as dimensões do dano ambiental no direito brasileiro. 2. ed. Porto Alegre: Livraria do Advogado, 2011, p. 99).

[261] Apesar de não ser o foco deste tópico, até porque o tema será mais detidamente abordado adiante, no Capítulo 3, quando do estudo da responsabilidade civil por danos ambientais na mineração, ressalta-se desde já que se discorda da noção de dano ambiental individual, não obstante seja relativamente comum na doutrina especializada, por se entender que, em rigor, o correto é considerar essa espécie de dano como sendo mero reflexo do dano ambiental de fato, pois, apesar das consequências particulares provocadas às vítimas individualmente lesionadas, não há realmente um dano ambiental sofrido na esfera individual.

[262] MILARÉ, Édis, *op. cit.*, p. 322.

[263] GOMES, Carla Amado. *Introdução ao direito do ambiente*. 2. ed. Lisboa: AAFDL, 2014, p. 243-244.

[264] José de Ávila Aguiar Coimbra e Maurício Guetta também admitem a existência de danos ambientais toleráveis, indicando como pressupostos para sua tolerância, primeiro, a prevalência do interesse coletivo da sociedade na realização da atividade em relação aos seus efeitos ambientais negativos e, segundo, a impossibilidade científica e tecnológica de eliminação ou mitigação desses efeitos. Cf. COIMBRA, José de Ávila Aguiar; GUETTA, Maurício. O conceito jurídico de dano ambiental. *In*: ROSSI, Fernando F. *et al* (coords.). *Aspectos controvertidos do direito ambiental*: tutela material e tutela processual. Belo Horizonte: Fórum, 2013, p. 252-253.

livro ao afirmar que há efeitos ambientais adversos que são admissíveis e cujo controle, quando inevitáveis, deve ser realizado via medidas compensatórias ambientais, não por responsabilidade civil. Em verdade, a autora faz, embora sem utilizar termos distintos, a categorização que se pretende efetuar neste tópico.

Em sentido semelhante, José Rubens Morato Leite e Patrick de Araújo Ayala asseveram que há certo nível de degradação ambiental que é tolerável e que não enseja responsabilização civil do causador, qualificando-se como dano ambiental apenas a lesão intolerável causada diretamente sobre o equilíbrio ambiental ou indiretamente a terceiros.[265]

Na mesma linha, José de Ávila Aguiar Coimbra e Maurício Guetta afirmam que dano ambiental se caracteriza como uma lesão grave, anormal e não insignificante de ordem patrimonial e/ou extrapatrimonial ao direito fundamental de todos ao meio ambiente ecologicamente equilibrado e/ou ao ambiente em si considerado.[266]

Utilizando categorização e designações distintas, Paulo de Bessa Antunes classifica o dano ambiental como uma espécie do gênero "poluição", sendo caracterizado por causar alterações adversas ao meio ambiente em níveis acima do desprezível, pelo que seria categoria distinta da poluição em sentido estrito, que consistiria na alteração ambiental de pequenas dimensões que é incapaz de alterar a ordem ambiental, e do crime ambiental, caracterizado pela tipificação penal e pela maior gravosidade.[267]

Por sua vez, Édis Milaré efetivamente distingue impacto de dano ambiental, diferenciando-os basicamente a partir da tolerabilidade pelo órgão ambiental e pelos instrumentos de controle. Precisamente, dano ambiental seria uma indesejada violação às normas ambientais, sendo corrigido pela tríplice responsabilidade. Já o impacto ambiental negativo seria admitido, com controle pelo licenciamento ambiental.[268]

Essa mesma classificação é realizada por Lyssandro Norton Siqueira, que afirma que "o impacto *lato sensu* é qualquer alteração no meio ambiente causada pela atividade humana, que pode ou não resultar em uma lesão ao bem jurídico tutelado pelo Direito Ambiental", sendo que, quando uma lesão ambiental for configurada, "esta será

---

[265] LEITE, José Rubens Morato; AYALA, Patrick de Araújo, *op. cit.*, p. 107-108.
[266] COIMBRA, José de Ávila Aguiar; GUETTA, Maurício, *op. cit.*, p. 256.
[267] ANTUNES, Paulo de Bessa. *Dano ambiental:* uma abordagem conceitual. 2. ed. São Paulo: Atlas, 2015, p. 125-128.
[268] MILARÉ, Édis, *op. cit.*, p. 324-325.

passível de indenização/reparação e passará, assim, a ser qualificada como dano ambiental".[269] Não obstante, considera-se que adotar a intensidade ou extensão da lesão como critério distintivo único entre dano e impacto ambiental não é suficiente para resolver o problema da insegurança conceitual aqui abordada, tampouco suas indesejadas consequências práticas, pois, além de depender excessivamente da subjetividade avaliativa do intérprete, acaba por gerar resultados imprecisos, haja vista não ser possível afirmar que uma lesão de pequena monta será sempre necessariamente um impacto ou, por outro lado, que quando de grande expressão será invariavelmente um dano.

Isso, porque é possível que uma alteração adversa de considerável expressividade seja tolerada pelos órgãos ambientais, em especial o responsável pelo licenciamento do empreendimento, por ser reputada como inevitável para uma dada atividade cuja execução seja importante pelas suas contrapartidas socioeconômicas, pelo que nessa hipótese seria qualificável como impacto ambiental, não como dano.

Seria o caso, por exemplo, da autorização de desvio e represamento de curso d'água para fins de produção de energia hidrelétrica por uma usina. Tal ação claramente representaria uma alteração ambiental adversa com intensidade considerável, mas poderia ser admitida pelo órgão ambiental licenciador como inevitável para a atividade, até porque inerente a esse tipo de empreendimento, e tolerável frente aos potenciais benefícios socioeconômicos a serem gerados pela usina.

Na mesma linha, ainda que, via de regra, dano realmente pressuponha um prejuízo ambiental considerável, nada impede que haja um dano menos intenso (ou extenso) que um impacto.

Para ilustrar esse cenário, basta seguir o exemplo referido acima e imaginar que, ao mesmo tempo em que a usina hidrelétrica poderia provocar um impacto ambiental negativo de grande expressividade com o desvio e o represamento do curso hídrico, alagando uma região, poderia causar dano ambiental de intensidade notadamente menor, caso, na construção da usina, uma pequena extensão de área de preservação permanente fosse desmatada sem que isso fosse previsto e autorizado no licenciamento ou em procedimentos congêneres.

---

[269] SIQUEIRA, Lyssandro Norton. *Qual o valor do meio ambiente?*: previsão normativa de parâmetros para a valoração econômica do bem natural impactado pela atividade minerária. Rio de Janeiro: Lumen Juris, 2017, p. 53.

De outra parte, nota-se que, apesar de não haver uniformidade conceitual na doutrina, ao menos há convergência no sentido de considerar o dano ambiental reparável como sendo a alteração adversa que prejudica o equilíbrio do meio ambiente ou a qualidade ambiental de forma intolerável.

Além disso, como se verificou acima, de modo geral, a doutrina concorda que há alterações ambientais adversas que não ensejam responsabilidade civil, sendo, portanto, toleradas, o que é até mesmo uma obviedade, tendo em vista que praticamente todas as condutas e atividades humanas, em maior ou menor medida, provocam mudanças "adversas" no meio ambiente, sendo certo que nem todos esses comportamentos podem gerar dever de indenizar, sendo que alguns sequer geram qualquer espécie de reação jurídica, pela insignificante lesividade ou pela usualidade cotidiana.

Por outro lado, confirmou-se, a partir dos referenciais apresentados acima, que, na falta de um conceito legal, a caracterização do dano ambiental depende de considerável subjetividade,[270] principalmente em razão de sua diferenciação em relação à alteração ambiental tolerada ser realizada pela doutrina basicamente pelo parâmetro da intensidade ou da extensão da lesão, que depende da avaliação de cada intérprete, além de não ser um critério preciso, pois há alterações ambientais expressivas que podem ser toleradas, bem como lesões de pequena monta que, ainda assim, serão reparáveis via responsabilidade civil.

### 1.3.3 Distinguindo os conceitos de impacto ambiental negativo e de dano ambiental

Registradas a divergência doutrinária e a imprecisão (ou mesmo lacuna) normativa acerca dos conceitos de impacto ambiental negativo e de dano ambiental, cumpre, na oportunidade, apresentar os fundamentos para a distinção entre os institutos.

---

[270] Em trabalho direcionado a compendiar e cotejar, entre outros, os conceitos legais e técnicos de dano ambiental, Mauro Cerri Neto já havia asseverado acerca dessa subjetividade, destacando como consequência negativa dessa falta de clareza e precisão conceitual a excessiva complexidade da tarefa de identificar a essência do conceito (Cf. CERRI NETO, Mauro. *Impacto ambiental, degradação ambiental, poluição, contaminação e dano ambiental*: comparação entre conceitos legal e técnico. 2008. 127f. Dissertação (Mestrado em Geociências e Meio Ambiente). Programa de Pós-Graduação em Geociências e Meio Ambiente. Universidade Estadual Paulista. Rio Claro).

Sobre o tema, Priscila Artigas leciona que impacto ambiental negativo representa qualquer alteração adversa, significativa ou não, das características do meio ambiente, por atividades ou empreendimentos desejados e licenciados, enquanto que dano ambiental consiste na lesão inesperada e indesejada nos recursos ambientais, que provoque poluição prejudicial ao equilíbrio ecológico e à qualidade de vida.

A autora destaca que o impacto ambiental negativo é previsto, avaliado e aceito no âmbito do licenciamento ambiental, sendo prevenido, mitigado ou compensado mediante instrumentos de comando e controle, e que o dano ambiental representa um prejuízo indesejado cuja resposta jurídica é realizada por responsabilização penal, administrativa e, principalmente, civil.

E prossegue afirmando de modo preciso que, como consequência dessa distinção, enquanto os impactos ambientais de uma atividade ainda estiverem sendo avaliados e gerenciados, não há dano ambiental a ser reparado, pois este somente se caracterizará caso as medidas de comando e controle não forem implementadas ou, eventualmente, se mostrem insuficientes por superveniente modificação contextual, sendo que mesmo nessa hipótese o correto seria tentar ajustar a operação no âmbito administrativo antes da responsabilização.[271]

Tais ponderações são pertinentes para a realização da distinção conceitual aqui pretendida, vez que, apesar de não sistematicamente, Artigas utiliza fatores mais objetivos em relação ao simples critério da intensidade da alteração ambiental adversa, que, como já se registrou, é insuficiente para a finalidade distintiva intentada.

Não obstante, merecem ser ressalvadas as vinculações feitas pela autora entre "impacto e degradação" e entre "dano e poluição",[272] ambas tomadas por ela como indissociáveis binômios "fato-consequência".

Isso, porque na esteira das definições dispostas nos incisos II e III do artigo 3º da PNMA, entende-se degradação como uma categoria mais ampla, que abrange a poluição, sendo a primeira qualquer efeito ambiental adverso, e a segunda, a degradação qualificada pela ocorrência de pelo menos uma das circunstâncias caracterizadoras previstas nas alíneas do inciso III.

Em suma, converge-se com Priscila Artigas no sentido de que degradação e poluição são mais propriamente efeitos, enquanto que impacto e dano são mais adequadamente atrelados aos fatos adversos.

---

[271] ARTIGAS, Priscila Santos. *Medidas, cit.*, p. 102-103.
[272] *Idem*, O dano, *cit.*, p. 175.

Porém, discorda-se da autora quanto à vinculação necessária, por ela promovida, entre impacto ambiental negativo com degradação, pois, frisa-se, entende-se plenamente possível que um impacto ambiental gere poluição, pela configuração prática de umas das hipóteses do artigo 3º, III, da PNMA, e mesmo assim seja potencialmente admissível.

No âmbito da mineração, exemplo nesse sentido seria o afugentamento de fauna para possibilitar a escavação de mina. Tal fato representaria uma alteração ambiental adversa qualificável como poluição, por afetar desfavoravelmente a biota (artigo 3º, III, c, PNMA), pois animais seriam afastados de seu *habitat* por motivação antrópica.

Ocorre que, se um plano de afugentamento de fauna houvesse sido apresentado pelo empreendedor e aceito pelo órgão ambiental competente no âmbito do licenciamento ambiental da atividade, com base em estudos ambientais que consignassem que essa alteração adversa ao meio ambiente era condição inevitável para a realização do empreendimento, mas mitigável ou compensável com a adoção de determinadas medidas, então essa dispersão dos animais se qualificaria como impacto ambiental negativo, não como dano ambiental, embora gerasse efeito "poluente" passível de enquadramento literal no artigo 3º, III, c, da PNMA.

Logo, acredita-se que a relação mais precisa a ser feita é um pouco mais complexa: todo dano de fato provoca poluição (vez que deve provocar prejuízo ambiental extraordinário), mas nem toda poluição deriva de dano, podendo decorrer de impacto, desde que esse efeito negativo tenha sido previsto, avaliado, controlado e tolerado pelo órgão ambiental competente.[273]

Por isso, entende-se como sendo equivocada a prática usual de utilizar o termo "poluidor" para designar o causador do dano ambiental ou, em sentido mais amplo, o responsável civil por sua reparação, embora, por uma questão de unidade e padrão científico, empregue-se, neste livro, as expressões com sinonímia.

Nesse ponto, vale frisar que a afirmação de que o impacto ambiental negativo é "tolerado" não significa que ele, em qualquer hipótese, ficará sem provocar qualquer reação jurídica. Na verdade, o impacto, apesar de admitido pelo órgão ambiental, deve ser, na maior

---

[273] Em sentido semelhante, tomando os institutos do impacto, da degradação, da poluição e do dano ambiental como diferentes entre si, embora sem fazer qualificá-los como alteração ou como efeito, cf. COIMBRA, José de Ávila Aguiar; GUETTA, Maurício, *op. cit.*, p. 246.

medida possível, prevenido, mitigado ou compensado – sempre de acordo com as particularidades casuísticas da atividade ou empreendimento –, enquanto que o dano deverá sempre ser reparado via responsabilidade civil.

Para entender melhor essa questão relativa à reação jurídica (ou ao instrumento de controle) aplicável a cada uma das categorias, merece registro a análise realizada por Mark Latham, Victor E. Schwartz e Christopher E. Appel acerca das intersecções e diferenças entre o "direito ambiental" e o "direito dos danos".

Embora não façam propriamente uma distinção entre impacto ambiental negativo e dano ambiental, até porque não é esse o objeto de seu trabalho, os autores são precisos ao indicar que diferentes efeitos jurídico-ambientais negativos deflagram distintos instrumentos de controle.

Precisamente, afirmam Latham, Schwartz e Appel que, em geral, responsabilidade civil e direito ambiental divergem quanto ao seu objetivo principal. A primeira tem como foco promover justiça corretiva e reparar danos. O segundo tem preferência preventiva.

Não obstante, asseveram que no caso da responsabilidade civil por danos ambientais haveria uma certa sobreposição dos objetivos, pois haveria uma incidental finalidade preventiva-pedagógica, apesar de ainda haver prevalência da função reparatória.

Em todo caso, entendem que há uma diferença entre as leis de prevenção, preservação e controle, que seriam direito ambiental de fato, pelo enfoque preventivo, e a responsabilidade civil por danos ambientais, por essência, um mecanismo reativo.[274]

Mais detalhadamente, ao abordarem a diferença entre uma lei ambiental que impõe medidas de controle ambiental e o sistema de reparação de danos ambientais, utilizando como exemplo o *Clean Air Act*, que estabelece controle de poluição atmosférica em nível nacional nos Estados Unidos da América, lecionam os autores em comento que:

> Thus, this is not an example of an environmental statute overlapping coherently with the tort system, but rather two independently operating systems with separate objectives. Both may be said to impact

---

[274] LATHAM, Mark; SCHWARTZ, Victor E.; APPEL, Christopher E. The intersection of tort and environmental law: where the twains should meet and depart. *Fordham Law Review*. Vol. 80. Issue 2. 2011. p. 749.

environmental interests, yet the statute prospectively regulates conduct, mindful of minimizing harm to human health and the environment, while the tort system acts to remedy a harm that has occurred.[275]

Em suma, "leis ambientais" teriam finalidade preventiva, para evitar, minimizar ou compensar, diferindo do regime de responsabilidade civil por danos ambientais, que tem escopo primordialmente reativo e corretivo, apesar de secundariamente poder servir como prevenção e educação.

Pois bem, aplicando essa reflexão à análise conceitual aqui realizada, pode-se afirmar que as regulações de controle ambiental e as decisões executivas tomadas pelos órgãos ambientais, em especial os licenciadores, são direcionadas ao controle de impactos ambientais negativos, alterações adversas do meio ambiente que, embora negativas, são conhecidas e admitidas, devendo ser minimizadas na medida do possível, enquanto que o dano ambiental ocorre de modo indesejado, devendo ser corrigido via tríplice responsabilização, mormente, por óbvio, a partir da responsabilidade civil.

Finalmente, vale registrar a ponderação feita por Latham, Schwartz e Appel no sentido de não ser admissível impor ao sujeito que já assumiu o custo de compensação do impacto ambiental também o ônus de reparação civil, caso a lesão ambiental tratada seja a mesma.[276] É dizer: se o sujeito realiza integralmente as medidas preventivas, mitigatórias e compensatórias de impactos ambientais negativos impostas pela legislação ou pelo órgão ambiental, então não pode ser compelido a, pelo mesmo fato, assumir responsabilidade civil.

Curioso é que, embora impacto e dano ambiental sejam institutos distintos, ambos se caracterizam por serem alterações ambientais adversas, sendo possível que um mesmo evento lesivo inicialmente categorizado como impacto venha, supervenientemente, a ser considerado como dano, caso as medidas de controle ambiental impostas para prevenir o impacto não sejam respeitadas ou se mostrem insuficientes por uma mudança contextual.

---

[275] Idem. Ibidem, p. 755. Em tradução livre: "Assim, este não é um exemplo de um estatuto ambiental que se sobrepõe de forma coerente com o sistema de responsabilidade civil, mas sim dois sistemas operacionais independentes com objetivos separados. Ambos podem afetar os interesses ambientais, mas o estatuto regula a conduta de forma prospectiva, atento à minimização de danos à saúde humana e ao meio ambiente, enquanto o sistema de responsabilidade civil atua para remediar um dano ocorrido".

[276] Idem. Ibidem, p. 757.

Nesse sentido, por exemplo, imagine-se que para realização de um determinado empreendimento minerário seja necessário alterar o curso de um rio, sendo que tal modificação inevitavelmente provocará diversos impactos ambientais, previstos em estudo competente realizado pelo empreendedor, sendo conhecidos e, apesar de sua adversidade, tolerados pelo órgão ambiental licenciador, com a condição de serem implementadas determinadas medidas de prevenção, mitigação e compensação desses impactos.

Contudo, ainda por hipótese, suponha-se que, a despeito de efetivamente implementar a modificação do curso d'água, o empreendedor simplesmente ignore as determinações do órgão, prejudicando o meio ambiente sem quaisquer das contrapartidas que seriam garantidas pela realização das medidas preventivas, mitigatórias e compensatórias a que estava obrigado. Nesse caso, se impossível ou ineficiente a imputação ao minerador da obrigação de executar as medidas de controle ambiental originalmente impostas, então, em princípio, estaria configurado o dano ambiental e o respectivo dever de reparar.

Claro que essa conversão de categoria jurídica não é automática, pois é preciso privilegiar a possibilidade de o interessado justificar a não realização das medidas de controle a ele impostas, somente se reputando a alteração ambiental adversa como dano se não for mais possível controlá-la na forma de impacto.

Mais que isso, na hipótese de as medidas de controle terem sido implementadas, mas, na prática, terem se mostrado insuficientes ou inadequadas – seja por uma falha na avaliação por parte do órgão ambiental,[277] seja por uma possível mudança contextual superveniente, seja pela ocorrência de um fato previsível, mas casuisticamente inesperado, pois remoto –, é imperioso que o empreendedor tenha a oportunidade de resolver a questão administrativamente, pela adoção de novas medidas de controle ou mesmo pela modificação da operação, sendo errôneo (e até injusto) requerer de imediato a sua responsabilização civil.

---

[277] É possível que o empreendedor receba licença ambiental que o autorize a realizar determinada alteração que, na prática, se mostrou essencialmente danosa e, portanto, intolerável, caso em que teria de modificar ou mesmo suspender sua operação para não provocar excessiva adversidade ao meio ambiente, até porque o atendimento a padrões técnicos de controle ambiental, sejam legislativos, sejam executivos, não serve para resguardar um possível direito a causar danos ao meio ambiente. Nesse sentido, cf. COIMBRA, José de Ávila Aguiar; GUETTA, Maurício, op. cit., p. 250.

A propósito, pode até mesmo ocorrer de, após a manifestação do interessado, o órgão ambiental considerar que a medida de controle se tornou dispensável.

Isso, porque se a medida de controle não tiver sido implementada, seja total, seja parcialmente, será atribuição do órgão ambiental avaliar a conduta e, de acordo com o caso concreto, reputar a inaplicação do controle como sendo realmente prejudicial, hipótese em que poderá agir mediante autotutela para impor sua realização, ou então que a medida de controle passou a ser desnecessária, por uma superveniente alteração circunstancial.

Como consequência dessa questão, como o órgão licenciador é o ente responsável pela tutela do meio ambiente e pela realização do licenciamento ambiental do empreendimento, caso ele entenda que, apesar de não ter sido realizada uma medida de controle, a alteração adversa ocorrida e seus respectivos efeitos ambientais negativos são toleráveis, então não se pode simplesmente desconsiderar a opinião do órgão ambiental para considerar que ocorreu dano ambiental.

Isso, porque se trata de uma avaliação técnica de atribuição do Poder Executivo, que tem discricionariedade para avaliar a tolerabilidade da alteração ambiental, devendo eventual controle da decisão executiva se lastrear em eventual ilegalidade do ato ou em falta de razoabilidade ou proporcionalidade por um incontroverso prejuízo ambiental, sendo dotada, portanto, de inevitável excepcionalidade, sob pena de fragilizar a autonomia do órgão ambiental e a própria separação dos poderes.

Ainda nessa linha, seria possível que uma mesma empresa, que realizasse a mesma atividade minerária utilizando as mesmas técnicas, provocasse alterações ambientais adversas visualmente iguais, mas com qualificação jurídica distinta (impacto ou dano), ensejando medidas de correção diferentes, a depender das circunstâncias da exploração.

Para ilustrar essa hipótese, basta imaginar a realização de extração mineral no subsolo de floresta, que inevitavelmente dependeria da retirada da cobertura vegetal para escavação da mina, ação que pode ser qualificada como ambientalmente adversa.

Nesse sentido, suponha-se que uma determinada mineradora receba licença ambiental e concessão de lavra para extrair minérios em área equivalente a 100 (cem) hectares, localizada no centro da floresta amazônica, sendo a retirada de cobertura florestal uma condição indispensável para a concretização do empreendimento no local.

Essa alteração ambiental adversa, contudo, foi aceita pelas autoridades competentes, que, como contrapartida, exigiram a realização de medidas de prevenção, mitigação e compensação.

Assim, para a exploração dentro da área da poligonal minerária autorizada, a mineradora estaria resguardada para realizar a exploração mineral na forma admitida pelo órgão ambiental, ainda que, para isso, algumas alterações ambientais negativas toleradas tivessem de ser praticadas. Nesse caso, tratar-se-ia de impacto ambiental negativo, não havendo que se falar em responsabilidade civil.

Contudo, caso a mesma mineradora realizasse exploração mineral fora do polígono para o qual foi autorizada, por ter indevidamente transbordado os limites, a retirada de cobertura florestal seria reputada como um dano ambiental, ensejando responsabilidade civil, ainda que as técnicas empregadas pela empresa fossem exatamente as mesmas utilizadas na área autorizada, como consequência da falta de previsão e tolerância ao procedimento.

Em suma, uma mesma empresa, que realizasse a mesma atividade minerária utilizando as mesmas técnicas de extração, poderia provocar alterações ambientais adversas visualmente iguais (retirada de cobertura florestal), mas com qualificação jurídica distinta (impacto ou dano) e ensejando medidas de correção diferentes, o que evidencia a relevância em se realizar a distinção conceitual que se efetua neste livro, dependendo, contudo, da indicação de critérios que permitam objetivamente diferenciar os institutos.

## 1.3.4 Critérios de distinção entre impacto ambiental negativo e dano ambiental

Finalmente, feitas essas considerações, é possível apresentar a conceituação de impacto ambiental negativo e dano ambiental adotada para os fins deste livro, inclusive com a sistematização dos critérios distintivos entre tais categorias jurídicas.

Isso, porque para efetivamente definir em que consiste e no que se diferenciam dano ambiental e impacto ambiental negativo, cumpre apresentar critérios distintivos entre os institutos que sejam menos subjetivos e mais acurados que a mera variação quanto à extensão ou quanto à intensidade da alteração ambiental adversa, que já se destacou como sendo insuficientes para a realização da diferenciação aqui realizada.

Como reiteradamente registrado, impacto ambiental negativo e dano ambiental são categorias próximas, que convergem por serem alterações adversas ao meio ambiente, podendo inclusive ser visualmente idênticas na prática.

Contudo, o impacto é previsto, mitigável ou compensável administrativamente, sendo potencialmente inevitável para a realização de atividade socioeconomicamente necessária e, por isso, tolerado pelo órgão ambiental. Por sua volta, o dano ambiental é extraordinário e não admitido em qualquer hipótese, sendo reparável via responsabilização dos causadores, em especial através da reparação civil.

Vale frisar que essa "extraordinariedade" do dano ambiental não depende necessariamente da imprevisibilidade absoluta do evento lesivo, ou seja, não precisa ser uma consequência totalmente inesperada de um empreendimento ou de uma atividade.

Não se trata, portanto, da consumação de um risco abstrato, que é categorizado pela incerteza quanto à natureza, probabilidade e magnitude do potencial resultado lesivo, podendo inclusive ser absolutamente desconhecido e eventualmente ensejando a adoção de instrumentos precaucionais, por cautela e prudência ambiental.

Na verdade, a probabilidade de ocorrência de um dano ambiental, tal como sucede com um possível impacto ambiental negativo, pode se caracterizar também como um risco concreto potencialmente antecipável, mas não remediado de modo adiantado ou então não remediado a contento, que se consumou de forma indesejada. Logo, o dano ambiental pode representar a materialização de um risco concreto, que pode ser antecipado e remediado ou não, sendo previsão e tolerância critérios distintivos entre as categorias.[278]

Em suma, se o risco concreto for previsto e remediado através de medidas preventivas, mitigatórias e/ou compensatórias, então se qualificaria como um impacto negativo ambiental, pois representaria uma alteração ambiental adversa tolerada pelo órgão ambiental competente como condição inevitável para realização do empreendimento.

Por outro lado, se o risco concreto não foi antecipado ou, se o foi, não foi devidamente remediado ou não foi admitido como tolerável, e veio a se consumar, então será qualificado como dano ambiental, pois alteração ambiental adversa inesperada e indesejada.

Finalmente, como síntese da exposição realizada e para sistematização dos critérios de distinção entre dano ambiental de impacto

---

[278] Sobre o tema, cf. ARTIGAS, Priscila Santos. *Medidas, cit.*, p. 65-84.

ambiental negativo, pode-se indicar basicamente a existência de quatro fatores objetivos: momento e origem, previsibilidade, tolerabilidade e instrumento jurídico de correção.

Quanto ao momento e à origem, impacto e dano se diferenciam pelo primeiro ser previsto ou identificado no âmbito de processo de licenciamento ambiental ou de procedimento congênere (*ex ante*), permitindo antecipadamente o estabelecimento de medidas de prevenção, mitigação ou compensação, enquanto que o segundo é identificado posteriormente à atividade (*ex post*), mesmo que pudesse ter sido previsto antes, impedindo a ação antecipada de prevenção, pois extraordinário.

Quanto à previsibilidade, apesar de ambos os institutos, em regra, representarem consumação de risco concreto, diferenciam-se por ser o impacto efetivamente antecipado em estudos ambientais, mormente no curso do licenciamento ambiental, sendo tido como esperado e inevitável para atividade, enquanto que o dano ambiental, apesar de também muitas vezes ser previsível, por ser uma possível consequência ambiental negativa da atividade realizada, por algum motivo não foi antecipado na prática, por negligência ou mesmo por desconhecimento científico que permitisse sua previsão, ou, se o foi, os efeitos ambientais negativos não foram devidamente estimados ou controlados, gerando um resultado lesivo inesperado.

Quanto à tolerabilidade, talvez o elemento distintivo mais importante, o impacto ambiental negativo é caracterizado justamente por ser reputado pelo órgão ambiental como uma alteração adversa ao meio ambiente tolerada para a realização da atividade, enquanto que o dano ambiental não é admitido em qualquer hipótese, seja no caso de ser antecipado e não tolerado em absoluto, seja no caso de não haver antecipação, mas o efeito lesivo se concretizar com prejuízo ambiental indesejado e gerador de reparação civil.

Por fim, quanto à forma de controle, o impacto ambiental negativo é fiscalizado através de políticas de comando e controle, quer sejam aquelas previstas em regulações ambientais, quer sejam aquelas derivadas da imposição do órgão ambiental licenciador, que indicam as medidas preventivas, mitigatórias ou compensatórias cabíveis como remediação desse impacto ambiental, ou por instrumentos econômicos, ao passo que o dano ambiental é corrigido por meio de mecanismos de responsabilização, em especial por responsabilidade civil, cuja finalidade precípua é a reparação de danos.

Reitera-se ainda que, apesar de adotada por parte da doutrina, a intensidade (ou extensão) da alteração negativa não serve, por si só, como critério de distinção entre impacto ambiental negativo e dano ambiental, por ser excessivamente subjetivo e por não ser preciso.

Isso, porque não é possível afirmar que uma lesão de pequena monta será sempre um impacto, e que, quando de grande expressão, será necessariamente dano, pois é concebível que uma alteração adversa de considerável expressividade seja tolerada pelo órgão ambiental, pelo que será qualificável como impacto ambiental, e não como dano.

Na mesma linha, ainda que, via de regra, dano pressuponha um prejuízo considerável, nada impede que haja um dano menos intenso (ou extenso) que um impacto, sendo assim qualificado pela ausência de tolerância ou de previsão pelo órgão ambiental licenciador.

É fato que impacto ambiental negativo e dano ambiental são categorias próximas, sendo a distinção entre elas consideravelmente tênue, porém, como se registrou neste tópico e se reforçará nos capítulos seguintes, tal diferenciação é de suma importância para o direito ambiental, servindo os critérios apresentados acima como parâmetros para superação dessa recorrente confusão conceitual.

A propósito, vale ressaltar que os impactos ambientais negativos previstos nos estudos e tolerados nos licenciamentos não são estanques, pois o dinamismo dos empreendimentos pode fazer surgir novas situações de impacto que demandarão novas soluções ou, então, mesmo a cessação da atividade em casos extremos e excepcionais. Logo, não é qualquer evento negativo imprevisto que é dano, mas apenas aquele que é realmente excepcional ou então que não pode ou não foi devidamente mitigado.

Além disso, também dada a proximidade entre os institutos, como se registrou neste tópico, é plenamente possível que uma alteração ambiental adversa originalmente qualificada como impacto ambiental negativo posteriormente se "transforme" em dano ambiental, caso as medidas de controle ambiental impostas para prevenir o impacto não sejam respeitadas ou se mostrem insuficientes por uma mudança contextual, tornando-o indesejado.

Importante frisar que a utilização dos termos "impacto ambiental negativo" e "dano ambiental" é uma opção conceitual reputada neste trabalho como útil, nada impedindo que sejam utilizadas designações distintas para representar o mesmo fenômeno, desde que o conteúdo significante de cada expressão seja mantido, com a compreensão de que há categorias distintas de alteração ambiental adversa.

Não obstante, repisa-se que se considera equivocado falar em "dano ambiental tolerável", pois essa concepção contraria a própria estrutura do instituto jurídico "dano" em termos amplos. Tradicionalmente, se um dano ocorre, então ele é repudiado e merece reparação. Se um evento negativo ocorre (ou pode ocorrer), mas é tolerado, logo deve ser outra categoria que não dano.[279]

Finalmente, como conclusão do tópico e deste primeiro capítulo, vale evidenciar que a distinção entre impacto ambiental negativo e dano ambiental, obviamente, transcende o restrito campo da mineração, abrangendo, com efeito, todas as atividades que possam impactar e causar danos ao meio ambiente. Logo, essa diferenciação tem aplicabilidade ampla, não se subsumindo à atividade minerária.

A despeito disso, a mineração constitui cenário propício para o estudo dessa categorização, justamente por sua característica de ser atividade essencialmente impactante ao meio ambiente, que exige o máximo de cautela para identificação casuística dessas diferentes categorias jurídicas.

Isso, porque ante a diferenciação entre impacto ambiental negativo e dano ambiental, resta demonstrado que, por precisão técnica, é incorreto afirmar que a mineração é um empreendimento necessariamente danoso ao meio ambiente, pois, na verdade, a atividade minerária é apenas essencialmente impactante, vez que inevitavelmente depende da geração de impacto ambientais negativos para sua execução, mas não imperiosamente provocará danos ambientais, vez que se for devidamente controlada no licenciamento ambiental e fiscalizada ao longo da operação, tais danos podem simplesmente nunca ocorrer.

---

[279] Essa caracterização ficará mais bem delimitada no Capítulo 3, quando se abordará o dano como requisito para responsabilidade civil.

CAPÍTULO 2

# INSTRUMENTOS JURÍDICOS DE CONTROLE DE IMPACTOS AMBIENTAIS NA MINERAÇÃO

Tendo sido realizada, no capítulo anterior, a distinção conceitual entre impacto ambiental negativo e dano ambiental, com a demonstração de que, apesar de sua proximidade, tratam-se de institutos jurídicos diferentes, com regimes jurídicos particulares e que são corrigidos por mecanismos específicos, neste segundo capítulo se analisará os instrumentos próprios para o controle de impactos ambientais negativos na mineração, reservando-se ao terceiro e último capítulo o estudo dos mecanismos de reação jurídica aos danos ambientais causados pela atividade minerária.

Em síntese, especificamente quanto ao impacto ambiental negativo, que propriamente interessa a este capítulo, demonstrou-se consistir na alteração ambiental adversa prevista, em regra no âmbito do licenciamento ambiental, que é tolerada ou pelo menos tolerável como condição inevitável – isso quando não verdadeiramente necessária – para a realização de determinada atividade ou empreendimento cuja execução seja reputada como relevante, apesar dos efeitos negativos ao meio ambiente que pode vir a provocar, sendo seu controle e correção realizados através de medidas de prevenção, mitigação ou compensação.

Foi evidenciado que a tolerabilidade do impacto ambiental negativo não implica neutralidade em relação ao caráter adverso ao meio ambiente do impacto ambiental negativo, mas sim que a reação jurídica a esse prejuízo não será a responsabilização civil, cujo foco é o dano ambiental, mas sim instrumentos jurídicos distintos.

Nesse contexto, serão analisados neste capítulo os mecanismos jurídicos que têm como função direta o controle de impactos ambientais negativos da mineração, isto é, os instrumentos dispostos no ordenamento jurídico brasileiro cuja finalidade precípua é prevenir, mitigar ou compensar os impactos ambientais negativos causados pela atividade minerária.

Por conseguinte, a análise prescindirá dos instrumentos que representam mero controle indireto dos impactos ambientais negativos, como os instrumentos tributários em geral, em especial os "incentivos fiscais ambientais",[280] que, apesar de poderem servir para incentivar condutas ou procedimentos menos impactantes ao meio ambiente, apenas incidentalmente provocam esse efeito positivo, vez que se limitam a meramente estimular comportamentos, não servindo, portanto, como imposição efetiva, como instrumento de controle por essência.

Mais que isso, a análise se restringirá aos instrumentos de controle que tenham como objetivo efetivamente "controlar" os impactos de modo a compatibilizar a atividade minerária com suas alterações ambientais adversas, pelo que não serão abrangidos nesta obra aqueles que servem mais propriamente como proibição ao empreendimento, embora, obviamente, também sirvam para reduzir impactos ambientais na mineração, pela própria não execução da atividade em absoluto.

É o caso, por exemplo, da vedação à realização de mineração em terra indígena (impossível hoje pela falta da lei regulamentadora prevista no artigo 231, §3º, da Constituição) ou, então, da proibição expressa à atividade em reservas extrativistas (artigo 18, §6º, da Lei nº 9.985/2000), que não são reputados instrumentos de controle de impactos ambientais na mineração para as finalidades desta obra, pois, na verdade, não representam "controle" no sentido de "avaliação" e "compatibilização", e sim, uma vedação pura e simples.

Na mesma linha, não serão estudados instrumentos que sirvam como "controle" no sentido estrito de "registro", de base de dados, a exemplo do Cadastro Técnico Federal de Atividades Potencialmente Poluidoras e/ou Utilizadoras de Recursos Naturais (CTF/APP) e do Cadastro Ambiental Rural (CAR).

Isso, porque como se pretende estudar apenas os mecanismos que tenham como função precípua prevenir, mitigar ou compensar as alterações ambientais adversas geradas pelos empreendimentos minerários como forma de, sempre que possível, garantir sua execução,

---

[280] Para uma análise dos instrumentos econômico-tributários de estímulo à proteção do meio ambiente, em especial das "isenções fiscais verdes", cf. BRITO, Luis Antonio Gomes de Souza Monteiro de. *Direito tributário ambiental, cit.*

não há como incluir os bancos de dados ambientais, que têm como função essencial o mero controle cadastral dos empreendimentos para garantia do direito à informação, não servindo como controle direto dos impactos ambientais negativos.

Por conseguinte, considerando os cortes efetuados acima, serão analisados neste capítulo o licenciamento ambiental, os estudos ambientais aplicados à mineração e os "estudos minerários" propriamente ditos, as medidas compensatórias administrativas, incluindo a compensação ambiental estabelecida pelo artigo 36 da Lei nº 9.985/2000, e, finalmente, a Compensação Financeira pela Exploração de Recursos Minerais (CFEM).

O licenciamento ambiental será estudado por ser o instrumento de controle de impactos ambientais negativos por excelência, visto que representa o procedimento administrativo no qual devem ser antecipadas e avaliadas as possíveis alterações ambientais a serem provocadas pelos empreendimentos, que, quando adversas e minimamente toleráveis, serão prevenidas, mitigadas ou compensadas, a depender de cada caso, como forma de garantir a viabilidade ambiental da atividade.

Ou seja, por essência, o licenciamento ambiental tem como objetivo justamente prever e controlar os impactos ambientais negativos das atividades, que, embora adversos ao meio ambiente, são tolerados para realização dos empreendimentos, até porque muitas vezes inevitáveis, servindo o licenciamento como o principal instrumento para reduzir tais efeitos negativos e, se possível, amplificar as contrapartidas positivas.

No caso dos estudos ambientais, ou avaliações de impactos ambientais, para usar a terminologia do artigo 9º, III, da Lei da Política Nacional do Meio Ambiente, sua análise é igualmente imprescindível para esta pesquisa, dada a sua relevância como subsídio dos licenciamentos ambientais, sendo instrumentos intrinsecamente relacionados.

Com efeito, o licenciamento ambiental representa o procedimento administrativo macro a que os empreendimentos potencial ou efetivamente impactantes ao meio ambiente são submetidos como controle prévio de sua viabilidade ambiental, enquanto que os estudos ambientais são os instrumentos usualmente exigidos ao longo desse processo, de modo a conferir o embasamento técnico necessário para aferição dessa exequibilidade.

Já por "estudos minerários" se entendem aqueles instrumentos exigidos para a avaliação operacional dos empreendimentos mineradores por parte da autarquia minerária, consistindo, em geral, nas análises realizadas para demonstração da viabilidade das minas, independente do regime de exploração mineral a ser adotado.

Portanto, admite-se, seu papel não é imediatamente fazer análise ambiental dos empreendimentos minerários, até porque para isso já existem os estudos ambientais propriamente ditos. Porém, seu estudo é importante para avaliar se, apesar de não ser o seu objetivo essencial, esse controle ambiental de impactos negativos não acaba por ocorrer inevitavelmente de modo lateral, como fator para constatação da viabilidade técnica, econômica e financeira dos empreendimentos minerários.

Na sequência, em um terceiro momento serão estudadas, de modo específico, as medidas compensatórias administrativas, exigidas em face dos impactos inevitáveis e não suficientemente mitigáveis, mas que, ainda assim, são tolerados como ônus aceitável pelas contrapartidas provocadas pela atividade ou empreendimento realizado.

Por fim, quanto à Compensação Financeira pela Exploração de Recursos Minerais (CFEM), também chamada de *royalty* minerário, sua análise como instrumento de controle de impactos ambientais negativos da mineração se dará justamente para verificar se essa compensação financeira repassada aos Estados e Municípios mineradores representa uma compensação ambiental, não como antecipação de eventuais danos ambientais da atividade, mas sim como compensação por seus impactos.

É fato que alguns desses mesmos instrumentos, em certa medida, podem servir incidentalmente para controlar danos ambientais (principalmente o licenciamento ambiental e os estudos ambientais), mas se pretende demonstrar que, em essência, sua função é identificar, minimizar e compensar os impactos inevitáveis e tolerados para a atividade, considerando que os danos em geral são inesperados e sempre indesejados.

Por exemplo, é possível que o licenciamento ambiental de uma atividade estabeleça, como condicionantes, medidas de controle que, apesar de focarem no controle de efeitos negativos previstos (impactos), incidentalmente acabem servindo para minimizar o risco de ocorrência de danos ambientais que em tese eram previsíveis, mas casuisticamente não foram antecipados de modo específico justamente pela maior cautela despendida à execução do empreendimento, o que, contudo, não serve para desnaturar seu caráter de instrumento jurídico de controle de impactos ambientais negativos.

Finalmente, é importante frisar que os instrumentos estudados neste capítulo não serão analisados exaustivamente, e sim apenas naquilo que for relevante para compreensão de seu caráter de instrumento de controle de impactos ambientais negativos na mineração.

Logo, não se pretende, por exemplo, estudar o licenciamento ambiental em si, mas tão-somente a sua função e importância na identificação de riscos, na mitigação de impactos negativos e, eventualmente, na prevenção de danos ambientais nas atividades minerárias. Da mesma forma, ainda exemplificativamente, não se pretende analisar todos os aspectos da CFEM, e sim apenas seu papel como compensação dos impactos ambientais da mineração.

Em suma, com a ciência de que a atividade minerária inevitavelmente causa impactos ambientais negativos, em maior ou menor extensão, mas é economicamente estratégica, ressalta-se que o que interessa para esta obra são os instrumentos que visam viabilizar essa equação potencialmente reduzindo os inevitáveis efeitos negativos e maximizando os benefícios mediante prevenção, mitigação e compensação de impactos ambientais negativos, conforme se detalhará nos tópicos seguintes.

## 2.1 Licenciamento ambiental: o principal instrumento de controle de impactos ambientais negativos

Em razão de seu papel como mecanismo de articulação em relação aos demais instrumentos da política ambiental,[281] o licenciamento ambiental será a primeira ferramenta jurídica de controle de impactos ambientais negativos a ser analisada neste livro.

Precisamente, se partirá do licenciamento ambiental, procedimento nuclear de avaliação de atividades e empreendimentos potencial ou efetivamente impactantes ao meio ambiente, responsável por indicar sua viabilidade ambiental e autorizar ou não seu funcionamento, para, na sequência, passar à análise dos estudos ambientais (e minerários), das medidas compensatórias administrativas e dos *royalties* minerários, que com ele se intercambiam em diferentes medidas.

Pretende-se não a realização de um estudo exaustivo do instituto do licenciamento ambiental em geral, tampouco da sua realização específica no âmbito da mineração, mas sim exclusivamente de sua função como instrumento de prevenção, mitigação e compensação

---

[281] FARIAS, Talden. *Licenciamento ambiental:* aspectos teóricos e práticos. 6. ed. Belo Horizonte: Fórum, 2017, p. 32.

das alterações ambientais adversas previsíveis, efetivamente nele antecipadas e toleradas pelo órgão ambiental como inevitáveis para a execução de atividades e empreendimentos, com ênfase, evidentemente, na mineração.

### 2.1.1 O licenciamento ambiental como instrumento de controle de impactos ambientais negativos

Estabelecido originalmente em âmbito federal pelo artigo 9º, IV, da Lei nº 6.938/1981 (Lei da Política Nacional do Meio Ambiente – PNMA),[282] o licenciamento ambiental consiste em importante instrumento de gestão ambiental,[283] sendo também o principal mecanismo de controle de impactos ambientais negativos de atividades, obras e empreendimentos, inclusive da mineração, como se detalhará neste tópico.

Rigorosamente, antes mesmo da PNMA, outras previsões normativas já dispunham acerca de mecanismos primitivos de prevenção e controle de alterações ambientais adversas, mas, apesar de poderem ser considerados precursores do licenciamento ambiental, tais normas não estabeleciam procedimento administrativo com o detalhamento e a amplitude dos moldes firmados contemporaneamente, e sim regras de contenção dos efeitos negativos eventualmente causados por atividades específicas.[284]

Nessa linha, na esfera federal, o Decreto-lei nº 1.413/1975 dispunha sobre o controle da poluição do meio ambiente provocada por atividades industriais, sendo que seu artigo 1º estabelecia que as "indústrias instaladas ou a se instalarem em território nacional são obrigadas a promover as medidas necessárias a prevenir ou corrigir os inconvenientes e prejuízos da poluição e da contaminação do meio ambiente".

---

[282] Artigo 9º, Lei nº 6.938/1981. São instrumentos da Política Nacional do Meio Ambiente: IV - O licenciamento e a revisão de atividades efetiva ou potencialmente poluidoras.

[283] Eduardo Fortunato Bim chega a afirmar que o licenciamento ambiental é o principal instrumento regularmente aplicado de direito ambiental do Brasil (BIM, Eduardo Fortunato. *Licenciamento ambiental*. 2. ed. Rio de Janeiro: Lumen Juris, 2015, p. 1). Na mesma linha, Talden Farias afirma que o licenciamento ambiental tem se destacado como o mais importante e efetivo mecanismo de defesa e preservação ambiental, por ser utilizado pelo Poder Público para imposição de condições e limites para o exercício de atividades potencial ou efetivamente poluidoras (FARIAS, Talden. *Licenciamento*, cit., p. 21 e 32).

[284] ARAÚJO, Flávia Möller David, *op. cit.*, p. 121.

Ainda nesse sentido, vale registrar a Lei nº 6.803/1980, que estabelecia as diretrizes básicas para o zoneamento industrial nas áreas críticas de poluição, com o objetivo de compatibilizar as atividades industriais com a proteção ambiental (artigo 1º).

No âmbito regional, também antes da PNMA, foram instituídas legislações que igualmente já refletiam, em certa medida, a lógica preventiva da tutela ambiental moderna, tais como o Decreto-lei nº 134/1975, do Rio de Janeiro, e a Lei nº 997/1976, de São Paulo, ambos direcionados à prevenção e ao controle da poluição, mas, a exemplo dos instrumentos normativos federais acima, sem estabelecer processo de licenciamento ambiental de fato.

Portanto, foi somente com a PNMA que o licenciamento ambiental passou a ser genericamente exigido como condição para a construção, instalação, ampliação e funcionamento de estabelecimentos e atividades utilizadores de recursos ambientais, efetiva ou potencialmente poluidores ou capazes, sob qualquer forma, de causar degradação ambiental, nos termos de seu artigo 10.[285]

Mesmo assim, sua regulamentação só foi implementada com a edição do Decreto nº 88.351/1983 (e dos Decretos que sucessivamente lhe substituíram), que tinha como objetivo uniformizar o tema, pretensamente impedindo que os Estados se omitissem ou agissem de modo incorreto.[286]

Posteriormente, com a Constituição da República de 1988, embora sem qualquer referência expressa, a importância do licenciamento ambiental foi reforçada, em razão de seu relevante papel na concretização dos recém-constitucionalizados direito fundamental ao meio ambiente ecologicamente equilibrado e princípio do desenvolvimento sustentável, que sustentam a ordem ambiental constitucional.

Nesse sentido, acentua Talden Farias que o licenciamento ambiental guarda íntima relação com diversas das disposições do artigo 225, a começar pelo próprio *caput*, ante o seu papel macro como instrumento garantidor da tutela ambiental, mas também com os incisos do §1º, que estabelecem incumbências ao Poder Público na forma de normas-regra específicas para realização da proteção do meio ambiente,

---

[285] Artigo 10, Lei nº 6.938/1981. A construção, instalação, ampliação e o funcionamento de estabelecimentos e atividades utilizadores de recursos ambientais, efetiva ou potencialmente poluidores ou capazes, sob qualquer forma, de causar degradação ambiental, dependerão de prévio licenciamento ambiental.

[286] FARIAS, Talden. *Licenciamento*, cit., p. 33.

cuja relação com o licenciamento ambiental é evidente,[287] no que se destaca o inciso IV, que trata do estudo prévio de impacto ambiental, que será estudado mais detalhadamente no subitem seguinte.

Nesse novo cenário constitucional, os principais instrumentos normativos regulamentadores do licenciamento ambiental são a Resolução CONAMA nº 237/1997, que revisou e intentou uniformizar o procedimento para adequá-lo à nova ordem constitucional, e a Lei Complementar nº 140/2011, que fixou normas para a cooperação dos diversos entes federativos para realização da competência administrativa ambiental estabelecida no artigo 23, III, VI e VII, da Constituição de 1988, que, entre outros assuntos, abrange o licenciamento ambiental.

Desses dois instrumentos normativos, merecem destaque inicial os conceitos de licenciamento ambiental estabelecidos no artigo 1º, I, da Resolução CONAMA nº 237/1997,[288] e no artigo 2º, I, da Lei Complementar nº 140/2011.[289] Em ambos, foi destacado o caráter procedimental do licenciamento ambiental e sua exigibilidade para a regularidade de atividades ou empreendimentos que utilizem recursos naturais, que sejam efetiva ou potencialmente poluidores ou que sejam capazes, sob qualquer forma, de causar degradação.

É curioso notar que nenhum dos conceitos referidos acima menciona os impactos ambientais negativos como elemento gerador da exigibilidade do licenciamento ambiental, e sim a utilização de recursos naturais, a degradação e a poluição como pressupostos.[290]

Em rigor, porém, essa ausência de referência expressa não gera prejuízo, pois o impacto ambiental negativo representa a causa, enquanto que degradação e poluição são seus possíveis efeitos. Por

---

[287] Idem. Ibidem, p. 35.
[288] Art. 1º, Resolução CONAMA 237/1997. Para efeito desta Resolução são adotadas as seguintes definições: I - Licenciamento Ambiental: procedimento administrativo pelo qual o órgão ambiental competente licencia a localização, instalação, ampliação e a operação de empreendimentos e atividades utilizadoras de recursos ambientais, consideradas efetiva ou potencialmente poluidoras ou daquelas que, sob qualquer forma, possam causar degradação ambiental, considerando as disposições legais e regulamentares e as normas técnicas aplicáveis ao caso.
[289] Art. 2º, Lei Complementar 140/2011. Para os fins desta Lei Complementar, consideram-se: I - licenciamento ambiental: o procedimento administrativo destinado a licenciar atividades ou empreendimentos utilizadores de recursos ambientais, efetiva ou potencialmente poluidores ou capazes, sob qualquer forma, de causar degradação ambiental;
[290] Talden Farias registra que, na forma do artigo 3º, II e III, da PNMA, a degradação pode ser reputada como mais ampla que a poluição. Além disso, assevera a dificuldade prática de diferenciar degradação ambiental de utilização de recursos naturais, vez que o simples uso pode ser consideravelmente negativo ao meio ambiente (FARIAS, Talden. Licenciamento, cit., p. 46).

outro lado, a utilização de recursos naturais representa uma das formas pelas quais as atividades podem ser ambientalmente impactantes, dada a importância do uso racional dos recursos para o equilíbrio ambiental, o que é agravado por sua potencial esgotabilidade física (exauriência) e econômica (escassez). Logo, ainda que implicitamente, é certo que o potencial de causar impacto ambiental é o fator que motiva o licenciamento.

Em suma, o licenciamento ambiental é procedimento administrativo exigido para realização regular de atividades ou empreendimentos que possam vir a causar, em maior ou menor grau, impactos ambientais negativos,[291] servindo como procedimento de controle dessas alterações ambientais adversas para compatibilizar seus efeitos negativos com os benefícios da atividade, ou, em outras palavras, para harmonizar desenvolvimento econômico com a preservação do equilíbrio ecológico.[292]

Essa ponderação é realizada por Lucas Tamer Milaré, que assevera que uma atividade pode gerar impacto ambiental significativo ou pelo menos um alto risco ambiental e não ser aprioristicamente proibida pelo ordenamento jurídico, cabendo ao órgão competente, no âmbito do licenciamento ambiental, a exigência de estudos de viabilidade e a indicação de medidas de prevenção, mitigação e compensação desses impactos.[293]

Ou seja, na linha do que foi demonstrado no Capítulo 1 deste livro, Lucas Milaré destaca que há alterações ambientais adversas que são toleradas como condição inevitável para realização de empreendimentos que, apesar de provocarem tais impactos ambientais negativos, podem gerar contrapartida positiva à sociedade, a exemplo

---

[291] Talden Farias faz consideração semelhante, porém, em vez de usar a expressão "impacto ambiental negativo", utiliza "degradação ambiental", afirmando que o licenciamento ambiental é instrumento de controle das atividades efetiva ou potencialmente degradadoras do meio ambiente (cf. FARIAS, Talden. *Licenciamento, cit.*, p. 21).

[292] Édis Milaré é preciso nesse ponto, tanto ao enfatizar a função do licenciamento de compatibilizar desenvolvimento econômico e proteção ambiental, quanto ao sustentar acertadamente na sequência que o licenciamento ambiental não deve ser considerado "um obstáculo teimoso ao desenvolvimento" (cf. MILARÉ, Édis, *op. cit.*, p. 1.092). Ressalva-se, porém, que, embora o licenciamento ambiental seja realmente um importante instrumento de gestão ambiental, ainda persistem práticas essencialmente burocráticas, desnecessárias e incapacitantes por parte de órgãos ambientais de diversas esferas, onerando e muitas vezes inviabilizando atividades empresariais por meras formalidades, e não por uma eventual inviabilidade ambiental de fato.

[293] MILARÉ, Lucas Tamer. *O licenciamento ambiental*: contribuições para um marco legislativo à luz do pacto federativo ecológico instituído pela Lei Complementar 140/2011. 2016. 337f. Tese (Doutorado em Direito). Programa de Pós-Graduação em Direito. Pontifícia Universidade Católica de São Paulo. São Paulo. p. 113.

da mineração, cabendo ao licenciamento ambiental o seu controle para minimização dos prejuízos.

A propósito, na esteira dessa função de compatibilização entre desenvolvimento econômico e proteção do meio ambiente, vale ressaltar que o licenciamento ambiental não serve meramente para evitar, diminuir ou compensar impactos ambientais negativos, como também para maximizar os impactos positivos, servindo, portanto, como uma importante ferramenta de promoção do desenvolvimento sustentável.[294][295]

Diante desse objetivo, questão importante é definir os sujeitos que devem ser submetidos ao licenciamento ambiental como condição de regularidade de sua atividade ou empreendimento. Pela literalidade do conceito legal, a resposta imediata seria afirmar que o licenciamento é obrigatório sempre que o empreendimento: 1) utilizar recursos naturais, 2) for potencial ou efetivamente poluidor ou 3) for capaz de causar qualquer forma de degradação.

Ocorre que, em maior ou menor medida, praticamente todas as ações humanas causam algum tipo de efeito adverso na natureza, e não seria razoável exigir licenciamento ambiental para todo e qualquer empreendimento ou atividade, pois há alterações ambientais que são insignificantes e não precisam da tutela específica do licenciamento.

Intencionando resolver esse impasse, a Resolução CONAMA nº 237/1997 indicou, em seu Anexo I, um rol de atividades que estariam sujeitas ao licenciamento, entre elas a "extração e tratamento de minerais" e a "indústria de produtos minerais não metálicos". Não obstante, Talden Farias enfatiza que é "praticamente impossível se editar uma norma estabelecendo cada um dos casos específicos em que tal obrigatoriedade [de licenciar] ocorrerá",[296] tanto é que da lista apresentada surgem pelo menos dois novos problemas.

Primeiro, discute-se se ela estabelece uma simples recomendação de licenciamento ambiental[297] ou se impõe uma obrigação

---

[294] FARIAS, Talden. *Licenciamento, cit.*, p. 22.
[295] Para um estudo específico da função do licenciamento ambiental como instrumento de realização do desenvolvimento sustentável, cf. BRITO, Luis Antonio Gomes de Souza Monteiro de. *Mineração e meio ambiente* cit.
[296] FARIAS, Talden. *Licenciamento, cit.*, p. 47.
[297] Nesse sentido, por exemplo, são Daniel Roberto Fink e André Camargo Horta de Macedo (cf. FINK, Daniel Roberto; MACEDO, André Camargo Horta de. Roteiro para o licenciamento ambiental e outras considerações. *In*: FINK, Daniel Roberto; ALONSO JÚNIOR, Hamilton; DAWALIBI, Marcelo (org.). *Aspectos jurídicos do licenciamento ambiental*. 2. ed. Rio de Janeiro: Florense Universitária, 2002, p. 13). Também esposa esse

indiscutível sem qualquer margem de discricionariedade por parte do órgão ambiental, pela própria literalidade do artigo 2º, §1º, da Resolução CONAMA nº 237/1997.[298] Particularmente, embora se reconheça que, via de regra, as atividades listadas serão de fato submetidas ao licenciamento ambiental, entende-se que, em certos casos, pelo porte do empreendimento ou pelo seu baixo impacto, é legítimo que o licenciamento ambiental seja dispensado ou, pelo menos, simplificado pelo órgão ambiental, até mesmo como forma de estimular a atividade econômica.[299]

Contudo, nem sempre é fácil identificar quando o empreendimento utilizador de recursos naturais, degradador ou poluidor – ou seja, causador de impactos ambientais negativos – tem porte ou potencial de causar impacto suficiente a ponto de o licenciamento ambiental ser imprescindível. Então, é importante que os órgãos ambientais competentes regulamentem a matéria de forma detalhada, indicando, para cada tipologia de atividade, os níveis mínimos de porte e potencial de impacto necessários para que se torne obrigatório seu licenciamento, bem como o órgão que será responsável pelo processo.

A outra questão se relaciona com a possibilidade de exigência de licenciamento de atividades não listadas no rol, ou seja, discute-se se a listagem do Anexo I da Resolução CONAMA nº 237/1997 é taxativa ou meramente exemplificativa.

Sobre esse ponto, a doutrina, de forma amplamente majoritária, entende que todos os empreendimentos e atividades que utilizem

---

posicionamento Eduardo Fortunato Bim, que assevera que "o impacto da atividade no meio ambiente varia muito de acordo com o porte ou localização, sendo desarrazoado entender que todas as atividades ali [no Anexo I] devam ser licenciadas ambientalmente, embora possam ser autorizadas pelo Estado sem esse processo decisório" (BIM, Eduardo Fortunato, *op. cit.*, p. 138).

[298] Nessa linha, cf. FARIAS, Talden. *Licenciamento, cit.*, p. 48.

[299] É o que ocorre, por exemplo, no âmbito da Secretaria de Estado de Meio Ambiente e Sustentabilidade do Pará (SEMAS/PA), que, visando desburocratizar e dar celeridade ao licenciamento ambiental de empreendimentos e atividades que tenham baixo potencial degradador ou poluidor, dispõe de procedimentos simplificados para regularização de atividades menos impactantes, identificadas de acordo com o porte, o potencial poluidor e a natureza do empreendimento, de acordo com o estabelecido pela Resolução *Ad Referendum* nº 127/2016 do Conselho Estadual de Meio Ambiente do Pará (COEMA). É o caso, por exemplo, da pesquisa mineral, que pode se regularizar na SEMAS/PA através de um procedimento chamado de "Licenciamento Ambiental Declaratório" sempre que a área de pesquisa requerida no DNPM for menor que 10.000 hectares.
Além disso, com base na Resolução COEMA nº 107/2013, a SEMAS/PA também admite que certas atividades de baixo impacto ambiental podem até mesmo ser passíveis de Dispensa de Licença Ambiental (DLA).

recursos ambientais, sejam potencial ou efetivamente poluidores ou capazes de causar qualquer forma de degradação, devem ser submetidos a licenciamento ambiental, independentemente de estarem listados pela Resolução CONAMA nº 237/1997, entendendo, portanto, que o rol seria apenas exemplificativo.[300][301]

Sem embargo, particularmente, por uma questão de segurança jurídica, acredita-se que a previsão em lei e regulamento representa condição importante para a exigibilidade do licenciamento, como forma de evitar surpresas de eventuais interessados, em especial para empreendimentos de menor porte. Logo, ainda que represente posicionamento minoritário, entende-se que a questão ainda precisa ser mais cuidadosamente discutida.

Não pode ser admissível exigir que o empreendedor seja obrigado a "adivinhar" que sua atividade é considerada impactante ao meio ambiente se não há disposição legal ou pelo menos regulamentar assim imputando, pois, em princípio, para o particular, tudo que não está expressamente proibido é permitido. É preciso garantir um mínimo de previsibilidade regulatória que permita que o interessado avalie antecipadamente o contexto de seu negócio.

Esse posicionamento, porém, é criticado por Talden Farias, que afirma que essa visão restritiva não coaduna com a disposição geral do artigo 10 da Lei nº 6.938/1981 e nem com o espírito constitucional da proteção ambiental, pois permitiria que empreendimentos realmente impactantes deixassem de ser licenciados apenas por não estarem dispostos em um rol legal, o que tenderia a ocorrer ainda mais com atividades e tecnologias novas, ainda não compreendidas e dominadas pela ciência e pelo homem.[302]

Diante disso, como posição intermediária, considera-se que, sendo possível exigir licenciamento ambiental de atividade não prevista em rol legal, então, no mínimo, deve haver um tratamento diferenciado

---

[300] Pela corrente majoritária, exemplificativamente, cf. FARIAS, Talden. *Licenciamento, cit.*, p. 50; FINK, Daniel Roberto; MACEDO, André Camargo Horta de, *op. cit.*, p. 13; e TRENNEPOHL, Curt; TRENNEPOHL, Terence. *Licenciamento ambiental*. 6. ed. São Paulo: Revista dos Tribunais, 2016, p. 97.

[301] De certa forma, o próprio CONAMA confirma o caráter exemplificativo do rol apresentado na Resolução 237/1997, na medida em que diversas outros Resoluções por ele editadas dispõem sobre o licenciamento ambiental de atividades não discriminadas no Anexo I do ato normativo em comento, a exemplo das Resoluções CONAMA 335/2003, que trata do licenciamento ambiental de cemitérios, e 413/2009, que regula o licenciamento da aquicultura.

[302] FARIAS, Talden. *Licenciamento, cit.*, p. 50.

a esse empreendimento não listado, como forma de simplificar seu licenciamento e, principalmente, garantir que, antes de receber punição por "operar sem licença ambiental", seja oportunizada ao empreendedor a possibilidade de regularizar sua atividade sem aplicação de multa e sem que a operação seja embargada caso tenha iniciado o empreendimento com a justa expectativa de que não precisava de licenciamento. É uma forma de atenuar a insegurança jurídica do silêncio normativo sem prescindir da tutela ambiental.

Toda essa discussão acerca da amplitude da exigibilidade do licenciamento ambiental e também da efetividade da tutela de proteção ao meio ambiente perpassa pelo caráter essencialmente preventivo que recai sobre o licenciamento, na forma da disposição do artigo 10 da PNMA, que referencia que o procedimento deve ser "prévio", coadunando ainda com os princípios jurídico-ambientais da prevenção, da precaução[303] e da eficiência econômico-ambiental.[304]

Prevenção e precaução, porque o licenciamento ambiental é um procedimento que visa antecipar e evitar, mitigar ou compensar impactos ambientais adversos, sejam eles já reconhecidos ou pelo menos indiciariamente passíveis de ocorrer. Já a eficiência econômico-ambiental em razão de sua orientação pela imposição para a assunção pelo empreendedor – e não pela sociedade – dos custos e ônus de prevenção, precaução e administração ambientais.

---

[303] Os princípios em questão, embora semelhantes, têm objetos distintos, sendo o princípio da prevenção embasado em um conhecimento científico completo sobre os efeitos de uma determinada técnica e, em razão do potencial danoso já identificado, o princípio orientaria no sentido de evitar tais danos; por sua vez, o princípio da precaução tem um horizonte mais abrangente, intencionando regular o uso de técnicas cujos efeitos ainda não são seguramente conhecidos (SARLET, Ingo Wolfgang; FENSTERSEIFER, Tiago. *Princípios do direito ambiental*. São Paulo: Saraiva, 2014, p. 160-161).

[304] Como exposto no item 1.2.2, considera-se o princípio da eficiência econômico-ambiental como um princípio-matriz de direito ambiental que genericamente orienta para a internalização das externalidades ambientais, sejam elas positivas ou negativas, bem como para o incentivo à realização de condutas ambientalmente benéficas e para o desestímulo aos comportamentos negativos para o meio ambiente. Impõe, portanto, o redirecionamento dos custos preventivos, precaucionais, administrativos e de reparação ambiental sobre o agente causador desses custos. Logo, e com isso se justifica seu caráter de princípio-matriz, a eficiência econômico-ambiental, entende-se, engloba todos os princípios econômico-ambientais clássicos, como o poluidor-pagador, o usuário-pagador e o protetor-recebedor. É bom ressalvar novamente que não se está "criando" um princípio, mas simplesmente conferindo uma designação mais precisa e abrangente de norma jurídica já amplamente reconhecida pelo direito ambiental, que são os princípios econômico-ambientais. Para um estudo detalhado do macroprincípio da eficiência econômico-ambiental, cf. BRITO, Luis Antonio Gomes de Souza Monteiro de. *Direito tributário ambiental, cit.* (em especial, o Capítulo 3).

Desse caráter preventivo do licenciamento ambiental decorre que, em regra, será necessário ao empreendedor, antes de iniciar a atividade, submeter-se ao procedimento cabível no órgão ambiental competente para, ao final, se tiver cumprido as exigências e se for constatada sua viabilidade, receber licença ambiental válida e o direito de operar. Descumprir essa obrigação sujeita o infrator à responsabilização administrativa e penal, bem como civil, caso tenha causado dano ambiental.

Diz-se "em regra" porque, tal como se registrou acima (e aqui a justificativa para abordar essa questão neste momento), pelo menos para os empreendimentos não listados como licenciáveis por um rol legal ou regulamentar, entende-se que não se pode punir quem, de boa-fé, inicia a atividade sem o prévio licenciamento ambiental, devendo ser oportunizada, sem ônus, a chance de realizar procedimento corretivo, inclusive sem paralisação da atividade.

Pois bem, feitas essas considerações, é possível, em síntese, conceituar o licenciamento ambiental como o procedimento, em regra prévio, a que estão submetidos empreendimentos e atividades utilizadores de recursos naturais, potencial ou efetivamente causadores de poluição e capazes de causar qualquer forma de degradação, servindo para avaliar sua viabilidade ambiental, maximizar seus efeitos positivos e evitar, mitigar ou compensar seus possíveis impactos ambientais negativos, servindo para, sempre que possível, compatibilizar prejuízo ambiental com benefício socioeconômico.

Para este livro, como amplamente registrado ao longo deste subitem, interessa o papel do licenciamento ambiental no controle desses impactos ambientais negativos, entendidos, repise-se, como as alterações ambientais adversas previsíveis, identificadas *ex ante*, toleráveis e controláveis pelo órgão ambiental competente.

Sobre o tema, Talden Farias assevera que a aferição do impacto ambiental negativo é o fator-chave para determinação se uma dada atividade deve ser submetida a licenciamento ambiental ou não, ressaltando ainda que o impacto será adverso quando resultar em "dano" à qualidade de um fator ou parâmetro ambiental, e que o impacto que interessa é apenas aquele que for direto – ou seja, identificado em relação de causa e efeito imediata, e não como uma reação em cadeia secundária – e que não seja insignificante, para evitar que toda e qualquer atividade seja sujeita a licenciamento, inviabilizando o sistema.[305]

---

[305] FARIAS, Talden. *Licenciamento, cit.*, p. 51-55.

Desse posicionamento merece ressalva apenas a confusão conceitual entre impacto ambiental negativo e dano ambiental, categorias que se entende como diferentes. Nessa linha, Curt Trennepohl e Terence Trennepohl destacam que nem toda alteração ao meio ambiente deve ser chamada de dano, pois, em muitos casos, representa um "custo ambiental", necessário e aceitável, podendo ser compensado pelos benefícios derivados da atividade,[306] no que se aproximaria da noção de impacto ambiental negativo adotada nesta pesquisa.

Essa é a principal reflexão que se pretende realizar neste item. O licenciamento ambiental tem papel preventivo para antecipação e controle de impactos ambientais negativos, ou seja, das alterações adversas ao meio ambiente que são necessárias, inevitáveis e toleradas para realização de empreendimentos. Logo, o procedimento não intenciona eliminar totalmente as alterações adversas, mas sim identificá-las para permitir seu controle de modo a, sempre que possível, viabilizar a atividade econômica sem prescindir da proteção ambiental.

Frisa-se que o objetivo do licenciamento ambiental é garantir a realização da atividade com o "melhor" controle possível dos impactos ambientais negativos, o que não necessariamente significa que será a alternativa "menos" impactante ao meio ambiente.

Esse é o entendimento de Eduardo Fortunato Bim, que evidencia que o "processo decisório ambiental" (de concessão ou não da licença ambiental) não implica necessariamente a escolha da alternativa menos impactante ao meio ambiente, pois se deve "ponderar os bens em jogo e optar, em maior ou menor escala, por um deles", pelo que não seria correto realizar uma busca pelo menor impacto ambiental a qualquer custo, devendo muitas vezes ser feita uma "escolha trágica", com a opção pela mitigação de um interesse em prol de outro.[307]

Em sentido semelhante, Curt Trennepohl e Terence Trennepohl registram que a decisão estatal no licenciamento ambiental não é uma "equação matemática", pois se trata de uma definição política, com forte subjetividade e caracteres discricionários, ainda que fundamentada em elementos técnicos fortes, que garantem legitimidade e robustez à decisão do órgão ambiental, devendo ser superado o mito da imutabilidade do meio ambiente frente à necessidade de desenvolvimento.[308]

---

[306] TRENNEPOHL, Curt; TRENNEPOHL, Terence, *op. cit.*, p. 30.
[307] BIM, Eduardo Fortunato, *op. cit.*, p. 3.
[308] TRENNEPOHL, Curt; TRENNEPOHL, Terence, *op. cit.*, p. 31.

Ou seja, "sopesar o meio ambiente não significa, em realidade, fazê-lo predominante", considerando que, apesar de sua inegável importância, ele é apenas mais um dos elementos, que tem igual peso em relação aos demais, é, "pois, um esforço mais de integração do que de dominação".[309]

Deve ser registrado, ainda, que o licenciamento ambiental, embora preventivo, é um processo dinâmico, precisando ser corrigido constantemente para se adequar a novas circunstâncias que porventura venham a ocorrer.[310] É impossível prever exaustivamente todas as possíveis variáveis e intercorrências que um empreendimento pode vir a enfrentar. Por isso, é importante que o controle seja constante, como forma de garantir sua adaptação com o mínimo de prejuízo ambiental e sem a inviabilização da atividade.

Essa ressalva é importante para justificar por que nem sempre uma alteração ambiental adversa não prevista originalmente nos estudos do licenciamento ambiental, e que venha a ocorrer no curso da operação de um empreendimento, será reputada como dano e comprometerá definitivamente o empreendimento. Em verdade, pode ser uma decorrência normal da atividade, cabendo ao órgão ambiental e ao empreendedor a adaptação em conjunto do plano de ação para contenção do efeito negativo, e não o imediato ajuizamento de uma ação para reparação de danos ambientais.

Com efeito, será dano ambiental apenas a alteração negativa do meio ambiente que se configure como absolutamente extraordinária, que prejudique de forma intolerável o equilíbrio ambiental e que não possa ser (ou que não tenha sido devidamente) remediada pela adaptação do empreendimento a novas medidas administrativas de mitigação e compensação.

De todo modo, é evidente que, se diante de uma intercorrência imprevista dessa natureza, o empreendedor se mantiver inerte, ainda que com a conivência do órgão ambiental, e o prejuízo ao meio ambiente se consolidar ou se agravar, o novo impacto ambiental negativo se converterá em dano ambiental e passará a admitir reparação por responsabilidade civil.

---

[309] BENJAMIN, Antonio Herman. Os princípios do estudo de impacto ambiental como limites da discricionariedade administrativa. *BDJur*, Brasília, DF. Disponível em: http://bdjur.stj.jus.br//dspace/handle/2011/8746. Acesso em: 4 fev. 2018. p. 7-8.
[310] Nesse sentido, cf. BIM, Eduardo Fortunato, *op. cit.*, p. 24.

Finalmente, embora seja uma discussão de certa forma lateral, vale destacar que as condicionantes exigidas do empreendedor no curso do licenciamento ambiental para regularização de sua atividade devem ter relação direta com os impactos ambientais que pretendem mitigar, sob pena de ilegalidade, por caracterizar desvio de poder. Ademais, devem tais condicionantes ser proporcionais, para que as obrigações impostas aos empreendedores não sejam desarrazoadas em relação ao impacto ambiental adverso que será minimizado.[311]

Nesse contexto, mostra-se inadequada a previsão das chamadas "condicionantes sociais", entendidas genericamente como aquelas que estabelecem obrigações sem qualquer relação com o impacto ambiental, mas sim com questões dominiais, possessórias, urbanísticas ou que simplesmente servem para suprir a ausência do Estado. Consistem tais condicionantes em claro desvio de poder e de finalidade.[312]

Logo, as condicionantes não podem ser utilizadas para suprir a inação ou a ineficiência estatal, mas apenas para evitar ou mitigar os impactos adversos de natureza ambiental que possam vir a ocorrer como decorrência direta do empreendimento ou atividade.[313]

É certo que as atividades potencial ou efetivamente causadoras de impactos ambientais, como a mineração, não geram apenas efeitos adversos ao meio ambiente, podendo também ter consequências, pelo menos, nos âmbitos econômico e social. Porém, a despeito de o licenciamento ambiental servir como instrumento de mitigação dos impactos de natureza ambiental, não pode ser utilizado politicamente para impor uma transferência de ônus de realização de direitos socioeconômicos, que é do Poder Público para o particular.[314]

---

[311] Idem. Ibidem, p. 228-229.
[312] Idem. Ibidem, p. 231.
[313] TRENNEPOHL, Curt; TRENNEPOHL, Terence, op. cit., p. 32.
[314] Fernando Facury Scaff faz precisa crítica nesse sentido no campo específico da mineração, atividade dotada de forte rigidez locacional. Precisamente, assevera que os empreendimentos minerários são submetidos a quase inevitável "jogo de pressão" exercido pelos entes públicos para licenciar ambientalmente as atividades minerárias. Isso, porque, embora a concessão mineral seja federal, as licenças ambientais podem ser federais, estaduais ou municipais (artigo 23 da Constituição de 1988 combinado com os artigos 7º, XIV, 8º, XIV, e 9º, XIV, Lei Complementar nº 140/2011), a depender de circunstâncias casuísticas de cada empreendimento, o que, na prática, acaba por criar uma falta de sintonia regulatória. Isso, porque o minerador, na esteira do contestável excesso de subjetividade do licenciamento ambiental, fica sujeito às exigências do licenciador, pois, como não é possível escolher a posição do minério, caso queira explorá-los, ou o minerador aceita as condições impostas ou simplesmente desiste, ficando à mercê de demandas que podem até, certas vezes, ser justas, mas que são desprovidas de base legal, a exemplo das agora criticadas condicionantes sociais (cf. SCAFF, Fernando Facury. Royalties, cit., p. 51).

As questões socioeconômicas são, por óbvio, relevantes para o Poder Público, mas devem ser tratadas por procedimentos próprios e conforme a capacidade da Administração,[315] sendo inadequada a transferência da obrigação de resolver problemas dessa natureza para o empreendedor através do licenciamento ambiental, sem prejuízo de eventualmente serem identificadas e impostas formas específicas de internalização de externalidades socioeconômicas, discussão, porém, que transborda os limites deste trabalho.

Conclusivamente, pode-se conceituar o licenciamento ambiental como o procedimento, em regra prévio e de natureza dinâmica, que tem o objetivo de antecipar os necessários e toleráveis impactos ambientais negativos potencialmente causados por determinados empreendimentos e atividades, controlando-os através de medidas administrativas de prevenção, mitigação e compensação de natureza ambiental.

Seu foco é controlar as alterações ambientais adversas toleráveis, apesar de incidentalmente também poder servir para minimizar riscos de ocorrência de danos ambientais, justamente por ser um instrumento de controle preventivo que acaba impondo maior cautela às operações.

### 2.1.2 Controle de impactos ambientais negativos da atividade minerária pelo licenciamento ambiental

Na mineração, a exemplo do que ocorre no âmbito geral, o licenciamento ambiental também tem como objetivo precípuo realizar o controle prévio dos impactos ambientais negativos que potencial ou efetivamente serão causados pela atividade, com a indicação de medidas administrativas de cunho preventivo, mitigatório ou compensatório, como forma de compatibilizar os benefícios socioeconômicos dos empreendimentos minerários com seus efeitos adversos ao meio ambiente.

Em rigor, portanto, o instrumento é basicamente o mesmo, havendo, na verdade, apenas simples alteração do empreendimento-objeto.

De todo modo, é inegável que o licenciamento ambiental assume função especialmente importante na mineração, dado o seu caráter de atividade essencialmente causadora de impactos ambientais, mas

---

[315] Um dos instrumentos de compensação socioambiental pelos impactos da mineração que mais adequadamente pode servir para corrigir eventuais demandas sociais que decorram da instalação de empreendimentos minerários é a Compensação Financeira pela Exploração de Recursos Minerais (CFEM), a ser estudada adiante, no item 2.1.3.

economicamente estratégica, que torna a compatibilização entre os interesses econômicos, sociais e ambientais envolvidos consideravelmente mais complexa, em especial nos grandes empreendimentos.

Justificando que o licenciamento ambiental da mineração tem certa especialidade, Flávia Araújo assevera que "os projetos de atividades minerárias envolvem uma série de especificidades que merecem atenção, uma vez que os danos ambientais e sociais causados por eles são considerados, muitas vezes, bastante significativos".[316]

Édis Milaré esposa entendimento semelhante, sendo, todavia, ainda mais incisivo ao afirmar que a mineração possui interface direta com o meio ambiente, dado que não há como extrair um mineral "sem danos", pelo que constituiria tal atividade uma agressão sumária à natureza adormecida, representando um dos ramos industriais mais perversos do ponto de vista ambiental, acautelando, por outro lado, que, apesar de seu caráter negativo ao meio ambiente, não é possível prescindir da mineração, pelo que é imperiosa a diminuição de seus estragos pela adoção de técnicas mais adequadas.[317]

Com a devida vênia, ambas as ponderações merecem ressalva pela confusão conceitual em qualificar a mineração como uma atividade essencialmente causadora de danos ambientais, quando, na verdade, o que ela inevitavelmente provoca são impactos ambientais negativos, categoria jurídica distinta, os quais, se satisfatoriamente antecipados pelo licenciamento ambiental, podem ser eficientemente controlados, minimizando o caráter prejudicial ao meio ambiente da atividade e potencializando seus benefícios. Ou seja, os danos ambientais, também na mineração, têm sempre caráter extraordinário.

De todo modo, sobreleva-se a concordância com ambos os autores quanto à indispensabilidade da atividade minerária para a vida cotidiana (realidade que não pode ser ignorada) e em relação à importância da atuação para diminuição dos efeitos adversos ao meio ambiente, sendo que essa ação preventiva e mitigatória dos impactos ambientais perpassa, invariavelmente, pelo licenciamento ambiental do empreendimento.

Neste ponto, após essas considerações introdutórias, é importante reiterar que, por questões metodológicas, não se analisará o licenciamento ambiental da mineração de modo exaustivo, o que se

---

[316] ARAÚJO, Flávia Möller David, *op. cit.*, p. 131.
[317] MILARÉ, Édis, *op. cit.*, p. 199.

justifica pela amplitude de temáticas atinentes a tal procedimento, sendo muitas delas, apesar de importantes para uma visão geral, prescindíveis para a compreensão do objeto central deste livro.

Essa dispensabilidade é reforçada face a imensa variabilidade de instrumentos regulatórios do licenciamento ambiental da mineração, em especial por ser usual a atividade receber regulamentações em cada Estado ou Município que sediam empreendimentos mineradores, cuja análise desviaria demasiadamente o foco da pesquisa.

Com efeito, restringir-se-á o trabalho à avaliação da regulação geral do licenciamento ambiental da atividade minerária, analisado genericamente em sua modalidade trifásica, como forma de compreender as particularidades inevitáveis que o procedimento adota em razão das especificidades da própria mineração, sempre com foco no objetivo específico de assimilar a importância do procedimento para o controle dos impactos ambientais negativos da atividade minerária.

É bem verdade que, como consequência dessa restrição metodológica, as questões específicas da mineração no âmbito do licenciamento ambiental a serem analisadas neste livro são relativamente poucas. Isso, porque, de modo geral, o procedimento segue o regramento aplicável a todas as atividades, recaindo suas particularidades muito mais nas previsões específicas apostas nos instrumentos normativos municipais e estaduais do que em um regramento geral, federalizado.

Nesse sentido, embora rigorosamente ainda se relacione a uma discussão aplicável às atividades em geral, o primeiro ponto que merece ser destacado é aquele concernente à competência para realizar o licenciamento ambiental da mineração, a qual, tal como ocorre com os empreendimentos em geral, é, *a priori*, comum entre todos os entes federativos, nos termos do artigo 23, III, VI e VII, da CF/1988.[318]

Não obstante pareça uma obviedade, essa observação sobre a competência comum para licenciar empreendimentos minerários é importante porque a titularidade federal dos minérios *in situ* e a frequente associação da mineração com grandes projetos e com impactos ambientais significativos, e de grande amplitude, podem motivar a

---

[318] Registra-se que essa competência ampla e comum entre os diversos entes federativos, embora em tese propicie uma ampla tutela do meio ambiente, historicamente serve como fonte para conflitos e superposições de jurisdições, competências e atribuições a onerar, retardar, dificultar ou mesmo inviabilizar a efetividade dessa tutela. Nesse sentido, cf. YOSHIDA, Consuelo Yatsuda Moromizato. Critérios de definição de competência em matéria de direito ambiental na estrutura federativa brasileira. *In*: RASLAN, Alexandre Lima. *Direito ambiental*. Campo Grande: Editora UFMS, 2010, p. 222.

equivocada presunção de que a atividade minerária deveria atrair sempre a competência da União para licenciar.

Na verdade, da mesma forma que as atividades e os empreendimentos em geral, a competência para licenciar a mineração é definida com base nos critérios estabelecidos pela Lei Complementar nº 140/2011, que, na forma do parágrafo único do artigo 23 da Constituição de 1988, regulamenta a competência administrativa comum prevista no mesmo artigo 23, em seus incisos III, VI e VII, parâmetros esses que não necessariamente levam em consideração a amplitude dos impactos ambientais causados.

Precisamente, a definição do órgão ambiental competente para licenciar a atividade minerária variará de acordo com as características de cada empreendimento minerador, com seu enquadramento nas hipóteses estabelecidas nos artigos 7º, XIV (União), 8º, XIV (Estados), ou 9º, XIV (Municípios), todos da referida Lei Complementar nº 140/2011.

Logo, para fins de definição da competência federal para licenciar, não importa se as jazidas minerais são de titularidade da União, nem se os impactos a serem potencialmente causados pela atividade são significativos,[319] mas sim se o empreendimento possui característica que o enquadre no rol taxativo[320] do referido artigo 7º, XIV, da Lei Complementar nº 140/2011, como, por exemplo, ser localizado ou desenvolvido em Unidade de Conservação federal (exceto Áreas de Proteção Ambiental) ou ser localizado ou desenvolvido em pelo menos dois Estados.

Da mesma forma, caso se enquadre nas hipóteses taxativas do artigo 9º, XIV, da Lei Complementar nº 140/2011,[321] o empreendimento

---

[319] Eduardo Fortunato Bim ressalta que a Lei Complementar nº 140/2011 adotou a localização como critério exclusivo de definição da competência da União para licenciar, prescindindo da análise acerca da abrangência dos impactos ambientais (BIM, Eduardo Fortunato, *op. cit.*, p. 97). No mesmo sentido, cf. TRENNEPOHL, Curt; TRENNEPOHL, Terence, *op. cit.*, p. 68.

[320] Nesse sentido, FARIAS, Talden. *Licenciamento, cit.*, p. 119, e BIM, Eduardo Fortunato, *op. cit.*, p. 101.

[321] A grande discussão em torno da competência municipal para licenciar está relacionada à adstrição (ou não) do município em relação à tipologia a ser fixada pelo Conselho Estadual de Meio Ambiente da unidade federativa em que estiver localizado. Eduardo Bim entende que o município não tem autonomia para licenciar fora das balizas da tipologia estabelecida pelo conselho ambiental de seu Estado (BIM, Eduardo Fortunato, *op. cit.*, p. 98), entendimento com o qual se concorda, por uma questão de segurança jurídica. Em sentido oposto, Talden Farias defende que o município poderá licenciar atividade fora dos limites definidos pelo conselho estadual sempre que o impacto da atividade for eminentemente local, posição que, embora respeitável, certamente proporcionaria diversos conflitos negativos ou positivos de competência, em cenário de perigosa insegurança, tal

deverá ser licenciado pelo Município, o que é relativamente comum no caso de empresas que operam extração de água mineral ou que lavram minérios associados à construção civil (areia, pedra, seixo etc.), caracterizados por, em regra, serem de porte consideravelmente menor que os midiáticos grandes projetos.

Por fim, residualmente,[322] nos termos do artigo 8º, XIV, da Lei Complementar nº 140/2011, a competência para licenciar a mineração será dos Estados sempre que o empreendimento não se enquadrar nas hipóteses previstas para a União ou para os Municípios.

A reflexão acerca da competência é importante para registrar que, seguindo a regra geral, a mineração também adota como critério para definição do ente licenciador não mais a amplitude dos impactos, que gerava intensos conflitos e sobreposições, mas sim, de modo geral, o fator localização, pelo que não é possível indicar, com base apenas no porte do empreendimento, qual o ente competente para licenciá-lo, sendo necessário verificar o enquadramento nos termos da Lei Complementar nº 140/2011.

Outro ponto da interface entre licenciamento ambiental e mineração que precisa ser ressaltado é a relação entre a legislação minerária e a regulação do procedimento de licenciamento da atividade.

Nesse particular, destaca-se inicialmente que o Decreto-lei nº 227/1967, popularmente conhecido como Código de Mineração, principal instrumento normativo regulatório do direito minerário, é consideravelmente lacônico em termos de normas ambientais e silente quanto ao tema licenciamento ambiental.

Da mesma forma, pelo menos em sua redação atual, o Novo Marco Regulatório da Mineração (Projeto de Lei nº 5.807/2013), apesar de ampliar timidamente a normatização ambiental das questões minerárias, continua a não abordar o licenciamento ambiental.[323]

---

como admite o próprio Talden Farias na sequência de sua exposição (FARIAS, Talden. *Licenciamento, cit.*, p. 132).

[322] Apesar de ter sua competência definida residualmente, os Estados representam os protagonistas da Política Nacional do Meio Ambiente, vez que serão responsáveis pela tutela de todas as atividades e empreendimentos não abrangidos pela competência federal ou municipal, as quais, como registrado, são taxativas e relativamente limitadas. Nessa linha, cf. FARIAS, Talden. *Licenciamento, cit.*, p. 128.

[323] Para ser preciso, na atual redação do projeto do Novo Marco Regulatório da Mineração, a questão ambiental é diretamente abordada nos artigos 14, VI, XII e XV, 16, §2º, III, e §3º, 21 e 22, I, sendo que a maior parte dos dispositivos trata da fase de "recuperação ambiental", que é retratada como a etapa final do empreendimento minerário, sendo caracterizado pelo fechamento da mina. De modo geral, portanto, projeto de novo Código de Mineração pouco acrescenta com suas previsões relativas ao meio ambiente, antes inexistentes, vez que as inclusões são laterais e pouco impactantes.

Não obstante, essa limitação da lei mineral na tratativa de questões ambientais não é necessariamente negativa, pois, como assevera Jorge Alex Nunes Athias, embora seja positivo e saudável que um Código de Mineração trate de temas relacionados ao meio ambiente, é preciso cautela para evitar superposições e conflitos normativos, em especial considerando que a matéria já é amplamente regulada em instrumentos normativos ambientais específicos,[324] entendimento com o qual se concorda.

É claro que o novo Código poderia ser utilizado como instrumento central de regulamentação de assuntos ambientais relacionados à mineração, como a sua realização em áreas ambientalmente especiais, a exemplo de Áreas de Preservação Permanente, Reserva Legal, Unidades de Conservação e terras indígenas, tema que ainda depende de normatização específica e mais precisa.

Contudo, dada a intensa sensibilidade da temática ambiental, que acaba por exigir uma cautela maior no processo legislativo, acredita-se que, afinal, a restrição do código minerário a questões regulatórias típicas da atividade minerária é positiva, visto que evita disposições interdisciplinares que poderiam gerar mais sobreposições e conflitos indesejados, que serviriam para intensificar o já complexo e burocrático cenário regulatório da mineração, deixando para instrumentos normativos específicos a tratativa da relação entre a atividade e o meio ambiente.

Enfim, sem ser regulado pelo Código de Mineração, o licenciamento ambiental da atividade minerária continua sendo normatizado pela legislação ambiental esparsa, mas que em alguns instrumentos trata especificamente da mineração.

Para compreender essa questão e apreender as particularidades do licenciamento ambiental da mineração, deve ser esclarecido que a atividade minerária é, nos termos da legislação regulatória de regência, juridicamente dividida nas fases de pesquisa mineral, constante no artigo 14 e seguintes do Código de Minas, e de lavra da mina, prevista no artigo 36 e seguintes do mesmo Código, isso ao menos para o regime geral de concessão mineral, haja vista as particularidades eventualmente existentes entre os diversos regimes de exploração (licenciamento, registro de extração, permissão de lavra garimpeira etc.).

---

[324] ATHIAS, Jorge Alex Nunes. O novo marco regulatório da mineração e o meio ambiente. In: YOSHIDA, Consuelo Yatsuda Moromizato; REMÉDIO JÚNIOR, José Ângelo (org.). Direito minerário e ambiental: fundamentos e tendências. Rio de Janeiro: Lumen Juris, 2014, p. 191.

A pesquisa mineral, conforme o artigo 14 do Código de Minas, é entendida como "a execução dos trabalhos necessários à definição da jazida, sua avaliação e a determinação da exequibilidade do seu aproveitamento econômico". Já o artigo 36 define lavra como o "conjunto de operações coordenadas objetivando o aproveitamento industrial da jazida, desde a extração das substâncias minerais úteis que contiver, até o beneficiamento das mesmas".

Além da pesquisa mineral e da lavra da jazida, José Ângelo Remédio Júnior inclui ainda uma terceira etapa, não disposta no Código de Mineração,[325] que consistiria na fase de "recuperação da área degradada pela mineração", realizada após a desativação da mina.

Ainda segundo José Ângelo Remédio Júnior, conhecer as fases da mineração é importante, pois o licenciamento ambiental, em certa medida, emparelha com elas. Isso, porque, afirma o autor, a Licença Prévia (LP) e a Licença de Instalação (LI) seriam concedidas durante a fase de pesquisa mineral, e a Licença de Operação (LO), para a lavra da jazida.

Ou seja, durante a pesquisa mineral seriam avaliadas a localização, a concepção e a viabilidade ambiental abstrata do empreendimento (LP) e autorizada a instalação dos equipamentos necessários para o desenvolvimento da atividade (LI), enquanto que na fase de lavra seria autorizada efetivamente a operação da mina (LO).

Na sequência, o autor critica tal divisão das etapas do licenciamento ambiental de acordo com as fases do empreendimento minerário, por considerar que seria mais adequado que fosse exigido um específico licenciamento ambiental em cada uma das fases, pesquisa e lavra, pois representariam empreendimentos distintos, que muitas vezes são realizados por pessoas diferentes.[326]

Apesar de se concordar com a crítica à unicidade do procedimento licenciatório para as fases de pesquisa e de lavra, é importante ressalvar que, diferentemente do que afirma José Ângelo Remédio Júnior, e até mesmo do que particularmente já se referiu em outra

---

[325] Importante registrar que essa fase de recuperação ambiental chegou a ser incluída formalmente no Código de Mineração, a partir das alterações promovidas pela Medida Provisória nº 790/2017, que havia conferido nova redação ao artigo 7º para indicar que a última etapa da mineração seria o "fechamento da mina" (*caput*), que incluiria a responsabilidade do minerador pela recuperação das áreas impactadas (§2º). Contudo, a referida Medida Provisória teve sua vigência encerrada em 6 de dezembro de 2017 sem ter sido convertida em Lei.

[326] REMÉDIO JÚNIOR, José Ângelo, *op. cit.*, p. 322-323.

oportunidade,[327] na verdade a regra é que o licenciamento seja de fato autônomo entre as etapas da mineração, sendo, mais que isso, comumente dispensado para realização de pesquisa mineral, sendo exigível nesta etapa apenas quando necessária a emissão de guia de utilização[328] para extração antecipada de minérios ainda durante a prospecção.[329]

Isso, porque somente a pesquisa mineral com guia de utilização está disposta no rol do Anexo I da Resolução CONAMA nº 237/1997 como atividade submetida a licenciamento ambiental, previsão que já havia sido realizada pela Resolução CONAMA nº 09/1990, que estabelecia, logo em seu artigo 1º, que a "realização de pesquisa mineral, quando envolver o emprego de guia de utilização, fica sujeita ao licenciamento ambiental pelo órgão competente", pelo que, ao menos em nível federal, não há uma genérica exigibilidade de licenciamento sobre a atividade de pesquisa mineral.[330]

Essa dispensa do licenciamento ambiental para a fase de pesquisa mineral que prescinda de lavra experimental é justificável pelo baixo impacto da atividade de prospecção pura e simples. Não importa se eventual etapa posterior de lavra (que só ocorrerá se a pesquisa constatar a exequibilidade econômica da jazida) possa vir a ser significativamente impactante, mas sim que a etapa de levantamento dos potenciais minerários em si não gera impactos ambientais que mereçam prevenção, mitigação ou compensação.

Assim, em regra, a mineração somente dependerá de prévio licenciamento ambiental quando representar verdadeira intervenção impactante no meio ambiente, constatada apenas quando houver extração de minérios, ainda que a título experimental, mediante guia de utilização.

---

[327] Cf. BRITO, Luis Antonio Gomes de Souza Monteiro de. *Mineração e meio ambiente* cit.
[328] Guia de utilização é a designação do documento de autorização da lavra de minérios ainda durante a fase de pesquisa, encontrando disposição no artigo 22, §2º, do Código de Minas de 1967, que prevê que: É admitida, em caráter excepcional, a extração de substâncias minerais em área titulada, antes da outorga da concessão de lavra, mediante prévia autorização do DNPM, observada a legislação ambiental pertinente.
[329] ARAÚJO, Flávia Möller David, *op. cit.*, p. 137.
[330] Apesar de essa ser regra em nível federal, a princípio nada impede que previsões específicas em âmbito estadual ou municipal estabeleçam exigências diferentes. É o caso, por exemplo, do Estado do Pará, que, por meio da Resolução COEMA nº 116/2014, prevê que a pesquisa mineral, mesmo sem lavra experimental, cuja área de prospecção requerida à autarquia minerária federal seja de 100 (cem) a 10.000 (dez mil) hectares, será objeto de licenciamento ambiental no âmbito dos municípios paraenses que possuam estrutura administrativa ambiental.

Pois bem, em âmbito geral, essas são as principais particularidades do licenciamento ambiental da mineração. Como se registrou, o instrumento de realização da política ambiental é o mesmo, havendo, na verdade, apenas simples alteração do empreendimento-objeto. As especificidades variam muito mais de acordo com as legislações municipais ou estaduais eventualmente aplicáveis do que pela mineração em si.

Por isso, o que sobreleva deste tópico em específico é o registro de que a mineração, ao menos na fase de lavra, por ser uma atividade inevitavelmente impactante ao meio ambiente, demanda especial cautela na realização do licenciamento ambiental, que deverá servir para antecipar ao máximo os impactos ambientais negativos potencialmente causados pelos empreendimentos mineradores, de modo a otimizar as medidas administrativas para sua prevenção, mitigação e compensação.

Em todo caso, vale registrar que, se o licenciamento ambiental em si não possui tantas particularidades registráveis no âmbito da mineração, a despeito de ser o instrumento ambiental articulador dos demais, o mesmo não ocorre com os estudos ambientais e minerários, a serem estudados no subitem seguinte, que possuem peculiares notáveis, isso quando não são totalmente específicos da mineração.

## 2.2 Os estudos ambientais e minerários e sua importância para o controle dos impactos ambientais negativos na mineração

Apesar de o licenciamento ambiental ser o instrumento central de controle de impactos ambientais negativos, em razão de seu papel como procedimento articulador dos demais mecanismos da política ambiental, a verdade é que os impactos ambientais em si são antecipados, identificados e mensurados pelos estudos ambientais, que também recomendam as ações cabíveis para controlar tais efeitos adversos.

Há, portanto, uma interface indissociável entre o licenciamento ambiental e os estudos ambientais,[331] sendo o primeiro o procedimento a que está submetido o empreendedor interessado em regularizar atividade ambientalmente impactante, e os segundos as análises que preveem os impactos a serem potencialmente causados e indicam as medidas de controle a serem aplicadas para evitá-los, mitigá-los ou compensá-los, subsidiando o licenciamento.

---

[331] Nesse sentido, cf. MILARÉ, Édis, *op. cit.*, p. 984; BENJAMIN, Antonio Herman. *Os princípios, cit.*, p. 13; TRENNEPOHL, Curt; TRENNEPOHL, Terence, *op. cit.*, p. 78.

Quando se trata de mineração, a elaboração desses estudos é ainda mais importante, pois a atividade é essencialmente impactante ao meio ambiente, pelo que, se não for devidamente controlada, pode provocar efeitos ambientais consideravelmente adversos. Logo, sendo atividade intrinsecamente relacionada aos recursos ambientais, é imprescindível projetar, em estudos, os parâmetros para realização sustentável do empreendimento.

Nesse contexto, este item 2.2 será dedicado à análise, primeiramente, dos estudos ambientais aplicáveis à mineração, com foco naqueles que são mais importantes para o regular desenvolvimento da atividade, sempre com a ressalva de que, a depender da legislação local ou regional, os estudos exigíveis podem adotar critérios, obrigações ou pelo menos nomenclaturas diferentes, tornando impossível uma análise exaustiva nesse sentido.

Após, em um segundo momento, serão objeto de análise três "estudos minerários" fundamentais para a atividade – o Relatório Final de Pesquisa, o Plano de Aproveitamento Econômico e o Plano de Segurança de Barragens –, que, embora não se qualifiquem como estudos ambientais, em tese podem servir para controle de impactos ambientais negativos, pelo próprio conteúdo de suas exigências.

O principal objetivo deste subitem é avaliar se e de que forma os estudos ambientais – e mediatamente também os minerários – servem para controle de impactos ambientais negativos da mineração, inevitáveis e toleráveis para a realização da atividade, de modo a antecipar os efeitos adversos ao meio ambiente a serem provocados pelos empreendimentos e compatibilizá-los com seus benefícios socioeconômicos, garantindo, ao menos em princípio, sustentabilidade ao projeto.

## 2.2.1 Estudos ambientais aplicáveis à mineração

Prevista como instrumento da Política Nacional do Meio Ambiente no artigo 9º, III, da Lei nº 6.938/1981,[332] a "avaliação de impactos ambientais" representa uma análise técnica e prévia dos riscos e impactos potenciais de determinados empreendimentos ou atividades, como forma de preveni-los, corrigi-los, mitigá-los ou compensá-los quando da instalação, da operação ou mesmo do seu encerramento.[333]

---
[332] Artigo 9º, Lei nº 6.938/1981. São instrumentos da Política Nacional do Meio Ambiente: III - a avaliação de impactos ambientais.
[333] MILARÉ, Édis, op. cit., p. 984.

A Resolução CONAMA nº 237/1997, em seu artigo 1º, III, evidencia que a avaliação de impactos ambientais, chamada pela Resolução de "Estudos Ambientais",[334] consiste em um gênero de que são espécies todos e quaisquer estudos relativos aos aspectos ambientais relacionados à localização, instalação, operação e ampliação de uma atividade ou empreendimento, servindo como subsídio para a análise da licença ambiental requerida.[335]

De acordo com o referido artigo 1º, III, da Resolução CONAMA nº 237/1997, são exemplos de estudo ambiental o relatório ambiental, o plano e o projeto de controle ambiental, o relatório ambiental preliminar, o diagnóstico ambiental, o plano de manejo, o plano de recuperação de área degradada e a análise preliminar de risco.

Por terem cariz marcadamente preventivo, os estudos ambientais representam importante instrumento de direito ambiental,[336] servindo como um limitador da liberdade decisória do administrador licenciador, reduzindo sua discricionariedade administrativa ao criar balizas de análise e fortalecer o dever de motivação decisória, apesar de não serem, em verdade, componentes da decisão.[337] Precisamente, a função dos estudos é instruir o processo decisório ambiental, sem, contudo, ter caráter vinculante ao administrador.[338]

---

[334] Herman Benjamin utiliza a designação "estudo de impacto ambiental" para designar o gênero "avaliação de impactos ambientais", justificando a opção como sendo uma decorrência do artigo 225, §1º, IV, da Constituição de 1988 (BENJAMIN, Antonio Herman. Os princípios, cit., p. 15). Particularmente, não parece ser essa a melhor opção terminológica, pois confunde o gênero dos estudos ambientais com a espécie "Estudo de Impacto Ambiental", cuja regulamentação original foi realizada pela Resolução CONAMA nº 1/1986. Aliás, foi exclusivamente esse específico estudo que recebeu previsão constitucional, não o gênero "estudos ambientais" do qual faz parte.

[335] Nesse sentido, Lyssandro Siqueira leciona que a avaliação de impactos ambientais "é gênero que designa uma série de procedimentos destinados à mensuração dos impactos ambientais de um determinado empreendimento, que tem por objetivo analisar a sua viabilidade ambiental além de estabelecer medidas mitigatórias das adversidades ambientais eventualmente causadas pela atividade (SIQUEIRA, Lyssandro Norton, op. cit., p. 97).

[336] Sobre a relevância dos instrumentos preventivos para o direito ambiental, de forma precisa Lucas Milaré pondera que "(...), não se discute que a atuação preventiva se mostra como a única capaz de garantir a preservação do meio ambiente, já que a reparação e a repressão pressupõem, normalmente, dano já verificado, isto é, agressão já consumada ao equilíbrio ecológico e, não raras vezes, de difícil ou impossível reparação" (MILARÉ, Lucas Tamer, op. cit., p. 90).

[337] Também no sentido de que o estudo ambiental não compõe o processo decisório, servindo apenas como parâmetro de análise, cf. BENJAMIN, Antonio Herman. Os princípios, cit,. p. 3-6.

[338] BIM, Eduardo Fortunato, op. cit., p. 139 e 147.

Não obstante, por não serem meros formalismos burocráticos, e sim análises técnico-ambientais do empreendimento a ser desenvolvido, o administrador é obrigado a se manifestar acerca do conteúdo dos estudos ambientais,[339] devendo arrazoar de forma precisa os motivos que eventualmente o levaram a adotar uma decisão que divirja daquilo que havia sido sugerido pelos estudos, seja para conceder, seja para negar a licença.

Assim, embora a discricionariedade do processo decisório ambiental não seja eliminada pela realização de preliminar avaliação de impactos ambientais, ela acaba sendo mitigada pela intensificação do dever de motivar. A propósito, como devem servir para influenciar a decisão administrativa, os estudos devem sempre ser realizados antes do licenciamento ambiental, pois não faria sentido apresentar a análise após a decisão do administrador licenciador.[340]

Outra questão geral importante acerca dos estudos ambientais é a desnecessidade de que analisem o pior cenário possível, ou, mais precisamente, não é preciso que a avaliação de impactos ambientais conjecture todas as possíveis intercorrências que um dado empreendimento pode vir a provocar e/ou enfrentar, devendo apenas considerar aquilo que ordinariamente ocorre ou que ao menos razoavelmente se pode projetar como passível de suceder.[341]

A relevância dessa ponderação para este livro deriva da correlação das categorias impacto ambiental negativo e dano ambiental com a noção de risco concreto, tendo em vista que, via de regra, ambos são potencialmente antecipáveis, não sendo nenhum dos institutos necessariamente vinculado a um eventual risco abstrato (embora este, quando praticamente se consume, qualifique-se como um dano ambiental).

À evidência, tal como adiantado no item 1.3, se o risco concreto foi previsto em estudos ambientais no transcurso de licenciamento ambiental, e remediado através de medidas preventivas, mitigatórias e/ou compensatórias, então se qualifica como um impacto negativo ambiental, pois representa uma alteração ambiental adversa tolerada pelo órgão ambiental competente como condição inevitável para a realização do empreendimento.

Por outro lado, se o risco concreto não foi antecipado ou, se o foi, não foi devidamente remediado, ou não foi admitido como tolerável, e

---

[339] BENJAMIN, Antonio Herman. *Os princípios, cit.*, p. 10-16.
[340] *Idem. Ibidem*, p. 7.
[341] Nesse sentido, cf. BIM, Eduardo Fortunato, *op. cit.*, p. 28.

veio a se consumar, então será qualificado como dano ambiental, pois alteração ambiental adversa inesperada e indesejada.

É por isso que o critério "previsibilidade" de distinção entre essas categorias jurídicas deve ser avaliado com temperamentos. Não é correto diferenciar simplesmente o impacto como sendo previsível e o dano como sendo imprevisível, haja vista que, em regra, ambos podem ser antecipados.

Com efeito, a distinção reside no fato de que o impacto foi previsto, e o dano, embora pudesse ter sido, não o foi, por lapso do estudo, por negligência do licenciador ou porque tinha risco tão remoto de ocorrência que simplesmente não fazia sentido estudá-lo.

De todo modo, reiterando o que já foi registrado nos itens 1.3 e 2.1.1, apesar desse possível elemento distintivo, a ocorrência de uma alteração ambiental adversa não antecipada no estudo ambiental não necessariamente implica na sua imediata qualificação como dano ambiental, pois pode ser incorporada como um novo impacto a ser mitigado ou compensado, o que é uma consequência do caráter dinâmico do licenciamento ambiental.

Aliás, como bem pondera Eduardo Fortunato Bim, os estudos representam mera previsão, não servindo nem mesmo como garantia de que os impactos antecipados de fato ocorrerão, pelo que, igualmente, a eventual ocorrência de alteração ambiental adversa não prevista na análise não garante sua nulidade ou representa a imperícia do técnico, justamente porque é impossível antecipar todas as variáveis.[342]

Finalmente, frisa-se que o objetivo precípuo do estudo é avaliar a viabilidade ambiental do empreendimento e recomendar medidas de prevenção, mitigação ou compensação dos impactos antecipados, e não quantificar perfeitamente tudo o que o pode vir a ocorrer, representando tal mensuração mero meio para o escopo principal do instrumento.[343]

Sem embargo, é usual que o estudo ambiental, até mesmo por precaução ambiental e por prudência econômica, seja relativamente abrangente, para proporcionar o máximo de previsibilidade possível ao órgão ambiental e, também, ao empreendedor.[344]

---

[342] Idem. Ibidem, p. 33.
[343] Idem. Ibidem, p. 137.
[344] É por isso que, muitas vezes, exige-se que o estudo compreenda uma análise sistêmica do empreendimento que se pretende licenciar com aqueles que com ele se relacionem em razão da área de influência ou pelo aproveitamento simultâneo de recursos naturais, para projeção dos impactos sinérgicos e cumulativos que o conjunto de atividades gerará. Nesse sentido, cf. TRENNEPOHL, Curt; TRENNEPOHL, Terence, op. cit., p. 79.

Pois bem, como se nota dessas considerações preliminares, a temática dos estudos ambientais é bastante abrangente, o que já seria verdadeiro se considerada apenas a sua importância intrínseca para a política ambiental, mas que é acentuada pela imensa variedade de estudos diferentes previstos no ordenamento jurídico brasileiro, só não mais numerosos que os diversos instrumentos normativos de diferentes esferas federativas que regulam a matéria, sendo a escolha do estudo cabível dependente, pelo menos, da complexidade do empreendimento, do impacto ambiental e do tipo de licenciamento realizado.[345]

Consequentemente, considerando-se que este livro tem como específico empreendimento-objeto a mineração, e como foco do capítulo, os instrumentos de controle de impactos ambientais negativos decorrentes da atividade, serão estudados apenas os dois estudos ambientais mais importantes para esse setor econômico: o Estudo de Impacto Ambiental, por ser o mais completo e abrangente e por ser direcionado a empreendimentos significativamente impactantes, e o Plano de Recuperação de Áreas Degradadas, que tem aplicabilidade destacada no âmbito da atividade minerária.

## 2.2.1.1 Mineração, impactos ambientais significativos e o Estudo de Impacto Ambiental e seu respectivo Relatório de Impacto sobre o Meio Ambiente (EIA/RIMA)

Inaugurando a análise específica dos estudos ambientais mais importantes para a atividade minerária, o Estudo de Impacto Ambiental (EIA), cuja previsão original no ordenamento jurídico brasileiro[346] foi realizada pela Resolução CONAMA nº 01/1986,[347] pode ser considerado o estudo mais importante, a avaliação de impactos ambientais

---

[345] Nesse sentido, cf. SIQUEIRA, Lyssandro Norton, *op. cit.*, p. 97.
[346] O paradigma internacional que serviu de inspiração para o EIA brasileiro foi o *National Environmental Policy Act* (NEPA), de 1969, que estabelece a política ambiental dos Estados Unidos da América.
[347] Édis Milaré defende que a introdução do EIA no Brasil teria sido realizada ainda antes, pela Lei nº 6.803/1980 (MILARÉ, Édis, *op. cit.*, p. 190). Sem embargo, como antecipado no item 2.2.1, a lei em referência não tratava exatamente sobre o EIA, e sim dispunha sobre estudos primitivos voltados a auxiliar no zoneamento industrial de áreas críticas de poluição ambiental, ainda em sentido relativamente distante daquele que contemporaneamente é adotado para os estudos ambientais em geral, mais ainda em relação ao EIA, em específico.

por excelência, em razão de sua abrangência e complexidade, sendo especialmente relevante para a mineração, por ser exigido para atividades potencial ou efetivamente causadoras de significativos impactos ambientais, caso de diversos empreendimentos minerários. Correlato ao EIA, como é cediço, há sempre o respectivo Relatório de Impacto sobre o Meio Ambiente (RIMA), que representa uma simplificação das informações técnicas, complexas e, muitas vezes, ininteligíveis para a comunidade em geral registradas no EIA, devendo ser apresentado de forma objetiva e adequada para a compreensão de todos acerca das vantagens e desvantagens do projeto, bem como das consequências ambientais de sua implementação, conforme dispõe o artigo 9º, parágrafo único, da mesma Resolução CONAMA nº 01/1986. Por serem indissociáveis, podem ser referenciados simplesmente como EIA/RIMA.

A importância do EIA para o direito ambiental é tão destacada, que o instrumento recebeu previsão específica pela Constituição da República de 1988, precisamente no artigo 225, §1º, IV, que dispõe justamente ser exigível, na forma da lei, estudo prévio de impacto ambiental quando a atividade ou empreendimento for efetiva ou potencialmente causadora de significativo impacto ambiental.

Como objetivos principais do EIA, na esteira da lição de Herman Benjamin, mas com ligeiras adaptações,[348] podem ser indicados a prevenção de impactos ambientais significativos, a garantia de transparência administrativa dos efeitos ambientais de um empreendimento, a possibilidade de consulta e participação por parte dos eventuais interessados e o estímulo a decisões administrativas informadas e motivadas.

Em suma, tal qual os estudos ambientais em geral, o escopo principal do EIA é controlar a discricionariedade do administrador no processo decisório ambiental, com a particularidade de se tratar de estudo mais abrangente, custoso e complexo, direcionado exclusivamente aos empreendimentos causadores de impacto ambiental significativo.

No contexto do EIA, certamente uma das discussões mais relevantes se dá em torno da dispensabilidade (ou não) de exigi-lo para as

---

[348] A adaptação realizada neste trabalho em relação à lição de Herman Benjamin está centrada, basicamente, no destaque de que o EIA é direcionado a empreendimentos causadores de impactos ambientais significativos, ressalva que não é feita pelo autor em comento, o que provavelmente se debita ao fato de seu texto tomar EIA como sinônimo do gênero "avaliação de impactos ambientais", e não como a categoria específica que de fato representa (cf. BENJAMIN, Antonio Herman. *Os princípios, cit.,* p. 14).

atividades elencadas no rol exemplificativo do artigo 2º da Resolução CONAMA nº 01/1986. Essa temática já foi reiteradamente debatida em nível doutrinário e jurisprudencial, mas ainda suscita razoáveis dúvidas práticas, além de ter especial importância para a mineração. Isso, porque a "extração de minério, inclusive os da classe II",[349] foi incluída como atividade que depende da elaboração de EIA para seu licenciamento, conforme disposição do artigo 2º, IX, da referida Resolução. Dessa previsão, segundo uma corrente de pensamento, seria possível depreender que, independente das características do empreendimento, sempre seria necessário realizar EIA para licenciamento ambiental de atividade extrativa mineral.

Em outras palavras, há quem defenda que o rol de atividades previsto no artigo 2º da Resolução CONAMA nº 01/1986 estabelece uma presunção absoluta de significância do impacto ambiental dos empreendimentos nele elencados, o que tornaria a realização do EIA indispensável para o licenciamento ambiental dessas atividades.

Esse posicionamento é esposado, por exemplo, por Herman Benjamin, que afirma que a significância dos impactos ambientais é definida de duas formas, uma *ope legis*, a partir das hipóteses elencadas na Resolução CONAMA nº 01/1986, que vinculariam totalmente o administrador, e a outra, de cariz discricionário, dependendo da avaliação do órgão ambiental em definir qual impacto é significativo e qual não é.[350]

Na mesma linha é Álvaro Mirra, que sustenta que negar o caráter absoluto do rol da Resolução CONAMA nº 01/1986 seria tornar a listagem sem efeito e inócua, além de contraditória, pois estabeleceria uma

---

[349] A classificação dos minérios era realizada legalmente no artigo 5º do Código de Minas de 1967, revogado, porém, pela Lei nº 9.314/1996. Particularmente, minérios de Classe II eram aqueles com emprego imediato na construção civil, como areia, seixo, cascalho entre outros. Para esses minérios, havia uma Resolução do CONAMA, de nº 10/1990, que dispunha regras específicas para o licenciamento ambiental para sua extração, entre as quais a possibilidade de dispensa do EIA a critério do órgão ambiental, de acordo com natureza, localização, porte e outras particularidades do empreendimento, caso em que o interessado deveria apresentar um Relatório de Controle Ambiental (artigo 3º, *caput* e parágrafo único).

[350] BENJAMIN, Antonio Herman. *Os princípios, cit.*, p. 51. Vale registrar, porém, que em outro estudo, este feito em parceria com Édis Milaré, Herman Benjamin passou a admitir caráter relativo à listagem da Resolução CONAMA nº 01/1986, coadunando com a posição do coautor do artigo (cf. BENJAMIN, Antônio Herman de Vasconcellos e; MILARÉ, Édis. O impacto ambiental. *In*: MILARÉ, Édis; BENJAMIN, Antonio Herman Vasconcellos e. *Estudo prévio de impacto ambiental*: teoria, prática e legislação. São Paulo: Revista dos Tribunais, 1993, p. 9-57. Disponível em: http://bdjur.stj.jus.br/dspace/handle/2011/17706. Acesso em: 19 fev. 2018).

obrigatoriedade e, ao mesmo tempo, a liberdade de descumprimento por parte do órgão ambiental.[351][352]

Sem embargo, não parece ser esse o entendimento correto. Particularmente, entende-se que, de fato, a listagem estabelece um rol exemplificativo, o que significa que outras atividades além daquelas elencadas podem precisar de EIA para serem licenciadas, mas com presunção meramente relativa de significância do impacto ambiental para as atividades listadas, pelo que é mais importante que o empreendimento tenha verdadeiro potencial de causar significativo impacto ao meio ambiente, do que esteja formalmente previsto na Resolução.

Logo, se a atividade não estiver elencada, mas tiver potencial de causar significativo impacto, então dependerá de EIA. Da mesma forma, se estiver elencada, mas, por sua natureza, porte, localização ou qualquer característica relevante, não puder causar significativo impacto, então o EIA será dispensável.

Isso é o que se depreende do artigo 225, §1º, IV, da Constituição de 1988, posterior à Resolução CONAMA nº 01/1986 e de hierarquia notadamente superior.

Isso, porque a Constituição é clara no sentido de que as obras ou atividades cuja realização de EIA será obrigatória se limitam àquelas que potencialmente possam causar significativa degradação ao meio ambiente, indicando, portanto, de modo incontroverso, que a significância do impacto ambiental é o fator elementar para definição da exigibilidade, não a prévia listagem em rol regulamentar.

Além disso, na Resolução CONAMA nº 237/1997 foi consignado, em seu artigo 3º, parágrafo único,[353] que quando for verificado pelo órgão ambiental que o empreendimento não é potencialmente causador de significativa degradação do meio ambiente, então serão

---

[351] MIRRA, Álvaro Luiz Valery. *Impacto ambiental*: aspectos da legislação brasileira. 2. ed. São Paulo: Juarez de Oliveira, 2002, p. 51.

[352] Também consideram obrigatória a realização do EIA para as atividades arroladas na Resolução CONAMA nº 01/1986, *v.g.*, MACHADO, Paulo Affonso, *op. cit.*, p. 274, e TRENNEPOHL, Curt; TRENNEPOHL, Terence, *op. cit.*, p. 85.

[353] Artigo 3º, Resolução CONAMA nº 237/1997. A licença ambiental para empreendimentos e atividades consideradas efetiva ou potencialmente causadoras de significativa degradação do meio dependerá de prévio estudo de impacto ambiental e respectivo relatório de impacto sobre o meio ambiente (EIA/RIMA), ao qual dar-se-á publicidade, garantida a realização de audiências públicas, quando couber, de acordo com a regulamentação. Parágrafo único. O órgão ambiental competente, verificando que a atividade ou empreendimento não é potencialmente causador de significativa degradação do meio ambiente, definirá os estudos ambientais pertinentes ao respectivo processo de licenciamento.

definidos os estudos ambientais pertinentes para seu licenciamento ambiental, em substituição ao EIA, no que a dispensabilidade deste restou incontroversa.

No mais, essa é a interpretação depreendida da leitura finalística das normas relacionadas ao estudo em análise, sempre com fundamento na Constituição Federal.

Isso, porque o EIA é um estudo abrangente, complexo e custoso, sendo utilizado para minimizar riscos de empreendimentos que possam causar impactos realmente significativos. É uma clara harmonização de interesses, pois se exige um estudo mais detalhado, ainda que caro, como contraposição ao maior potencial de impacto da atividade, de modo a antecipá-los, evitá-los, mitigá-los e compensá-los da melhor forma possível.

Por isso, não faz sentido exigir o mesmo estudo para atividades que, embora literalmente constantes na Resolução, não possam gerar esse impacto significativo. Não é a finalidade da norma imputar um custo desnecessário sobre empreendimentos pouco adversos ao meio ambiente.

Além disso, não é a atividade em si que é objeto de cuidado pelo legislador, mas sim o seu potencial de causar impacto significativo, que pode, no máximo, ser presumido de forma relativa a partir de um rol legal ou regulamentar, mas nunca de modo absoluto, caso contrário, teríamos que exigir EIA até de pequenas mineradoras de água mineral ou de extração de minérios de uso imediato na construção civil – empreendimentos muitas vezes de baixo porte, o que seria um contrassenso, além de contraproducente.

Seguindo esse entendimento, Eduardo Bim afirma que a lista do artigo 2º da Resolução CONAMA nº 01/1986 não deve ser interpretada como se aquelas atividades sempre pudessem causar significativo impacto ambiental, sendo fundamental realizar uma prévia etapa de triagem (*screening*) no licenciamento ambiental para averiguar se o projeto tem potencial para gerar impactos ao meio ambiente com significância.[354][355]

---

[354] BIM, Eduardo Fortunato, *op. cit.*, p. 150-151.
[355] Tratando sobre o processo de triagem, Luis Enrique Sánchez ressalta que o principal fator de avaliação é a definição operacional do que se entende por "impacto significativo", elemento de forte caráter subjetivo, que depende muito da percepção e dos valores do avaliador, tornando necessária uma objetivação dos critérios de seleção, no que o citado autor recomenda a adoção de análises preliminares, listas positivas e negativas por tipo e porte de projetos e acerca da importância ou sensibilidade do local (cf. SÁNCHEZ, Luis

Na mesma linha, Édis Milaré assevera que a significativa degradação é um pressuposto do EIA, que deve ser usado com prudência e parcimônia, dado seu alto custo e complexidade, para ser restrito a empreendimentos mais relevantes do ponto de vista ambiental, apesar de reconhecer a dificuldade de se precisar o conceito de "significativa degradação", muito em razão das características peculiares de cada projeto.[356][357]

E prossegue afirmando que a melhor interpretação a ser dada ao rol do artigo 2º da Resolução CONAMA nº 01/1986 é justamente a de que possui natureza relativa, podendo, por conseguinte, ser elidida a presunção pelo empreendedor interessado.[358]

Em termos práticos, a exigibilidade do EIA pode ser dispensada caso seja demonstrado o pequeno porte ou o baixo potencial lesivo da atividade, muitas vezes com respaldo em regulamentos administrativos que definam limites objetivos nesse sentido, diferenciando graus de impacto para as atividades, ou mesmo pela simples experiência, mas nunca pelo próprio EIA.[359]

Aliás, embora óbvia, essa observação é bastante importante, pois exigir que fosse provada a dispensa do EIA a partir do próprio EIA tornaria tal estudo obrigatório para todo e qualquer empreendimento, um verdadeiro contrassenso.

A relatividade da exigência de EIA para as atividades listadas na Resolução CONAMA nº 01/1986 (e também em outras eventuais róis legais ou regulamentares nesse sentido) já foi inclusive acolhida pela Advocacia-Geral da União e pelo Instituto Brasileiro do Meio Ambiente e dos Recursos Naturais Renováveis através da Orientação Jurídica Normativa nº 51/2015 (OJN 51/2015/PFE-IBAMA/PGF/AGU).

Precisamente, na ementa da citada OJN 51/2015 da AGU/IBAMA foi registrada a "impossibilidade de se conferir caráter absoluto ou categórico a normas que exigem EIA, devendo ser interpretadas como

---

Enrique, *op. cit.*, p. 122-123 e 144-145).
[356] MILARÉ, Édis, *op. cit.*, p. 992-993.
[357] Essa posição encontra, hoje, considerável respaldo doutrinário, como, por exemplo, em SIQUEIRA, Lyssandro Norton, *op. cit.*, p. 100; KREL, Andreas Joachim. Problemas do licenciamento ambiental no sistema nacional do meio ambiente. *Revista de Direitos Difusos*. nº 27. p. 3765-3781. São Paulo: IBAP/ADCOAS, set./out. 2004. p. 3780; e GOUVÊA, Yara Gomide. A interpretação do artigo 2º da Resolução CONAMA 1/86. *In*: GOUVÊA, Yara Gomide; ACKER, Francisco Thomaz Van; SÁNCHEZ, Luiz Enrique *et al*. *Avaliação de impacto ambiental*. São Paulo: Secretaria de Meio Ambiente, 1998. p. 11-23.
[358] MILARÉ, Édis, *op. cit.*, p. 996.
[359] BIM, Eduardo Fortunato, *op. cit.*, p. 152.

presunções relativas de que há significativo impacto ambiental, ou seja, o órgão ambiental pode afastá-la em circunstâncias específicas".[360] Logo, corroborando com essa linha de pensamento, entende-se que, apesar de a extração mineral estar listada como atividade que depende de EIA para ser ambientalmente licenciada, essa exigência poderá ser dispensada, de acordo com as condições específicas do caso concreto, na hipótese de ser demonstrado que, embora de natureza minerária, a atividade não tem potencial de causar significativo impacto ambiental.

A propósito, ainda nesse ínterim, vale registrar que a fase de pesquisa mineral, via de regra, prescinde de EIA justamente porque não causa impactos ambientais significativos, sendo o estudo necessário apenas no caso de o empreendimento passar à fase de lavra. Essa dispensa faz ainda mais sentido quando se recorda que a regra é que não haja nem mesmo licenciamento ambiental para pesquisa mineral, dada a insignificância de seus impactos.

Essa pontuação acerca da possível dispensa do EIA/RIMA para atividades de extração mineral é relevante para este trabalho, pois, apesar de se ter consignado que a mineração é essencialmente impactante, é importante deixar registrado que nem sempre esse inevitável impacto será significativo e, portanto, nem sempre o empreendimento minerário, mesmo na fase de extração, dependerá da elaboração de EIA/RIMA para ser licenciado.

De todo modo, embora seja evidente, é importante ressalvar que o debate em torno da exigibilidade irrestrita – ou não – de EIA/RIMA para as atividades listadas na Resolução CONAMA nº 01/1986 não é a única discussão em torno desse relevante estudo ambiental, tampouco a exclusiva questão acerca do referido instrumento que importa à mineração, apesar de certamente ser uma das mais importantes.

---

[360] Merece registro o debate em torno da legitimidade do Judiciário intervir para controlar a decisão administrativa do órgão ambiental acerca da exigibilidade ou não do EIA no caso concreto. Sobre o assunto, Édis Milaré afirma ser admissível que o Judiciário suprima o vácuo legal e determine a realização do EIA sempre que o empreendimento possa causar "dano sensível ao meio ambiente" (MILARÉ, Édis, op. cit., p. 994). Por outro lado, mais ponderado, Eduardo Bim também admite o controle do Judiciário, mas assevera que ele só pode ocorrer em casos de manifesta desarrazoabilidade (BIM, Eduardo Fortunato, op. cit., p. 157). Concorda-se com a ressalva de Bim, pois realmente a decisão do órgão ambiental, como ato administrativo que é, somente pode ser controlada pelo Judiciário no que tange à sua legalidade, aqui abrangidas avaliações sobre sua proporcionalidade e razoabilidade, nunca o mérito.

Com efeito, no fundo, pensando genericamente, o que de fato deve ser compreendido acerca do EIA/RIMA na mineração é o seu papel como estudo prévio avaliador dos significativos impactos ambientais dos grandes projetos.

A atividade é essencialmente impactante e, por isso, deve ser controlada preventivamente, pelo que, quando os empreendimentos forem de maior expressão (e tiverem maior potencial para causar impactos ambientais expressivos), a prudência com relação ao meio ambiente deve ser ainda maior.

Nesse contexto, a abrangência das avaliações ambientais que devem ser realizadas (artigo 5º da Resolução CONAMA nº 01/1986), a complexidade e a amplitude das atividades técnicas a serem desenvolvidas (artigo 6º), a exigência de equipe multidisciplinar habilitada (artigo 7º) e a necessidade de elaboração do RIMA como simplificação e tradução do estudo para informação, transparência e participação de todos os eventuais interessados (artigo 9º) garantem ao EIA papel de destaque como instrumento de controle de impactos ambientais dos grandes empreendimentos minerários, servindo como referência para aferição da viabilidade ambiental do projeto e, também, para indicação das medidas de controle necessárias para o seu melhor desenvolvimento.

Outro ponto de considerável relevância no EIA é o seu papel como indicador não só dos impactos, como também das medidas preventivas, mitigatórias e compensatórias cabíveis para evitar ou abrandar os efeitos causados por essas alterações ambientais adversas.

Não obstante, dada a sua importância para este livro, a caracterização das medidas de controle será realizada em tópico específico adiante, ainda neste capítulo, quando se estudará as medidas compensatórias administrativas, a sua diferenciação em relação aos mecanismos preventivos e mitigatórios e a sua qualificação como instrumento de controle de impactos ambientais decorrentes da mineração.

Em suma, embora nem sempre seja exigível, nas hipóteses em que for necessário, pela significância potencial dos impactos ambientais que poderão ser causados pelo empreendimento minerário, o EIA serve como mecanismo preventivo de fundamental importância para compatibilizar os inevitáveis impactos da mineração com os benefícios socioeconômicos que podem decorrer da adequada realização da atividade.

## 2.2.1.2 O que fazer quando a mina é encerrada? O Plano de Recuperação de Áreas Degradadas (PRAD)

O artigo 225, §2º, da Constituição Federal de 1988, estabelece que o explorador de recursos minerais tem a obrigação de recuperar o meio ambiente degradado, na forma exigida pelo órgão ambiental competente.

Esse dispositivo, além de consignar o reconhecimento e a tolerância relativa do Constituinte acerca dos impactos ambientais da mineração, serve como fundamento para a exigência do Plano de Recuperação de Áreas Degradadas (PRAD), estudo que justamente define a forma como a área degradada pela mineração deverá ser reabilitada.[361]

O PRAD foi regulamentado simplificadamente pelo Decreto nº 97.632/1989, o qual refere regulamentação ao artigo 2º, VIII, da Lei nº 6.938/1981, apesar de também dar concretude ao artigo 225, §2º, constitucional.

Em seu artigo 1º, o Decreto em referência dispõe que:

> Artigo 1º, Decreto nº 97.632/1989. Os empreendimentos que se destinam à exploração de recursos minerais deverão, quando da apresentação do Estudo de Impacto Ambiental – EIA e do Relatório do Impacto Ambiental – RIMA, submeter à aprovação do órgão ambiental competente, plano de recuperação de área degradada.

Nota-se que, pela literalidade do dispositivo, o PRAD somente seria exigido nos casos em que o empreendimento minerário, por casuisticamente ter potencial de causar significativo impacto ambiental, precisar apresentar EIA/RIMA.

Não obstante, não parece ser essa a interpretação correta da disposição, em especial por força da exigência constitucional, que não restringe a obrigação de recuperação aos empreendimentos potencialmente causadores de impactos ambientais significativos. Com efeito, entende-se que o correto é considerar que o PRAD deverá acompanhar o EIA/RIMA, ou qualquer outro eventual estudo ambiental exigido do

---

[361] Talden Farias entende que o PRAD foi criado exatamente para dar concretude à disposição constitucional que determina a obrigação do minerador de recuperar o meio ambiente que degradar, estabelecendo diretrizes para que o solo explotado e o restante da área afetada voltem a ter utilidade e recobrem sua função social (FARIAS, Talden. Considerações a respeito do Plano de Recuperação de Área Degradada. *Fórum de Direito Urbano e Ambiental* – FDUA. Belo Horizonte. Ano 15. nº 90. nov./dez. 2016. p. 46).

empreendimento minerário,[362] sempre que a atividade depender da degradação de área para ser realizada.

O PRAD é um importante instrumento de controle dos impactos ambientais da mineração, recebendo razoável carga de especialidade, mormente em razão da previsão constitucional.[363] Além disso, como se registrou no item 2.1.2, há quem considere a recuperação da área degradada pela mineração uma terceira etapa do empreendimento minerário, posterior à pesquisa e à lavra da jazida, o que conferiria ainda mais relevância para a elaboração do estudo.[364]

Em todo caso, sendo ou não formalmente uma fase da mineração, por força constitucional, trata-se, a recuperação da área degradada, de um dever inerente aos empreendimentos minerários, que, antes mesmo do início da extração mineral, precisam projetar e definir aquilo que será realizado quando de seu encerramento, a título de medidas de reabilitação ambiental da área afetada pela degradação causada pela atividade.

Para os fins do PRAD, o IBAMA reputa que ocorre degradação "quando há perda de adaptabilidade [do meio ambiente] às características físicas, químicas e biológicas e é inviabilizado o desenvolvimento socioeconômico". Ou seja, só deve ser reputada "área degradada" aquela que tenha sido efetivamente afetada e não consiga se renovar autonomamente.

Por sua vez, também conforme o IBAMA, a recuperação da área pressupõe que "o sítio degradado terá condições mínimas de estabelecer um novo equilíbrio dinâmico, desenvolvendo um novo solo e uma nova paisagem".[365]

---

[362] Em sentido semelhante, cf. TRENNEPOHL, Curt; TRENNEPOHL, Terence, *op. cit.*, p. 91.

[363] Apesar de o PRAD representar um instrumento de gestão típico da mineração, com o tempo passou paulatinamente a ser requerido para outras atividades, o que, para Talden Farias, implica dizer que qualquer empreendimento que degrade o solo, como a agricultura e a pecuária, podem ser obrigados à elaboração de um PRAD (FARIAS, Talden. *Considerações, cit.*, p. 46). Aliás, vale registrar que a obrigação de recuperar áreas degradadas consta como diretriz da política ambiental brasileira, por força da disposição do artigo 2º, VIII, da Lei nº 6.938/1981, o que reforça a justificativa para sua imposição de forma mais ampla a outros segmentos de atividades. Em todo caso, quanto a isso, ressalva-se apenas que, por uma questão de segurança jurídica, essa exigência deve ser embasada em prévia disposição normativa.

[364] Nesse sentido, relembre-se, é o entendimento de José Ângelo Remédio Júnior (REMÉDIO JÚNIOR, José Ângelo, *op. cit.*, p. 322). Além disso, também como destacado no item 2.1.2, a Medida Provisória nº 790/2017, que acabou não convertida em lei, chegou a prever que a última etapa da mineração seria o "fechamento da mina", que abrangeria justamente a recuperação ambiental da área degradada.

[365] INSTITUTO BRASILEIRO DO MEIO AMBIENTE E DOS RECURSOS NATURAIS RENOVÁVEIS. *Manual de recuperação de áreas degradadas pela mineração*: técnicas de

Isso significa que o PRAD deve ter como finalidade reabilitar a área para uma nova utilização ambiental, que pode diferir daquela originalmente constante antes do início da exploração, mas que sirva para atender à função socioambiental do imóvel por conferir novo equilíbrio do meio ambiente. Em suma, importa que a área seja ambientalmente recuperada, mesmo que não necessariamente tenho retornado ao *status quo ante*.

Essa concepção reflete as disposições dos artigos $2^{\underline{o}}$[366] e $3^{\underline{o}}$[367] do já citado Decreto nº 97.632/1989, que representam as diretrizes a serem adotadas quando da elaboração do PRAD pelo empreendedor e no momento de definição da solução técnica pelo órgão ambiental, que devem resolver a recuperação de acordo com as características de cada caso.[368]

Detalhe importante que deve ser registrado é que a área degradada não necessariamente coincide de modo exclusivo com o local de lavra mineral, pois os impactos ambientais negativos da mineração podem atingir áreas diversas da mina,[369] bastando que a atividade cause perda ou redução da qualidade ou capacidade produtiva de recursos ambientais, na forma do artigo 2º do Decreto nº 97.632/1989.

Essa distinção entre área minerada e área impactada é formalmente reconhecida pela Agência Nacional de Mineração (ANM) – que substituiu o Departamento Nacional de Produção Mineral (DNPM) – através da Portaria nº 237/2001, que estabelece as Normas Reguladoras da Mineração (NRM) em seu Anexo I, entre elas a NRM 21, que tem por objetivo definir procedimentos administrativos e operacionais em caso de reabilitação de áreas pesquisadas, mineradas e impactadas.

Especificamente sobre as áreas minerada e impactada, estabelece a NRM 21, em seus itens 21.2.2 e 21.2.3 que:

---

revegetação. Brasília: IBAMA. 1990. p. 13.

[366] Artigo 2º, Decreto nº 97.632/1989. Para efeito deste Decreto são considerados como degradação os processos resultantes dos danos ao meio ambiente pelos quais se perdem ou se reduzem algumas de suas propriedades, tais como a qualidade ou capacidade produtiva dos recursos ambientais.

[367] Artigo 3º, Decreto nº 97.632/1989. A recuperação deverá ter por objetivo o retorno do sítio degradado a uma forma de utilização, de acordo com um plano preestabelecido para o uso do solo, visando a obtenção de uma estabilidade do meio ambiente.

[368] Lyssandro Siqueira ressalta que a atuação do Poder Público para recuperação das áreas degradadas pela mineração deve se dar inicialmente na esfera administrativa, no âmbito do exercício da competência material, devendo ser indicada a melhor solução para cada atividade mineira licenciada, com base no PRAD apresentado pelo empreendedor (SIQUEIRA, Lyssandro Norton, *op. cit.*, p. 110).

[369] FARIAS, Talden. Considerações, *cit.*, p. 48.

NRM 21, 21.2.2 Entende-se por área minerada para efeito desta Norma, toda área utilizada pela atividade mineira, seja a área própria da mina, as áreas de estocagem de estéril, minérios e rejeitos, de vias de acesso e demais áreas de servidão.

NRM 21, 21.2.3 Entende-se por área impactada para efeito desta Norma, toda área com diversos graus de alteração tanto dos fatores bióticos quanto abióticos causados pela atividade de mineração.

Vale registrar que a Portaria nº 237/2001 da ANM (DNPM) e as NRM constantes em seu Anexo I representam previsões de natureza eminentemente regulatória, com a finalidade de estabelecer os parâmetros de realização dos empreendimentos minerários no que se refere ao sistema do Código de Mineração, tanto é que a NRM 21, em reforço à NRM 20, serve de diretriz para elaboração do Plano de Fechamento de Mina (PFM), estudo minerário parte do Plano de Aproveitamento Econômico, a ser analisado adiante, no item 2.2.2.2.

Não obstante, como se detalhará oportunamente, o PFM e o PRAD estão intimamente conectados, vez que definem os procedimentos a serem adotados quando do encerramento da atividade minerária, o que inevitavelmente abrange a reabilitação ambiental da área impactada.

Outro aspecto importante do PRAD que precisa ser destacado é que, apesar de se caracterizar como um estudo ambiental prévio, para garantir sua efetividade, o PRAD deve ter necessariamente perfil dinâmico, para permitir adaptações que se mostrem necessárias pela mudança conjuntural do empreendimento, que pode durar décadas, de modo a garantir que a solução de reabilitação seja adequada em relação às necessidades da área impactada e também em face de eventuais mudanças tecnológicas surgidas durante o período de lavra da mina.[370]

Esse dinamismo é importante para garantir a melhor solução de reabilitação, com a correção e a adaptação de eventuais falhas de elaboração e também de execução do plano, bem como para ajustar o projeto de recuperação à nova realidade na qual o empreendimento eventualmente venha a ser inserido, visto que o transcurso do tempo inevitavelmente provocará mudanças circunstanciais.

Ainda no que tange à efetividade do PRAD, outro ponto que merece atenção é a usualidade do abandono das minas após o fim da

---

[370] Idem. Ibidem, p. 49.

extração sem que seja implementado o plano de recuperação.[371] Em outras palavras, é comum que o PRAD seja elaborado, mas praticamente não seja realizado.

Esse insucesso da fase de recuperação deriva bastante da falta de fiscalização constante por parte dos órgãos ambientais e também da ANM,[372] mas certamente é intensificado pelo fato de que frequentemente a implementação da reabilitação ocorre apenas quando do encerramento da mina, e, portanto, após a fase de faturamento do empreendimento minerário,[373] o que pressuporia que a mineradora houvesse contingenciado uma reserva financeira para finalização da atividade, o que nem sempre ocorre.

Como solução para esse impasse, autores como Paulo Affonso Leme Machado e Talden Farias sugerem que a reabilitação da área degradada seja realizada concomitantemente com a explotação dos minérios, não sendo razoável esperar o encerramento do empreendimento para iniciar a recuperação, a menos que as medidas de reabilitação dificultem sobremaneira ou verdadeiramente impeçam a atividade minerária.[374]

Concorda-se com esse posicionamento, por se considerar que adotar esse tipo de procedimento paralelo é positivo para garantir efetividade ao PRAD. Mais que isso, como forma de otimizar o processo, sugere-se que a reabilitação ambiental seja realizada de forma modular, conforme forem finalizando as etapas de lavra, tudo de acordo com a solução definida pelo órgão ambiental em conjunto com o empreendedor, de modo a não proporcionar surpresas a qualquer das partes, projetando antecipadamente o que será realizado ao longo do projeto, tanto em termos de exploração quanto de recuperação ambiental.

Logo, embora o PRAD seja frequentemente associado ao encerramento da mina, ao esgotamento das reservas ou, ao menos, ao fim da viabilidade econômica da exploração da jazida, o mais adequado é pensar na sua implementação como sendo devida já paralelamente

---

[371] Curt Trennepohl e Terence Trennepohl registram que, mesmo com a obrigação de apresentar o PRAD, a grande maioria dos empreendimentos minerários abandona a mina sem sua recuperação, deixando "as crateras e as encostas descascadas, que mais parecem feridas na natureza, cuja reparação deveria ser exigida pelo órgão ambiental que licenciou a atividade" (TRENNEPOHL, Curt; TRENNEPOHL, Terence, op. cit., p. 91). No mesmo sentido, cf. SIQUEIRA, Lyssandro Norton, op. cit., p. 139.

[372] FARIAS, Talden. Considerações, cit., p. 50.

[373] SIQUEIRA, Lyssandro Norton, op. cit., p. 149.

[374] MACHADO, Paulo Affonso Leme, op. cit., p. 826; FARIAS, Talden. Considerações, cit., p. 49.

com a execução do empreendimento minerário, de modo a ampliar as chances de que a reabilitação seja efetivamente realizada.

Finalmente, vale registrar que, diferentemente do que sustentam alguns,[375] o PRAD, como espécie do gênero estudos ambientais,[376] representa um instrumento de controle de impactos ambientais, não de reparação de danos. Com efeito, embora tenha um caráter preventivo reduzido, vez que tem foco muito mais na correção do que em evitar os efeitos negativos, o PRAD serve como mecanismo de antecipação dos impactos e de definição da solução técnica que melhor os mitigue e corrija.

A propósito, há até mesmo quem afirme que a solução proposta pelo PRAD representa espécie de responsabilidade civil, pois a correção ambiental aplicada representaria reparação de danos ao meio ambiente.[377]

Mais uma vez, não obstante a relevância dos argumentos, entende-se que se trata de uma concepção equivocada, vez que, na verdade, a reabilitação ambiental realizada em observância ao PRAD representa correção de impactos ambientais negativos provocados pelo empreendimento minerário, vez que as alterações adversas ao meio ambiente que são corrigidas são antecipadas, inevitáveis e toleradas pelos órgãos ambientais.

Consequentemente, o custo para realizar essa reabilitação ambiental não pode servir como justificativa para negar ou mesmo para abater obrigações de reparar danos não incluídos no plano, pois representam situações distintas. É plenamente possível que o PRAD seja

---

[375] Guilherme José Purvin de Figueiredo, por exemplo, defende que "o PRAD não é um instrumento destinado à prevenção do dano ambiental, mas à sua recuperação" (FIGUEIREDO, Guilherme José Purvin de. *Curso de direito ambiental*. 4. ed. São Paulo: Revista dos Tribunais, 2011, p. 179).

[376] FARIAS, Talden. Considerações, *cit.*, p. 49.

[377] Essa associação é feita de modo detalhado e específico por Lyssandro Siqueira (SIQUEIRA, Lyssandro Norton, *op. cit.*, p. 110-139), mas também, *v.g.*, por Édis Milaré (MILARÉ, Édis, *op. cit.*, p. 199-200) e por Jorge Alex Athias, que afirma que "(...) não me parece existir dúvida que, no caso de exploração mineral estaria o responsável sujeito à recuperação do ambiente degradado. Nota-se que o constituinte quis reconhecer desde logo que essa atividade, pelo seu simples exercício, provoca degradação ambiental, pelo que, independentemente do regime permissionário de sua exploração, na forma prevista no capítulo da ordem econômica, e sem embargo do cumprimento de todas as normas e padrões fixados no ato administrativo que a autorizou, restaria a obrigação de recuperar o meio ambiente. Acatada estaria assim a doutrina objetiva de responsabilidade em toda a sua plenitude (ATHIAS, Jorge Alex Nunes. Responsabilidade civil e meio ambiente: breve panorama do direito brasileiro. *In*: BENJAMIN, Antonio Herman V (coord.). *Dano ambiental*: prevenção, reparação e repressão. São Paulo: Revista dos Tribunais, 1993, p. 148).

realizado para corrigir os impactos antecipados mediante a reabilitação da área, mas que ocorram danos ambientais imprevistos que também deverão ser reparados.

Aliás, o PRAD talvez se afigure como o instrumento que melhor ilustra o papel da tolerabilidade como elemento de distinção entre impacto e dano ambiental. Isso, porque a intervenção ambiental realizada de acordo com o estabelecido no estudo não pode ser reputada dano ao meio ambiente, embora seja adversa, pois é tida como necessária para a mineração a ponto de ser admitida sua recuperação apenas no futuro.

Por outro lado, se intervenção ambiental similar é feita em uma área não abrangida pelo licenciamento ambiental e pelo PRAD, por mais que a técnica de exploração seja idêntica àquela realizada na locação definida no estudo, essa alteração ao meio ambiente será reputada como dano ambiental por falta de previsibilidade e, principalmente, por falta de anuência e tolerabilidade por parte do órgão ambiental.

É certo, portanto, que o PRAD é o instrumento que mais aproxima impacto ambiental negativo de dano ao meio ambiente, pois ele essencialmente antecipa alterações ambientais adversas que diretamente irão ocorrer em razão do empreendimento mineiro e que deverão ser materialmente corrigidas. Logo, o impacto que nele for previsto, mas não for recuperado na forma do plano, passará a ser considerado dano ambiental e deverá ser objeto de ação coletiva para sua reparação.

Dessa reflexão, pode-se afirmar que o PRAD estabelece uma forma especial de controle de impacto ambiental: a reabilitação (ou recuperação, para seguir a terminologia adotada no *nomen juris* do estudo), que se caracteriza pela retomada de função ambiental para a área degradada e que se junta à prevenção (evitar impactos), à mitigação (reduzir efeitos negativos) e à compensação (adoção de medidas alternativas como substituição).

Nesse particular, é bem evidente o quanto impacto ambiental negativo e dano ambiental podem se confundir quando analisamos exclusivamente o efeito ambiental negativo concreto, vez que ambos podem ser visual e praticamente idênticos. Na verdade, como se evidenciou no item 1.2.4, a diferença entre eles está no regime jurídico de controle, sendo que uma das principais decorrências dessa distinção é a impossibilidade de considerar a recuperação de impactos como um custo a ser abatido de eventuais indenizações por danos.

Enfim, pelo seu papel preventivo para definição do controle de impactos ambientais negativos da mineração através de medidas de recuperação, ou seja, por definir antecipadamente como os impactos serão corrigidos, o PRAD tem relevantíssima importância como instrumento de gestão ambiental no âmbito da atividade minerária, servindo para compatibilizar os benefícios socioeconômicos da mineração com os inevitáveis impactos ambientais negativos que a atividade causará.

### 2.2.2 "Estudos minerários" e sua (possível) repercussão ambiental

Após a análise dos principais estudos ambientais aplicáveis à mineração, serão avaliados, neste segundo momento, os "estudos minerários" mais relevantes para o controle dos impactos ambientais negativos decorrentes da atividade mineira, como uma consequência intrínseca de suas exigências, embora parte deles sequer tenha como objetivo central a avaliação de impactos ambientais em sentido estrito.

Isso, porque dois dos três estudos que serão analisados na oportunidade têm como finalidade, em essência, demonstrar a viabilidade técnica e econômica da reserva mineral durante o percurso operacional do empreendimento minerário, desde o início da explotação até o encerramento da mina, viabilidade essa, porém, que, entre outros fatores, pode ser influenciada por aspectos ambientais da jazida.

Ou seja, ainda que o escopo dos aqui chamados "estudos minerários" não seja fazer controle ambiental, e sim servir como instrumento de gestão regulatória das mineradoras, questões ambientais acabam influenciando sua elaboração e seu resultado.

Precisamente, serão estudados o Relatório Final de Pesquisa e o Plano de Aproveitamento Econômico, que representam, respectivamente, o demonstrativo dos resultados da pesquisa mineral e o projeto para realização da lavra dos minérios. Nenhum deles objetiva precipuamente fazer controle ambiental, mas levam em consideração aspectos relacionados ao meio ambiente para aferir a viabilidade e projetar a operação da atividade.

Além deles, será analisado ainda o Plano de Segurança de Barragem, que não é exatamente um "estudo minerário" – pois tem aplicação abrangente sobre barramentos em geral, não apenas para aqueles usados para depósito e contenção de rejeitos minerais –, mas tem fundamental relevância para este livro, pois representa estudo que visa antecipar e mitigar os riscos relacionados às barragens de rejeitos de minérios, estrutura que acabou sendo central nas recentes tragédias socioambientais brasileiras de Mariana e Brumadinho.

## 2.2.2.1 O Relatório Final de Pesquisa (RFP), o indicativo de exequibilidade técnica e econômica e os fatores ambientais

Primeiramente, destaca-se que o artigo 14 do Código de Mineração prevê que a pesquisa mineral corresponde aos trabalhos necessários para a definição da jazida, sua avaliação e a determinação da exequibilidade do seu aproveitamento econômico. Logo, o objetivo precípuo da etapa de pesquisa é apurar se determinada área possui depósito mineral e, havendo, se este tem potencial para ser explorado economicamente, qualificando-se, por conseguinte, como jazida.

Pedro Ataíde assevera que essa exigência de indicativo de viabilidade econômica é um pressuposto da mineração que a diferencia da maioria das demais atividades empresariais, não sendo admissível que o minerador opere por "puro diletantismo", haja vista que a operação mineral causará diversos impactos socioambientais e provocará a exaustão de bem público, pelo que, se for realizada, então é preciso que haja uma razoável projeção da exequibilidade do empreendimento. Para o autor, "o intuito lucrativo está presente em toda atividade empresarial, mas no caso da mineração é condição *sine qua non*".[378]

Nesse contexto, o empreendedor titular de uma autorização de pesquisa mineral tem como uma de suas obrigações apresentar, dentro do prazo de vigência do alvará, um relatório circunstanciado dos trabalhos contendo os estudos geológicos e tecnológicos quantificativos da jazida e demonstrativos da exequibilidade técnico-econômica da lavra.[379] Esse estudo é chamado usualmente de Relatório Final de Pesquisa (RFP).

O RFP deve ser elaborado por profissionais devidamente habilitados e deverá ser apresentado à Agência Nacional de Mineração – ANM (agência regulatória que substituiu o DNPM como autarquia

---

[378] ATAÍDE, Pedro. *Direito minerário*. Salvador: Jus Podivm, 2017, p. 41.
[379] Artigo 22, V, Decreto-lei nº 227/1967. O titular da autorização fica obrigado a realizar os respectivos trabalhos de pesquisa, devendo submeter à aprovação do DNPM, dentro do prazo de vigência do alvará, ou de sua renovação, relatório circunstanciado dos trabalhos, contendo os estudos geológicos e tecnológicos quantificativos da jazida e demonstrativos da exequibilidade técnico-econômica da lavra, elaborado sob a responsabilidade técnica de profissional legalmente habilitado. Excepcionalmente, poderá ser dispensada a apresentação do relatório, na hipótese de renúncia à autorização de que trata o inciso II deste artigo, conforme critérios fixados em portaria do Diretor-Geral do DNPM, caso em que não se aplicará o disposto no §1º deste artigo.

de regulação mineral) independentemente do resultado das atividades de pesquisa,[380] salvo em duas hipóteses excepcionais estabelecidas pela Portaria DNPM nº 22/1997, quais sejam a impossibilidade de acesso na área para realização da pesquisa, provocada por motivo alheio à sua vontade, ou antes do transcurso de 1/3 (um terço) do prazo de vigência do alvará.

O artigo 26 do Decreto nº 62.934/1968 (Regulamento do Código de Mineração – RCM) especifica que o RFP deverá conter dados informativos sobre a reserva mineral, a qualidade do minério ou substância mineral útil, a exequibilidade de lavra, além da:

a) situação, vias de acesso e de comunicação;

b) planta de levantamento geológico da área pesquisada, em escala adequada, com locação dos trabalhos de pesquisa;

c) descrição detalhada dos afloramentos naturais da jazida e daqueles criados pelos trabalhos de pesquisa, ilustrada com cortes geológico-estruturais e perfis de sondagens;

d) qualidade do minério ou substância mineral útil e definição do corpo mineral;

e) gênese da jazida, sua classificação e comparação com outras da mesma natureza;

f) relatório dos ensaios de beneficiamento;

g) demonstração da exequibilidade econômica da lavra;

h) tabulação das espessuras, áreas, volumes e teores necessários ao cálculo das reservas medida, indicada e inferida.

Nota-se, pela análise das informações que devem ser prestadas, que, de fato, o RFP não tem cunho ambiental direto, servindo, na verdade, essencialmente como um estudo que visa avaliar o depósito mineral pesquisado e demonstrar sua exequibilidade (ou sua inexequibilidade) econômica.[381]

Serve, portanto, o RFP como o parâmetro de avaliação da ANM para elaboração de parecer oficial acerca da pesquisa mineral que poderá decidir, na forma do artigo 30 do Código de Mineração, pela

---

[380] FEIGELSON, Bruno, op. cit., p. 147.

[381] José Ângelo Remédio Júnior critica essa ausência de requisitos ambientais entre os critérios do RFP para aferição da viabilidade da exploração mineral, afirmando que esse cenário cria uma deficiência do mecanismo como assegurador do princípio do desenvolvimento sustentável (REMÉDIO JÚNIOR, José Ângelo, op. cit., p. 325).

aprovação do relatório quando ficar constatada a existência de jazida, pela sua não aprovação por insuficiência do trabalho ou por deficiência técnica na sua elaboração, pelo seu arquivamento, quando for consignada a inexistência de jazida, ou ainda pelo sobrestamento da decisão acerca do relatório, quando houver impossibilidade temporária para o aproveitamento econômico.

Sobre a avaliação do RFP realizada pela ANM, Silvia Helena Serra e Cristina Campos Esteves defendem acertadamente que sua aprovação é ato administrativo vinculado, pelo que, se ficar constatado no relatório que há jazida, e que sua lavra é econômica e tecnicamente viável, então não haverá margem para que a autarquia minerária deixe de aprová-lo por discricionariedade.[382]

Ou seja, a ANM não pode reprovar o relatório por motivos distintos daqueles exigidos pelo Código de Mineração, segundo critérios particulares de conveniência e oportunidade, o que inclui uma eventual avaliação sobre critérios ambientais diversos.

Em todo caso, considerando ser a jazida o depósito mineral com potencialidade para extração, por possuir exequibilidade econômica,[383] e que o RFP serve de subsídio para que a ANM decida sobre a virtual viabilidade da mina,[384] garante-se com a avaliação acerca dessa exequibilidade que não se realize empreendimento essencialmente impactante sem que se tenha ao menos o indicativo de que, como contrapartida aos inevitáveis impactos, ao menos se terá uma atividade potencialmente lucrativa que, mediatamente, poderá favorecer a sociedade e compensá-la pelos prejuízos ambientais, desde que suas possíveis externalidades positivas sejam adequadamente aproveitadas.

Por conseguinte, mesmo não tratando diretamente de aspectos ambientais, vez que não objetiva controlar possíveis efeitos adversos ao meio ambiente, o RFP, de modo intrínseco, serve como instrumento de controle de impactos ambientais por servir como parâmetro de avaliação da ANM para determinar a exequibilidade econômica do depósito mineral, evitando que empreendimentos inviáveis sejam realizados e causem impactos ao meio ambiente sem que possam ao menos gerar contrapartida econômica razoável.

---

[382] SERRA, Silvia Helena; ESTEVES, Cristina Campos, *op. cit.*, p. 81.
[383] ATAÍDE, Pedro, *op. cit.*, p. 33.
[384] É importante frisar que, na esteira do que defende Pedro Ataíde, o RFP representa apenas previsão, e não um juízo definitivo acerca da viabilidade técnica e econômica da lavra da jazida (ATAÍDE, Pedro, *op. cit.*, p. 187).

Claro, porém, que a aprovação do RFP não pressupõe viabilidade ambiental da mina, até porque, reitera-se, não é essa a avaliação procedida pela ANM, sendo a exequibilidade mineral exigida pelo Código de Mineração *a priori* independente do custo ambiental. Com efeito, é possível que um empreendimento minerário receba concessão de lavra (no que se presume sua viabilidade técnica e econômica), mas não possa operar por falta de viabilidade ambiental, caso não receba a necessária licença ambiental.[385][386]

Sem embargo dessa dupla exigência, há doutrina que defende que deve ser conferida uma "interpretação verde" à regulação do RFP para que seja inserida, na avaliação de exequibilidade econômica realizada pela ANM, também o fator ambiental de modo específico, exigência que seria passível de aplicação a partir da exegese dos artigos 22, V, e 23 do Código de Mineração, que tratam respectivamente da instituição do RFP e dos objetivos desse estudo, em combinação com o princípio do desenvolvimento sustentável previsto constitucionalmente.[387]

Com o devido acatamento, discorda-se desse posicionamento, por não se visualizar efetivo prejuízo em a ANM restringir a avaliação do RFP aos critérios preestabelecidos pelo Código de Mineração e por seu Regulamento, prescindindo de sua ampliação para abranger elementos ambientais de modo mais incisivo.

Entende-se que há, na verdade, uma simples divisão de competências.

A ANM avalia aspectos técnicos de extração mineral e o potencial de aproveitamento econômico do depósito de minerais, enquanto o órgão ambiental licenciador avalia a viabilidade ambiental do projeto. A combinação de resultados positivos dessas avaliações, com a respectiva publicação da portaria de lavra e a concessão de licença ambiental, é que autorizará a lavra da mina.[388]

---

[385] Nesse sentido, William Freire destaca que a jazida juridicamente se transforma em mina quando há a devida habilitação para a lavra, que é alcançada pela publicação de portaria de lavra (ou título equivalente) e a concessão da licença ambiental (FREIRE, William, *op. cit.*, p. 79).

[386] José Ângelo Remédio Júnior é crítico dessa possível divergência entre ANM e órgão ambiental licenciador. Na sua ótica, há nesse cenário uma contradição, pois ao mesmo tempo a autarquia minerária estará afirmando que um empreendimento é exequível economicamente, enquanto outro fará justamente o contrário, ainda que se baseando apenas no custo ambiental (REMÉDIO JÚNIOR, José Ângelo, *op. cit.*, p. 325-326).

[387] REMÉDIO JÚNIOR, José Ângelo, *op. cit.*, p. 329.

[388] Em sentido semelhante, Pedro Ataíde assevera que fatores ambientais podem impedir que empreendimentos de pesquisa mineral alcancem a fase de lavra, inclusive a partir de uma avaliação de risco da operação, caso em que seria inviabilizado o licenciamento

À evidência, haveria um problema se houvesse uma prevalência da decisão da ANM sobre o órgão ambiental licenciador, isto é, se um empreendimento inviável na perspectiva ambiental pudesse ser executado simplesmente por ter viabilidade econômica em sentido estrito. Contudo, como isso não é possível, pois as exigências são cumulativas, então a crítica parece não ter grande repercussão prática,[389] haja vista que a viabilidade ambiental da jazida continuará a ser avaliada e exigida para sua lavra, mas de modo específico pelo órgão ambiental licenciador, o qual é estruturado justamente para realização desse tipo de análise e, portanto, pode conferir uma resposta bem mais precisa acerca dos potenciais impactos ambientais do projeto minerador.

A propósito, considera-se que seria até mesmo inadequado permitir que a ANM ampliasse os requisitos e passasse a exigir elementos novos no RFP (incluindo critérios essencialmente ambientais), sem previsão normativa nesse sentido, com base em uma pretensa interpretação sistemática.

Ou se altera a lei para incluir novas exigências ou então se restringe a análise àquilo que já está posto no Código de Mineração e em seu Regulamento. É uma questão de segurança jurídica e de observância ao princípio da legalidade que norteia a Administração Pública e protege os particulares de arbitrariedades.

De todo modo, é plenamente possível que, por projeção do minerador pesquisador, fatores ambientais indiretamente influam na exequibilidade técnica e econômica do depósito mineral e motivem a ANM a arquivar o RFP ou, pelo menos, a sobrestar a decisão acerca dele por inviabilidade temporária, desde que esse "custo ambiental" tenha refletido em um dos critérios avaliados pelo pesquisador para referenciar uma inexequibilidade técnica ou econômica. Afinal, de nada adiantaria o minerador pedir concessão de lavra para um depósito mineral sabidamente inviável por questões relacionadas ao meio ambiente.

---

ambiental da atividade (ATAÍDE, Pedro, op. cit., p. 50). Apesar de não abordar a temática diretamente, esse posicionamento se aproxima do que é defendido neste trabalho, tendo em vista que reputa que a inviabilidade ambiental do empreendimento minerário será decidida no licenciamento.

[389] É evidente que, embora não se verifique um prejuízo prático ao meio ambiente pela cisão de competências de análise entre a ANM e os órgãos ambientais, é possível conjecturar acerca de uma possível perda de eficiência sinérgica pela corriqueira falta de harmonia e mesmo de interação e entrosamento entre esses entes, os quais não raro fazem as mesmas exigências aos interessados ou mesmo restrinjam sua atuação na pendência de um ato a ser realizado no outro ente, o que dificulta, e até mesmo atrasa, os empreendimentos minerários no Brasil. Nesse sentido, cf. ARAÚJO, Flávia Möller David, op. cit., p. 167.

### 2.2.2.2 O Plano de Aproveitamento Econômico (PAE) como o eixo de realização do empreendimento minerário e a influência de suas exigências ambientais

Sendo aprovado o RFP, com o reconhecimento da jazida e dos indícios de exequibilidade técnica e econômica, o titular da autorização de pesquisa tem o prazo de um ano (passível de prorrogação) para requerer a concessão de lavra ou negociar esse direito no mercado, conforme o artigo 31 do Código de Mineração.

Para que o minerador receba a concessão de lavra, contudo, não basta que ele tenha o RFP aprovado. Na verdade, o relatório aprovado acerca da jazida é uma condição para que o interessado faça requerimento à ANM para autorizar a lavra, pedido que deve ser instruído com uma série de elementos de informação e prova, entre eles o chamado Plano de Aproveitamento Econômico (PAE), nos termos do artigo 38, VI, do Código de Mineração.

O PAE, que deve guardar relação com o RFP,[390] tem como objetivo descrever como será a execução do empreendimento com base em procedimentos eficientes, eficazes e efetivos, de modo a otimizar o aproveitamento econômico dos recursos minerais, servindo de parâmetro para que a ANM avalie a execução do projeto minerador, considerando-se a realização de lavra em desacordo com o projetado uma infração passível de sanção pela autarquia minerária.[391][392]

O conteúdo básico do PAE está previsto no artigo 39 do Código de Minas, que assim estabelece:

Art. 39. O plano de aproveitamento econômico da jazida será apresentado em duas vias e constará de:

I – Memorial explicativo;

---

[390] ARAÚJO, Flávia Möller David, op. cit., p. 147.
[391] FEIGELSON, Bruno, op. cit., p. 151.
[392] Nos termos do artigo 48 do Código de Mineração, realizar a lavra em desconformidade com o estabelecido no PAE configura "lavra ambiciosa" (que também se caracteriza nos casos de extração mineral que impossibilite o ulterior aproveitamento econômico da jazida), passível inclusive de gerar a caducidade da concessão de lavra (artigo 65, d, do Código de Mineração). Sobre o tema, José Ângelo Remédio Júnior afirma que o instituto da lavra ambiciosa é adequado para concretizar o princípio do desenvolvimento sustentável na mineração, tanto quando servir para forçar o cumprimento do PAE, como quando intenta impedir a exploração que impeça o aproveitamento futuro (REMÉDIO JÚNIOR, José Ângelo, op. cit., p. 187).

II – Projetos ou anteprojetos referentes;

a) ao método de mineração a ser adotado, fazendo referência à escala de produção prevista inicialmente e à sua projeção;

b) à iluminação, ventilação, transporte, sinalização e segurança do trabalho, quando se tratar de lavra subterrânea;

c) ao transporte na superfície e ao beneficiamento e aglomeração do minério;

d) às instalações de energia, de abastecimento de água e condicionamento de ar;

e) à higiene da mina e dos respectivos trabalhos;

f) às moradias e suas condições de habitabilidade para todos os que residem no local da mineração;

g) às instalações de captação e proteção das fontes, adução, distribuição e utilização da água, para as jazidas da Classe VIII.

Verifica-se que, ao menos conforme a literalidade do Código de Mineração, tal qual o RFP, o PAE não depende da avaliação pormenorizada de aspectos ambientais, apesar de alguns dos elementos necessários ao Plano serem claramente relacionados ao meio ambiente, como aquele constante na alínea *e*, que trata do projeto referente à higiene da mina dos respectivos trabalhos.

Ocorre que a Portaria DNPM nº 237/2001, que dispõe sobre as Normas Reguladoras da Mineração (NRM), ampliou consideravelmente os parâmetros de apresentação do PAE ao exigir a elaboração de subprojetos que a ele devem ser integrados, entre os quais se destaca o Plano de Lavra e o Plano de Fechamento de Mina, conforme estabelecem os itens 1.5.3.1[393] e 1.5.7[394] da NRM 01 (Normas Gerais).

Precisamente, de acordo com o item 1.5.3.2 da NRM 01, consiste o Plano de Lavra no projeto técnico constituído pelas operações coordenadas de lavra objetivando o aproveitamento racional do bem mineral.

Nesse Plano, que pode ser considerado o mais abrangente entre os subprojetos do PAE, estão contidos diversos outros, entre os quais merece registro especial, para os fins desta pesquisa, o Plano de Controle

---

[393] NRM 01. Item 1.5.3.1. O PL (Plano de Lavra) deve ser apresentado quando do requerimento do registro de licença, nos termos da Portaria nº 266/2008, que trata do regime de licenciamento, do requerimento da concessão de lavra como parte integrante do PAE ou quando exigido pelo DNPM e do requerimento do registro de extração nos termos do §2º do art. 4º do Decreto nº 3.358, de 2 de fevereiro de 2000.

[394] NRM 01. Item 1.5.7. O Plano de Fechamento de Mina é parte obrigatória do PAE.

de Impacto Ambiental na Mineração (PCIAM), que, conforme o item 1.5.6.1 da mesma NRM 01, deve conter todas as medidas mitigadoras e de controle dos impactos ambientais decorrentes da atividade minerária, especialmente as de monitoramento e de reabilitação da área minerada e impactada.

Vale frisar que o PCIAM abrange, inclusive, o projeto de reabilitação de áreas pesquisadas, mineradas e impactadas previsto na NRM 21, o que revela uma preocupação de avaliação ambiental que alcança a fase pós-lavra.

Na mesma linha, o PAE deve conter o Plano de Fechamento de Mina, previsto na NRM 20, que estabelece o "conjunto de ações, atividades e procedimentos que possuem como objetivo a estabilidade física, química, biológica e socioeconômica local e regional após o encerramento de um empreendimento mineiro".[395]

Em suma, o Plano de Fechamento de Mina projeta o encerramento do empreendimento minerário, que deve levar em consideração diversos fatores de ordem ambiental, como programas de acompanhamento e monitoramento relativos a comportamentos do lençol freático e drenagem de águas, controle de poluição do solo, atmosfera e recursos hídricos, controle de lançamento de efluentes e definição de impactos ambientais na área de influência do empreendimento, conforme o item 2.4.1 na NRM 20.

Logo, o PAE deve conter subprojetos que precisam demonstrar à ANM as medidas de controle ambiental a serem implementadas pelo empreendimento – desde a realização da lavra até o encerramento da mina – como demonstrativo de sua viabilidade técnica e econômica para fins de concessão da lavra.

Nota-se, em especial, uma convergência finalística entre os analisados subprojetos do PAE e o PRAD, estudo ambiental avaliado no item 2.2.1.2 acima. Há, em todos eles, uma preocupação com o encerramento do empreendimento minerário e com a recuperação dos efeitos ambientalmente adversos inevitavelmente provocados na área.

É evidente, porém, que a avaliação acerca dos aspectos ambientais do empreendimento tende a ser mais cautelosa por parte dos órgãos ambientais, mormente para fins de concessão da licença ambiental, o que por certo decorre de sua missão institucional e de sua maior

---

[395] PINTO, Cláudio Lúcio Lopes; SALUM, Maria José Gazzi. Mineração: aspectos ambientais e socioeconômicos. *In*: THOMÉ, Romeu (org.). *Mineração e meio ambiente*: análise jurídica interdisciplinar. Rio de Janeiro: Lumen Juris, 2017, p. 36.

capacidade técnica para avaliação de efeitos adversos ao meio ambiente a serem provocados por atividades econômicas em geral.

Tanto é verdade que, mesmo o PAE abrangendo análises ambientais, repisa-se, a lavra não será autorizada enquanto o empreendimento não for licenciado pelo órgão ambiental competente. É um requisito cumulativo indispensável, pelo que a avaliação de subprojetos ambientais pela ANM no âmbito do PAE não dispensa ou mesmo influencia de forma determinante na análise do órgão ambiental.

De todo modo, ressalta-se que o PAE, típico "estudo minerário", também serve como instrumento de reforço para o controle de impactos ambientais na mineração na medida em que a exequibilidade econômica do empreendimento somente será constatada a partir da apresentação de subprojetos de natureza ambiental que indiquem nesse sentido.[396]

Além disso, finalmente, deve ser ressaltado que a concessão de lavra pode ser negada caso o desenvolvimento do projeto minerador seja considerado prejudicial ao bem público ou se comprometer interesse que supere a utilidade da exploração industrial, o que pode extraordinariamente se relacionar com possíveis riscos ambientais excessivos do empreendimento, sem prejuízo do direito do empreendedor de ser indenizado pela União pelos custos despendidos na fase de pesquisa mineral, caso ocorra tal negativa, tudo nos termos do artigo 42 do Código de Mineração.[397]

Vale frisar, no entanto, que essa possibilidade de recusa por parte da autarquia minerária não desnatura o caráter vinculado e definitivo do ato administrativo de concessão de lavra,[398] haja vista ser inadmissível que a ANM reprove projetos com exequibilidade técnica e econômica demonstrada por mera conveniência e oportunidade, mas sim apenas nos casos excepcionais previstos no citado artigo 42 do Código de Mineração.

---

[396] Nesse sentido, Flávia Möller David Araújo defende que é função da ANM, na análise dos requerimentos de concessão de lavra, verificar se o PAE e os documentos que o acompanham são consistentes e viáveis econômica, geológica e ambientalmente (ARAÚJO, Flávia Möller David, *op. cit.*, p. 148).

[397] Artigo 42, Código de Mineração. A autorização será recusada, se a lavra for considerada prejudicial ao bem público ou comprometer interesses que superem a utilidade da exploração industrial, a juízo do Governo. Neste último caso, o pesquisador terá direito de receber do Governo a indenização das despesas feitas com os trabalhos de pesquisa, uma vez que haja sido aprovado o Relatório.

[398] Nesse sentido, de que a concessão de lavra é um ato administrativo vinculado e definitivo, e não discricionário e precário, cf. FEIGELSON, Bruno, *op. cit.*, p. 167; FREIRE, William, *op. cit.*, p. 87.

Contudo, as exigências documentais e a excepcional hipótese de recusa pela autarquia minerária ao menos atribuem, sobre o minerador e sobre a ANM, o dever de considerar aspectos ambientais na projeção de viabilidade econômica do empreendimento como forma de garantir seu regular desenvolvimento.

Feitos esses registros, conclui-se que o PAE, tal qual o RFP, também serve de modo colateral como instrumento de controle de impactos ambientais da atividade minerária, pois, embora não tenha como objetivo precípuo a proteção do meio ambiente, acaba servindo a essa finalidade na medida em que questões ambientais invariavelmente influenciam na exequibilidade técnica e econômica dos empreendimentos por ele avaliada, tanto que diversos dos documentos que o acompanham, a exemplo do PCIAM e do PFM, têm natureza eminentemente ambiental.

### 2.2.2.3 O Plano de Segurança de Barragem (PSB) como instrumento de mitigação de riscos envolvendo a gestão de rejeitos minerais

Estabelecidos pela Lei nº 12.334/2010, o Plano Nacional de Segurança de Barragens (PNSB) e o Sistema Nacional de Informações sobre Segurança de Barragens (SNISB) têm importância essencial na gestão dos riscos envolvendo a gestão de rejeitos[399] decorrentes da mineração.

Para ser preciso, na forma do artigo 1º da Lei nº 12.334/2010, o PNSB é direcionado não apenas às barragens de rejeitos minerais, mas a todas aquelas destinadas à acumulação de água para quaisquer usos, à disposição final ou temporário de rejeitos (caso da mineração) e à acumulação de resíduos industriais, desde que a altura do maciço seja maior ou igual a quinze metros, o reservatório tenha capacidade total maior ou igual a três milhões de metros cúbicos, o reservatório contenha resíduos perigosos ou haja médio ou alto dano potencial associado.[400]

---

[399] Como antecipado no item 1.2.3.2, reitera-se que rejeitos minerais consistem nos resíduos resultantes do processo de beneficiamento a que são submetidos os recursos minerais, podendo ter consistência lamacenta ou arenosa, diferenciando-se dos estéreis, que correspondem ao material escavado gerado pela lavra no decapeamento da mina, sendo usualmente dispostos em pilhas (cf. SILVA, Romeu Faria Thomé; LAGO, Talita Martins Oliveira, *op. cit.*, p. 82-83).

[400] Dano potencial associado é definido pelo artigo 2º, VII, da Lei nº 12.334/2010, como o "dano que pode ocorrer devido a rompimento, vazamento, infiltração no solo ou mau funcionamento de uma barragem".

Sem embargo, em razão do histórico recente de acidentes relacionados ao rompimento de barragens de mineração, notadamente de incidentes como os da Barragem B1 da Mina Retiro do Sapecado, em 10 de setembro de 2014, localizada no Município de Itabirito, Estado de Minas Gerais, da Barragem de Fundão da Mina Germano, em 5 de novembro de 2015, localizada no município de Mariana, Estado de Minas Gerais, e da Barragem B1, da mina Córrego do Feijão, em 25 de janeiro de 2019, no município de Brumadinho, Estado de Minas Gerais, a questão da segurança das barragens assume especial importância no âmbito da atividade minerária.

O estudo que serve para controle dos riscos das barragens é chamado de Plano de Segurança de Barragem (PSB), que tem previsão no artigo 8º e seguintes da Lei nº 12.334/2010. Esse instrumento não se restringe à mineração, pois alcança todos os barramentos que tenham as características previstas no citado artigo 1º da mesma Lei, falta de exclusividade que impede que seja qualificado propriamente como um "estudo minerário".

Contudo, apesar de não ser exatamente um estudo minerário, o PSB é essencial para o controle das alterações ambientais negativas decorrentes da atividade minerária, pois é utilizado para prevenir riscos envolvendo barragens de rejeitos minerais, notória causa de efeitos ambientais adversos expressivos.

Aspecto relevante que merece ser registrado é que o PSB tem como finalidade não apenas o controle dos impactos ambientais negativos relacionados à geração de resíduos, cuja disposição usualmente é concentrada e contida nos barramentos, ou seja, às alterações adversas previstas e toleradas, mas também a prevenção de ocorrência de danos ambientais que possam decorrer de um eventual rompimento da barragem.

Isso, porque ao mesmo tempo o PSB serve como instrumento de controle dos rejeitos minerais, que representam tolerado subproduto inevitável da atividade minerária e, por isso, enquadram-se como impacto ambiental negativo, e de contenção de danos ambientais, vez que idealmente tem como escopo reduzir os riscos de rompimento do barramento e também para mitigar as lesões geradas caso essa ruptura infelizmente ocorra.

Tanto esse controle de risco de ocorrência de danos também é objetivado, que as barragens são classificadas, conforme estipula o artigo 7º da Lei nº 12.334/2010, de acordo com a categoria de risco (considera características técnicas, estado de conservação e atendimento ao

PSB), com o volume e, principalmente, com o dano potencial associado (que varia conforme o potencial de perdas de vidas humanas e dos impactos econômicos, sociais e ambientais de uma possível ruptura do barramento).

Em síntese, entre outros elementos, na forma do artigo 8º da Lei nº 12.334/2010, o PSB deve prever dados técnicos do empreendimento, manuais de procedimentos de vigilância, regras operacionais de descarga de barragem, indicação de áreas do entorno a serem resguardadas, Plano de Ação de Emergência, relatórios de inspeção de segurança e revisões periódicas de segurança, todos requisitos que têm como finalidade, ainda que indireta, o controle de alterações ambientais adversas aliado à prevenção de riscos relacionados a outros fatores, como questões sociais em geral e trabalhistas em específico.

Especificamente sobre o Plano de Ação de Emergência (PAE), disposto no artigo 12, deverá ele identificar e analisar as possíveis situações de emergência, indicar os procedimentos para identificar e notificar mau funcionamento ou condições de rompimento, relacionar procedimentos preventivos e corretivos para situações de emergência e propor estratégias e meios de divulgação e alerta para as comunidades potencialmente afetadas em situação de emergência.

Pela leitura de seus elementos mínimos, nota-se que o PAE é mais relacionado a emergências relacionadas à vida humana, mas nada impede que preveja também fatores lesivos ao meio ambiente, ou pelo menos sirva ao propósito de contenção de riscos, vez que deve dispor sobre os procedimentos a serem adotados em eventuais cenários de emergência.

Da análise do PSB e do seu PAE, dois fatores merecem especial registro para os fins desta obra. Primeiro, que são estudos não propriamente minerários, pois se aplicam a qualquer barramento que se enquadre nos termos da Lei nº 12.334/2010, mas que têm especial importância para o controle dos impactos ambientais negativos, pois delimitam como deverão ser geridos os rejeitos minerais, e também para prevenção de danos ambientais, na medida em que essencialmente pretendem evitar que tais lesões ao meio ambiente sejam geradas.

Segundo, e aqui é muito mais uma constatação pragmática, impressiona a reiteração das tragédias, a despeito da utilização, ao menos formal, dos instrumentos de controle, incluindo o analisado Plano de Segurança de Barragem. Isto é, surpreende que, embora em abstrato exista mecanismo de controle próprio para evitar a ruptura de barramentos, essas catástrofes se repitam em magnitudes tão expressivas.

Parece haver um problema nesses mecanismos que os tornam incapazes de ser efetivos o suficiente ou, ao menos, uma falha nos sistemas de monitoramento, pois grandes tragédias como essas motivam, ou pelo menos deveriam motivar, uma maior cautela dos interessados em eliminar ou mitigar mais fortemente os elementos que geraram a tragédia anterior, aqui se inserindo não apenas as empresas, como também os órgãos fiscalizadores, como os entes ambientais, em especial o licenciador, e a autarquia minerária, a ANM.

Vale frisar que essa ponderação é realizada em nível abstrato, pois, como já registrado em diversas oportunidades, não se pretende efetuar uma análise casuística neste trabalho, o que impede que se defina precisamente as responsabilidades e, muito menos, as razões que ocasionaram a repetição de acidentes.

De todo modo, ao menos um elemento comum entre os três acidentes referidos acima (Itabirito, Mariana e Brumadinho) foi identificado pelas autoridades e apontado como um fator de risco a ser eliminado de agora em diante, qual seja a utilização de barramento com técnica "a montante", reputada como mais arriscada do que métodos alternativos como barragem "a jusante" ou de "linha de centro".

Como consequência, foi publicada em 15 de fevereiro de 2019, pouco mais de duas semanas após o desastre em Brumadinho, a Resolução ANM 04/2019, que estabelece medidas regulatórias cautelares objetivando assegurar a estabilidade de barragens de mineração, tendo como foco justamente aquelas alteadas "a montante" ou que adotem método declarado como desconhecido.

Em suma, a referida Resolução proibiu novas barragens que utilizem método de construção ou alteamento a montante (artigo 2º), determinando ainda que aquelas já construídas devem ser descomissionadas até 15 de agosto de 2021 (artigo 8º, III), prazo que poderá ser prolongado até 15 de agosto de 2023, caso atendidos os requisitos do artigo 9º.[401]

---

[401] Artigo 9º, Resolução ANM 4/2019. As barragens de mineração construídas ou alteadas pelo método a montante ou por método declarado como desconhecido que estejam em operação na data de entrada em vigor desta Resolução poderão permanecer ativas até 15 de agosto de 2021, desde que observadas as seguintes condições:
I – O projeto técnico referido no inciso I do *caput* do art. 7º garanta expressamente a segurança das operações e a estabilidade da estrutura, inclusive enquanto as obras e ações nele previstas são executadas;
II – sejam concluídas, no prazo fixado, as providências descritas nos incisos I e II do *caput* do art. 7º;

Além disso, a Resolução proíbe qualquer instalação, obra ou serviço, permanente ou temporário, que inclua presença humana, tais como aqueles destinados a finalidades de vivência, de alimentação, de saúde ou de recreação, na Zona de Autossalvamento[402] (artigo 3º, I), sendo que as construções já realizadas nessas áreas deveriam ser descomissionadas até 1 de agosto de 2019.

Verifica-se que a Resolução ANM 04/2019, de modo complementar à Lei nº 12.334/2010, estabelece medidas de comando e controle proibitivas peremptórias, vedando barragens de minérios que adotem método a montante e construções que estejam à jusante do barramento, com finalidade basicamente preventiva de danos, não apenas ambientais.

Ou seja, diferentemente da Lei nº 12.334/2010 e seus instrumentos (PSB e PAE), a Resolução não criou mecanismos mistos que, ao mesmo tempo, controlam impactos ambientais negativos e previnem danos, e sim, com efeito, restringem-se a vedar de modo peremptório construções e condutas reputadas como potencialmente lesivas, pois não toleradas em qualquer cenário, pelo que a ANM optou por simplesmente bani-las.

Nada obstante, continua valendo para este item a pontuação de que o PSB e seu PAE representam instrumentos que, simultaneamente, controlam impactos ambientais negativos, pois regulam o barramento de rejeitos minerais, tolerado subproduto inevitável da atividade minerária, e previnem danos ambientais, vez que idealmente têm como escopo reduzir os riscos de rompimento do barramento e também mitigar as lesões geradas caso essa ruptura infelizmente ocorra.

No contexto contemporâneo, com a tragédia de Brumadinho, analisar e compreender o PSB é fundamental para sua aplicação adequada e mais efetiva, de modo a evitar que, mais uma vez, catástrofes como essa tornem a ocorrer. É preciso aprender com danos passados, para atuar cautelosa e proativamente para conter condutas e cenários de risco que impliquem em potencial dano que pode ser irreversível.

---

§1º – Na hipótese prevista no *caput*, a conclusão do descomissionamento ou da descaracterização da barragem deverá ocorrer até 15 de agosto de 2023.

[402] Na definição do artigo 2º, XI, da Portaria DNPM 526/2013, Zona de Autossalvamento (ZAS) consiste em região a jusante da barragem que se considera não haver tempo suficiente para uma intervenção das autoridades competentes em caso de acidente.

## 2.3 As medidas administrativas de compensação ambiental: contrapondo os impactos negativos com ações positivas

Continuando a análise dos instrumentos de controle de impacto ambiental na mineração, será realizado um estudo específico acerca dos mecanismos compensatórios administrativos, aplicados como forma de contrapor, com ações benéficas, os impactos ambientais negativos inevitáveis ou que não podem ser mitigados de modo suficiente e que, portanto, efetivamente serão provocados pelo empreendimento em intensidade considerável.

A importância do estudo das medidas compensatórias decorre da proximidade entre os instrumentos administrativos de compensação, a serem analisados neste tópico, com a compensação ambiental como espécie de medida de reparação de danos ambientais, aplicável no âmbito da responsabilidade civil.

Nesse contexto, primeiro será realizada a caracterização das medidas administrativas de compensação ambiental identificando-as como terceira alternativa para controle de impactos ambientais, exigíveis em procedimentos de autorização ou de licenciamento ambiental, ao lado das medidas preventivas e mitigadoras.

Após, pelas suas características peculiares, por sua relevância no sistema de controle de impactos ambientais e por, ainda, ser objeto de razoável controvérsia doutrinária, será realizado estudo específico da compensação ambiental estabelecida pela Lei do SNUC.

Finalmente, será analisado o papel das medidas compensatórias no controle de impactos ambientais negativos e sua diferenciação em relação à compensação ambiental aplicável como contraponto a um dano ao meio ambiente, na forma de reparação civil.

### 2.3.1 Caracterização das medidas compensatórias administrativas

A caracterização jurídica das medidas compensatórias administrativas é de fundamental relevância, pois tais medidas se caracterizam como instrumento jurídico de controle de impactos ambientais, apesar de a categoria compensação ambiental frequentemente ser associada de modo exclusivo com reparação de danos.

Na verdade, a expressão "compensação ambiental" é dotada de razoável polissemia, sendo utilizada para representar, simultaneamente, ao menos, as medidas compensatórias administrativas, que podem tanto assumir caráter prevalente de políticas de comando e controle quanto ter caráter predominante de instrumento econômico (como a exação da Lei do SNUC), e uma das possíveis formas pela qual se implementa a reparação de danos ambientais via responsabilidade civil.

Essa multiplicidade de acepções distintas da expressão "compensação ambiental" por certo representa umas das fontes das imprecisões conceituais da doutrina acerca das medidas compensatórias em geral, que não raro as relaciona necessariamente à reparação de danos ambientais, o que se pretende desmistificar com esta análise.

Para tanto, vale inicialmente registrar a lição de Priscila Artigas, que ao tratar especificamente das medidas administrativas, afirma que da análise funcional da compensação ambiental depreende-se – pela impossibilidade de enquadrá-la em uma categoria ou natureza jurídica já conhecida, por se tratar de um instituto próprio, de matriz híbrida, por ter ora características de comando e controle, ora de instrumento econômico, adquirindo, por consequência –, caráter *sui generis*.[403]

Em rigor, considera-se que as medidas compensatórias de comando e controle e os instrumentos econômicos de compensação ambiental são espécies distintas do mesmo gênero "medidas compensatórias administrativas", vez que, embora compartilhem o objetivo geral de "compensar" o meio ambiente pela ocorrência de um impacto ambiental inevitável, mas tolerado, guardam particularidades que permitem a identificação especial de cada uma delas.

Nesse sentido, as medidas compensatórias de comando e controle seriam realizadas por meio de ações físicas positivas por parte do causador do impacto ambiental (como o reflorestamento de uma área similar ao local do empreendimento), podendo ser exigidas por previsão legal específica ou por imposição discricionária do órgão ambiental. Por outro lado, os instrumentos econômicos de compensação ambiental, por essência, culminariam no pagamento de um valor, configurando-se como contraprestação pecuniária.

Nada obstante, por uma questão didática, como se concorda com Priscila Artigas no sentido de que, no geral, as medidas compensatórias acabam por compartilhar características tanto de instrumentos de comando e controle quanto de instrumentos econômicos, opta-se por realizar a análise deste tópico exclusivamente em torno do gênero "medidas

---

[403] ARTIGAS, Priscila Santos. *Medidas, cit.*, p. 219 e 231.

compensatórias administrativas", sem destacar as especificidades de cada instrumento em particular, com exceção da compensação da Lei do SNUC, que será objeto de estudo detalhado no subitem seguinte.

Nessa linha, entende-se que as medidas compensatórias administrativas são aquelas exigidas para autorização ou licenciamento ambiental de atividades e empreendimentos como contraposição a impactos ambientais que não podem ser evitados ou que não podem ser mitigados a contento e que, portanto, efetivamente ocorrerão com o empreendimento em intensidade expressiva.[404]

As medidas compensatórias servem, assim, como mecanismo para "substituição" de um recurso ambiental que será perdido, alterado ou descaracterizado pela realização da atividade ou do empreendimento por outro, entendido pelo órgão licenciador como equivalente em termos de função ambiental.[405 406]

Em sentido semelhante, Talden Farias leciona que as medidas compensatórias devem ser propostas pelo órgão ambiental caso a atividade a ser autorizada ou licenciada possa causar impactos ambientais que não possam ser evitados ou, ao menos, quando houver uma grande dificuldade nesse sentido, no que se diferenciam das medidas mitigadoras, que servem para efetivamente evitar ou diminuir os efeitos de determinado impacto negativo ou, ainda, para intensificar um dado impacto positivo.

Em qualquer hipótese, na realização de medida compensatória caberia ao interessado adotar ações positivas ao meio ambiente, como forma de contrapor os efeitos negativos inevitavelmente provocados, medidas benéficas essas, que, no entender do referido autor, não precisariam nem mesmo guardar relação direta com a atividade que se pretende autorizar ou licenciar.[407]

---

[404] Nesse sentido, v.g., SANCHEZ, Luis Enrique, op. cit., p. 397; MILARÉ, Édis, op. cit., p. 1.101.

[405] Édis Milaré afirma que "as medidas compensatórias podem ser vistas como uma 'recompensa' por eventuais impactos negativos não mitigáveis causados ao meio ambiente" (MILARÉ, Édis, op. cit., p. 1.101). A afirmação merece apenas a ressalva de que, melhor do que falar em "recompensa" pelo impacto ambiental negativo seria denotar a medida compensatória como uma "contraprestação".

[406] Pela importância da compensação da função ambiental impactada, há quem defenda que a compensação ambiental administrativa não poderia ser feita via indenização pecuniária, mas sim apenas na forma de ações materiais (SANCHEZ, Luis Enrique, op. cit., p. 397 e 400). A crítica é pertinente, mas a frieza da compensação em pecúnia pode ser resolvida a partir da aplicação da importância recebida, pelo Poder Público, em políticas que efetivamente contraponham a função ambiental prejudicada.

[407] FARIAS, Talden, op. cit., p. 100.

Nota-se que Talden Farias distingue as medidas administrativas de controle ambiental em duas espécies: mitigadoras e compensatórias. Embora não haja um real problema nessa bipartição simples, considera-se que, por uma questão de precisão, é mais adequado dividir essas medidas em três, adicionando às duas já citadas as medidas de prevenção em sentido estrito, as quais seriam aplicadas para evitar o impacto em absoluto.

Logo, entende-se que as medidas administrativas de controle de impactos ambientais se tripartem em medidas preventivas, que visam evitar a ocorrência de impactos potenciais (incidentalmente servindo também para evitar danos ao meio ambiente), mitigadoras, que visam reduzir os efeitos negativos das alterações ambientais adversas a serem provocadas, e compensatórias, que visam contrapor impactos inevitáveis ou de mitigação insuficiente com ações positivas.[408]

É certo que o órgão ambiental deve, sempre que possível, buscar evitar a realização de prejuízos ambientais pelos empreendimentos licenciados, mas há atividades que inevitavelmente provocarão impactos negativos ao meio ambiente, apesar de serem necessárias para o desenvolvimento socioeconômico, o que torna imperiosa a aplicação de medidas de controle que consigam evitar, abrandar ou contrapor esses efeitos adversos.[409]

Nesse particular, tal como demonstrado nos itens 2.1 e 2.2, o licenciamento ambiental e seus estudos ambientais de suporte serviriam como instrumentos não exatamente para evitar todos os impactos ambientais negativos dos empreendimentos, mas sim para fazer com que esses efeitos adversos sejam mantidos dentro de limites aceitáveis.[410]

Questão importante acerca das medidas compensatórias administrativas é definir se elas podem ser exigidas apenas caso haja prévia disposição legal, ou se é admissível sua imposição pelo poder discricionário do órgão ambiental que autoriza ou que licencia a atividade,[411] como usualmente se verifica nos licenciamentos.

Como exemplo de medidas compensatórias legais, podem ser citadas as compensações exigidas para autorização de supressão de

---

[408] Essa classificação é adotada também, *v.g.*, por Édis Milaré (MILARÉ, Édis, *op. cit.*, p. 1.099-1.101) e por Lucas Tamer Milaré (MILARÉ, Lucas Tamer, *op. cit.*, p. 225-227).
[409] MILARÉ, Édis, *op. cit.*, p. 1.101.
[410] Também nesse sentido, cf. FARIAS, Talden, *op. cit.*, p. 101.
[411] Sobre o tema, cf. MILARÉ, Édis, *op. cit.*, p. 1.102.

vegetação em Área de Preservação Permanente ou de Reserva Legal para uso alternativo do solo, pela Lei nº 12.651/2012 (Código Florestal),[412][413] ou em área de Mata Atlântica, pela Lei nº 11.428/2006 (Lei da Mata Atlântica).[414][415]

Além delas, também tem previsão legal a notória compensação ambiental exigida pelo artigo 36 da Lei do SNUC, a qual será objeto de análise detida no subitem seguinte. De todo modo, vale registrar desde já que, diferente das medidas compensatórias exigidas para supressão de vegetação pelo Código Florestal e pela Lei da Mata Atlântica, que ordenam ações materiais (compensação ambiental de fato), a compensação da Lei do SNUC, tal qual a CFEM, estudada no item 2.4, impõe apenas o pagamento de contraprestação pecuniária.

Como registrado, é usual também impor medidas compensatórias administrativas por força exclusiva do poder discricionário do órgão ambiental, logo, sem previsão legal específica nesse sentido. Essa obrigação compensatória seria imposta pela Administração no âmbito do processo de autorização ou de licenciamento ambiental, juntamente com medidas preventivas e mitigadoras, a depender das características de cada empreendimento.

---

[412] Artigo 26, §4º, Lei nº 12.651/2012. O requerimento de autorização de supressão de que trata o *caput* [supressão de vegetação nativa para uso alternativo do solo] conterá, no mínimo, as seguintes informações: II – a reposição ou compensação florestal, nos termos do §4º do art. 33;
Artigo 33, §4º, Lei nº 12.651/2012. A reposição florestal será efetivada no Estado de origem da matéria-prima utilizada, mediante o plantio de espécies preferencialmente nativas, conforme determinações do órgão competente do Sisnama.

[413] Artigo 27, Lei nº 12.651/2012. Nas áreas passíveis de uso alternativo do solo, a supressão de vegetação que abrigue espécie da flora ou da fauna ameaçada de extinção, segundo lista oficial publicada pelos órgãos federal ou estadual ou municipal do Sisnama, ou espécies migratórias, dependerá da adoção de medidas compensatórias e mitigadoras que assegurem a conservação da espécie.

[414] Artigo 17, Lei nº 11.428/2006. O corte ou a supressão de vegetação primária ou secundária nos estágios médio ou avançado de regeneração do Bioma Mata Atlântica, autorizados por esta Lei, ficam condicionados à compensação ambiental, na forma da destinação de área equivalente à extensão da área desmatada, com as mesmas características ecológicas, na mesma bacia hidrográfica, sempre que possível na mesma microbacia hidrográfica, e, nos casos previstos nos arts. 30 e 31, ambos desta Lei, em áreas localizadas no mesmo Município ou região metropolitana.

[415] Artigo 32, Lei nº 11.428/2006. A supressão de vegetação secundária em estágio avançado e médio de regeneração para fins de atividades minerárias somente será admitida mediante: II – adoção de medida compensatória que inclua a recuperação de área equivalente à área do empreendimento, com as mesmas características ecológicas, na mesma bacia hidrográfica e sempre que possível na mesma microbacia hidrográfica, independentemente do disposto no art. 36 da Lei nº 9.985, de 18 de julho de 2000.

Vale registrar, entretanto, que essa imposição discricionária de medidas compensatórias tem legalidade questionável,[416] seja quando há ausência de previsão legal em absoluto, seja quando as medidas compensatórias forem exigidas com base em instrumentos normativos emanados do próprio Poder Executivo, como Decretos, Instruções Normativas e Resoluções, sem que estejam claramente regulamentando uma lei propriamente dita.

Essa objeção à imposição de medidas compensatórias sem base legal é intensificada quando se considera que os dois instrumentos normativos de regência do licenciamento ambiental em nível federal, a Lei Complementar nº 140/2011 e a Resolução CONAMA nº 237/1997 (sendo que esta nem mesmo é uma lei em sentido estrito, o que também permite discutir sua legalidade), não são expressos acerca da exigibilidade de medidas compensatórias, falando, no máximo, na imposição genérica de condicionantes para concessão das licenças ou para exercício das atividades licenciadas.

Da mesma forma, a Resolução CONAMA nº 1/1986, que trata do EIA/RIMA, também dispõe de modo expresso apenas em medidas mitigadoras (artigo 6º, III[417]), embora alguns dispositivos, como o artigo 6º, parágrafo único,[418] permitam depreender pelo potencial estabelecimento de medidas compensatórias no âmbito do estudo ambiental.

Em todo caso, apesar de sua discutível legalidade, é prática arraigada a exigência de medidas compensatórias discricionárias pelos órgãos licenciadores, imposições que, com frequência similar, são aceitas por parte dos empreendedores.[419]

Na verdade, trata-se de um jogo de pressão quase inevitável no atual formato de nossa legislação ambiental. O Poder Público impõe medidas compensatórias teoricamente respaldado na discricionariedade do processo decisório ambiental, e o empreendedor aceita porque,

---

[416] Contestam a discricionariedade para exigência de medidas compensatórias sem base legal, por exemplo, MILARÉ, Édis, *op. cit.*, p. 1.102; e ARTIGAS, Priscila Santos. *Medidas, cit.*, p. 238 e 251.

[417] Artigo 6º, Resolução CONAMA 1/1986. O estudo de impacto ambiental desenvolverá, no mínimo, as seguintes atividades técnicas: III – Definição das medidas mitigadoras dos impactos negativos, entre elas os equipamentos de controle e sistemas de tratamento de despejos, avaliando a eficiência de cada uma delas.

[418] Artigo 6º, Parágrafo Único, Resolução CONAMA 1/1986. Ao determinar a execução do estudo de impacto Ambiental o órgão estadual competente; ou o IBAMA ou quando couber, o Município fornecerá as instruções adicionais que se fizerem necessárias, pelas peculiaridades do projeto e características ambientais da área.

[419] MILARÉ, Édis, *op. cit.*, p. 1.102.

caso se contraponha, assume o risco de não ser licenciado em absoluto, como retaliação do licenciador.[420] Nesse cenário de imposição discricionária e de pressão por parte do órgão ambiental, no máximo se pode falar em uma negociação entre as partes para abrandamento ou ampliação das medidas compensatórias a serem imputadas, mas quase sempre com uma posição predominante do ente licenciador, dada a força de seu poder discricionário.

Independentemente disso, mesmo com a aceitação da possibilidade de imposição discricionária de medidas compensatórias, é certo que, por uma questão de segurança jurídica, é necessário estabelecer critérios objetivos para definição das medidas compensatórias, como forma de estabelecer limites e controlar a atividade estatal.[421]

Sobre esse tema, Luis Enrique Sánchez elenca quatro princípios como norteadores das compensações ambientais:

1. Equivalência entre o *habitat* afetado e o tipo de compensação *(like for like)*;
2. Proporcionalidade entre o dano causado e a compensação exigida, seja para equivalência *(no net loss)* ou superior *(net gain)*;
3. Preferência por medidas compensatórias que representam a reposição ou a substituição das funções ou dos componentes ambientais afetados (conexão funcional);
4. Preferência por medidas que possam ser implementadas em área contígua à área afetada ou, alternativamente, na mesma bacia hidrográfica (conexão espacial).[422]

À evidência, os parâmetros propostos por Sánchez não conseguem objetivar totalmente a definição das medidas compensatórias,

---

[420] A discricionariedade do órgão ambiental licenciador e o jogo de pressão a que é submetido o licenciado dão ensejo inclusive a exigências desconectadas com a noção de compensação ambiental em si, na forma de condicionantes sociais, por exemplo. Sobre esse tema, Luis Enrique Sánchez afirma que tais medidas geralmente têm cunho socioeconômico e se caracterizam como benefícios complementares que um empreendedor pode providenciar à comunidade anfitriã de seu projeto (SÁNCHEZ, Luis Enrique, *op. cit.*, p. 402). A prática é realmente usual, mas de legitimidade contestável não só pela questão da legalidade, como pela discussão envolvendo o desvio de finalidade na exigência de condicionantes sociais (nesse sentido, cf. BIM, Eduardo Fortunato, *op. cit.*, p. 231).

[421] Priscila Artigas afirma que os critérios objetivos são necessários para evitar a inoperância da ideal vinculação da compensação com a valoração do impacto em si, sendo mais adequado utilizar parâmetros gerais como base que confira segurança jurídica e garanta o máximo de internalização dos custos ambientais externos (cf. ARTIGAS, Priscila Santos. *Medidas*, cit., p. 252).

[422] SÁNCHEZ, Luis Enrique, *op. cit.*, p. 399.

mas servem como diretrizes gerais que, se seguidas, colaboram para que a compensação ambiental atenda seu objetivo de contrapor o efeito ambiental adverso sem se descaracterizar pela imposição de deveres excessivos, o que já contribui para reduzir a liberdade criativa do órgão ambiental e o risco de serem realizadas exigências arbitrárias.

Em síntese, medidas compensatórias administrativas são obrigações, legais ou discricionárias, impostas sobre o pretenso autorizado/licenciado pelo órgão ambiental quando se identificar que um empreendimento causará impacto ambiental inevitável ou de insuficiente mitigabilidade, mas que, ainda assim, é tolerável, dado o interesse socioeconômico na realização da atividade, ensejando, por conseguinte, a realização de medidas que sirvam para contrapor esses efeitos ambientais adversos com ações positivas.

### 2.3.2 Análise crítica da compensação ambiental da Lei do SNUC

Certamente, a medida compensatória com maior notoriedade no direito ambiental brasileiro, a exação estabelecida pelo artigo 36 da Lei do SNUC (Lei nº 9.985/2000) é cercada de controvérsias, mesmo após a confirmação de sua constitucionalidade, pelo Supremo Tribunal Federal (STF), no julgamento da Ação Direta de Inconstitucionalidade (ADI) nº 3.378-6/DF,[423] proposta pela Confederação Nacional da Indústria (CNI), cujo resultado final, contudo, ainda depende do julgamento de embargos de declaração opostos pelas partes.

Por sua relevância e representatividade como medida compensatória, optou-se por estudar a cobrança em tópico específico, como forma de ilustrar as conclusões expendidas até o momento.

Primeiro, registra-se a disposição do citado artigo 36, *caput* e parágrafos, da Lei do SNUC, que representa a base normativa da compensação ambiental em análise:

> Artigo 36, Lei nº 9.985/2000 (Lei do SNUC). Nos casos de licenciamento ambiental de empreendimentos de significativo impacto ambiental, assim considerado pelo órgão ambiental competente, com fundamento em estudo de impacto ambiental e respectivo relatório – EIA/RIMA,

---
[423] BRASIL. Supremo Tribunal Federal. *Ação Direta de Inconstitucionalidade 3378/DF*. Relator Ministro Carlos Ayres Britto. Tribunal Pleno. Julgamento: 09/04/2008. Publicação: Diário de Justiça Eletrônico 20/06/2008.

o empreendedor é obrigado a apoiar a implantação e manutenção de unidade de conservação do Grupo de Proteção Integral, de acordo com o disposto neste artigo e no regulamento desta Lei.

§1° O montante de recursos a ser destinado pelo empreendedor para esta finalidade não pode ser inferior a meio por cento dos custos totais previstos para a implantação do empreendimento, sendo o percentual fixado pelo órgão ambiental licenciador, de acordo com o grau de impacto ambiental causado pelo empreendimento. (Vide ADIN nº 3.378-6, de 2008)

§2° Ao órgão ambiental licenciador compete definir as unidades de conservação a serem beneficiadas, considerando as propostas apresentadas no EIA/RIMA e ouvido o empreendedor, podendo inclusive ser contemplada a criação de novas unidades de conservação.

§3° Quando o empreendimento afetar unidade de conservação específica ou sua zona de amortecimento, o licenciamento a que se refere o *caput* deste artigo só poderá ser concedido mediante autorização do órgão responsável por sua administração, e a unidade afetada, mesmo que não pertencente ao Grupo de Proteção Integral, deverá ser uma das beneficiárias da compensação definida neste artigo.

Basicamente, nos termos do transcrito dispositivo e dos artigos 31 a 34 do Decreto nº 4.340/2002, que regulamenta a Lei do SNUC, a cobrança da "compensação ambiental por significativo impacto ambiental" depende da configuração de três pressupostos: (1) que haja EIA/RIMA demonstrando que o empreendimento é causador de significativo impacto ambiental, (2) que esteja em trâmite um processo de licenciamento ambiental e (3) que existam impactos ambientais negativos inevitáveis e não mitigáveis a contento, mas aceitáveis para realização da atividade (ou seja, impactos compensáveis).[424][425]

Por consequência, para que seja exigível o pagamento da compensação ambiental em comento, não basta que a atividade cause significativo impacto ao meio ambiente, sendo necessário que pelo

---

[424] ARTIGAS, Priscila Santos. *Medidas, cit.*, p. 20.
[425] Merece registro que, após sua modificação pelo Decreto nº 6.848/2009, o artigo 31 do Decreto nº 4.340/2002 deixou de mencionar expressamente que os impactos a serem considerados seriam apenas os "negativos não mitigáveis", passando a dispor literalmente que se considerará "exclusivamente, os impactos ambientais negativos sobre o meio ambiente". Nada obstante, considera-se que, mesmo sem restrição expressa, a compensação ambiental deve levar em consideração apenas os impactos não evitados e não suficientemente mitigados, pois só estes podem ser objeto de compensação ambiental. Ampliar a base de cálculo para abranger todo e qualquer impacto ambiental negativo, inclusive aqueles que não precisam de compensação, desnatura o instituto e representa excesso de exação e desvio de finalidade.

menos parte desses impactos significativos sejam inevitáveis e não suficientemente mitigáveis, pois, se não houver impacto a compensar, não faz sentido a cobrança de compensação ambiental.[426]

O principal debate em torno dessa medida compensatória se refere à sua natureza jurídica, havendo quem defenda ser um tributo, outros, que a tomam como indenização antecipada (*ex ante*), e outros, seguindo o STF, que a entendem como sendo um "compartilhamento-compensação de despesas".

A corrente que entende que a compensação ambiental da Lei do SNUC tem natureza jurídica tributária sustenta que a exação se enquadra no conceito de tributo estabelecido pelo artigo 3º do Código Tributário Nacional,[427] vez que o pagamento (1) é compulsório, (2) deve ser feito em pecúnia, tendo valor expresso em moeda, (3) não constitui sanção de ato ilícito, pois, na verdade, o fato gerador é o exercício de atividade lícita, (4) é instituído por lei e (5) é feito por atividade administrativa vinculada.[428]

A objeção a essa linha de entendimento se fundamenta na impossibilidade de enquadrar a compensação ambiental do SNUC em qualquer das espécies tributárias existentes em nosso ordenamento jurídico e também na inobservância da exação ao rigor das regras de instituição de tributos e de limitação do poder de tributar.[429]

Embora se concorde com esse posicionamento, merece registro ponderação feita por Paulo de Bessa Antunes, que afirma que a criação de uma carga pecuniária que dependa exclusivamente da existência de licenciamento ambiental de empreendimento causador de significativo impacto ambiental identificado em EIA/RIMA faz com que não seja possível esconder razoavelmente certa natureza tributária na exação.[430]

---

[426] Seguindo esse entendimento, cf. ANTUNES, Paulo de Bessa. *Direito ambiental, cit.*, p. 1090. Em sentido contrário, pugnando que a compensação ambiental da Lei do SNUC é uma medida compensatória genérica, exigível pelo simples fato de o empreendimento ser capaz de provocar significativo impacto ambiental, cf. FARIAS, Talden. *Licenciamento, cit.*, p. 101.

[427] Artigo 3º, Código Tributário Nacional. Tributo é toda prestação pecuniária compulsória, em moeda ou cujo valor nela se possa exprimir, que não constitua sanção de ato ilícito, instituída em lei e cobrada mediante atividade administrativa plenamente vinculada.

[428] Defende a natureza tributária da compensação ambiental do SNUC, *v.g.*, OLIVEIRA, José Marcos Domingues de. A chamada "compensação financeira SNUC". *Revista Dialética de Direito Tributário*. nº 133. Out. 2006. p. 45.

[429] Para uma análise mais detalhada das objeções ao possível caráter tributário da compensação ambiental da Lei do SNUC, cf. ARTIGAS, Priscila Santos. *Medidas, cit.*, p. 49-54; BECHARA, Érika, *op. cit.*, p. 174-188.

[430] ANTUNES, Paulo de Bessa. *Direito ambiental, cit.*, p. 1098.

De fato, apesar de não ser possível associar a compensação do SNUC a uma das espécies tributárias conhecidas, a fórmula de cobrança adotada pela legislação causa estranheza e acaba por causar confusão em relação à sua natureza jurídica.

Em regra, a compensação ambiental do SNUC é cobrada para custeio de Unidades de Conservação de Proteção Integral em geral, não se exigindo uma correlação entre o espaço protegido financiado e o impacto gerado,[431][432] até porque o empreendimento pode nem mesmo afetar uma unidade de conservação, bastando que cause impactos ambientais significativos compensáveis, o que a afasta da natureza compensatória em sentido estrito e acaba permitindo a associação como tributo pela finalidade de custeio.

Em certa medida, porém, essa questão acaba sendo abrandada quando se evidencia que a exação somente será devida quando houver impactos ambientais inevitáveis e não suficientemente mitigáveis, e não pela simples existência de atividade causadora de significativo impacto ambiental. Assim, ainda que não se exija que uma unidade de conservação diretamente seja afetada, ao menos se permite atrelar a medida compensatória aos impactos compensáveis causados.

Por sua vez, a corrente que entende a compensação ambiental do SNUC como sendo espécie de indenização antecipada afirma, em suma, que a exação representa reparação *ex ante* por "danos ambientais futuros".

Ou seja, sustenta-se que é paga uma indenização antecipada como contraposição por um dano previsível e inevitável a ser provocado pelo empreendimento como consequência de seu potencial de causar significativo impacto ambiental.[433]

Em sentido similar, divergindo da maioria do STF foi o entendimento externado no voto-vista proferido pelo Ministro Marco Aurélio Mello no julgamento da ADI 3.378-6/DF, ao afirmar que:

---

[431] Paulo de Bessa Antunes assevera que, na verdade, o legislador criou uma presunção de que apoiar Unidade de Conservação de Proteção Integral representa compensação ambiental suficiente, ainda que não haja correlação direta com os impactos (ANTUNES, Paulo de Bessa. *Direito ambiental, cit.*, p. 1.088).

[432] Apesar dessa regra geral, merece registro que o §3º do mesmo artigo 36 da Lei do SNUC estabelece hipótese em que o pagamento da compensação será vinculado imediatamente ao impacto contraposto nos casos em que o empreendimento afetar unidade de conservação específica, ainda que não seja de proteção integral, ou sua zona de amortecimento, caso em que deverá ser uma das beneficiárias da compensação ambiental paga.

[433] Filiam-se a essa corrente, *v.g.*, BECHARA, Érika *op. cit.*, STEIGLEDER, Annelise Monteiro *op. cit.*; RODRIGUES, Marcelo Abelha *op. cit.*

(...), há imposição de desembolso para obter-se a licença, sem mesmo saber-se a extensão dos danos causados. Mais que isso, em desprezo total ao princípio da razão suficiente, estabelece [o artigo 36, §1º, da Lei do SNUC], como base de incidência do percentual a ser fixado pelo órgão ambiental licenciador, os 'custos totais previstos para a implantação do empreendimento' e não o possível dano verificado.

Nota-se do excerto transcrito que, por considerar que a compensação ambiental da Lei do SNUC representava a cobrança antecipada de indenização por danos ambientais futuros, o Ministro Marco Aurélio Mello tendeu pela inconstitucionalidade da cobrança, pois, no seu entender, a exação declaradamente impunha reparação civil sem dano ocorrido e mesmo sem nexo de causalidade formado.

Nessa linha, não obstante a relevância dos argumentos expendidos por essa corrente de pensamento, entende-se que a conclusão pelo caráter indenizatório é de fato imprecisa, pois confunde institutos diferentes, dano ambiental e impacto ambiental negativo, que embora possam gerar consequências fáticas similares em alguns casos, geram efeitos jurídicos diversos e ensejam a aplicação de diferentes instrumentos de controle.

Com efeito, se o órgão ambiental admite que um empreendimento provoque alterações ambientais adversas inevitáveis e não suficientemente mitigáveis, por ser essa uma condição indispensável para a realização da atividade, então há impacto ambiental, alteração negativa tolerável, a qual será objeto de medidas compensatórias administrativas e não de responsabilidade civil, que pressupõe a ocorrência de dano.[434]

É claro que, tal como registrado no item 1.3, no qual se realizou a distinção entre dano ambiental e impacto ambiental negativo, essa é uma discussão consideravelmente conceitual, pois depende da definição se existe ou não dano tolerável, e se é possível haver responsabilidade civil sem dano.

Como, particularmente, considera-se que o dano sempre é inadmissível (sendo tecnicamente impreciso falar em dano tolerável), que, se há previsão e tolerabilidade, o efeito adverso deve ser reputado como sendo um impacto ambiental negativo, e que o dano é um pressuposto indispensável para caracterização do dever de reparar, então se discorda das noções de dano ambiental futuro e de responsabilidade *ex ante* propostas por essa corrente.[435]

---

[434] No mesmo sentido, cf. ARTIGAS, Priscila Santos. *Medidas, cit.*, p. 38-44.
[435] Tanto a discussão é conceitual, que autoras como Annelise Steigleder e Carla Amado Gomes admitem que a chamada "responsabilidade civil *ex ante*" visa compensar danos

No julgamento da ADI 3.378-6/DF, o STF também foi crítico à natureza reparatória da compensação da Lei do SNUC, afastando ainda a concepção de dano futuro. Exatamente nesse sentido, por exemplo, afirmou o Ministro Carlos Ayres Britto: "(...) não posso, por mais que me esforce, por mais que seja tentado a votar no sentido da preservação do meio ambiente, imaginar indenização sem dano".

Na verdade, mais uma vez a controversa fórmula legal adotada para a cobrança da compensação ambiental da Lei do SNUC acaba por estimular a cizânia, desta feita em razão da exigência de pagamento em pecúnia que pode ter destinação totalmente distinta do efeito ambiental adverso identificado no EIA/RIMA.

Essa formatação transmite a impressão de que se trata de indenização por danos ambientais em geral, quando, na verdade, contrapõe impactos específicos provocados pela atividade, embora o valor pago seja destinado a apoiar e manter unidades de conservação.

Sem embargo, não se pretende alongar o debate sobre a caracterização das medidas compensatórias administrativas em geral como sendo um instrumento de controle de impactos ambientais, e não de danos ao meio ambiente, pois a análise será realizada de forma conclusiva adiante, no item 2.3.3, valendo esse registro inicial apenas como ilustração e breve crítica à corrente que entende a compensação ambiental da Lei do SNUC como sendo uma indenização antecipada.

Por fim, uma terceira linha de pensamento defende que a Lei do SNUC estabeleceu um instrumento jurídico *sui generis*, definido pelo STF, a partir do voto do Ministro Ayres Britto, relator da ADI 3.378-6/DF, como sendo um "compartilhamento-compensação de despesas" que realiza o princípio do usuário-pagador.[436]

Precisamente, considerou o STF que a compensação da Lei do SNUC, fundamentada no princípio do usuário-pagador, representa um mecanismo de assunção da responsabilidade social que é partilhada entre particulares e Poder Público pelos custos ambientais que derivam de empreendimentos em geral, sem que isso seja uma punição ou uma reparação, mas sim um instrumento pelo qual os sujeitos envolvidos são instados a internalizar os custos de prevenção de impactos ambientais que podem vir a ser causados pelas atividades econômicas, realizando, assim, sua obrigação de preservar o meio ambiente.

---

lícitos e toleráveis (Cf. STEIGLEDER, Annelise Monteiro, *op. cit.*, p. 229; GOMES, Carla Amado, *op. cit.*, p. 243-244).

[436] Converge com esse entendimento, *v.g.*, MACHADO, Paulo Affonso Leme, *op. cit.*, p. 975-976.

De modo geral, esse entendimento é correto, pois, de fato, a exação criada pela Lei do SNUC não representa reparação de danos ambientais, pois não há danos a serem compensados, e sim impactos negativos inevitáveis e não suficientemente mitigáveis que são tolerados para a realização do empreendimento e, por isso, devem ser compensados, sendo obrigação do empreendedor assumir esses custos ambientais, seja com base no princípio do usuário-pagador, quando se adota a terminologia tradicional como fez o STF, seja fundamentado no princípio da eficiência econômico-ambiental, que o engloba, na forma defendida no item 1.2.2.

O posicionamento do STF merece, contudo, duas ressalvas. Primeiro, o pagamento efetuado não visa compensar os custos de prevenção de impactos, mas sim contrapor especificamente impactos negativos inevitáveis e não suficientemente mitigáveis, ou seja, apenas impactos compensáveis. Segundo, embora isso não tenha sido expresso, na verdade "compartilhamento-compensação de despesas" não é uma natureza jurídica, e sim a funcionalidade da cobrança estabelecida pela Lei do SNUC.[437][438]

Pois bem, feita essa breve exposição, vale ressaltar que se entende que, em rigor, a compensação ambiental do SNUC não se enquadra em nenhuma das categorias acima expostas, consistindo simplesmente em uma medida compensatória administrativa de controle de impactos ambientais, ainda que seguindo uma estrutura jurídica peculiar e controversa.[439][440]

---

[437] Sobre esse segundo ponto, cf. ARTIGAS, Priscila Santos. *Medidas, cit.*, p. 54-57 e 224.

[438] Embora o STF não tenha abordado de forma final a natureza jurídica da compensação ambiental do SNUC, essa definição acabou sugerida, em especial a partir do voto do Ministro Menezes Direito, que, negando o caráter indenizatório à cobrança, concluiu ser ela "uma verba de natureza compensatória porque visa preservar o meio ambiente e eventual empreendimento que possa causar significativo impacto ambiental", no que se verifica seu posicionamento pelo caráter compensatório da medida.

[439] Nesse mesmo sentido, cf. ARTIGAS, Priscila Santos. *Medidas, cit.*, p. 35; MILARÉ, Lucas Tamer, *op. cit.*, p. 245-246.

[440] Em sentido semelhante, Fernando F. Rossi e Lúcio Delfino defendem que a compensação da Lei do SNUC é uma obrigação de fazer destinada ao empreendedor, consubstanciada no dever de apoio à unidade de proteção integral que recai sobre o empreendedor, embora a norma tenha optado por equivaler esse "apoio" através de uma quantia pecuniária. Essa obrigação de fazer não se confundiria com responsabilidade civil, a qual somente seria acionada no caso de o obrigado deixar de adimplir com seu dever (cf. ROSSI, Fernando F.; DELFINO, Lúcio. A "compensação" [compartilhamento] ambiental como obrigação: sucintas considerações sobre o art. 38 da Lei do SNUC. *In:* ROSSI, Fernando F. et al (coords.). *Aspectos controvertidos do direito ambiental:* tutela material e tutela processual. Belo Horizonte: Fórum, 2013, p. 163-181). Nada obstante a relativa convergência entre a posição dos referidos autores e aquela adotada neste trabalho, discorda-se quanto à

A função da compensação ambiental da Lei do SNUC é impor sobre o empreendedor o custo ambiental para compensação do significativo impacto ambiental a ser provocado por sua atividade, desde que este seja, ao menos em parte, inevitável e não mitigável a contento, instando a internalização das externalidades ambientais negativas.

É fato, contudo, que a definição da cobrança da Lei do SNUC como tendo natureza jurídica de medida compensatória administrativa não livra a exação de críticas. Na verdade, ela acaba por intensificá-las.

Isso, porque, primeiro, a forma de compensação adotada não é a mais adequada, pois mais certo seria compensar através da prestação de ações positivas equivalentes, como substituição ao recurso ambiental impactado, e não pelo pagamento de valor em pecúnia.

Segundo, salvo na hipótese do §3º do artigo 36 da Lei do SNUC, não há necessária conexão entre o impacto a ser causado pelo empreendimento e a compensação paga. Ou seja, a exação é, em regra, realizada com finalidade essencialmente arrecadatória, ainda que destinada a apoiar e manter unidade de conservação de proteção integral.[441]

Terceiro, há forte discussão em torno da fórmula adequada para calcular a exação. O ideal seria que o valor fosse proporcional ao impacto causado, e não atrelado a um percentual a ser calculado sobre o investimento de implantação do empreendimento. O porte da atividade nem sempre é diretamente proporcional ao impacto causado.

Em todo caso, não se pode negar a necessidade de definir critérios objetivos de cobrança para evitar arbitrariedades, pelo que é preciso identificar uma fórmula que atenda o objetivo da norma de modo razoável e com a devida previsibilidade.

Sem embargo de sua importância, esses debates não serão aprofundados nesta oportunidade, pois transbordariam os objetivos do livro. À evidência, interessava para este momento especificamente a discussão e a definição da natureza jurídica da cobrança da Lei do

---

qualificação da compensação ambiental do SNUC como sendo uma obrigação de fazer, vez que o dispositivo é claro ao referir que a exação será adimplida a partir do pagamento de valor em pecúnia.

[441] Especificamente sobre esses dois primeiros pontos, Luis Enrique Sánchez assevera que a compensação ambiental da Lei do SNUC não se confunde com as compensações em geral, justamente porque o benefício é feito pecuniariamente sempre em favor de uma unidade de conservação, o que pode causar ausência de conexão funcional entre o impacto negativo a ser provocado e o resultado da compensação, o que violaria o "princípio *like for like*", visto que o valor pago não serve como mecanismo de reposição, substituição ou mesmo de indenização de funções ou componentes ambientais perdidos (SÁNCHEZ, Luis Enrique, *op. cit.*, p. 401).

SNUC, tendo sido demonstrado que consiste em medida compensatória administrativa que visa controlar impactos ambientais negativos, e não danos ambientais.

Isso, porque, com suporte na análise realizada neste tópico e na caracterização das medidas compensatórias administrativas efetuada no subitem anterior, será possível realizar síntese conclusiva no tópico seguinte, para reforço e justificação definitiva dos instrumentos administrativos de compensação ambientais como sendo importante alternativa para controle de impactos ambientais negativos e sua utilização específica no âmbito minerário.

### 2.3.3 As medidas compensatórias administrativas como instrumento de controle de impactos ambientais negativos na mineração

Finalmente, encerrando a análise das medidas compensatórias administrativas, será realizada uma síntese das principais conclusões expendidas neste tópico, de modo a ratificar a função das medidas compensatórias como contraposição a impactos ambientais, e não a danos, como corriqueiramente refere a doutrina.

Nesse sentido, por exemplo, é o entendimento de Paulo Affonso Leme Machado, que afirma que a compensação ambiental (ou compensação ecológica) contrapõe um "dano ambiental provável", reputando o valor pago como sendo uma espécie de indenização.[442]

Na mesma linha, Paulo de Bessa Antunes reputa que as medidas compensatórias representam reparação por "danos ambientais toleráveis", que se diferenciariam dos danos reparáveis e dos danos mitigáveis, cada categoria ensejando diferentes medidas de correção, sendo que os "toleráveis" seriam objeto de compensação ambiental.[443]

Essa concepção é partilhada por Annelise Steigleder, Érika Bechara e Carla Amado Gomes, que convergem por considerar que as compensações ambientais representam medida de implementação de responsabilidade civil *ex ante*, como uma indenização antecipada, pelo que a sua principal diferença em relação à responsabilização civil comum (responsabilidade *ex post*) seria basicamente o fator temporal da reparação implementada.

---

[442] MACHADO, Paulo Affonso Leme, *op. cit.*, p. 285.
[443] ANTUNES, Paulo de Bessa. *Direito ambiental, cit.*, p. 1088-1089.

No mais, reputam as autoras que essa compensação visa contrapor um efeito ambiental adverso que é formalmente lícito não apenas pela legitimidade da atividade econômica realizada, mas porque é admitido pelo órgão ambiental, que ordena a aplicação da medida compensatória como condição para autorizar ou licenciar o empreendimento.[444]

Contudo, como se tem explicitado ao longo deste livro, discorda-se dessa posição que afirma ser possível promover responsabilização civil *ex ante* por supostos danos ambientais futuros, por se entender que essa concepção confunde categorias jurídicas distintas, que podem até mesmo gerar efeitos fático-visuais iguais ou, pelo menos, semelhantes, mas que se diferenciam pelos efeitos jurídicos e pelos instrumentos de controle aplicáveis.[445]

Precisamente, entende-se que impacto ambiental negativo é a alteração ambiental adversa prevista em estudos ambientais no curso de processo de autorização ou licenciamento ambiental, sendo tolerada pelo órgão ambiental como um ônus aceitável para a realização de um determinado empreendimento.

Os impactos ambientais negativos podem ser evitáveis, quando puderem ser prevenidos na íntegra, mitigáveis, quando for possível abrandar seus efeitos adversos para níveis insignificantes, ou compensáveis, quando não forem evitáveis ou suficientemente mitigáveis, mas ainda assim forem reputados como toleráveis para a realização de uma atividade ou empreendimento.

Para cada uma dessas diferentes espécies de impacto ambiental negativo deve ser aplicada uma medida de correção diferente. Os impactos evitáveis ensejam medidas preventivas em sentido estrito, os mitigáveis demandam medidas mitigatórias, e os compensáveis, que efetivamente ocorrerão, acionam medidas compensatórias, que visam "substituir" o recurso ambiental prejudicado por outro com valor e função ambiental equivalentes.

Por sua vez, os danos ambientais são as alterações ambientais adversas imprevisíveis – ou aquelas que, ainda que previsíveis, não

---

[444] Cf. STEIGLEDER, Annelise Monteiro, *op. cit.*, p. 227-230; BECHARA, Érika, *op. cit.*, p. 194-195; GOMES, Carla Amado, *op. cit.*, p. 224.
[445] Priscila Artigas segue posicionamento semelhante ao reputar que impacto ambiental negativo e dano ambiental são categorias distintas, sendo a primeira corrigida por medida compensatórias, e a segunda, pela responsabilidade civil. Além disso, entende a autora que as medidas compensatórias não servem para antecipar danos futuros, mas sim impactos que são toleráveis e até mesmo desejados (Cf. ARTIGAS, Priscila Santos. *Medidas, cit.*, p. 221-222).

foram efetivamente antecipadas – que se consumam e que não são toleradas como aceitáveis para a realização da atividade.

Embora seja possível acionar medidas de prevenção caso se identifique a iminência de ocorrerem danos ambientais – na forma de tutela processual inibitória, por exemplo –, em regra, o sistema de correção de danos ambientais é centrado na responsabilidade civil, que, para ser acionada, depende da convergência de pelo menos três elementos: atividade, dano e nexo causal. Ou seja, a alteração ambiental adversa e seu consequente efeito negativo devem estar consumados, pelo que o controle do dano é essencialmente reativo.

Dada essa distinção, efetuada com maior detalhamento no item 1.3, não se concorda com a concepção de responsabilidade civil antecipada e, igualmente, de dano ambiental futuro. O dever de reparar surge apenas com a consumação do dano, o que não impede que sejam aplicadas medidas para evitá-lo, caso seja iminente a sua ocorrência.

Não se pode confundir os impactos ambientais negativos que são provocados na realização de atividades e empreendimentos, alterações adversas antecipáveis e toleráveis, com danos ambientais. O impacto identificado em estudo ambiental é objeto de medidas preventivas, mitigatórias e compensatórias, não de responsabilidade civil. São instrumentos de controle de efeitos adversos lícitos e tolerados.

É fato, reitera-se, que essa é uma questão bastante conceitual, pois, no geral, a doutrina converge em admitir que há atividades que provocarão alterações ambientais adversas, mas que podem ser aceitáveis como condição inerente à própria realização do empreendimento. Considera-se, porém, mais preciso designar essa alteração adversa como impacto ambiental negativo, e não como "dano tolerável".

De todo modo, a despeito do debate conceitual, o conteúdo de cada uma dessas categorias jurídicas é importante para compreender as consequências que advirão na ocorrência (ou na projeção de consumação) de cada uma.

É importante frisar que negar o caráter de "dano ambiental" aos impactos ambientais negativos não implica em refutar sua adversidade ao meio ambiente ou, principalmente, em negligenciar a necessidade de abrandar seus efeitos adversos, mas apenas indicar que a qualificação do fenômeno é distinta, pois não se trata de dano, e sim de outra categoria jurídica.

No contexto desse debate conceitual, neste tópico se identificou as medidas compensatórias administrativas como sendo um complexo instrumento de controle de impactos ambientais negativos, e não de danos ambientais, decorrendo sua complexidade em especial da tolerância em relação a esses efeitos negativos.

Os impactos compensáveis serão realmente provocados pelo empreendimento, pois aceitos pelo órgão ambiental, ensejando, porém, uma medida de contraposição que abrande a adversidade a partir de recurso similar.

Sem embargo, apesar da consumação da alteração adversa, não há responsabilidade civil nesse caso, pois a atividade que a provocou é lícita e, mais que isso, a sua ocorrência foi antecipada e tolerada por um órgão ambiental, que foi o responsável por indicar a medida de compensação a ser adotada como correção, seja por força legal, seja por discricionariedade.

Pois bem, feitas essas considerações e relembrando que a mineração é uma atividade essencialmente causadora de impactos ambientais, mas não necessariamente danosa, resta evidenciada a importância das medidas compensatórias administrativas no controle das alterações ambientais adversas da atividade.

Isso, porque é possível que parte dos impactos ambientais a serem provocados pela mineração seja inevitável e não suficientemente mitigável, mas, mesmo assim, seja reputada como tolerável como condição para a realização da atividade, caso em que ensejará a aplicação de compensações.

Não obstante, tal como registrado no item 1.3, é possível que um mesmo resultado fático adverso ao meio ambiente, gerado pela mineração, possa ser qualificado como impacto ambiental negativo ou como dano ambiental, a depender das circunstâncias da exploração.

Para ilustrar esse cenário, relembre-se a hipótese de realização de extração mineral no subsolo de floresta, que inevitavelmente dependeria da retirada da cobertura florestal para escavação da mina, ação que pode ser qualificada como ambientalmente adversa.

Caso o empreendimento minerário fosse regularizado, tanto na ANM quanto no órgão ambiental, a retirada da cobertura florestal teria sido prevista nos estudos ambientais e tolerada pelos órgãos ambientais. Porém, como contrapartida a essa tolerância, o empreendedor certamente seria instado pelo órgão ambiental licenciador a, por exemplo, fazer a reposição florestal das árvores retiradas, como compensação.

Essa medida compensatória administrativa poderia ser realizada de modo diferido, em condições e prazos diferenciados, como forma de compatibilizar o custo ambiental de compensação florestal com o fluxo de investimento do empreendimento.

Nessa hipótese, haveria tolerância a uma alteração ambiental adversa, qualificada como impacto ambiental negativo.

Por outro lado, caso a atividade minerária de extração de minério no subsolo fosse clandestina, o minerador irregular teria de realizar a mesma retirada de cobertura florestal que o empreendedor legalizado faria. Contudo, dada a ilicitude e, principalmente, a não tolerabilidade do evento por um órgão ambiental, o fato poderia dar ensejo à sua imediata responsabilização civil, e não à aplicação de medidas compensatórias administrativas.

Ou seja, na hipótese apresentada, a mesma alteração fática adversa (retirada de cobertura florestal para escavação da mina) poderia ser qualificada como impacto ambiental negativo ou como dano ambiental, a depender do contexto, sendo essa definição necessária para identificação do instrumento aplicável.

A propósito, a partir do mesmo exemplo pode-se confirmar a distinção realizada. Imagine-se que uma mineradora receba licença ambiental e concessão para realizar lavra em área equivalente a 100 (cem) hectares, localizada no centro da floresta amazônica, sendo a retirada de cobertura florestal uma condição indispensável para a concretização do empreendimento no local.

Essa alteração ambiental adversa, contudo, foi admitida pelas autoridades competentes, que, como contrapartida, exigiram a realização de reposição florestal e a futura recuperação ambiental da área conforme estipulado em PRAD.

Assim, para a exploração dentro da área da poligonal minerária autorizada, a mineradora estaria resguardada para realizar a exploração minerária na forma admitida pelo órgão ambiental, ainda que, para isso, algumas alterações ambientais adversas tivessem de ser praticadas. Nesse caso, seria impacto ambiental negativo, não havendo que se falar em responsabilidade civil.

Contudo, caso a mesma mineradora realizasse exploração mineral fora do polígono para o qual foi autorizada, por ter indevidamente transbordado os limites, a retirada de cobertura florestal seria reputada como um dano ambiental, ensejando responsabilidade civil, ainda que as técnicas empregadas pela empresa fossem exatamente as mesmas utilizadas na área autorizada, como consequência da falta de previsão e tolerância ao procedimento.

Em suma, uma mesma empresa, que realizasse a mesma atividade minerária utilizando as mesmas técnicas, poderia provocar alterações ambientais adversas visualmente iguais (retirada de cobertura florestal), mas com qualificação jurídica distinta (impacto ou dano) e ensejando medidas de correção diferentes, o que evidencia a relevância em se realizar a distinção conceitual que se efetua neste livro.

Nesse contexto, este tópico teve como objetivo expor que as medidas compensatórias administrativas visam contrapesar os impactos ambientais negativos inevitáveis e de insuficiente mitigabilidade, mas que ainda assim são admitidos como condição para a realização do empreendimento.

Finalmente, no item seguinte, que encerra este capítulo, será estudada a Compensação Financeira pela Exploração de Recursos Minerais de modo a analisar sua estrutura e natureza jurídica, bem como para, principalmente, definir qual a finalidade da contraprestação realizada pelo minerador pelo pagamento da exação.

## 2.4 Os *royalties* minerários e sua função como compensação pelos impactos ambientais negativos da mineração

O objetivo deste item final é analisar se o pagamento dos *royalties* minerários – que em nosso ordenamento é realizado através de preço público intitulado Compensação Financeira pela Exploração de Recursos Minerais (CFEM), em sua qualidade de instrumento econômico corretor de externalidades ambientais negativas que, entre outras finalidades, também serve como compensação ambiental –, representa controle de impactos ou se consiste em espécie de antecipação de indenização por danos ambientais que serão causados pela atividade minerária ou mesmo em mecanismo com finalidade completamente distinta.

Precisamente, como no item 1.1.1.3 já se antecipou brevemente que se entende os *royalties* minerários como sendo um instrumento econômico corretor de externalidades ambientais negativas, então nesta oportunidade se intenciona detalhar esse caráter corretor para indicar a categoria jurídico-ambiental compensada, se impacto ou dano.

Essa análise será iniciada com a caracterização dos *royalties* em geral e sua identificação no ordenamento jurídico brasileiro, seguindo para estudo mais detido da CFEM, que representa os *royalties* da mineração, e encerrando com uma análise da relação entre a CFEM e os princípios jurídicos de eficiência econômico-ambiental, de modo a elucidar o papel dessa exação como instrumento de compensação de impactos ou danos ambientais.

### 2.4.1 O que é *royalty*?

Apesar de ser utilizada com certa usualidade, tanto na mineração como principalmente no âmbito do setor petrolífero, a expressão *royalty* não consta literalmente na Constituição brasileira ou sequer na legislação infraconstitucional pátria, sendo substituída, na Carta Magna, em seu artigo 20, §1º, pelas expressões "compensação" e "participação".

Definindo o conceito em estudo específico sobre o tema, Fernando Facury Scaff elucida que *royalty* é uma palavra de origem inglesa que, originalmente, representava aquilo que pertencia ao Rei, não sendo, ao menos historicamente, uma participação pela exploração de um bem, mas sim a própria expressão do domínio real: o Rei recebia o *royalty* quando prescindia do aproveitamento direto da propriedade.[446]

Contudo, prossegue Scaff, com o avanço do Estado Fiscal e a mitigação do Estado Patrimonial, alterou-se esse sentido tradicional, que vinculava *royalty* ao pagamento pelo aproveitamento da propriedade real, para que a expressão passasse a designar aquilo que devia ser pago a qualquer titular de direito patrimonial que cedesse a exploração de sua propriedade a outrem. Logo, em sentido amplo, *royalty* é o valor que o proprietário tem direito a receber de terceiro que explora esse seu direito.[447]

Além disso, agora em sentido específico quanto aos *royalties* pagos pela exploração de recursos naturais não renováveis, entre os quais se inserem os recursos minerais, Scaff define que "pode-se conceituar *royalty* (…) como o preço público pago ao proprietário do recurso natural não renovável que for extraído, inserido ou consumido".[448]

Desse conceito, com o qual se concorda, dois destaques merecem ser realizados. Primeiro, quanto à natureza de preço público que recai sobre os *royalties*, sobreleva-se o caráter não-tributário dessa cobrança, que tem por consequência fazer com que não sejam seguidas as particularidades da arrecadação de tributos, em especial a observância dos princípios limitadores do poder de tributar.

A propósito, embora hoje a natureza de preço público que recai sobre os *royalties* cobrados no direito brasileiro já seja relativamente pacífica, merece registro que a matéria já foi objeto de razoável cizânia

---

[446] SCAFF, Fernando Facury. Royalties, *op. cit.*, p. 87-88.
[447] *Idem. Ibidem*, p. 89.
[448] *Idem. Ibidem*, p. 91.

doutrinária[449] e jurisprudencial, tendo sido assentada a partir do julgamento do Recurso Extraordinário 228.800-5/DF[450] pelo STF, que, tratando especificamente sobre a CFEM (objeto do subitem seguinte), definiu seu caráter de receita patrimonial, em raciocínio aplicável às demais espécies de *royalty* cobrados pela exploração de recursos naturais não renováveis na forma estabelecida pela Constituição.[451]

O segundo destaque que deve ser realizado é que, na forma disposta pelo artigo 20, §1º, da Constituição da República, os *royalties* representam pagamento pela exploração de recursos naturais não renováveis que são impassíveis de ser apropriados pelo particular, a não ser que seja realizada a devida concessão por parte da União, titular patrimonial desses recursos, quando cabível.

À evidência, por força do referido artigo 20, §1º, da Constituição, são recursos naturais não renováveis que se sujeitam ao pagamento de *royalties* o petróleo, o gás natural, os recursos minerais e também os recursos hídricos com finalidade de geração de energia elétrica (ou seja, a energia hidráulica).[452]

---

[449] Especificamente sobre os *royalties* minerários, entendiam a CFEM como tendo natureza jurídica de tributo, *v.g.*, XAVIER, Alberto. Natureza jurídica e âmbito de incidência da Compensação Financeira por Exploração de Recursos Minerais. *Revista Dialética de Direito Tributário – RDDT*. nº 29. São Paulo: Dialética. 02/1998. p. 12; DALEFFE, Adriano. Ilegalidade da Compensação Financeira por Exploração de Recursos Minerais. *Revista Dialética de Direito Tributário – RDDT*, nº 33, São Paulo: Dialética, jun. 1998, p. 7-16. Por outro lado, reconhecendo acertadamente seu caráter de receita patrimonial originária do Estado, *v.g.*, SCAFF, Fernando Facury. Aspectos, *cit.*, p. 289; SOUZA, Marcelo Mendo Gomes de. *Direito minerário e meio ambiente*. Belo Horizonte: Del Rey, 1995, p. 150; ALVES, Marcelo Luiz de Souza. Reflexões preliminares sobre a compensação financeira pela exploração dos recursos naturais: CFEM. In: GANDARA, Leonardo André et al. (coord.). *Direito minerário*: estudos. Belo Horizonte: Del Rey, 2011. p. 240.

[450] BRASIL. Supremo Tribunal Federal. *Recurso Extraordinário 228.800/DF*. Relator Ministro Sepúlveda Pertence. Primeira Turma. Julgamento: 25/09/2001. Publicação: Diário de Justiça 16/11/2001, p. 21.

[451] Precisamente, o relator do RE 228.800-5/DF, Ministro Sepúlveda Pertence, afirmou que "o tratar-se de prestação pecuniária compulsória instituída por lei não faz necessariamente [a CFEM] um tributo da participação nos resultados ou da compensação financeira cogitadas", visto que, "diferentemente do que ocorre em relação aos impostos (...), tanto a participação nos resultados como a CFEM têm a sua causa – direta ou indireta, como se verá – na exploração de recursos hídricos, para fins de geração de energia elétrica, e minerais – bens integrantes do patrimônio da União (CF, art. 20, VIII e IX)".

[452] Fernando Facury Scaff ressalva que, na verdade, apenas os minérios, o petróleo e o gás natural são de fato recursos naturais não renováveis, sendo a energia hidráulica um recurso natural renovável, pelo que a unificação desses bens no mesmo dispositivo constitucional não tem natureza técnica, sendo uma opção política do constituinte em criar fontes de receita patrimonial e estabelecer sua partilha entre os entes federados (SCAFF, Fernando Facury. Royalties, *cit.*, p. 41).

Por outro lado, nos termos do mesmo artigo 20, I, V, VIII e IX, da Constituição da República de 1988, são bens da União justamente os potenciais de energia hidráulica, os recursos minerais, o petróleo e o gás natural.

Logo, na perspectiva constitucional, são *royalties* as compensações financeiras ou participações nos resultados pagas pelos exploradores desses específicos recursos naturais não renováveis de titularidade federal aos Estados, ao Distrito Federal, aos Municípios e aos órgãos da administração direta da União.[453]

## 2.4.2 A Compensação Financeira pela Exploração dos Recursos Minerais – CFEM

Como exposto no tópico anterior, a previsão constitucional dos *royalties* da mineração foi realizada no artigo 20, §1º, da Constituição de 1988, que dispõe que é assegurada, nos termos da lei, a União, Estados, Distrito Federal e Municípios, participação no resultado da exploração de recursos minerais ou compensação financeira por esse aproveitamento.

Em nível infraconstitucional, já sob a égide da Constituição da República de 1988, a primeira regulamentação acerca dos *royalties* minerários foi realizada pela Lei nº 7.990/1989, que em seu artigo 6º os nomeou como "Compensação Financeira pela Exploração dos Recursos Minerais" (CFEM), tendo sido complementada pela Lei nº 8.001/1990, que delimitou de modo mais preciso as cobranças instituídas pela lei original.

Do ponto de vista do direito financeiro, os *royalties* minerários representam receita originária (patrimonial) da União, a qual será distribuída entre a Agência Nacional de Mineração (7%), o Fundo Nacional de

---

[453] Fernando Facury Scaff assevera que nada impede que os entes federativos instituam leis que estipulem cobranças de receitas patrimoniais pela exploração de seus bens públicos não previstos no artigo 20, §1º, da Constituição, mas ressalva que, nessa hipótese, somente se poderá considerar essa receita como sendo *royalty* se for derivada da exploração de recursos naturais não renováveis que forem extraídos, inseridos ou consumidos por processo produtivo (SCAFF, Fernando Facury. Royalties, *cit.*, p. 160). Em rigor, não há prejuízo nesse entendimento, pois se trata de uma opção classificatória que visa definir de modo mais restrito o conceito de *royalty*. De todo modo, adotando-se a concepção de Scaff ou se considerando *royalty* qualquer receita patrimonial do Estado, o que de fato importa é que só estarão adstritas ao regime de incidência e de rateio previstos no artigo 20, §1º, constitucional, as explorações dos recursos naturais não renováveis ali referidas.

Desenvolvimento Científico e Tecnológico (1%), o Centro de Tecnologia Mineral (1,8%), o Instituto Brasileiro do Meio Ambiente e dos Recursos Naturais Renováveis – IBAMA (0,2%), o Distrito Federal e os Estados produtores (15%), o Distrito Federal e os Municípios produtores (60%) e o Distrito Federal e os Municípios não produtores, mas afetados pela mineração (15%), nos termos do artigo 2º, §2º, da Lei nº 8.001/1990, já de acordo com as alterações promovidas pela Lei nº 13.540/2017, que representa a conversão da Medida Provisória nº 789/2017.

Por conseguinte, ainda na perspectiva do direito financeiro, a receita decorrente da CFEM, embora originária para a União, tem caráter de receita transferida para os entes subnacionais (Estados-membros, Distrito Federal e Municípios), haja vista decorrerem de uma arrecadação realizada por um ente federativo diverso (União), através de uma autarquia federal (ANM), sendo a eles transferida em sequência.[454]

Além disso, sobre essa divisão da receita auferida com a CFEM, vale registrar que ao menos o percentual destinado ao IBAMA (0,2%) tem destinação vinculada à questão ambiental, vez que a Lei nº 8.001/1990 estipula, em seu artigo 2º, §2º, IV, que os recursos devem ser utilizados em atividades de proteção ao meio ambiente em regiões impactadas pela mineração. O restante da receita, originária ou transferida, porém, por falta de regulamentação específica, tem destino desvinculado.

Da mesma Lei nº 8.001/1990 é possível extrair a regra-matriz de incidência da CFEM, estrutura lógico-condicional utilizada usualmente para discriminação dos elementos da hipótese de incidência das exações tributárias que, no entanto, adéqua-se à cobrança de *royalties* pela exploração de recursos minerais, a despeito de seu caráter não-tributário.

Em seu estudo sobre os *royalties*, realizado ainda na vigência da redação original da Lei nº 8.001/1990, Fernando Facury Scaff havia estruturado a regra-matriz de incidência da CFEM de modo preciso e elucidativo,[455] sistematização essa que já se havia inclusive utilizado como parâmetro doutrinário em outra oportunidade.[456]

Não obstante, recentemente a regra-matriz de incidência da CFEM foi alterada por força da já citada Lei nº 13.540/2017, passando a ser caracterizada da seguinte forma:

---
[454] SCAFF, Fernando Facury. Aspectos, *cit.*, p. 293-294.
[455] *Idem. Royalties, op. cit.*, p. 184.
[456] BRITO, Luis Antonio Gomes de Souza Monteiro de Brito. Royalties *cit.*

a) Aspecto Material (como?): venda, consumo, exportação, arrematação ou primeira aquisição de recursos minerais;
b) Aspecto Temporal (quando?): o momento da venda, consumo, exportação, arrematação ou primeira aquisição;
c) Aspecto Espacial (onde?): território nacional;
d) Aspecto Pessoal (quem?):
1. Sujeito ativo: União (Agência Nacional de Mineração)
2. Sujeito passivo: aquela pessoa, física ou jurídica, que vier a realizar a venda, consumo, exportação, arrematação ou primeira aquisição de recursos minerais;
e) Aspecto Quantitativo (quanto?):
1. Alíquota: variável, limitada ao teto de 4%, definida no Anexo da Lei nº 8.001/1990.
2. Base de cálculo: receita bruta da venda, valor do produto final após conclusão do beneficiamento, receita calculada com exportações, valor da arrematação ou valor da primeira aquisição do bem mineral.

Conhecer e compreender esses elementos da regra-matriz de incidência é necessário para discutir eventuais excessos na cobrança pela União por desconformidade com a norma constitucional disposta no artigo 20, §1º.

Por exemplo, se a CFEM é devida como compensação financeira pelo aproveitamento econômico dos recursos minerais, por sua qualidade de bem da União, a base de cálculo deveria se limitar ao valor do próprio minério *in situ*, ou seja, ao recurso mineral antes de qualquer procedimento de beneficiamento e mesmo antes da extração, processos que lhe conferem o caráter de produto mineral e acabam por agregar valor ao bem mineral, e pelos quais a União não pode pretender ser compensada, pois titular apenas do minério estático na reserva mineral, e não do produto lavrado.[457][458]

---

[457] Já se realizou essa crítica de modo específico em outra oportunidade, quando se defendeu que a base de cálculo da CFEM devia de fato se limitar ao valor do recurso mineral *in situ*, pelo que deveriam ser excluídos os custos industriais, as despesas com transporte, seguros, tributos de comercialização e todos os outros possíveis custos que representassem acréscimo em relação ao valor do bem mineral em si, sob pena de configurar enriquecimento ilícito da União (e por reflexo também dos demais entes federativos beneficiários do rateio), que não estaria sendo compensada exatamente pelo bem explorado, e sim recebendo montante consideravelmente maior, pois calculado sobre o valor de bem com mais valor agregado em relação àquele que lhe pertence, em desconformidade com a previsão constitucional e também com o princípio do usuário-pagador (BRITO, Luis

Sem embargo de sua relevância prática, essa discussão transbordaria os limites científicos deste trabalho, que tem por foco a análise da CFEM como possível instrumento de controle e compensação de impactos ou de danos ambientais da mineração, pelo que se prescindirá de aprofundá-la na oportunidade.

Enfim, antes de finalmente adentrar na questão central deste item 2.4, cumpre reiterar as conclusões antecipadas no item 1.1.1.3 acima, no qual se demonstrou que o *royalty* minerário (a CFEM) representa instrumento econômico corretor de externalidades negativos, servindo tanto para custeio da infraestrutura pública necessária para suportar as mudanças provocadas pelos empreendimentos mineiros e preparar os entes federativos para o futuro encerramento da mineração – e respectiva renda – em suas localidades, quanto para compensar a apropriação particular de recursos naturais que mediatamente são da coletividade e também os demais efeitos socioambientais negativos decorrentes da atividade.

Demonstrou-se, porém, que essa concepção da CFEM como sendo também uma compensação por efeitos ambientais adversos não é pacífica, pois autores como Fernando Facury Scaff afirmam que, primeiro, a *ratio legis* da cobrança é desimportante, pois sua análise extrapola o direito positivo, e que, segundo, mesmo que fosse realizada essa investigação, seria descoberto que os *royalties* minerários são cobrados como compensação política, conforme as razões expendidas na Assembleia Nacional Constituinte.[459]

Registrou-se ainda que, mesmo que por razões distintas, também o STF, no julgamento do Recurso Extraordinário 228.800-5/DF, entendeu que a CFEM, a despeito de seu *nomem juris*, não representa de fato uma

---

Antonio Gomes de Souza Monteiro de. Royalties cit.). Vale frisar que, embora tal estudo tenha sido realizado ainda na égide da redação original da Lei nº 8.001/1990, logo antes das recentes modificações da Lei nº 13.540/2017, entende-se que a conclusão se mantém, pelo que as críticas são direcionáveis às novas bases de cálculo estabelecidas para a CFEM, que também extrapolam o valor do recurso mineral *in situ*.

[458] Ainda nessa linha, Marcelo Gomes de Souza destaca que "não existe compatibilidade e proporção entre os critérios utilizados pelas leis nº 7.990/89 e 8.001/90 com os fins objetivados pela Constituição, no que concerne ao aproveitamento dos recursos minerais, porque estas leis fazem incidir a CFEM sobre o valor do bem pertencente ao concessionário (produto da lavra), quando deveriam usar como parâmetro o valor do bem patrimonial a ser adquirido (recurso mineral)". Cf. SOUZA, Marcelo Mendo Gomes de. A compensação financeira pela exploração dos recursos minerais – CFEM e o incremento da mineração. *In*: THOMÉ, Romeu (org.). *Mineração e meio ambiente*: análise jurídica interdisciplinar. Rio de Janeiro: Lumen Juris, 2017. p. 202.

[459] SCAFF, Fernando Facury. Royalties, *cit.*, p. 93.

"compensação" financeira, e sim "participação" no resultado, primeiro por ter utilizado o faturamento da atividade como base de cálculo, o que a relacionaria necessariamente com o resultado do empreendimento, e, segundo, porque somente poderia ser considerada como compensação se utilizasse os valores concretos de cada operação minerária e seus efeitos ambientais adversos.

Nada obstante, demonstrou-se que, diferentemente do defendido por Scaff, na Assembleia Nacional Constituinte foi suscitado expressamente, através do Constituinte Ronan Tito, que os *royalties* servem para indenizar os estragos ecológicos, em municípios e regiões,[460] causados pelas atividades de exploração de recursos naturais não renováveis.

Além disso, registrou-se que, nesse mesmo sentido, na Exposição de Motivos da Lei nº 8.001/1990 o legislador expressamente referiu que uma das razões da cobrança da CFEM seria a utilização das verbas para garantir a preservação do meio ambiente impactado pelas atividades minerárias.[461]

Ainda nessa linha, defendeu-se que a eleição do faturamento como base de cálculo de uma exação não serve para desnaturar seu caráter de compensação financeira, pois se trata de mera opção política do legislador.

Por fim, evidenciou-se que o entendimento do STF de que, para ser compensação, precisaria a cobrança levar em consideração os exatos prejuízos provocados pela atividade, é, entende-se, equivocado, pois parte do pressuposto de que compensação é necessariamente uma espécie de reparação de danos, ainda que não concretizados, o que demandaria reparação integral, quando, em verdade, representa uma contraposição aos impactos gerados, tendo em vista que visa auxiliar os entes federativos no custeio das despesas infraestruturais para suporte do empreendimento, na promoção de alternativas econômicas à mineração para substituí-la em seu encerramento e na minimização dos efeitos ambientais adversos provocados pela atividade minerária.

---

[460] *Diário da Assembleia Nacional Constituinte*. Ata da 329ª Reunião, de 27.08.1988, ano II, nº 301, publicada em 28.08.1988. Disponível em: www.imagem.camara.gov.br. Acesso em: 6 out. 2017.

[461] Precisamente, consta na Exposição de Motivos da Lei nº 8.001/1990 que: "A nova Constituição, como não poderia deixar de fazê-lo, estendeu aos Estados e Municípios o direito a uma compensação pela exploração de recursos hídricos e minerais (art. 20, §1º). Além do mais, o novo texto constitucional caracterizou-se e notabilizou-se por uma elevada preocupação com a preservação do meio ambiente, explicitada nos termos do seu art. 225, preocupação essa que de certa maneira justifica e confirma a necessidade de provimento de recursos específicos para esse fim, oriundos de um aproveitamento econômico dos recursos explorados nos territórios estaduais e municipais".

Em todo caso, reconhece-se, é fato que, tal qual assevera Fernando Scaff, historicamente os *royalties* não são relacionados como uma contrapartida pelos prejuízos ambientais externos provocados pela exploração de recursos naturais, e sim como simples preço público pago ao proprietário do recurso natural pelo seu uso,[462] verdadeira expressão de domínio,[463] tampouco foram amplamente qualificados como compensação ambiental pela Constituinte, como se explicitou.

Porém, com a ciência de que a interpretação jurídica não se cinge à investigação da *mens legislatoris* ou ao aspecto histórico-legislativo em si, dependendo de uma visão sistemática e contemporânea do ordenamento (mas sempre dentro dele), entende-se que, hoje, pelo regime constitucional brasileiro, em interpretação conjugada dos artigos 20, inciso IX e §1º, e 225 da Constituição de 1988, é possível qualificar o pagamento de *royalties* minerários também com uma compensação ambiental[464] pela exploração privada de recursos naturais de titularidade pública, representando uma contrapartida aos impactos ambientais da atividade, como se detalhará no subitem seguinte, ponto central deste tópico.

## 2.4.3 A CFEM, os princípios de eficiência econômico-ambiental e a compensação dos impactos ambientais causados pela mineração

Finalmente, entendendo-se no que consistem os *royalties* minerários, é possível realizar sua caracterização como instrumento que – também – serve para compensar impactos ambientais.

---

[462] ALVES, Marcelo Luiz de Souza. Reflexões preliminares sobre a compensação financeira pela exploração dos recursos naturais: CFEM. *In:* GANDARA, Leonardo André *et al.* (coord.). *Direito minerário:* mining law. Belo Horizonte: Del Rey, 2011. p. 240.

[463] SCAFF, Fernando Facury. Royalties, *cit.*, p. 87-88.

[464] Corroborando com esse entendimento, Romeu Thomé assevera que "[o] objetivo do constituinte foi estabelecer uma compensação pela degradação ambiental da exploração mineral e pelo impacto socioeconômico do esgotamento da mina e, portanto, os recursos devem ser, definitivamente, utilizados pelo Poder Público para a recuperação do meio ambiente, o desenvolvimento da infraestrutura da cidade e a atração de novos investimentos e atividades, com o intuito de minimizar a dependência local em relação à atividade mineral" (SILVA, Romeu, *op. cit.*, p. 175-188). No mesmo sentido é Consuelo Yoshida ao afirmar que a CFEM tem "finalidade compensatória em face da coletividade direta ou indiretamente afetada pela extração, apropriação e privatização do uso dos recursos minerais e pelos custos socioambientais decorrentes da exploração minerária" (YOSHIDA, Consuelo Yatsuda Moromizato. A efetividade, *cit.*, p. 551).

Para tanto, é necessário relacionar a cobrança da CFEM com os princípios de eficiência econômico-ambiental, estudados de modo específico no item 1.2.2, no qual se demonstrou que os tradicionais princípios do poluidor-pagador e do usuário-pagador (assim como o do protetor-recebedor) se assentam todos sobre o mesmo fundamento, que orienta que as externalidades ambientais, negativas e positivas, devem ser internalizadas pelos agentes que as provocarem.

Logo, como se evidenciou, os princípios do poluidor-pagador e do usuário-pagador na verdade são corolários do macroprincípio que particularmente se optou por nomear como princípio da eficiência-econômica ambiental, que guarda relação com a cobrança da CFEM.

Para compreender esse vínculo, destaca-se, primeiro, que o princípio do poluidor-pagador, quando tomado em seu sentido estrito comumente empregado pela doutrina, não serve como fundamento para a cobrança de *royalties* minerários.

Isso, porque o princípio do poluidor-pagador tem como objetivo fazer com que o sujeito internalize os custos sociais que gera em razão de sua atividade poluidora, tanto no que refere aos custos com medidas de prevenção e precaução, quanto no tangente a eventuais reparações que se façam necessárias caso a poluição chegue a gerar danos, independentemente de ter sido tentada a prevenção ou não.

Por isso, em síntese, o poluidor-pagador age sobre a poluição, potencial ou já efetivada, fazendo com que o "poluidor-que-deve-pagar" seja compelido a internalizar os custos sociais que gera, tendo como pressuposto uma lesão ambiental.

Ocorre que os *royalties* minerários, embora representem pagamento de cunho compensatório, não têm como objetivo o ressarcimento de custos decorrentes de possíveis danos gerados pela atividade minerária, pois servem como contraprestação às alterações adversas toleradas que são causados pelos empreendimentos mineiros, não funcionando, portanto, como antecipação indenizatória para facilitação de responsabilidade civil futura.[465]

---

[465] Apesar de entender que a cobrança da CFEM é orientada pelo princípio do usuário-pagador, José Ângelo Remédio Júnior considera que seu pagamento tem natureza jurídica "verdadeiramente de indenização", tomando a exação como compensação por danos ambientais necessariamente causados pela atividade (REMÉDIO JÚNIOR, José Ângelo, *op. cit.*, p. 310). Aparentemente esse posicionamento do autor deriva de confusão conceitual entre impactos e danos, por tomar a atividade como inevitavelmente danosa, quando na verdade, como se registrou reiteradamente neste livro, a mineração, apesar de essencialmente impactante, nem sempre causa danos ambientais.

Com efeito, como amplamente registrado, a CFEM serve para contrapor os impactos sociais, econômicos e ambientais provocados pela atividade minerária e que são condição necessária para a própria realização da atividade, tolerados pelos órgãos responsáveis pelo licenciamento do empreendimento.

Assim, o pagamento da CFEM representa compensação que visa minimizar os efeitos negativos que esses impactos causam com a arrecadação de preço público que deve ser empregado em infraestrutura em geral, alternativas econômicas à mineração e em preservação ambiental. Ou seja, os *royalties* minerários têm como objetivo alicerçar a sociedade para os impactos imediatos e prepará-la para o decréscimo arrecadatório futuro no fim da atividade.

Ainda nesse contexto, se a mineração causar efeitos adversos imprevistos e, principalmente, não toleráveis pelos órgãos ambientais, então terá havido dano, que deve ser reparado pelo sistema de responsabilidade civil, este sim mais propriamente embasado pelo princípio do poluidor-pagador, não se admitindo que o pagamento da CFEM seja utilizado para abatimento dos custos de recuperação ou da indenização devida, pois não é esta sua razão de existir.

Por conseguinte, a reparação de danos da mineração não é realizada – ou sequer antecipada – através do pagamento da CFEM, que, em verdade, tem como objetivo compensar financeiramente os entes federativos que tenham, em seu território, jazidas que são objeto de concessão ou que, pelo menos de alguma forma, sejam afetados pela atividade.

Essa compensação financeira funciona tanto como uma contrapartida ao ente federativo, por ter sua riqueza natural mineral extraída e explorada por um agente externo, quanto como contraprestação pelos impactos negativos que esses empreendimentos atrairão.

Em outras palavras, é uma forma de garantir que União, Estados e Municípios tenham assegurada renda pela utilização de recursos naturais que estão em seu território e cuja extração provoca impactos de naturezas diversas.

Precisamente, como a União é titular dos recursos minerais brasileiros em nome da coletividade e é responsável por realizar as concessões minerárias em favor dos mineradores, a Constituição impõe que parte da renda mineral arrecadada seja destinada aos Estados, ao Distrito Federal e aos Municípios, como forma de compensá-los por sofrerem diretamente os impactos sociais, econômicos e ambientais pela extração mineral realizada em seus territórios, alterações adversas estas que são previstas e toleradas no processo de licenciamento da atividade, mas que, ainda assim, impactam a sociedade e demandam contrapartida do causador.

Por isso, considera-se que a cobrança da CFEM é mais propriamente fundamentada pelo princípio do usuário-pagador, tendo em vista que a atividade minerária representa, por essência, utilização econômica de recursos naturais, mesmo que não necessariamente seja poluente ou danosa, a despeito de ser inevitavelmente impactante para o meio ambiente.

Em última instância, a CFEM serve como compensação à coletividade, que tem interesse difuso da adequada exploração dos recursos minerais, de modo a compatibilizar os interesses do minerador, que potencialmente lucrará com a atividade, com os da sociedade, que se beneficiará com o progresso socioeconômico promovido pelo empreendimento em si e pelo emprego correto da renda mineral pelos entes federativos.

Os *royalties* minerários, portanto, servem para internalizar os custos sociais gerados pela utilização econômica dos recursos minerais por um sujeito determinado, em detrimento da sociedade, que deixa de usar bem que indiretamente lhe pertence.

A exação, portanto, não tem natureza arrecadatória, e sim compensatória.

Nesse sentido é o entendimento de Consuelo Yoshida, que leciona ser a CFEM contraprestação paga pelo minerador em virtude da utilização dos recursos minerais, assumindo, assim, natureza compensatória em relação à comunidade direta ou indiretamente afetada pela atividade econômica tanto pela apropriação do uso dos minérios quanto pelos custos socioambientais decorrentes da atividade.[466]

Já para Bruno Kono Ramos:

> Trata-se [a CFEM], por conseguinte, de uma retribuição financeira que deve ser paga pela utilização do bem ambiental, que é comum a todos, necessário ao equilíbrio ecossistêmico e à qualidade de vida, sob pena da sociedade, que é a titular do direito difuso, responder por tais custos em detrimento dos ganhos econômicos do capital.[467]

---

[466] YOSHIDA, Consuelo Yatsuda Moromizato, *op. cit.*, p. 92-93.
[467] RAMOS, Bruno Yoheiji Kono, *op. cit.*, p. 37.

Ainda, Marcelo Mendo Gomes de Souza associa a CFEM diretamente com o princípio do usuário-pagador, dado seu caráter de contraprestação compensatória pela utilização dos minérios *in situ*, asseverando que o mecanismo de cobrança deve servir para incentivar o uso racional dos recursos minerais, mas sem deixar de refletir a promoção do desenvolvimento de forma compatível com a proteção do meio ambiente, não sendo adequado que a cobrança acabe por desestimular a atividade econômica.[468]

A vinculação da cobrança da CFEM com o princípio do usuário-pagador tem, em nível financeiro e tributário, ao menos uma implicação prática, já adiantada no tópico anterior.

Precisamente, como a exação visa compensar a União pela exploração econômica de bem público por particular, a base de cálculo deve necessariamente se restringir ao valor do minério *in situ*, que representa o bem federal, não sendo admissível a adoção de qualquer outro parâmetro que represente acréscimo nesse valor, pois em desacordo com o próprio artigo 20, §1º, da Constituição.[469] Essa questão, contudo, transborda os limites deste trabalho, sendo registrada a título informativo e para eventual reflexão futura.

É importante ressaltar que a afirmativa de que a cobrança dos *royalties* minerários é fundamentada no princípio do usuário-pagador, e não no princípio do poluidor-pagador, pode ser em grande parte uma questão terminológica, pois o que de fato importa é a compreensão de que a atividade minerária gera externalidades ambientais negativas diversas, algumas previstas e toleradas pelos órgãos competentes como necessárias para a própria realização do empreendimento, mas que devem, contudo, ser compensadas.

Além disso, associar a arrecadação da CFEM com o princípio do usuário-pagador é uma opção para simplificar a compreensão, dada a usualidade do princípio, pois seria mais preciso aplicar a expressão "explorador-pagador" (pois o concessionário mineral não "utiliza" o minério, e sim dele se apropria) ou, melhor ainda, considerar apenas a noção do macroprincípio da eficiência econômico-ambiental, que tornaria a própria discussão em torno dos princípios do poluidor-pagador e do usuário-pagador como desnecessária, pois, no fundo, o fundamento seria internalizar as externalidades ambientais negativas da mineração – qualquer que fosse o fato gerador.

---

[468] SOUZA, Marcelo Mendo Gomes de. *Direito minerário*, cit., p. 143-144.
[469] Nesse sentido, cf. BRITO, Luis Antonio Gomes de Souza Monteiro de. Royalties cit.; SOUZA, Marcelo Mendo Gomes de. A compensação financeira cit.

Em suma, o que importa é compreender que a mineração, como atividade essencialmente impactante, mas não necessariamente danosa, gera diversas alterações adversas ao meio ambiente, algumas delas toleradas (impactos), mas ainda assim compensadas através de diversos instrumentos diferentes, entre eles a cobrança de *royalties* minerários, na forma da Constituição e das Leis nº 7.990/1989 e 8.001/1990.

A CFEM, portanto, representa compensação pela apropriação, por um particular, de recurso público federal em detrimento do restante da sociedade e, também, como custeio da infraestrutura necessária para suportar os impactos sociais, econômicos e ambientais provocados pelos empreendimentos mineiros tanto na perspectiva presente quanto prospectivamente, para o futuro, no encerramento da mina.

Nessa linha, concebendo-se os *royalties* minerários também como compensação ambiental, questão polêmica que se sobreleva é a possível sobreposição com as medidas compensatórias administrativas em geral e com a compensação ambiental da Lei do SNUC em específico, vez que potencialmente haverá uma ilegal dupla imputação sobre impactos ambientais não mitigáveis provocados pela atividade minerária.

Em outros termos, pode ser que o minerador pagar ao mesmo tempo CFEM e a compensação ambiental do SNUC represente um *bis in idem*.

A ponderação é pertinente e, entende-se, procedente.

Com efeito, muito em função da imprecisão da fórmula adotada pela compensação ambiental da Lei do SNUC, sua cobrança tem como fundamento genérico e abstrato compensar os impactos ambientais negativos não mitigáveis provocados por atividades geradoras de significativo impacto ambiental, sem especificar quais os impactos serão efetivamente compensados. Da mesma forma ocorre com a CFEM, que compensa impactos gerados pela atividade minerária, mas sem identificar quais seriam.

Por conseguinte, dada sua especialidade para a mineração, considera-se que o pagamento da CFEM deve ser priorizado em relação ao pagamento de compensação ambiental da Lei do SNUC, não sendo admissível cobrar os dois, sob pena de *bis in idem*, vez que ambas as exações têm como escopo compensar impactos ambientais negativos não passíveis de mitigação, mas que ainda assim sejam admitidos.

Enfim, após este capítulo, que tinha como objetivo central identificar e estudar os principais instrumentos de controle de impactos ambientais negativos, pode-se concluir que os impactos são controlados a partir de mecanismos de prevenção, mitigação e compensação (além de reabilitação/recuperação, no caso do PRAD), os quais são aplicáveis a depender das características do impacto ambiental controlado e do contexto geral do empreendimento.

Nesse contexto, o licenciamento ambiental funciona como eixo central, por ser o procedimento de apuração da viabilidade ambiental do empreendimento e de indicação das medidas de prevenção, mitigação e compensação aplicáveis, o que é feito com base nos estudos ambientais apresentados pelo minerados e também mediatamente pelos estudos minerários dispostos à ANM.

Além disso, explicitou-se que as medidas compensatórias administrativas visam contrapesar os impactos ambientais negativos inevitáveis e de insuficiente mitigabilidade, mas que ainda assim são admitidos como condição para a realização do empreendimento.

Finalmente, demonstrou-se que a CFEM representa a renda mineral que serve para, além de compensar os impactos socioeconômicos do empreendimento, contrapor os impactos ambientais negativos do projeto.

Analisados os instrumentos de controle de impacto ambientais, o terceiro e último capítulo deste livro se concentrará na análise dos mecanismos de controle dos danos ambientais, com foco na responsabilidade civil ambiental.

CAPÍTULO 3

# REAÇÃO JURÍDICA AO DANO AMBIENTAL MINERÁRIO

Finalmente, após terem sido estudados os instrumentos de controle de impactos ambientais negativos aplicáveis à atividade minerária, neste último capítulo serão analisadas as reações jurídicas ao dano ambiental causado pela mineração, ou seja, as consequências ao fato lesivo ao meio ambiente que não foi previsto e/ou que não era tolerado para a execução de empreendimentos minerários, mas que sucedeu a despeito dos mecanismos de controle preventivo típicos do direito ambiental, em especial aqueles estudados no capítulo anterior.

Quando um dano ambiental ocorre na prática, pode-se afirmar que, de certa forma, o direito ambiental propriamente dito "falhou", pois, considerando seu viés eminentemente preventivo, seu objetivo essencial é antecipar os potenciais efeitos nocivos da atividade ao meio ambiente para evitar que eles sejam provocados pelos empreendimentos em geral, ou, pelo menos, para permitir seu controle, mitigação ou compensação, quando forem reputados como inevitáveis para a realização de atividades antrópicas desejadas e que, por isso, têm ocorrência tolerada pelos órgãos ambientais.

Como estudado no capítulo anterior, os resultados negativos ao meio ambiente que são previstos e tolerados pelos órgãos ambientais configuram a categoria jurídica designada neste trabalho como impactos ambientais negativos, não se confundindo com os danos ao meio ambiente, imprevistos e não admitidos em absoluto.

Ou seja, considerando que a finalidade essencial do direito ambiental é prevenir e controlar os resultados negativos ao meio ambiente, quando ocorre um evento lesivo inesperado e indesejado, pode-se considerar que esse escopo fundamental não foi alcançado, por insuficiência dos instrumentos, por falha na sua aplicação ou mesmo por uma extraordinariedade imprevisível e/ou inevitável.[470]

Pode-se considerar ainda que essa "falha" no sistema preventivo de controle de resultados ambientais negativos tende a ter seus efeitos particularmente intensificados quando se tratar de empreendimento minerário, haja vista que a ineficiência no controle preliminar dos inevitáveis impactos ambientais negativos que serão provocados pelo projeto mineiro propende a fazer com que os resultados lesivos não devidamente antecipados e controlados provoquem situações danosas ao meio ambiente, tanto pelo caráter necessariamente interventor da atividade, como principalmente pela usual magnitude dos grandes projetos, que quase inevitavelmente são superlativos em todos os seus fatores e circunstâncias.

Em suma, os eventos inesperados, não tolerados e indesejados que eventualmente ocorram a despeito do sistema e dos instrumentos de controle de impactos ambientais –caracterizando os aqui chamados danos ambientais – e que, portanto, ensejarão reações jurídicas para reparação desses efeitos lesivos, representam, de certa forma, uma anomalia no direito ambiental, cujo foco é preventivo.

Frisa-se que, nada obstante se afirmar em "falha" do direito ambiental, a ilação evidentemente deve ser analisada de modo ponderado, haja vista que as reações jurídicas aos danos ao meio ambiente também compõem direito ambiental em uma perspectiva abrangente, tanto que a lógica preventiva desse ramo do direito acaba por acentuar funções colaterais que recaem sobre as reações jurídicas ao dano ambiental, não mais reputadas como exclusivamente reparatórias ou punitivas, mas também incidentalmente preventivas e pedagógicas, como se detalhará adiante.

Contudo, justifica-se essa afirmação mais restrita quando se relembra que, essencialmente, a finalidade do direito ambiental é evitar, minimizar e controlar esses eventos lesivos,[471] e os mecanismos reativos,

---

[470] No mesmo sentido, José Ricardo Alvarez Vianna alude que "(...) a ocorrência de danos ambientais reflete de *per si* em falha da sistemática ambiental marcada predominantemente pela prevenção" (VIANNA, José Ricardo Alvarez. *Responsabilidade civil por danos ao meio ambiente*. 2. ed. Curitiba: Juruá, 2009, p. 100-110).

[471] Nesse sentido, é o entendimento, por exemplo, de Mark Latham, Victor Schwartz e Christopher Appel, em obra já reiteradamente referenciada neste livro, em especial no item 1.3 (cf. LATHAM, Mark; SCHWARTZ, Victor E.; APPEL, Christopher E.; *op. cit.*, p. 739). Para os autores, as normas de direito ambiental têm finalidade preventiva e, por isso, diferenciam-se do direito de danos, cujo escopo é precipuamente reparatório.

embora possam ter função preventiva e pedagógica pela via reflexa, são fundamentalmente reparatórios ou sancionatórios.

Logo, o resultado danoso que sucede faticamente a despeito dos diversos instrumentos preventivos, mitigatórios e compensatórios que fundamentam o direito ambiental é especialmente indesejado.

De todo modo, como é impossível evitar todos os danos que possivelmente podem ocorrer em decorrência das atividades humanas, fato que é agravado no contexto da sociedade de risco no qual contemporaneamente se insere,[472 473] e por muitas vezes sua ocorrência ser realmente inesperada ou mesmo imprevisível, é necessário que o ordenamento jurídico esteja estruturado para reagir adequadamente a esses fatos lesivos, no que a reparação dos danos ambientais mantém papel de considerável relevância.

Nesse contexto, este capítulo final terá como objetivo central analisar as reações jurídicas ao dano ambiental causado pela mineração, com especial ênfase na responsabilidade civil, que é o principal instrumento aplicável para impor a reparação desses danos, mas apontando brevemente também os instrumentos de responsabilidade administrativa e penal que podem, além de potencialmente punir condutas lesivas, fortuitamente conduzir à correção dos danos ambientais ocorridos.

Para tanto, de início será realizada breve reflexão acerca da existência – ou não – de um "dano ambiental minerário", para especificá-lo ou agrupá-lo em relação aos danos ao meio ambiente em geral como forma de delimitação temática.

Na sequência, será realizada análise da responsabilidade civil por danos ambientais, destacando suas funções e seu escopo precipuamente reparatório, inclusive com a rediscussão de alguns dos dogmas contemporaneamente prevalecentes na responsabilidade civil por danos ambientais, como forma de fixar bases mais precisas para aplicação desse instrumento no âmbito da mineração.

---

[472] A "sociedade de risco" moderna é caracterizada pela imprevisibilidade, pela incerteza e pelo desconhecimento dos resultados do avanço tecnológico, que submetem os indivíduos a um constante estado de risco, que seria inerente à organização social contemporânea. Sobre o tema, como referencial teórico fundamental, cf. BECK, Ulrich. *Sociedade de risco*: rumo a uma outra modernidade. 2. ed. São Paulo: Editora 34, 2011.

[473] Para comentários sobre a responsabilidade civil no contexto da sociedade de risco, inclusive utilizando Ulrich Beck como referencial, cf. FARIAS, Cristiano Chaves de; BRAGA NETTO, Felipe Peixoto; ROSENVALD, Nelson. *Novo tratado de responsabilidade civil*. São Paulo: Atlas, 2015. p. 3-11. Na mesma linha, mas focando no aspecto ambiental, LEITE, José Rubens Morato; AYALA, Patrick de Araújo. *Dano ambiental*: do individual ao coletivo extrapatrimonial: teoria e prática. 6. ed. São Paulo: Revista dos Tribunais, 2014. p. 118-124.

Por fim, serão estudadas brevemente as responsabilidades penal e administrativa, que, embora representem por essência reações punitivas ao dano ambiental minerário, eventualmente podem servir para garantir a reparação do dano causado, além de ter efeitos colaterais preventivos e pedagógicos.

## 3.1 Caracterização jurídica do dano ambiental minerário

Como premissa para compreensão das reações jurídicas ao dano ambiental minerário, é necessário primeiramente realizar a caracterização desse instituto de modo a identificar se se trata de uma categoria específica de dano ambiental, que eventualmente pode estar sujeita a mecanismos diferenciados de reparação, ou se está submetida ao regime geral de responsabilidade ambiental.

A questão não tem resposta imediata em razão das próprias características da atividade minerária, que foram amplamente estudadas no Capítulo 1, no qual se demonstrou que a mineração é economicamente estratégica, mas inevitavelmente gera resultados ambientais negativos, porque depende, por essência, de uma intervenção na natureza para ser realizada e por se estruturar na extração particular de um recurso natural federal.

Especialmente em razão dessa necessária intervenção no meio ambiente, a mineração é tomada popularmente como uma atividade "danosa", o que já se demonstrou, porém, ser conceitualmente equivocado na perspectiva jurídica, pois o dano não é uma consequência inevitável da mineração, e sim apenas o impacto ambiental negativo.

Entretanto, essa relevante característica que recai sobre a atividade pode conduzir a um regime de lesividade diferenciado e, por conseguinte, a um sistema jurídico de reparação próprio, justamente o que se pretende avaliar neste capítulo final.

Nesse sentido, na sequência, primeiro será realizada breve exposição sobre a concepção jurídica de dano tomado em perspectiva genérica; depois, será apresentada a conceituação e a classificação específica do dano ambiental, para, por fim, definir o que se concebe por dano ambiental minerário.

### 3.1.1 O que é dano?

A exemplo do que ocorre com a espécie "dano ambiental", o ordenamento jurídico brasileiro não estabelece um conceito legal para o gênero "dano", que, referido de forma genérica e abstrata no artigo 186 do Código Civil, precisa ser definido pelo intérprete de acordo com a juridicidade dos interesses postos em litígio casuisticamente, o que tende a favorecer o alargamento das hipóteses de proteção,[474] vez que a determinação do que se considera como dano dependerá do entendimento de quem avalia o caso, impedindo ainda o engessamento que uma definição legal tenderia a provocar.[475]

O dano pode ser concebido como um fato jurídico,[476] dado que o elemento fático de sua composição – a consequência lesiva em si – é um evento da natureza, ainda que possa ser ligado a (ou mesmo ser causado por) um ato humano, intencional ou não, lícito ou ilícito, pois o que importa para sua identificação e quantificação é a modificação fática natural.[477]

Por conseguinte, para que um determinado evento se qualifique juridicamente como dano e dê ensejo a reações jurídicas de reparação ou punição pelo ordenamento jurídico é preciso que sejam congregados um aspecto fático, consubstanciado no prejuízo real percebido por uma vítima, e outro jurídico, que se caracteriza como o interesse jurídico na reparação ou punição.[478]

Ou seja, para que sejam acionadas as reações jurídicas ao dano, não basta que haja prejuízo fático, sendo necessário que haja relevância jurídica que legitime sua reparação ou previsão normativa que possibilite a punição.

Esse é um fator importante para a distinção entre impacto ambiental negativo e dano ambiental empreendida nesta obra, haja vista que, como se registrou em diversas oportunidades neste trabalho, um mesmo resultado fático prejudicial ao meio ambiente pode ensejar reações distintas, a depender da qualificação jurídica do evento.

---

[474] FARIAS, Cristiano Chaves de; BRAGA NETTO, Felipe Peixoto; ROSENVALD, Nelson, *op. cit.*, p. 231.
[475] Vale registrar que, por outro lado, o alargamento conceitual quantitativo e qualitativo do que se concebe como "dano" acabou por gerar uma banalização que, como efeito colateral, permitiu o avanço da "indústria do dano" (cf. FARIAS, Cristiano Chaves de; BRAGA NETTO, Felipe Peixoto; ROSENVALD, Nelson, *op. cit.*, p. 229). Por isso, é necessário que o intérprete, em especial o julgador, que atua como balizador das pretensões jurídicas, tenha bom senso na concretização conceitual do dano juridicamente relevante.
[476] Em lição clássica, Miguel Reale conceitua que fato jurídico é o "evento ao qual as normas jurídicas já atribuíram determinadas consequências, configurando-o e tipificando-o objetivamente" (REALE, Miguel. *Lições preliminares de Direito*. 27. ed. São Paulo: Saraiva, 2002. p. 200).
[477] FARIAS, Cristiano Chaves de; BRAGA NETTO, Felipe Peixoto; ROSENVALD, Nelson, *op. cit.*, p. 230.
[478] *Idem. Ibidem.*

Se há tolerabilidade ao resultado negativo por parte do órgão ambiental, então ele se qualifica como impacto ambiental negativo e acionará os mecanismos de controle estudados no Capítulo 2.

Por outro lado, se o resultado negativo é indesejado e não tolerado, então há interesse jurídico que legitime sua reparação pelos instrumentos a serem estudados neste capítulo conclusivo, em especial a responsabilidade civil que, como registrado, tem no dano elemento essencial que representa seu fato gerador, ou sua punição, através das responsabilidades penal e administrativa, quando houver previsão típica nesse sentido.

Com efeito, o dano pode ser reputado como sendo, ao mesmo tempo, elemento aglutinador e limitador da responsabilidade civil,[479] pois serve tanto para a sua configuração, quanto funciona como baliza que indica o limite de responsabilização do agente. É por esse motivo que, embora já se admita largamente a responsabilidade sem culpa, particularmente não se concebe responsabilidade sem dano, vez que é seu fator nuclear.[480]

É importante ressaltar que dano não se confunde com ilicitude, que, tomada em dimensão ampla, abrange a simples infração de um dever jurídico cominado, seja ele legal ou contratual, independentemente de haver uma lesão subjacente, sendo, portanto, um conceito mais amplo que o de dano.[481]

Por exemplo, o artigo 66 do Decreto nº 6.514/2008 estabelece que operar em desacordo com licença ambiental concedida por órgão ambiental configura infração administrativa, independentemente de essa operação causar efetiva lesão ao meio ambiente. Logo, pode haver a ilicitude administrativa mesmo que não haja dano.

Por outro lado, pode suceder de um empreendimento que opera licitamente causar dano pela ocorrência de um evento imprevisto, indesejado e não tolerado de lesão ambiental, caso em que, mesmo não havendo propriamente ilicitude, haverá dano e possível responsabilização civil.[482]

---

[479] CARRÁ, Bruno Leonardo Câmara. *Responsabilidade civil sem dano*: uma análise crítica: limites epistêmicos a uma responsabilidade civil preventiva ou por simples conduta. São Paulo: Atlas, 2015. p. 162.

[480] Nesse sentido, cf., por exemplo, FARIAS, Cristiano Chaves de; BRAGA NETTO, Felipe Peixoto; ROSENVALD, Nelson, *op. cit.*, p. 227; CARRÁ, Bruno Leonardo Câmara, *op. cit.*, p. 3; CAVALIERI FILHO, Sérgio. *Programa de responsabilidade civil*. 2. ed. São Paulo: Malheiros, 2002. p. 70.

[481] CARRÁ, Bruno Leonardo Câmara, *op. cit.*, p. 162.

[482] Nesse sentido, cf. MILARÉ, Édis *op. cit.*, p. 452-453.

Mais que isso, dano não mais se vincula necessariamente ao ato ilícito, que, na esteira de sua definição legal nos artigos 186 e 187 do Código Civil, representa ato humano, comissivo ou omissivo, que seja contrário à ordem jurídica, configurando-se pela inobservância de um dever legal.

Na verdade, em especial com a ampliação das hipóteses de responsabilidade civil objetiva e pela adoção da teoria do risco como suporte para a responsabilização, o que se exige para que se imponha o dever de reparar não é uma ilicitude *stricto sensu* (ou seja, que pressuponha o desatendimento a um dever legal ou regulamentar), mas a antijuridicidade qualificada pela ocorrência de uma lesão juridicamente relevante,[483] tomando o próprio dano como sendo fenômeno antijurídico.

Nota-se dessas ponderações que a caracterização do dano é, de fato, pressuposto indispensável para acionar a responsabilidade civil do agente causador, mas pode ser prescindível para responsabilização penal e administrativa.

Não obstante, apesar de ser elemento essencial da responsabilidade civil e, em regra, dispensável nas demais esferas de responsabilização, nada impede que tipos penais e infrações administrativas específicos prevejam o dano como um pressuposto para a configuração de determinados ilícitos.

É o caso, por exemplo, da infração administrativa prevista no artigo 61 do Decreto nº 6.514/2008 e do seu correspondente tipo penal estabelecido no artigo 54 da Lei nº 9.605/1998, que abstratamente permitem a responsabilização administrativa e penal daquele que "causar poluição de qualquer natureza em níveis tais que resultem ou possam resultar em danos à saúde humana, ou que provoquem a mortandade de animais ou a destruição significativa da flora", ou seja, daqueles que causarem danos ao meio ambiente.

Em suma, pode-se afirmar que o dano se configura juridicamente quando um evento fático de prejuízo possui relevância jurídica que legitime o acionamento do ordenamento para ordenar sua reparação ou para promover a punição do causador do dano.

Por consequência, todo resultado ambiental negativo que não tiver relevância jurídica – ou seja, que é concebido como sendo tolerável – não se qualifica como dano, mesmo que faticamente represente uma alteração desfavorável.

---

[483] CARRÁ, Bruno Leonardo Câmara, *op. cit.*, p. 164-166.

## 3.1.2 O que é dano ambiental?

O conceito de dano ambiental adotado neste trabalho já foi apresentado no item 1.3, no qual se realizou a diferenciação dessa categoria jurídica em relação aos impactos ambientais negativos. Em síntese, registrou-se que dano ambiental consiste no resultado ambiental negativo indesejado e não tolerado que é identificado após a consumação do prejuízo ao meio ambiente (*ex post*), e que, embora em regra potencialmente previsível, na prática não foi antecipado ou, se o foi, não foi mensurado ou controlado devidamente, gerando um resultado lesivo inesperado, que será corrigido pelos instrumentos de responsabilização, em especial por responsabilidade civil, cuja finalidade precípua é a reparação de danos.

Correlacionando a noção de dano ambiental com o conceito do gênero dano que foi exposto no tópico anterior, pode-se afirmar que sua configuração jurídica se dará quando um evento fático de prejuízo ao meio ambiente possuir relevância jurídica suficiente que legitime o acionamento do ordenamento, para que se possa determinar sua reparação ou para promover a punição do causador do dano, se for o caso.

A propósito, como também se registrou no tópico anterior, a relevância jurídica que legitima a reparação ou a punição é um dos principais elementos a permitir a diferenciação entre dano ambiental e impacto ambiental negativo, haja vista que, muitas vezes, faticamente o resultado ambiental lesivo é idêntico, distinguindo-se juridicamente o dano do impacto por este ser admitido como ônus ambiental aceitável, enquanto que aquele é sempre indesejado.

A importância de definir no que consiste o dano ambiental, entre outros fatores, dá-se pela necessidade de individualizar o objeto – e fato gerador – da responsabilidade civil ambiental e também dos tipos penais e infrações administrativas ambientais de dano, que lhes confere requisitos e consequências específicas – e usualmente mais gravosas – em relação aos regimes gerais de responsabilidade civil, penal e administrativa.

Da mesma forma, pela perspectiva negativa, aquilo que não for dano ambiental, e sim impacto ambiental negativo, evidentemente não se sujeitará a esse sistema especial de responsabilidade, mas a outros mecanismos de controle, visto que admitido pelo direito ambiental.

Nesse sentido, o objetivo deste subitem não é mais diferenciar dano de impacto, visto que essa distinção já foi amplamente realizada ao longo deste trabalho, em especial no item 1.3. Na verdade, pretende-se, na oportunidade, efetuar uma caracterização mais precisa do dano ambiental como elemento essencial para tríplice responsabilização dos agentes que o provocaram. Além disso, essa delimitação é necessária também para a construção conceitual do dano ambiental minerário, a ser realizada no item seguinte.

Para que seja realizada essa categorização do dano ambiental, o primeiro ponto a ser abordado é a distinção entre "dano ambiental coletivo" e "dano ambiental individual", que poderia ser identificada como uma classificação do dano ambiental quanto ao perfil do lesado.

Sobre o tema, Édis Milaré leciona que o dano ambiental coletivo (ou dano ambiental propriamente dito) é aquele causado ao meio ambiente em si, em sua concepção difusa, afetando a coletividade, enquanto que o dano ambiental individual (ou dano ricochete ou dano reflexo) é aquele causado sobre interesses patrimoniais ou extrapatrimoniais de indivíduos como repercussão de uma lesão à qualidade do meio ambiente.[484]

Entendimento semelhante é esposado por Delton Winter de Carvalho, que defende que danos ambientais coletivos são aqueles causados ao próprio meio ambiente, independentemente de ser comprovada lesão a interesses humanos. Já o dano ambiental individual seria, na verdade, mero reflexo ao dano ambiental de fato, que é imediatamente afetado, tendo como repercussão mediata justamente a lesão ao patrimônio ou à saúde do indivíduo.[485]

Dessa concepção merece ressalva apenas a pontuação de que o dano ambiental coletivo independe de lesão a interesses humanos. Isso, porque na verdade o que se prescinde é de lesão a interesse individual, mas ao menos o interesse difuso da coletividade deve ter sido afetado para que o dano ambiental se caracterize, pois não se concebe, ao menos no atual estágio do ordenamento jurídico brasileiro, interesse jurídico autônomo ao próprio ambiente.

Consideração importante acerca dessa distinção classificatória é feita por José Rubens Morato Leite e Patrick de Araújo Ayala, quando registram que, embora no dano ambiental individual realmente a finalidade principal seja a proteção do patrimônio e demais valores do indivíduo, e apenas mediatamente o meio ambiente, conceber que se trata de dano ambiental reflexo é juridicamente relevante porque, por força do artigo 14, §1º, da Lei nº 6.938/1981, esse tipo de lesão ensejará

---

[484] MILARÉ, Édis, *op. cit.*, p. 329-331.
[485] CARVALHO, Delton Winter de, *op. cit.*, p. 104.

um sistema de responsabilidade civil objetiva, equiparado ao sistema geral aplicável ao dano ambiental coletivo.[486]

Por fim, vale ressaltar a classificação feita por Herman Benjamin, que, em vez de dividir dano ambiental simplesmente em coletivo e individual, prefere as designações dano ecológico,[487] quando se refere à lesão o meio ambiente em si, e dano pessoal, quando atinge a esfera dos seres humanos, podendo afetar interesses individuais, individuais homogêneos, coletivos e difusos.[488]

Particularmente, na esteira do exposto acima em relação à conceituação feita por Delton Winter de Carvalho, e com o devido acatamento às opiniões divergentes, entende-se que "danos ambientais" são apenas aqueles que afetam interesses difusos da coletividade ao atingirem o bem ambiental em si, reputando-se equivocada a concepção estrita de "danos ambientais individuais", os quais, entende-se, são meros danos "comuns" reflexos aos verdadeiros danos ao meio ambiente, embora se submetam a um regime especial de responsabilização, na forma do artigo 14, §1º, da Lei nº 6.938/1981.

No mais, discorda-se da noção de dano ecológico enquanto dano causado exclusivamente ao meio ambiente, sem afetar interesses humanos. Isso, porque, como já se registrou, concebe-se que o dano ambiental é juridicamente relevante quando atinge, pelo menos, interesses difusos, pela lesão ao macrobem ambiental, de interesse da coletividade, não sendo adequado falar em dano ambiental que seja dissociado do difuso interesse social.

Outra classificação importante para compreensão exata do que se concebe por dano ambiental é a divisão entre "dano ambiental material" e "dano ambiental moral" ou "dano ambiental patrimonial" e "dano ambiental extrapatrimonial", que seria a categorização do dano ambiental de acordo com a natureza do interesse lesado.[489]

---

[486] LEITE, José Rubens Morato; AYALA, Patrick de Araújo, op. cit., p. 154.

[487] Paulo de Bessa Antunes também usa a expressão "dano ecológico", mas para categorizar uma espécie do gênero ambiental, que seria caracterizada por representar "alteração adversa da biota, como resultado da intervenção humana", sendo ladeada ainda por danos ambientais que afetassem a saúde, as atividades produtivas, a segurança e todos os demais bens que componham o meio ambiente, mas não se qualifiquem como fauna, flora ou minérios (ANTUNES, Paulo de Bessa. Dano ambiental, cit., p. 126).

[488] BENJAMIN, Antonio Herman de Vasconcellos e. Responsabilidade civil pelo dano ambiental. Revista de direito ambiental. São Paulo: Revista dos Tribunais. v. 3. nº 9. 1998. p. 50-51.

[489] MILARÉ, Édis, op. cit., p. 332.

Com relação ao dano ambiental material, que Édis Milaré assevera ser aquele que repercute sobre o próprio bem ambiental, seja na perspectiva macro, seja na micro, relacionando-se com sua possível reparação ao *status quo ante* da lesão,[490][491] há pouca controvérsia, vez que, conceitualmente, será assim classificado o dano ambiental que provocar uma lesão material sobre um recurso ambiental específico e, principalmente, quando essa lesão implicar em desequilíbrio ecológico, afetando a qualidade do meio ambiente.

Com efeito, talvez o único ponto que mereça ressalva, embora nem mesmo chegue a ser realmente controverso, refere-se à designação conferida a essa categoria. Particularmente, considera-se mais preciso, de fato, falar em "dano ambiental material" do que "dano ambiental patrimonial", por relacionar o dano com um prejuízo concreto ao recurso ambiental ou ao equilíbrio ecológico, ao passo que a segunda nomenclatura inevitavelmente induz a uma associação econômica não tão adequada na perspectiva ambiental.

É bem verdade que "patrimonial" não necessariamente precisa implicar na noção de patrimônio do direito civil, de bem dotado de valor econômico no sentido mais estrito e que precisa de proteção justamente por ser "propriedade" de um determinado sujeito, podendo representar "patrimônio" no sentido social, de bem que interessa a toda a coletividade, seja ele tangível (recursos ambientais) ou intangível (equilíbrio ambiental).

A propósito, vale frisar que conceber que a noção patrimonial clássica pode não traduzir perfeitamente a relação da coletividade com os bens ambientais não significa negar o valor econômico dos recursos ambientais, pois seria verdadeira negativa da realidade.

Isso, porque embora o meio ambiente tenha imprescindível função para garantia da vida sadia e digna a todos, isso não muda que os recursos que o compõem, como bens dotados de escassez, podem (e devem) ser economicamente valorados, o que é importante inclusive para garantir sua própria proteção (pelo controle do uso) ou para facilitar sua reparação (por simplificar a quantificação do dano).[492]

---

[490] Idem. Ibidem, p. 333.
[491] Em sentido semelhante, associando dano ambiental material a lesões a recursos ambientais e ao próprio meio ambiente, cf. BENJAMIN, Antonio Herman de Vasconcellos e. Responsabilidade, *cit.*, p. 49-51.
[492] Para um estudo específico e detalhado nesse sentido, cf. SIQUEIRA, Lyssandro Norton, *op. cit.*, p. 165-249.

De todo modo, não obstante "direito ambiental patrimonial" não ser uma expressão necessariamente equivocada, prefere-se utilizar "direito ambiental material" para designar a lesão ambiental real provocada sobre recursos ambientais (microbens) ou sobre o próprio equilíbrio ecológico (macrobem), que se opera e se identifica no plano físico.

Igual simplicidade conceitual não se verifica na definição do dano ambiental moral ou extrapatrimonial, vez que a própria categoria é mais problemática, independentemente da questão ambiental, muito embora modernamente já esteja assentada a aceitação da existência dos danos morais.[493]

No ponto, vale frisar que interessa, para este trabalho, o dano extrapatrimonial ambiental "coletivo" assim entendido como aquele que seria causado sobre a coletividade como decorrência de um dano ambiental material de excepcional gravidade e persistência. Até porque não se considera que há propriamente um dano ambiental moral "individual", vez que, em verdade, entende-se que seria este um dano moral individual "comum" causado em reflexo a um dano ambiental propriamente dito.

Aliás, merece registro que se prefere a terminologia "extrapatrimonial" do que "moral" quando se trata de dano ambiental coletivo causado sobre bens que não tenham uma concepção material, vez que se trata de conceituação mais adequada por permitir compreender o caráter mais abrangente dessa espécie de dano, que poderia ficar muito adstrita caso se atrelasse à noção de moral.[494][495]

Rigorosamente, como se adota a designação "dano ambiental material" para representar as lesões físicas causadas ao meio ambiente e

---

[493] Nelson Rosenvald registra que, no Brasil, o instituto do dano moral passou por pelo menos quatro estágios evolutivos distintos, primeiro, antes da Constituição de 1988, quando sequer era concebido como modelo jurídico autônomo; segundo, com o advento da Carta Magna de 1988, quando passou a ter disciplina constitucional, apesar da hesitação da doutrina em admiti-lo; terceiro, com seu refinamento conceitual, para passar a ser reputado como lesão a interesse existencial tutelável; e quarto, ao ser ampliado para atingir também pessoas jurídicas. A essas quatro etapas, Rosenvald inclui uma mais recente, na qual se passou a aceitar os danos morais coletivos (ROSENVALD, Nelson. O dano moral coletivo como uma pena civil. *In*: ROSENVALD, Nelson; TEIXEIRA NETO, Felipe (org.). *Dano moral coletivo*. Indaiatuba: Editora Foco, 2018. p. 97-98).

[494] Nesse sentido, LEITE, José Rubens Morato; AYALA, Patrick de Araújo, *op. cit.*, p. 256.

[495] Também adotando a terminologia "dano extrapatrimonial coletivo", Rosenvald sustenta ser ela mais adequada que a expressão "moral", por não relacionar a aspectos subjetivos inadequados na espécie, como a "dor da comunidade" (ROSENVALD, Nelson O dano moral coletivo, *cit.*, p. 98).

aos recursos ambientais, mais adequado seria nomear a categoria oposta como sendo dano ambiental "extramaterial", de modo a retratar todos os danos ambientais não enquadrados na primeira categoria.

Contudo, por uma questão de simplificação terminológica para manutenção do padrão científico, serão adotadas neste trabalho as nomenclaturas "dano ambiental material" e "dano ambiental extrapatrimonial".

O fundamento legal para a admissibilidade do dano ambiental extrapatrimonial coletivo é, tal como para o dano ambiental material, o artigo 1º, I e IV, da Lei nº 7.347/1985 (Lei da Ação Civil Pública), que dispõe que são regidas "pelas disposições desta Lei, sem prejuízo da ação popular, as ações de responsabilidade por danos morais e patrimoniais causados: I – ao meio ambiente; (...); IV – a qualquer outro interesse difuso ou coletivo".[496]

Conceituando esse dano ambiental extrapatrimonial, Édis Milaré destaca ser ele caracterizado como a ofensa devidamente evidenciada aos sentimentos individuais e/ou coletivos decorrentes da lesão ambiental material, sendo que, embora o dano material seja um pressuposto para a ocorrência do dano ambiental extrapatrimonial, não necessariamente este último é provocado quando ocorrer aquele, limitando-se a situações mais excepcionais.[497]

Na mesma linha, José Rubens Morato Leite e Patrick de Araújo Ayala asseveram que o dano ambiental extrapatrimonial, em sua perspectiva coletiva, decorre da desvalorização imaterial ao meio ambiente ecologicamente equilibrado e, ao mesmo tempo, de outros valores a ele associados à saúde e à qualidade de vida, advertindo ainda que depende ele da ocorrência de um significativo dano ambiental material, que tenha ultrapassado o limite de tolerabilidade, a ser examinado casuisticamente.[498]

Annelise Steigleder, por sua vez, além de concordar com a necessidade de existir grave e persistente dano ambiental material correlato como requisito para ocorrência de dano extrapatrimonial, faz outra ponderação que merece registro ao asseverar que, para caracterização do dano ambiental extrapatrimonial "coletivo" não se exige a

---

[496] Embora tenha havido resistência inicial no Superior Tribunal de Justiça em aceitar o dano moral coletivo, hoje, especialmente na seara ambiental, sua admissibilidade é já assentada na Corte Superior, como se verifica, por exemplo entre tantos outros, da análise do julgamento do Recurso Especial nº 1.269.494/MG.
[497] MILARÉ, Édis, op. cit., p. 333-334.
[498] LEITE, José Rubens Morato; AYALA, Patrick de Araújo, op. cit., p. 290-291.

demonstração dos elementos dor, sofrimento e aflição espiritual, pois na verdade são efeitos, e não elementos constitutivos.[499] Na mesma linha, tratando do dano moral extrapatrimonial enquanto gênero que surgiu a partir da sua especificação no campo do direito ambiental, Cristiano Chaves de Farias, Felipe Peixoto Braga Netto e Nelson Rosenvald sustentam se tratar do resultado de ação ou omissão lesiva significante praticada contra patrimônio da coletividade, considerando a geração presente e as futuras, que suportam um sentimento de repulsa em decorrência de um fato danoso irreversível, de difícil reparação ou com consequências históricas.[500]

Dessas concepções é possível notar que somente se admite a ocorrência de danos ambientais extrapatrimoniais quando houver um significativo dano ambiental material subjacente, que provoque consequências especialmente gravosas à coletividade.

Consequentemente, sem dano ambiental material, não haverá dano ambiental extrapatrimonial. Da mesma forma, mesmo havendo dano concreto ao meio ambiente, mas não sendo este particularmente gravoso e persistente, também não haverá dano extrapatrimonial à coletividade.[501]

Ressalta-se que o dano ambiental extrapatrimonial não se confunde com seus possíveis efeitos, como a dor e o sofrimento, consistindo, em verdade, na violação intolerável objetivamente aferida a partir de um evento de lesão ambiental com considerável gravidade.[502] [503]

---

[499] STEIGLEDER, Annelise Monteiro, *op. cit.*, p. 148-149.
[500] FARIAS, Cristiano Chaves de; BRAGA NETTO, Felipe Peixoto; ROSENVALD, Nelson, *op. cit.*, p. 343-344.
[501] Por essa razão, reputa-se inadequado, por exemplo, o ajuizamento de ações civis públicas pleiteando exclusivamente indenização por dano ambiental extrapatrimonial, sem caracterização de dano ambiental subjacente, contra empreendimentos operados sem licença ambiental ou em desacordo com esta. Isso, porque se não for demonstrado que a operação ilegal provocou danos materiais ao bem ambiental, mas apenas descumpriu um dever formal de realizar prévio licenciamento, não há gravidade e persistência que provoque colateralmente lesão extrapatrimonial.
[502] *Idem. Ibidem*, p. 344.
[503] O STJ já reconheceu essa desvinculação do dano extrapatrimonial ambiental em relação aos seus efeitos, asseverando que o "dano extrapatrimonial ambiental atinge direitos de personalidade do grupo ou coletividade enquanto realidade massificada, que a cada dia reclama mais soluções jurídicas para sua proteção. É evidente que uma coletividade pode sofrer ofensa à sua honra, à sua dignidade, à sua boa reputação, à sua história, costumes, tradições e ao seu direito a um meio ambiente salutar para si e seus descendentes. Isso não importa exigir que a coletividade sinta a dor, a repulsa, a indignação, tal qual fosse um indivíduo isolado. Essas decorrem do sentimento de participar de determinado grupo ou coletividade, relacionando a própria individualidade à ideia do coletivo" (BRASIL. Superior Tribunal de Justiça. *Recurso Especial* 1.269.494/MG. Relatora Ministra Eliana

Aliás, não apenas o dano ambiental extrapatrimonial não se confunde com seus efeitos, como também independe da demonstração destes, pois, até mesmo como consequência da sua dificílima comprovação, basta a prova do fato lesivo material intolerável, sendo o correspondente dano extrapatrimonial presumido (*in re ipsa*).[504] Em todo caso, é importante frisar que, no atual estágio do ordenamento jurídico brasileiro, o dano ambiental extrapatrimonial somente se caracteriza por lesão a interesse difuso da "coletividade humana", sendo sua relação com seres não humanos uma teoria ainda em construção e atualmente sem respaldo legal.[505] Logo, sem que se caracterize que houve violação a interesses de seres humanos, não há dano ambiental extrapatrimonial.

A partir dessa definição exclusiva em torno da coletividade humana, outra questão relevante acerca do dano ambiental extrapatrimonial coletivo consiste em avaliar se a sua ocorrência está atrelada aos indivíduos que compõem a coletividade que tem o interesse difuso violado ou se esse "ente social" é dotado de autonomia.

Em outros termos, é preciso avaliar se, para fins de apuração de danos extrapatrimoniais, é possível transcender a figura do indivíduo para atingir um ente ideal e transindividual, seja ele um grupo específico, como um sindicato ou uma associação, ou a própria coletividade difusamente considerada.

Apesar de majoritariamente ser admitida essa independência do ente coletivo em relação aos indivíduos para fins de apuração do dano moral,[506] merece registro o entendimento de Cristiano Chaves de Farias, Felipe Peixoto Braga Netto e Nelson Rosenvald, que, reconhecendo que defendem posição contramajoritária, reputam que as lesões extrapatrimoniais não podem atingir uma coletividade de forma totalmente dissociada dos membros que a compõem.[507] [508]

---

Calmon. Segunda Turma. Julgamento: 24/09/2013. Publicação: Diário de Justiça Eletrônico 01/10/2013, trecho do voto da relatora). No mesmo sentido, em julgamento mais recente, cf. BRASIL. Superior Tribunal de Justiça. *Recurso Especial 1.643.365/RS*. Relatora Ministra Nancy Andrighi. Terceira Turma. Julgamento: 05/06/2018. Publicação: Diário de Justiça Eletrônico 07/06/2018.

[504] LEITE, José Rubens Morato; AYALA, Patrick de Araújo, *op. cit.*, p. 296-297.
[505] Nesse sentido, cf. STEIGLEDER, Annelise Monteiro, *op. cit.*, p. 154.
[506] Adotam essa posição, *v.g.*, MILARÉ, Édis, *op. cit.*; LEITE, José Rubens Morato; AYALA, Patrick de Araújo, *op. cit.*; BENJAMIN, Antonio Herman de Vasconcellos e. Responsabilidade cit.; STEIGLEDER, Annelise Monteiro, *op. cit.*; CARVALHO, Delton Winter de, *op. cit.* No mesmo sentido já se pronunciou o STJ, como se verifica a partir da análise do já citado Recurso Especial nº 1.269.494/MG.
[507] FARIAS, Cristiano Chaves de; BRAGA NETTO, Felipe Peixoto; ROSENVALD, Nelson, *op. cit.*, p. 349.

Como consequência dessa relação intrínseca entre ente coletivo e seus componentes, sustentam os referidos autores que, caso se assumisse que o dano moral possui caráter essencialmente compensatório, este se esgotaria na indenização individual, não fazendo sentido uma nova condenação em nome da coletividade, vez que ela nada mais seria que o próprio conjunto de indivíduos, e não um ente abstrato autônomo, pelo que entendem que a corrente majoritária, ao ignorar essa relação, estaria conceitualmente equivocada.[509]

Por isso, asseveram que, na verdade, dano moral coletivo consiste em "peculiar espécie de pena civil", que em nada se assemelha à natureza do dano extrapatrimonial, por não ter real caráter compensatório, e sim escopo pedagógico-punitivo, direcionado ao causador do dano, relacionando-se com os princípios da precaução e do poluidor-pagador.[510][511]

Ainda destacam os autores que reconhecer o caráter de pena civil não apenas é correto conceitualmente, como resolve a discussão acerca de sua admissibilidade, vez que se deixa de tentar fazer uma caracterização inadequada buscando associar ao coletivo aquilo que se identifica apenas individualmente. Admitem, por outro lado, que, sendo pena civil, o dano moral coletivo não é compatível com o ordenamento jurídico atual, pois, por ser direito punitivo, depende de previsão legislativa prévia e detalhada, sem a qual o ordenamento não se admite punição.[512][513]

---

[508] Bruno Carrá comunga desse entendimento, embora por fundamento distinto, quando assevera que parece exagerado reputar a existência de dano moral puramente coletivo, pois reputa ser uma categoria à parte dos danos materiais e morais (*tercius genus*), vez que, não sendo assim, a responsabilização civil a ela adjacente se afiguraria como responsabilidade por mera conduta (ou sem dano), uma "verdadeira *contraditio in adjeto*" (CARRÁ, Bruno Leonardo Câmara. A (in)viabilidade jurídica do dano moral coletivo. In: ROSENVALD, Nelson; TEIXEIRA NETO, Felipe (org.). *Dano moral coletivo*. Indaiatuba: Editora Foco, 2018. p. 66)

[509] FARIAS, Cristiano Chaves de; BRAGA NETTO, Felipe Peixoto; ROSENVALD, Nelson, *op. cit.*, p. 350.

[510] *Idem. Ibidem*, p. 350-352.

[511] Em outro trabalho, Nelson Rosenvald detalha que "na pena civil, a sanção se prende a um ilícito sintomático. As penas civis possuem finalidade punitiva primária, pois o essencial da sanção será uma função preventiva de dissuasão da conduta em si" (ROSENVALD, Nelson O dano moral coletivo, *cit.*, p. 112).

[512] FARIAS, Cristiano Chaves de; BRAGA NETTO, Felipe Peixoto; ROSENVALD, Nelson, *op. cit.*, p. 353-354.

[513] Em sentido semelhante, Bruno Carrá, aceitando que o dano extrapatrimonial coletivo seja uma pena civil, reputa que ela deve ser concebida de modo que não implique em admitir responsabilidade civil sem dano ou por mera conduta (CARRÁ, Bruno Leonardo Câmara. A (in)viabilidade, *cit.*, p. 69).

Embora não se discorde integralmente dessa posição, ela merece ser ponderada, pois faz uma reflexão precisa acerca de uma perspectiva pouco debatida no que se refere aos danos ambientais extrapatrimoniais coletivos.

Com efeito, diferente dos autores, entende-se que há, sim, possibilidade de cindir o ente coletivo dos indivíduos que o compõem, no que se admite, por consequência, a possibilidade de existir dano ambiental extrapatrimonial coletivo que seja independente de dano moral individual.

Não obstante, considera-se que esse dano coletivo só ocorrerá em hipóteses absolutamente excepcionais, quando o fato lesivo material ambiental tiver magnitude, persistência e consequências em intensidade suficiente para verdadeiramente abalar a coletividade de forma ampla, enquanto ente social, ainda que esse abalo seja presumido e aferido casuisticamente de modo objetivo.[514]

Quando não houver esse dano ambiental material expressivo (ou mesmo quando simplesmente não houver dano ambiental em absoluto) e quando o pedido de condenação (além da própria decisão condenatória) se basear em uma pretensão exclusivamente punitiva e educativa do dito ofensor, então, de fato, não se estará diante de uma compensação, e sim de verdadeira pena civil, sem previsão no ordenamento jurídico e que está simplesmente disfarçada de indenização por dano moral coletivo para ganhar roupagem de juridicidade.

Essa discussão será melhor analisada no item 3.2, quando se estudará as funções da responsabilidade civil por danos ambientais, porém, já para o momento vale o registro de que não há como se imputar punição sem que haja prévia, expressa e detalhada cominação legal, bem como sem que se demonstre a culpabilidade do agente, ainda que tal pena tenha natureza civil, o que implicaria na vedação à utilização tredestinada da indenização por dano extrapatrimonial ambiental coletivo como pena civil.

Finalmente, para concluir a caracterização do dano ambiental, merece ser exposta brevemente a classificação do dano ambiental

---

[514] José Rubens Morato Leite e Patrick de Araújo Ayala asseveram que a quantificação do dano moral coletivo e de sua compensação é uma questão controversa, defendendo que sua definição deve ser feita pelo juiz subjetivamente a partir do caso concreto (LEITE, José Rubens Morato; AYALA, Patrick de Araújo, *op. cit.*, p. 299). Embora se reconheça que, pela falta de critérios objetivos que resolvam essa questão, na prática é dessa forma que é definida a existência e a quantificação de dano ambiental extrapatrimonial, é preciso reconhecer também o risco de arbítrio inerente a esse excesso de subjetividade. O ideal é que a legislação avance no sentido de objetivar essa avaliação, como forma de conferir maior segurança jurídica à temática.

quanto ao momento de ocorrência, que permite sua divisão em "dano passado", "dano presente" e "dano futuro".

Sobre essa categorização, Édis Milaré sustenta que o dano passado (por ele nomeado ainda como "dano ancestral" ou como "dano histórico") consiste na "lesão que já ocorreu, mas cujas implicações negativas só foram identificadas depois de longo período de sua concretização".[515]

Essa categoria é bastante importante para o direito ambiental, vez que os danos causados ao meio ambiente muitas vezes não são identificados ou, nem mesmo, são identificáveis quando de sua ocorrência, seja porque efetivamente invisíveis e silenciosos, dependendo de uma reiteração de condutas ao longo dos anos para se consolidar, seja porque o estágio científico-tecnológico vigente ao tempo de sua concretização ainda não era capaz de constatar o fato lesivo.

Já o dano presente, para o mesmo autor (que o designa como "dano coetâneo" ou "dano atual"), seria aquele ocorrido e observado no momento de sua ocorrência, sendo mais facilmente identificável e reparável.[516]

Por fim, ainda com base na lição de Édis Milaré, reputa-se dano futuro (ou "dano do amanhã") aquele que, embora não ocorrido e mesmo sem poder ser previsto de modo incontestável, tem considerável risco e magnitude para suceder, ensejando a aplicação de medidas preventivo-precaucionais.[517]

Essa categoria é mais detidamente debatida por Delton Winter de Carvalho, que defende que o dano ambiental futuro, típica consequência da sociedade de risco que se vivencia na contemporaneidade, pode ser configurado não apenas quando existe certeza de que ele sucederá à frente, como consequência de um dano presente, mas também quando houver razoável probabilidade de ocorrência.[518]

Precisamente, leciona o autor que o aqui abordado dano ambiental futuro consiste no "risco ilícito, passível de ser fonte geradora de obrigações de fazer ou não fazer em decorrência de deveres fundamentais de proteção intergeracionais, mesmo diante das incertezas científicas que demarcam o dano ambiental em sua dimensão futura".[519]

---

[515] MILARÉ, Édis, op. cit., p. 335.
[516] Idem. Ibidem, p. 336.
[517] Idem. Ibidem, p. 336-337.
[518] CARVALHO, Delton Winter de, op. cit., p. 189-191.
[519] Idem. Ibidem, p. 192.

Não obstante a força dos argumentos expostos, particularmente não se concorda com a possibilidade de acionar responsabilidade civil por danos ambientais futuros, tomados ainda em uma dimensão meramente probabilística, sem que haja certeza de sua posterior ocorrência e de sua extensão.

É bem verdade que os autores em análise reconhecem que a responsabilidade civil por danos ambientais futuros probabilísticos terá como reação jurídica não propriamente um dever de reparar, vez que não há dano ainda, mas sim a adoção de medidas preventivas e precaucionais. Além disso, reconhece-se que parte da doutrina tem buscado conferir à responsabilidade civil um alargamento funcional para que assuma outros escopos não exclusivamente reparatórios, como a prevenção e mesmo a punição.

Contudo, discorda-se desse posicionamento quanto à ampliação demasiada da responsabilidade civil, ainda que tratando de questões ambientais.

Com efeito, como se detalhará no item 3.2, entende-se que a responsabilidade civil tem função essencialmente reparatória, podendo ser apenas incidentalmente preventiva ou pedagógica e não admitindo, ao menos no atual ordenamento jurídico brasileiro, caráter punitivo como pena civil.

Isso não significa que o dano ambiental futuro meramente provável não pode ser objeto de tutela pelo direito ambiental. Pelo contrário, o direito ambiental, por essência, tem caráter preventivo e precaucional, sendo direcionado a antecipar e minimizar o risco de ocorrência desse tipo de evento. O que não se admite, apenas, é que essa tutela seja feita através da responsabilidade civil, que consiste em mecanismo de natureza reativa.

Nesse ponto, converge-se com a lição de Bruno Carrá, quando sustenta que a responsabilidade civil não pode servir para prevenir ou punir condutas de modo a evitar danos, vez que, por definição, destina-se a repará-los, pelo que não bastaria a mera perspectiva de dano, dependendo, em verdade, da sua concretização e geração de efeitos jurídicos para deflagrar o dever de indenizar.[520][521]

---

[520] CARRÁ, Bruno Leonardo Câmara, op. cit., p. 161.
[521] Em sentido semelhante, dividindo o direito ambiental propriamente dito da responsabilidade civil por danos ambientais, dada a divergência de funcionalidade, cf. LATHAM, Mark; SCHWARTZ, Victor E.; APPEL, Christopher E., op. cit.

Apesar de sua importância, os limites da responsabilidade civil serão melhor detalhados adiante, no item 3.2. Por ora, cumpre apenas registrar a categorização do dano ambiental de acordo com o momento de ocorrência, ressalvando especificamente quanto ao dano ambiental futuro, que não se concorda que seja ele objeto de responsabilidade quando sua ocorrência for apenas provável, e não certa.

Com efeito, entende-se que nessa hipótese o risco de dano pode ser, ao menos em tese, objeto de tutela administrativa ou mesmo penal, a depender de eventual tipificação prévia, admitindo-se a adoção de medidas preventivas e precaucionais contra tal perigo, mas não imputando responsabilidade civil, vez que se considera que esta depende do dano devidamente identificado, concretizado e quantificado para ser acionada.

Além disso, concorda-se novamente com Bruno Carrá quando este assevera que a pretensão de incluir mecanismos inibitórios como parte da responsabilidade civil tem como possível consequência o esvaziamento da diferença entre a tutela preventiva e a tutela reparatória. À evidência, por ser destinada a coibir danos não ocorridos, a inibitória ratifica o limite da responsabilidade civil, que, por sua vez, restringe-se a recompor danos já sucedidos.[522]

Por fim, para encerrar este tópico, ainda relacionando-se com a classificação do dano ambiental quanto ao momento de ocorrência, merecem destaque duas concepções que têm sido aplicadas de modo recorrente pelo Superior Tribunal de Justiça[523] e que estão intimamente relacionadas com o princípio da reparação integral dos danos previsto no artigo 944 do Código Civil, quais sejam os danos intermediários e os danos residuais.

Precisamente, os danos intermediários (ou interinos) seriam aqueles que ocorrem entre o evento lesivo original e o restabelecimento

---

[522] CARRÁ, Bruno Leonardo Câmara, op. cit., p. 170.
[523] Cf, ilustrativamente, BRASIL. Superior Tribunal de Justiça. *Agravo Interno no Recurso Especial 1.532.643/SC*. Relatora Ministra Assusete Magalhães. Segunda Turma. Julgamento: 10/10/2017. Publicação: Diário de Justiça Eletrônico 23/10/2017; BRASIL. Superior Tribunal de Justiça. *Recurso Especial 1.355.574/SE*. Relatora Ministra Diva Malerbi (Desembargadora Convocada do Tribunal Regional Federal da 3ª Região). Segunda Turma. Julgamento: 16/08/2016. Publicação: Diário de Justiça Eletrônico 23/08/2016; BRASIL. Superior Tribunal de Justiça. *Recurso Especial 1.255.127/MG*. Relator Ministro Herman Benjamin. Segunda Turma. Julgamento: 18/08/2016. Publicação: Diário de Justiça Eletrônico 12/09/2017; BRASIL. Superior Tribunal de Justiça. *Recurso Especial 1.180.078/MG*. Relator Ministro Herman Benjamin. Segunda Turma. Julgamento: 02/12/2010. Publicação: Diário de Justiça Eletrônico 28/02/2010.

do meio ambiente afetado, enquanto os danos residuais consistiriam naqueles que subsistem apesar de terem sido aplicados todos os esforços para sua restauração.

A classificação empreendida pelo STJ é importante, por tornar clara a abrangência lesiva dos danos ambientais, que não se limitam ao dano ocorrido de imediato, pois podem espalhar efeitos colaterais que podem perdurar indefinidamente, sendo que tudo deve ser integralmente reparado, o que torna imprescindível essa visão ampla do fenômeno danoso.

Enfim, como síntese conclusiva, pode-se definir dano ambiental como sendo o resultado fático de prejuízo ao meio ambiente que possui relevância jurídica suficiente que legitime o acionamento do sistema de tríplice responsabilização, conforme o caso, podendo ser classificado quanto ao perfil do lesado (coletivo ou "individual"), quanto à natureza da lesão (material ou extrapatrimonial) e quanto ao momento de ocorrência (passado, presente, futuro, intermediário e residual).

Reitera-se que essa concepção é importante para definir a amplitude das responsabilidades civil, penal e administrativa ambiental, pois, como sistemas específicos com regras peculiares, somente poderão ser acionados caso o objeto seja, de fato, dano ambiental. Da mesma forma, é importante compreender o que se entende por dano ambiental, para caracterização do dano ambiental minerário, a ser efetuada na sequência.

## 3.1.3 O que é dano ambiental minerário?

Finalmente, definido o que se concebe como dano em geral e como dano ambiental em específico, será realizada a conceituação do dano ambiental minerário, e serão avaliadas as possíveis consequências jurídicas dessa definição.

Esse detalhamento é importante, principalmente, para definir quais as reações jurídicas aplicáveis para corrigir ou para punir o dano ambiental minerário, bem como para avaliar se ele deve ser submetido a um regime especial de responsabilização ou se ele se submete ao regime geral que se aplica sobre o dano ambiental "comum".

Isso, porque definir um dano como sendo "ambiental" tem como consequência direta a submissão do seu causador a um regime de responsabilidade civil especial em relação à regra geral, o mesmo valendo para as responsabilidades penal e administrativa, que também seguem regimes diferenciados com requisitos próprios quando se tratar de dano ambiental.[524]

Logo, o que se pretende especificamente neste item é avaliar se "dano ambiental minerário" é uma espécie diferente do possível gênero "dano ambiental", com um regime ainda mais diferenciado de responsabilização, ou se é meramente o dano ambiental provocado pela atividade minerária e que, portanto, seguirá os regimes de responsabilidade civil, penal e administrativa ambiental em geral.

Não há, em doutrina, uma sistematização detalhada dessa questão.

Na verdade, há apenas menções isoladas a um possível regime especial de responsabilização civil por danos ambientais causado pela mineração. É o caso, por exemplo de Herman Benjamin, que assevera que essa especificação de regime decorreria da previsão do artigo 225, §2º, da Constituição da República.[525]

Mais precisamente, defende Benjamin que o ordenamento jurídico brasileiro possui cinco mecanismos distintos de responsabilização civil por dano ambiental: direitos de vizinhança (artigos 554 e 555 do Código Civil), responsabilidade civil extracontratual subjetiva (artigo 159 do Código Civil), responsabilidade civil objetiva do artigo 14, §1º, da Lei nº 6.938/1981, responsabilidade civil objetiva do Código de Defesa do Consumidor (quando houver relação de consumo) e, finalmente, responsabilidade civil especial (dano minerário, dano florestal, dano nuclear e dano por agrotóxicos).[526]

Vale frisar, porém, que apesar de fazer referência a esse regime especial da responsabilidade civil ambiental por dano minerário, Benjamin não detalha quais seriam as peculiaridades que garantiriam especificidade a tal sistema.

Particularmente, diverge-se do entendimento indicado pelo autor em referência. Primeiro, porque não se considera que há regimes diversos de responsabilidade civil a tratar dos danos ambientais, mas sim um sistema único cujas características são depreendidas de diversos instrumentos normativos distintos, em especial da Constituição (artigo 225, §3º) e da Lei nº 6.938/1981 (artigos 14, §1º, e 3º, IV).

---

[524] A caracterização dos regimes de responsabilidade civil, penal e administrativa ambiental será realizada apenas nos tópicos seguintes (3.2 e 3.3), valendo para o momento apenas a indicação de que são sistemas especiais de responsabilização em relação aos mecanismos gerais.

[525] BENJAMIN, Antonio Herman Vasconcelos e. Responsabilidade civil, cit., p. 24-25.

[526] Idem. Ibidem, p. 31-32.

Segundo, e principal, porque se considera que a previsão do artigo 225, §2º, da Constituição, na verdade serve como reconhecimento constitucional do caráter essencialmente impactante e necessariamente interventor no meio ambiente da atividade minerária, não se relacionando com responsabilidade civil.

Com efeito, entende-se que a disposição funciona como admissão constitucional de que a mineração necessariamente causará impactos ambientais, mas que estes poderão ser tolerados pelo órgão ambiental licenciador como inevitáveis para o desenvolvimento da atividade, condicionada à realização de reabilitação ambiental posterior daquilo que for degradado, de acordo com a solução técnica indicada também pelo órgão competente.

Aliás, essa conclusão já foi antecipada nos itens 1.2.4, em que se realizou a caracterização do caráter necessariamente interventor da atividade minerária, e 2.2.1.2, no qual se analisou o PRAD como instrumento de controle de impactos ambientais da mineração.

Em suma, foi registrado no item 1.2.4 que a mineração é uma atividade econômica que necessariamente depende da intervenção no meio ambiente para ser executada e que é essencialmente causadora de impactos ambientais negativos, condições reconhecidas e toleradas pela Constituição Federal de 1988, justamente em seu artigo 225, §2º.[527]

Já no item 2.2.1.2 foi detalhado que o PRAD é um instrumento de controle de impactos ambientais negativos da mineração, destinado à reabilitação ambiental da área necessariamente degradada pelo empreendimento minerário.

A propósito, registrou-se inclusive que o PRAD se afigura como o instrumento que melhor ilustra o papel da tolerabilidade como principal elemento de distinção entre impacto e dano ambiental, vez que a degradação ambiental que será reabilitada, de acordo com o estabelecido no estudo, não pode ser reputada como sendo dano ao meio ambiente, embora seja adversa, justamente por ser tida como necessária para a realização da atividade mineral a ponto de ser admitida sua recuperação apenas no futuro.

Portanto, com o máximo acatamento, diferentemente do que sustenta Herman Benjamin, entende-se que não há um regime especial de responsabilidade civil aplicável pelo dano ambiental minerário que possa ser depreendido do artigo 225, §2º, da Constituição, pelo que

---

[527] Em sentido semelhante, também como já registrado, cf. ATHIAS, Jorge Alex Nunes. *A ordem econômica, cit.*, p. 127. FERREIRA, Gabriel Luis Bonora Vidrih, *op. cit.*, p. 121.

os danos ao meio ambiente causados pela atividade minerária devem seguir o regime geral de responsabilidade civil ambiental.

Da mesma forma, não se considera que há regimes de responsabilidade criminal e administrativa especiais quando se tratar de danos ambientais minerários, pois os tipos penais e infracionais ambientais relacionados a danos ao meio ambiente provocados pela mineração estão relacionados, ao menos em nível federal, na Lei nº 9.605/1998 e no Decreto nº 6.514/2008, justamente o que legitima que tais crimes e infrações sejam submetidos aos sistemas de responsabilização penal e administrativa ambiental.

Logo, não havendo ordenação normativa especial que crie mecanismos próprios para punir condutas de mineradoras que impliquem em danos ambientais, igualmente não há que se falar em responsabilidade penal e administrativa diferenciada em relação à regra geral dos danos ambientais.

A propósito, essa ausência de especialidade é ainda mais marcante no penal e no administrativo em relação ao civil, em razão da maior relevância da observância da legalidade para o direito punitivo. Não há como punir de forma especial sem prévia disposição legal.

Consequentemente, não havendo "responsabilidade civil, penal ou administrativa ambiental minerária", concebe-se que "danos ambientais minerários" são simplesmente os danos ambientais que foram provocados pela mineração, não se configurando como categoria específica de dano que poderia dar ensejo a regimes de responsabilização diferenciados em relação à regra geral.

Não obstante, essa definição conceitual é importante justamente por ser a mineração uma atividade com caráter essencialmente interventor no meio ambiente e que possui diversos instrumentos de controle específicos, com uma lógica regulatória de prevenção especial, o que poderia conduzir à equivocada concepção de que deveria se submeter a um regime diferenciado – e possivelmente mais gravoso – de responsabilização, servindo a conceituação para que essa imprecisão seja evitada.

A propósito, apesar de não alcançar as reações jurídicas ao dano ambiental minerário, na verdade a especialidade regulatória dos resultados ambientais negativos da atividade minerária se restringe ao controle de seus impactos ambientais, estudado no capítulo 2, ou seja, ao direito ambiental propriamente dito, com escopo preventivo.

Isso, porque quando se tratar de reparação de danos, tal como as lesões ao meio ambiente em geral, aqueles que forem provocados pela atividade minerária serão remediados de acordo com o sistema de responsabilidade civil ambiental geral, sem especificidades.

Do mesmo modo, o causador de danos ambientais minerários poderá, em tese, atendidos os devidos requisitos, ser punido criminal e administrativamente conforme os regimes já especiais de responsabilidade penal e administrativa ambiental.

Em suma, para este trabalho será "dano ambiental minerário" simplesmente o dano ao meio ambiente que foi provocado por atividade minerária, permitindo o acionamento da tríplice responsabilidade ambiental para tutela reparatória e, sendo o caso, punitiva em relação ao causador do dano.

A despeito dessa definição, ainda sobre a caracterização conceitual do dano ambiental minerário, merece breve registro que a extração irregular de minérios – aquela realizada sem a autorização, permissão, concessão ou licença da Agência Nacional de Mineração ou em desacordo com a obtida – não se configura como dano ambiental minerário para fins de responsabilidade civil, muito embora se configure como uma lesão provocada por um minerador pela retirada ilegal de um recurso natural.

À evidência, essa explotação ilícita é reputada na verdade como dano ao erário por usurpação de bem federal, e não como lesão ao meio ambiente, o que afasta sua reparação do sistema de responsabilidade civil ambiental.

Precisamente, há o entendimento de que a extração irregular de minérios não se confunde com os danos ambientais que podem ser subjacentes à retirada mineral ilícita. Por exemplo, a extração irregular de ouro de uma jazida não autorizada se configura como usurpação de bem federal (minério), ao passo que a possível retirada não autorizada da cobertura florestal ou a poluição de recursos hídricos com mercúrio utilizados para essa mineração serão danos ambientais.

Essa diferenciação tem impacto no sistema de responsabilidade civil aplicável, bem como na definição dos legitimados a pleitear (e para julgar) a tutela correspondente.

Enquanto os danos ambientais são passíveis, em princípio, de discussão nas múltiplas esferas de interesse federativo, dado o caráter difuso do bem ambiental, a indenização pela extração irregular do minério (pela usurpação do bem econômico mineral) é tema de interesse exclusivo da União Federal, a ser discutido, obviamente, com exclusividade na Justiça Federal.[528]

---

[528] Nesse sentido, por exemplo: BRASIL. Tribunal Regional Federal da 1ª Região. *Apelação Cível 0008438-10.2001.4.01.3300/BA*. Relator Desembargador Federal João Batista Moreira.

Aliás, há até mesmo o entendimento de que, tratando-se de tutela de bem público federal, a legitimidade para pleitear o ressarcimento seria exclusiva da União, inadmitida inclusive a atuação do Ministério Público Federal nesse sentido, dada a vedação constitucional que recai sobre o *parquet* para representar judicialmente entidades públicas (artigo 129, IX, da Constituição).[529]

Em suma, reputa-se que a extração ilegal de minérios é dano material comum causado à União Federal por usurpação de bem público federal, e não dano ambiental minerário, sendo, portanto, reparado de acordo com o sistema de responsabilidade civil comum aplicável em favor da Administração Pública Federal, não competindo a qualquer outra entidade pública, quer ente federativo, quer o próprio Ministério Público Federal, a discussão judicial da matéria, mas sim apenas à própria União.

Em todo caso, é curioso que, embora se entenda, com arrimo na jurisprudência, que a extração ilegal de recursos minérios em si não configura dano ambiental para fins civis, o mesmo comportamento é tipificado como crime ambiental (artigo 55 da Lei nº 9.605/1998) e como infração administrativa ambiental (artigo 63 do Decreto nº 6.514/2008), pelo que é submetida aos regimes de responsabilidade penal e administrativa ambiental.

Sem embargo, fato é que as tipificações penal e administrativa em referência não responsabilizam propriamente o "dano ambiental minerário" causado pela extração irregular de recursos minerais, e sim a própria conduta de realizar exploração ilícita, o que justifica a aparente divergência conceitual, que, portanto, é realmente apenas aparente.

Logo, neste livro será reputado como "dano ambiental minerário" o dano ao meio ambiente provocado por atividade minerária e que seja subjacente à extração irregular de minérios (esta considerada usurpação de bem federal, e não dano ambiental), permitindo o acionamento da

---

Quinta Turma. Decisão: 20/01/2016. Publicação: Diário de Justiça Federal Eletrônico 01/02/2016; BRASIL. Tribunal Regional Federal da 4ª Região. *Apelação Cível 5006053-13.2013.4.04.7208*. Relator Desembargadora Federal Vânia Hack de Almeida. Terceira Turma. Decisão: 21/08/2018. Publicação: Diário de Justiça Eletrônico 22/08/2018.

[529] Esse foi o entendimento registrado no voto do Desembargador Federal Kássio Nunes Marques, do TRF1, nos autos do Agravo de Instrumento nº 0000102-37.2012.401.0000/MG, ao afirmar que "o que importa é que a 'ação de ressarcimento do bem mineral, eventualmente usurpado' é da atribuição da AGU, e, não, do MPF, cuja atuação está restrita aos danos ambientais, e, não, aos danos materiais decorrentes da usurpação do bem mineral" (BRASIL. Tribunal Regional Federal da 1ª Região. *Agravo de Instrumento 0000102-37.2012.401.0000/MG*. Relator Desembargador Federal Kássio Nunes Marques. Sexta Turma. Decisão: 14/08/2017. Publicação: Diário de Justiça Federal Eletrônico 25/08/2017)

tríplice responsabilidade ambiental para tutela reparatória e, sendo o caso, punitiva em relação ao causador do dano.

Feita essa conceituação, será possível, nos tópicos seguintes, fazer a caracterização das responsabilidades civil, penal e administrativa como os instrumentos reativos pertinentes para a correção dos danos ambientais minerários.

## 3.2 Reação reparatória ao dano ambiental minerário: a responsabilidade civil ambiental como estratégia prioritária

Como registrado ao longo do tópico inicial deste capítulo, embora o direito ambiental tenha como objetivo precípuo antecipar e controlar impactos ambientais negativos, como é impossível evitar todos os prejuízos que possivelmente podem ocorrer em decorrência das atividades humanas, é imprescindível que o ordenamento jurídico esteja estruturado para reagir adequadamente a esses fatos lesivos.

Nesse contexto, a estratégia prioritária de reação ao dano ambiental minerário é a promoção da sua reparação, reabilitando o equilíbrio ambiental na maior medida possível ou, pelo menos, abrandando os efeitos negativos provocados pela lesão ao meio ambiente.

Diz-se que, na falha da função preventiva, o escopo reparatório assume caráter prevalente, pois, por lógica, se o escopo primário é manter o equilíbrio ambiental, então o objetivo secundário – e subsidiário – deve ser retomar a harmonia eventualmente abalada.

Por consequência, garantir a recuperação ambiental se torna mais importante até do que sancionar os eventuais culpados pela lesão, o que faz com que a função punitiva seja relegada a um papel complementar em relação à reparatória.

Isso, porque, em verdade, pouco adianta punir o culpado pelo dano ambiental, muitas vezes após um longo, burocrático, custoso e ineficiente processo, se não houver a reparação da lesão ao meio ambiente. Arrecadar multas aplicadas e restringir a liberdade de causadores de danos pode servir como alento à revolta pela ilicitude, mas não é capaz de recuperar um rio poluído, recompor uma floresta desmatada, reverter a extinção de uma espécie ou restabelecer a saúde humana afetada pelo desequilíbrio ambiental.

Evidente que isso não significa que se entende que a punição e o colateral efeito educativo da pena sejam prescindíveis, mas sim admitir que a reparação do dano ambiental é, de fato, um objetivo prioritário em relação ao punitivo e ao pedagógico, até porque a própria sistemática do direito ambiental brasileiro conduz a isso, como se registrará adiante. Nesse contexto, para demonstrar o caráter preferencial da estratégia reparatória como reação ao dano ambiental minerário, este item essencialmente fará uma análise da responsabilidade civil por danos ambientais, por ser o principal instrumento reativo para reparação dessas lesões.

### 3.2.1 A responsabilidade civil ambiental na visão majoritária da doutrina e da jurisprudência

A responsabilidade civil por danos causados ao meio ambiente é uma temática amplamente estudada, tanto pela sua relevância para o direito ambiental em específico (como principal instrumento jurídico de reparação de lesões ambientais), quanto para o próprio direito civil em perspectiva ampla, vez que a responsabilidade civil ambiental representa um campo de renovação do instituto, que tem fundamento milenar,[530] mas que assumiu características próprias para se adequar às particularidades dos eventos de dano ambiental.[531]

Como não poderia ser diferente, essa amplitude do debate acabou por propiciar o surgimento de visões distintas acerca da sua caracterização, divergência que foi (e ainda é) intensificada pela inexistência de regulamentação detalhada do tema em nível legislativo, o que fez com que a doutrina e a jurisprudência assumissem um papel interpretativo de grande relevância para sua sistematização, embora em certa medida tal interpretação do direito posto tenha extrapolado seus limites para atingir um caráter verdadeiramente criativo, muitas vezes contrariando a própria normatização da matéria.[532]

---

[530] Para um histórico evolutivo do instituto da responsabilidade civil, desde suas origens como instrumento de vingança (*vendeta*) até sua moderna cisão em relação ao direito penal (punitivo), cf. FARIAS, Cristiano Chaves de; BRAGA NETTO, Felipe Peixoto; ROSENVALD, Nelson. p. 32-38.

[531] Os mesmos autores fazem outra importante ponderação ao asseverarem que, apesar de a responsabilidade civil ambiental realmente ter características próprias que a especializam, é equivocado considerá-la como um paradigma totalmente distinto e mais avançado em relação ao direito civil comum, o qual, para os autores, também se modernizou e adota considerável parte das ditas particularidades da responsabilidade civil ambiental (FARIAS, Cristiano Chaves de; BRAGA NETTO, Felipe Peixoto; ROSENVALD, Nelson. p. 899).

[532] Em outra oportunidade já se realizou análise crítica específica acerca do ativismo judicial em matéria ambiental, quando se registrou, em suma, que essa postura ativista, apesar

Em todo caso, a despeito dessa divergência conceitual, com o tempo se formou uma visão majoritária, tanto pela doutrina, quanto pela jurisprudência (predominantemente do Superior Tribunal de Justiça), acerca das características gerais da responsabilidade civil ambiental, perspectiva que se pretende brevemente sistematizar neste item como premissa para a compreensão do instituto e também para a reflexão crítica sobre parte desses dogmas, que se empreenderá no tópico seguinte.

Nesse sentido, merece registro inicial que, não sendo regulada de modo concentrado em um instrumento normativo específico, a responsabilidade civil por danos ambientais encontra fundamento legal em dispositivos esparsos, sendo os principais o artigo 225, §3º, da Constituição da República, e o artigo 14, §1º, da Lei nº 6.938/1981.

Além desses, diversos outros dispositivos são usados como base para aplicação da responsabilidade civil ambiental, entre os quais devem ser evidenciadas as previsões da Lei nº 7.347/1985, que, entre outros tópicos regulados, proporcionou a instrumentalização processual do instituto e garantiu concretude ao regime de responsabilização civil por danos ao meio ambiente, incluindo, por exemplo, a admissão dos danos morais coletivos ambientais.

Desse peculiar sistema de responsabilidade civil ambiental, talvez a única característica que seja verdadeiramente incontroversa seja a sua natureza objetiva, vez que, por força do artigo 14, §1º, da Lei nº 6.938/1981, há previsão expressa de que o poluidor (*rectius*: o causador de dano ambiental) é obrigado a indenizar e reparar as lesões provocadas sobre o meio ambiente e sobre terceiros em ricochete, independentemente de culpa.

Além dessa, outra característica que é relativamente pacificada é a solidariedade na responsabilidade entre causadores diretos e indiretos de danos ambientais, aspecto que é depreendido da disposição do artigo 3º, IV, da Lei nº 6.938/1981, que apresenta o conceito legal de

---

de muitas vezes bem intencionada, representa sempre violação à separação dos poderes, ruptura à estabilidade democrática e desrespeito ao desenho institucional brasileiro, pelo que se considera inadequado o decisionismo criativo do juiz, vez que, nesse caso, a decisão não encontra respaldo no direito posto (cf. BRITO, Luis Antonio Gomes de Souza Monteiro de. Direito ambiental *versus* justiça ambiental: crítica ao ativismo judicial em matéria de meio ambiente. *Revista de Direito Ambiental*. vol. 89. ano 23. p. 133-156. São Paulo: Revista dos Tribunais. jan.-mar. 2018). Vale frisar, porém, que, apesar da importância da temática, sua abordagem neste livro será apenas colateral, concentrada principalmente no tópico seguinte a este, quando se refletirá acerca de alguns dos dogmas da responsabilidade civil por danos ambientais.

poluidor, mas que na prática foi equiparado ao causador de danos ambientais, muito por força da previsão do artigo 4º, VII, da mesma Lei, que prevê que o poluidor, assim como o degradador e o predador, terá o dever de recuperar e/ou indenizar os danos ambientais causados.

Emblemático para a consolidação dessa solidariedade – e para lhe garantir amplitude quase infinita – foi o julgamento do Recurso Especial nº 650.728/SC, reiteradamente referenciado na doutrina e na jurisprudência, de relatoria do Ministro Herman Benjamin, no qual se consignou que:

> Para o fim de apuração do nexo de causalidade no dano ambiental, equiparam-se quem faz, quem não faz quando deveria fazer, quem não se importa que façam, quem financia para que façam e quem se beneficia quando outros fazem.[533]

O julgado conferiu grande abrangência à solidariedade na responsabilidade civil ambiental, equiparando como responsáveis por reparar danos ambientais uma miríade de sujeitos diversos, muitas vezes apenas colateralmente relacionados ao evento lesivo, o que, evidentemente, conduziu a uma forte contestação dessa solidariedade ampla e, para muitos, como se registrará oportunamente, exagerada e inadequada.

É justamente por isso que se afirma que a solidariedade está apenas "relativamente" assentada, tendo em vista que, embora o caráter solidário em si seja amplamente admitido,[534] ainda há forte dissenso acerca da extensão dessa solidariedade, mormente no que tange à definição do causador indireto do dano.

À evidência, a doutrina majoritária,[535] com respaldo na jurisprudência,[536] tem intensificado ainda mais essa solidariedade na

---

[533] BRASIL. Superior Tribunal de Justiça. *Recurso Especial 650.728/SC*. Relator Ministro Herman Benjamin. Segunda Turma. Julgamento: 23/10/2007. Publicação: Diário de Justiça Eletrônico 02/12/2009.

[534] Nesse sentido, *v.g.* MILARÉ, Édis, *op. cit.*, p. 455-458; FARIAS, Cristiano Chaves de; BRAGA NETTO, Felipe Peixoto; ROSENVALD, Nelson. p. 896; CARVALHO, Delton Winter de, *op. cit.*, p. 133-136; STEIGLEDER, Annelise Monteiro, *op. cit.*, p. 179-185; ATHIAS, Jorge Alex Nunes, *op. cit.*, p. 245; VIANNA, José Ricardo Alvarez, *op. cit.*, p. 100-110.

[535] MILARÉ, Édis, *op. cit.*, p. 441-445; LEITE, José Rubens Morato; AYALA, Patrick de Araújo, *op. cit.*, p. 204-206. CARVALHO, Delton Winter de, *op. cit.*, p. 133-136; STEIGLEDER, Annelise Monteiro, *op. cit.*, p. 185-192; ATHIAS, Jorge Alex Nunes, *op. cit.*, p. 244

[536] O Superior Tribunal de Justiça já fixou em sede de recurso repetitivo que a responsabilidade civil por danos ambientais é informada pela teoria do risco integral. BRASIL. Superior Tribunal de Justiça. *Recurso Especial 1.114.398/PR*. Relator Ministro Sidnei Beneti. Segunda Seção. Julgamento: 08/02/2012. Publicação: Diário de Justiça Eletrônico 16/02/2012.

responsabilidade civil ambiental ao pautar que o caráter objetivo dessa responsabilidade é informado pela demasiadamente gravosa teoria do risco integral, que orienta pela inaplicabilidade das excludentes de responsabilidade sobre eventos de lesão ao meio ambiente, incluindo fato de terceiro, caso fortuito e força maior, pois, independentemente de eventuais circunstâncias externas, "se o evento ocorreu no curso ou em razão de atividade potencialmente degradadora, incumbe ao responsável por ela reparar eventuais danos causados",[537] o que contribui por elastecer o conceito de poluidor indireto.

Esse é um dos dogmas que se pretende rediscutir neste livro, pelo que se retomará a análise da teoria do risco integral no tópico seguinte.

Seguindo, outra característica estabelecida acerca da responsabilidade civil por danos ambientais é a de que, como forma de realizar o princípio da reparação integral, que rege a responsabilidade civil em geral (artigo 944, Código Civil), é necessário buscar a reparação do dano ambiental de modo a restabelecer o equilíbrio ecológico por meio de ações que propiciem retorno mais próximo possível ao *status quo ante*, ainda que seja necessário cumular obrigações de fazer (reparação *in natura*) com indenizações.[538 539]

Aliás, ainda sobre a reparação dos danos, entende-se que há basicamente três formas distintas para sua realização: a restauração *in natura*, a compensação por equivalente ecológico e a indenização pecuniária, prevalecendo o posicionamento de que há uma hierarquia entre essas possibilidades, sendo conferido caráter prioritário à reabilitação natural, ainda que eventualmente mais onerosa, vez que é a forma que melhor recompõe a higidez ambiental abalada, sendo seguida subsidiariamente pela compensação e pela indenização, esta a última alternativa, vez que não repara efetivamente o meio ambiente.[540]

---

[537] BENJAMIN, Antonio Herman de Vasconcelos e. Responsabilidade civil, *cit.*, p. 41.
[538] Na doutrina, cf. MILARÉ, Édis, *op. cit.*, p. 438-439; LEITE, José Rubens Morato; AYALA, Patrick de Araújo, *op. cit.*, p. 229-230.
[539] Na jurisprudência, exemplificativamente, entre outros inúmeros julgados posteriores no mesmo sentido: BRASIL. Superior Tribunal de Justiça. *Recurso Especial 605.323/MG*. Relator Ministro José Delgado. Primeira Turma. Julgamento: 18/08/2005. Publicação: Diário de Justiça 17/10/2005, p. 179.
[540] Adotam esse entendimento, por exemplo, MILARÉ, Édis, *op. cit.*, p. 339-341; LEITE, José Rubens Morato; AYALA, Patrick de Araújo, *op. cit.*, p. 213-223; STEIGLEDER, Annelise Monteiro, *op. cit.*, p. 214; VIANNA, José Ricardo Alvarez, *op. cit.*, p. 143.

A doutrina[541] e a jurisprudência[542] majoritária ainda afirmam que, em matéria de responsabilidade civil por danos ambientais, deve ser invertido o ônus da prova para atribuir ao suposto causador da lesão ambiental a faculdade de demonstrar que o alegado dano não ocorreu (ou que dele não foi causador).

Originalmente, essa inversão se fazia com base na aplicação analógica do artigo 6º, VIII, do Código de Defesa do Consumidor, pretensamente respaldado na previsão do artigo 21 de Lei de Ação Civil Pública, que admite a aplicação do CDC nas ações civis públicas que versarem sobre direitos difusos, coletivos e individuais homogêneos em geral, entre eles incluído o direito ao meio ambiente ecologicamente equilibrado, respaldando-se, para tanto, no princípio ambiental da precaução.

O tema foi tão recorrentemente debatido pelo Superior Tribunal de Justiça, que acabou sendo objeto da Súmula 618 do Tribunal da Cidadania, com a seguinte redação: "a inversão do ônus da prova aplica-se às ações de degradação ambiental".

Como a questão da inversão do ônus da prova em matéria ambiental também será debatida com mais detalhes no próximo tópico, não se aprofundará sobre ela nesta oportunidade. Contudo, vale para o momento o registro da visão doutrinária e jurisprudencial majoritária acerca da temática para fins de sistematização.

Outra característica atribuída de forma recorrente à responsabilidade civil por danos ambientais é a de que a obrigação de reparar danos ambientais tem natureza *propter rem*, ou seja, recairia sobre o proprietário de imóvel em que há lesão ao meio ambiente, independentemente de quem tenha sido o autor do dano ambiental, pois a obrigação acompanharia o bem imobiliário.[543] [544] [545]

---

[541] Admitem a inversão do ônus da prova com base nos argumentos acima relacionados, por exemplo, FARIAS, Cristiano Chaves de; BRAGA NETTO, Felipe Peixoto; ROSENVALD, Nelson. p. 892; VIANNA, José Ricardo Alvarez, *op. cit.*, p. 125-128; CARVALHO, Delton Winter de, *op. cit.*, p. 151-157.

[542] Nessa linha, por exemplo: BRASIL. Superior Tribunal de Justiça. *Recurso Especial 972.902/ RS*. Relatora Ministra Eliana Calmon. Segunda Turma. Julgamento: 25/08/2009. Publicação: Diário de Justiça Eletrônico 14/09/2009.

[543] VILLAS BÔAS, Regina Vera; SOUZA, Karla Karolina Harada. Tutela do direito fundamental ao meio ambiente nos casos de danos causados por atividade minerária. *In*: VILLAS BÔAS, Regina Vera; REMÉDIO JÚNIOR, José Ângelo; VILHENA, Marlene S (coords). *Contemporaneidade do direito ambiental e do direito minerário em debate*: estudos em homenagem à Professora Consuelo Yatsuda Moromizaro Yoshida. Rio de Janeiro: Jurismestre, 2017. p. 315.

[544] Também admitem caráter *propter rem* a algumas das obrigações relacionadas ao dever de reparar danos ambientais: CARVALHO, Delton Winter de, *op. cit.*, p. 150-151; STEIGLEDER,

Embora se reconheça que algumas obrigações de natureza ambiental realmente têm caráter *propter rem* – caso dos deveres de preservar e recompor área de preservação permanente e reserva legal, previstas no Código Florestal (artigo 2º, §2º) –, considera-se que tem havido certa banalização da questão pela doutrina e, principalmente, pela jurisprudência, razão pela qual também se debaterá o tema no subitem seguinte.

Finalmente, a última característica frequentemente atribuída à responsabilidade civil por danos ambientais é a de que a pretensão jurídica pela qual se pode pleitear sua realização é imprescritível, com base em diversos argumentos distintos.[546]

Primeiro, defende-se a imprescritibilidade pelo caráter difuso da lesão ao equilíbrio ecológico, macrobem ambiental cuja preservação é de interesse de toda a coletividade e que, por isso, não deveria ser submetido ao regime geral de prescrição que seria aplicável aos interesses individuais.

Segundo, afirma-se não ser possível falar em "inércia" do titular do direito ao meio ambiente equilibrado pelo não exercício da pretensão jurídica, visto que a titularidade do bem ambiental lesado é indeterminável e, mais que isso, transcende a geração presente para abranger também as futuras.

Terceiro, argumenta-se que a pretensão é imprescritível pelo caráter de bem indisponível e não dotado de patrimonialidade que recairia sobre o bem ambiental.

---

Annelise Monteiro, *op. cit.*, p. 207; PIMENTEL, Elizabeth Ferguson. *A responsabilidade civil ambiental na sucessão entre empresas*: a solidariedade e a obrigação *propter rem*. Curitiba: Prismas, 2015. p. 111-113.

[545] No âmbito do Superior Tribunal de Justiça, merece registro o Recurso Especial nº 1.251.697/PR, em que restou ementado que "esta Corte Superior possui entendimento pacífico no sentido de que a responsabilidade civil pela reparação dos danos ambientais adere à propriedade, como obrigação *propter rem*, sendo possível cobrar também do atual proprietário condutas derivadas de danos provocados pelos proprietários antigos. Foi essa a jurisprudência invocada pela origem para manter a decisão agravada" (BRASIL. Superior Tribunal de Justiça. *Recurso Especial 1.251.697/PR*. Relator Ministro Mauro Campbell. Segunda Turma. Julgamento: 12/04/2012. Publicação: Diário de Justiça Eletrônico 17/04/2012).

[546] Na doutrina, defendem a imprescritibilidade, *v.g.*, MAZZILLI, Hugo Nigro. *A defesa dos interesses difusos em juízo*. 27. ed. São Paulo: Saraiva, 2014. p. 685-686; NERY JÚNIOR, Nelson; NERY, Rosa Maria de Andrade. Responsabilidade, *cit.*, p. 291-292; MILARÉ, Édis, *op. cit.*, p. 691-693; LEITE, José Rubens Morato; AYALA, Patrick de Araújo, *op. cit.*, p. 209; FARIAS, Cristiano Chaves de; BRAGA NETTO, Felipe Peixoto; ROSENVALD, Nelson, *op. cit.*, p. 897; FIORILLO, Celso Antonio Pacheco, *op. cit.*, p. 719; SIRVINSKAS, Luís Paulo. *Manual de direito ambiental*. 15. ed. São Paulo: Saraiva, 2017. p. 965; SILVA, Romeu. *Manual de direito ambiental*. 3. ed. Salvador: JusPodium, 2013. p. 648.

Quarto, é asseverado que, dado o caráter continuado do dano ao meio ambiente, a lesão não se esgotaria no momento de sua ocorrência inaugural, pois os efeitos se prolongariam no tempo.

Quinto, aduz-se pela imprescritibilidade pela inexistência de direito adquirido de poluir,[547] que impediria que o decurso temporal estabilizasse uma situação antijurídica de dano ambiental e, assim, a ocorrência de prescrição.

E sexto, afirma-se que a imprescritibilidade seria uma condição decorrente de uma "logicidade hermenêutica", que permitiria a admissão de uma exceção à regra da prescritibilidade que vige no ordenamento jurídico brasileiro mesmo que sem prévia disposição, dada a maior importância do meio ambiente em relação aos demais bens jurídicos com os quais se confronta, inclusive, a segurança jurídica.

Na jurisprudência, a questão já está relativamente assentada no âmbito do Superior Tribunal de Justiça (STJ), que, pelo menos desde 2007, quando do julgamento do Recurso Especial 647.493/SC,[548] entende a pretensão de reparação de danos ambientais como sendo imprescritível.[549]

Não obstante, em 1º de junho de 2018, o Supremo Tribunal Federal reconheceu a constitucionalidade e a repercussão geral da matéria, pelo que a temática será objeto de julgamento no âmbito do Recurso Extraordinário 654.833/AC, sendo possível que a decisão siga entendimento diverso, alterando o parâmetro decisório hoje vigente para a questão.

Por isso, também a questão da prescritibilidade da pretensão jurídica de reparar danos ambientais será objeto de análise específica no tópico seguinte.

A título conclusivo, pode-se, sistematicamente, afirmar que, na visão majoritária da doutrina e da jurisprudência do Superior Tribunal de Justiça, a responsabilidade civil por danos ambientais na visão é caracterizada por ter natureza objetiva, ser amplamente solidária e

---

[547] Esse mesmo argumento deu ensejo à Súmula 613 do STJ, que afirma pela inaplicabilidade da teoria do fato consumado às questões relacionadas ao direito ambiental.
[548] BRASIL. Superior Tribunal de Justiça. *Recurso Especial 647.493/SC*. Relator Ministro João Otávio de Noronha. Segunda Turma. Julgamento: 22/05/2007. Publicação: Diário de Justiça 22/10/2007, p. 233.
[549] Merece registro também, por ter argumentos paradigmáticos para a matéria: BRASIL. Superior Tribunal de Justiça. *Recurso Especial 1.120.117/AC*. Relatora Ministra Eliana Calmon. Segunda Turma. Julgamento: 10/11/2009. Publicação: Diário de Justiça Eletrônico 19/11/2009.

informada pela teoria do risco integral, visar a reparação integral dos danos com preferência pela reparação *in natura*, admitir a inversão do ônus da prova, ter caráter *propter rem* e representar pretensão jurídica imprescritível.

A partir disso, no próximo item serão brevemente rediscutidos alguns dos dogmas aqui previamente descritos, como forma de definir de modo mais preciso o regime da responsabilidade civil por danos ambientais, para sua aplicação sobre os danos ao meio ambiente causados pela atividade minerária.

## 3.2.2 Reflexões críticas sobre dogmas da responsabilidade civil ambiental

Apesar de haver uma visão doutrinária e jurisprudencial dominante, especialmente no âmbito do Superior Tribunal de Justiça, acerca das características gerais da responsabilidade civil por danos ambientais, sistematizadas no item anterior, considera-se que parte dos dogmas[550] assentados sobre o tema merecem discussão mais detalhada.

A bem da verdade, não se pretende reanalisar todas as características da responsabilidade civil por danos ambientais, pois essa tarefa extrapolaria os limites deste livro, que focará apenas nos elementos cuja caracterização pela visão majoritária se considera mais controversa.

À evidência, serão analisados de modo mais acurado a teoria do risco e o conceito de "poluidor" indireto que norteiam a amplitude da responsabilidade civil ambiental, a distribuição do ônus da prova em ações que versem sobre danos ambientais, a limitação do caráter *propter rem* que se tem pretendido associar à reparação de danos ao meio ambiente e a prescritibilidade da pretensão jurídica de reparar danos ambientais.

---

[550] Tércio Sampaio Ferraz Júnior leciona que os dogmas são "pontos de partida inegáveis" necessários para o desenvolvimento do conhecimento dogmático, que adota certas premissas, os dogmas, em si e por si arbitrárias, pois resultantes de uma decisão do cientista, como vinculantes para o estudo, renunciando a pesquisa sobre esse determinado elemento (FERRAZ JÚNIOR, Tércio Sampaio. *Introdução ao estudo do direito*: técnica, decisão, dominação. 9. ed. São Paulo: Atlas, 2016. p. 25-27). Partindo desse conceito, quando se menciona nesta obra que se pretende rediscutir dogmas da responsabilidade civil por danos ambientais, quer-se dizer que a intenção científica é desconstruir – ou pelo reanalisar com enfoque distinto da visão majoritária – essas premissas tomadas como vinculantes, por se considerar que, na verdade, a concepção está assentada em uma interpretação imprecisa do instituto jurídico.

É evidente, porém, que essa análise não se pretende exaustiva, até pelas limitações epistemológicas deste livro, que não intenciona construir uma teoria da responsabilidade civil ambiental, mas apenas delimitar seus contornos para sua adequada aplicação na correção de danos ambientais minerários.

De todo modo, espera-se que a breve análise empreendida nos subitens seguintes colabore para elucidar questões controversas ou para fomentar novos debates a partir de uma nova leitura de premissas, já quase pacificamente admitidas pela doutrina e pela jurisprudência, acerca da responsabilidade civil ambiental, embora se entenda como equivocadas.

### 3.2.2.1 Rediscutindo a teoria do risco integral e a amplitude do conceito de "poluidor" indireto

Como se registrou no item 3.2.1, a doutrina e, principalmente, a jurisprudência majoritárias entendem que há uma ampla solidariedade na responsabilidade civil por danos ambientais, que atinge não apenas os causadores diretos do dano, como também os responsáveis indiretos por ele, com fundamento no artigo 3º, IV, da Lei nº 6.938/1981.

Ocorre que não há definição legal que delimite quem deve ser reputado como causador indireto do dano ambiental (ou poluidor indireto, para usar a terminologia da Lei nº 6.938/1981), relegando ao intérprete a tarefa de concretizar o conceito, o que culminou em julgados que equiparam como responsáveis solidários ampla gama de sujeitos diferentes, cuja relação com o evento lesivo muitas vezes é bastante colateral.

Exemplo paradigmático de precedente nesse sentido, como exposto no item anterior, é o Recurso Especial nº 650.728/SC, de relatoria do Ministro Herman Benjamin, no qual se decidiu que "para o fim de apuração do nexo de causalidade no dano ambiental, equiparam-se quem faz, quem não faz quando deveria fazer, quem não se importa que façam, quem financia para que façam e quem se beneficia quando outros fazem".

Contribui bastante para intensificar essa amplitude de responsáveis a adoção da teoria do risco integral como fundamento do caráter objetivo da responsabilidade civil por danos ambientais, pois restringe as hipóteses em que a responsabilidade de qualquer dos agentes possivelmente envolvidos pode ser excluída.

Precisamente, afirma-se que essa teoria do risco admite a responsabilização mesmo para condutas lícitas e autorizadas,[551] além de afastar a aplicação das excludentes de responsabilidade, como força maior, caso fortuito e fato de terceiro, sob o fundamento de que, como o legislador não realizou expressa previsão das excludentes aplicáveis aos casos de danos ambientais, então estaria subentendido que os agentes responsáveis devem assumir integralmente todos os riscos que advêm de suas atividades.[552]

Logo, sob o fundamento de que a responsabilidade civil é objetiva, solidária e informada pelo risco integral, usualmente se impõe responsabilização sobre todos os agentes com os quais se possa relacionar o dano ambiental, mesmo aqueles apenas remotamente associados ao evento lesivo e que sobre ele não há controle ou dever de segurança.

Sem embargo, parece que, em certa medida, a doutrina e a jurisprudência expressam adotar a teoria do risco integral apenas como forma de reforçar a ideia de que adotam a interpretação jurídica mais favorável ao meio ambiente, visto que muitas vezes os fundamentos usados para explicar o risco integral se amoldam mais a outras teorias do risco, sendo reproduzidos de modo acrítico, retratados como uma obviedade incontestável, mas sem fundamento próprio.[553] Por isso, pode-se afirmar que se trata de uma opção "politicamente correta, mas tecnicamente equivocada".[554]

Esse equívoco técnico decorre do fato de que a teoria do risco integral não se limita a vedar as excludentes de responsabilidade, tal como argumenta a visão majoritária quase que em uníssono, como também, em verdade, torna prescindível o próprio estabelecimento do nexo causal entre a atividade responsabilizada e o resultado lesivo,

---

[551] KRELL, Andreas Joachim. Concretização do dano ambiental: algumas objeções à teoria do risco integral. *Revista de Informação Legislativa*. Brasília. ano 35. nº 139. jul./set. 1998. p. 26-27.

[552] Nesse sentido, *v.g.*, LEITE, José Rubens Morato; AYALA, Patrick de Araújo, *op. cit.*, p. 205.

[553] Essa mesma crítica já foi destacada antes, por exemplo, por Andreas Krell, que assevera que há certa confusão na literatura jurídica, pois há autores que se filiam à teoria do risco integral, mas usam como fundamentos para justificar sua posição argumentos mais ligados à teoria do risco-proveito (KRELL, Andreas Joachim, *op. cit.*, p. 25-26). Na mesma linha, Cristiano Chaves, Felipe Braga Netto e Nelson Rosenvald entendem que a matéria não teve o desenvolvimento teórico refinado que seria necessário, ressaltando que os livros, em geral, são lacônicos e não costumam estender muitas linhas no tema (FARIAS, Cristiano Chaves de; BRAGA NETTO, Felipe Peixoto; ROSENVALD, Nelson, *op. cit.*, p. 906 e 911).

[554] FARIAS, Cristiano Chaves de; BRAGA NETTO, Felipe Peixoto; ROSENVALD, Nelson, *op. cit.*, p. 908.

sendo que não há, no direito ambiental, qualquer previsão normativa que autorize responsabilização nesses termos,[555] vez que o nexo de causalidade é reputado fator indispensável.[556]

Ou seja, na aplicação da verdadeira teoria do risco integral, a responsabilidade pela reparação do dano ambiental deveria ser imputada sobre um determinado agente, mesmo que ele não tivesse sido o causador da lesão direta ou indiretamente, não tendo qualquer vínculo com o resultado danoso.

Nesses termos é que haveria, de fato, um risco integral, pois, assim, todo o dano que ocorresse deveria ser imputado ao agente sem qualquer avaliação subjetiva, tampouco acerca do liame causal.

O direito brasileiro tem pelo menos dois exemplos de responsabilidades civis que realmente são informadas pela teoria do risco integral, sendo que nas duas expressamente se prescinde do nexo para responsabilização. São elas a responsabilidade civil da União em caso de atentado terrorista ou de atos de guerra contra aeronaves de empresas aéreas brasileiras (Leis nº 10.309/2001 e 10.744/2003), bem como a responsabilidade civil também da União por danos ocorridos por qualquer acidente de segurança relacionado à Copa do Mundo FIFA.

Na primeira hipótese, o artigo 1º da Lei nº 10.309/2001 estabelece que a União está autorizada a "assumir as responsabilidades civis perante terceiros no caso de danos a bens e pessoas no solo, provocados por atentados terroristas ou atos de guerra contra aeronaves de empresas aéreas brasileiras no Brasil ou no exterior". Por sua vez, o artigo 1º da Lei nº 10.744/2003 esclarece que a vítima não precisa ser passageira da aeronave, além de ampliar a indenização para abranger eventos correlatos a atentados terroristas e atos de guerra.

No caso da Lei nº 12.633/2012, a chamada Lei da Copa, o risco integral assumido pela União decorre da previsão do artigo 23, que estabelece que o ente federal assumirá os efeitos da responsabilidade civil perante a FIFA, seus representantes legais, empregados ou consultores por todo e qualquer dano que seja provocado por incidentes ou acidentes de segurança relacionados aos Eventos FIFA.

---

[555] Para uma crítica contra a aplicação da teoria do risco integral pela inexistência de base normativa, cf. ANTUNES, Paulo de Bessa. Direito, cit., p. 594. Em outra oportunidade, o mesmo autor acrescenta a essa crítica a ponderação de que a inexistência de excludentes de responsabilidades, como propugnado pela visão dominante como sendo consequência da teoria do risco integral, na verdade acaba tendo como efeito colateral um "estímulo ao comportamento antiambiental" (ANTUNES, Paulo de Bessa. Limites da responsabilidade objetiva ambiental. R. TRF1. Brasília. v. 28. nº 9/10. set./out. 2016, p. 53-64).

[556] Idem. Ibidem, p. 905.

Nota-se que, em ambas as hipóteses, a União assume a responsabilidade por qualquer dano, mesmo que não haja nexo de causalidade entre a atividade federal e o resultado lesivo, bastando que este ocorra e esteja relacionado às hipóteses estipuladas nos instrumentos normativos citados para dar ensejo ao dever de indenizar. O que há, portanto, é uma mera assunção de responsabilidade, que, nesse caso, de fato se consubstancia em risco integral assumido pela União.

Não é dessa forma que se procede no direito ambiental, mesmo na ótica da visão majoritária, que, embora refira que a teoria do risco integral informa a responsabilidade civil ambiental objetiva, continua condicionando a responsabilização à demonstração do nexo causal, sempre reputado como elemento imprescindível.

Isso se verifica, por exemplo, a partir da análise do julgamento do Recurso Especial 1.374.284/MG, de relatoria do Ministro Luís Felipe Salomão, no qual se consignou, na forma de recurso repetitivo, que:

> a responsabilidade por dano ambiental é objetiva, informada pela teoria do risco integral, sendo o nexo de causalidade o fator aglutinante que permite que o risco se integre na unidade do ato, sendo descabida a invocação, pela empresa responsável pelo dano ambiental, de excludentes de responsabilidade civil para afastar sua obrigação de indenizar.[557]

Esse julgado é ilustrativo, pois demonstra que a teoria do risco integral é utilizada como justificativa para não serem admitidas as excludentes de responsabilidade para casos de danos ao meio ambiente, mas sem a consideração técnica necessária de que, se o risco assumido realmente fosse integral, seria prescindível avaliar o nexo de causalidade. Na verdade, o julgado decidiu justamente o oposto, por ter reputado que o liame causal é o necessário fator aglutinante que permite que o risco se integre na unidade do ato lesivo.

Por isso, embora afirmem estar aplicando a teoria do risco integral – aparentemente para transparecer a adoção de uma visão ambientalmente mais protetiva e justificar uma inaplicabilidade absoluta das excludentes de responsabilidade – ao exigir o nexo de causalidade para responsabilização do agente, doutrina e jurisprudência na verdade estão adotando outra teoria do risco.

---

[557] BRASIL. Superior Tribunal de Justiça. *Recurso Especial 1.374.284/MG*. Relator Ministro Luis Felipe Salomão. Segunda Seção. Julgamento: 27/08/2014. Publicação: Diário de Justiça Eletrônico 05/09/2014.

Corroborando com essa crítica, Andreas Krell defende que o real fundamento da responsabilidade civil ambiental objetiva é a teoria do risco-proveito, que seria uma consequência do princípio do poluidor-pagador, pois imporia a internalização pelo agente poluidor (causador do dano) dos custos ambientais provocados pela poluição (dano ambiental) que lhe beneficia, no que admite fatores excludentes ou limitantes da responsabilidade, como força maior, caso fortuito, intervenção de terceiro e mesmo a licitude da atividade.[558]

Posição relativamente diferente é esposada por Delton Winter de Carvalho, que – embora também refutando a teoria do risco integral, por ele considerada "demasiadamente punitiva" – entende que a teoria que informa a responsabilidade civil ambiental é, na verdade, a teoria do risco criado, que admite excludentes de responsabilidade quando o dano tiver sido ocasionado por fenômenos realmente externos à atividade do pretenso responsabilizado.[559]

Dessa forma, admite-se a exclusão da responsabilidade apenas quando o resultado lesivo tiver sido provocado por fortuito externo, ou seja, por fatores verdadeiramente alheios à atividade, pois o fortuito interno, por ser um fato imprevisível e inevitável que se relaciona com o próprio risco da atividade, não afasta o dever de indenizar.[560]

Considerações semelhantes são feitas por Cristiano Chaves, Felipe Braga Netto e Nelson Rosenvald que, embora não utilizem a expressão "risco criado", e sim "risco agravado", referem que o que tem havido no direito ambiental é, com efeito, um alargamento conceitual do fortuito interno, ou seja, uma ampliação dos riscos reputados como inerentes à atividade, e uma retração do fortuito externo, reduzindo as hipóteses de excludente.[561]

Segundo os autores, críticos da doutrina que argumenta pela aplicação da teoria do risco integral no direito ambiental, é necessário

---

[558] KRELL, Andreas Joachim, *op. cit.*, p. 25-26.
[559] CARVALHO, Delton Winter de, *op. cit.*, p. 164-165.
[560] Bruno Campos Silva também adota a teoria do risco criado, defendendo que a responsabilidade deve decorrer de um risco diferenciado, sendo que seria admitido como excludente apenas o fortuito externo, que rompe o nexo de causalidade, e não o interno, pois ligado ao dever de guarda e zelo contra o dano ambiental que recai sobre a atividade responsabilizada (SILVA, Bruno Campos. O nexo de causalidade no âmbito da responsabilidade civil ambiental e da responsabilidade civil ambiental pós-consumo. *In*: ROSSI, Fernando F; DELFINO, Lúcio; MOURÃO, Luiz Eduardo Ribeiro; GUETTA, Maurício (Coords.). *Aspectos controvertidos do direito ambiental*: tutela material e tutela processual. Belo Horizonte: Fórum, 2013. p. 46).
[561] FARIAS, Cristiano Chaves de; BRAGA NETTO, Felipe Peixoto; ROSENVALD, Nelson, *op. cit.*, p. 909.

admitir excludentes de responsabilidade, sob pena de chancelar injustiças. Contudo, como o conceito de fortuito interno (risco da atividade) foi bastante ampliado, enquanto que o de fortuito externo foi reduzido, serão poucas as hipóteses em que se admitirá a exclusão da responsabilidade, gerando um resultado prático muito próximo do que se pretende com a pretensa adoção da teoria do risco integral.[562]

Independentemente da terminologia adotada, concorda-se com esse posicionamento, pois se entende que, de fato, a responsabilidade civil ambiental é informada por uma teoria de risco agravado, tendo em vista que as atividades poluidoras ou utilizadoras de recursos ambientais provocam um risco ao meio ambiente mais abrangente, que é inerente à própria atividade, o que acaba amplificando o fortuito interno.

Esse fenômeno é bastante visível no âmbito da mineração, pela sua condição de atividade intrinsecamente relacionada ao meio ambiente, que provoca nele inevitável intervenção. Logo, independentemente de se adotar a equivocada teoria do risco integral, como a própria atividade importa em um risco agravado, pela sua própria natureza, o fortuito interno alargado faz com que sua responsabilização seja bastante ampla.

Consequência dessa concepção é que, ainda que não se adote a teoria do risco integral, os resultados práticos da admissão da teoria do risco criado (ou do risco agravado) serão bastante semelhantes, pois são reduzidas as hipóteses aceitas de fortuito externo.

Pois bem, a partir da definição de que a responsabilidade civil objetiva ambiental é informada por um risco agravado, e não integral, cumpre analisar a influência dessa premissa sobre a solidariedade na responsabilidade, especificamente para avaliar a extensão da imputação causal sobre os possíveis causadores indiretos do dano ambiental.

Antes, entretanto, é importante reiterar que não é exatamente a teoria do risco que legitima a solidariedade na responsabilidade civil ambiental, e sim a interpretação combinada dos artigos 3º, IV, e 4º, VII, da Lei nº 6.938/1981, reforçada pelo artigo 942 do Código Civil, que estabelece a regra geral de que, se a ofensa tiver mais de um autor, responderão eles solidariamente pelo dever de indenizar, que, no caso do direito ambiental, pode alcançar inclusive agentes apenas indiretamente relacionados ao dano ao meio ambiente.

---

[562] Idem. Ibidem, p. 910-913.

Na verdade, a definição da teoria do risco serve mais para que se defina se o nexo de causalidade será exigido e em quais hipóteses ele poderá ser desnaturado, e não se serão admitidos responsáveis solidários, ainda que a adoção de uma teoria do risco com perfil abrangente inegavelmente contribua para ampliar o número de eventuais sujeitos solidariamente responsáveis, vez que simplifica a formação do liame causal.

Logo, a solidariedade na responsabilidade civil ambiental é admitida por base legal, e os critérios aplicáveis para definição de sua amplitude, ou seja, para adequação das causas, devem ser fixados para que se possa avaliar a causalidade solidária nos casos concretos.

A propósito, merece ser ressaltado que a causalidade do direito difere da causalidade fática (ou natural),[563] haja vista que os critérios jurídicos segundo os quais determinadas causas são admitidas como fundamento para responsabilização são definidos artificialmente, a partir de uma base normativa.[564] Isso, porque o direito adota uma causalidade imputacional, e não naturalística, embora certas vezes essas causalidades coincidam na avaliação de casos concretos.[565]

Por conseguinte, não é possível definir o agente responsável a partir de um exercício mental simplista de supressão hipotética de uma atividade ou sujeito, para avaliar se, na sua ausência, o dano persistiria, até porque, se uma causa é avaliada como necessária para provocar o dano, a ligação dela com o resultado já é pressuposta pelo analista.[566]

Com efeito, a definição dos responsáveis é realizada a partir da identificação de um elemento jurídico de causalidade, isto é, um fator juridicamente eleito como legitimador imputacional. Na responsabilidade ambiental, esse elemento de causalidade é diferente para o causador direto e para o indireto.

O causador (ou poluidor) direto é o sujeito cuja atividade imediatamente gerou o dano ao meio ambiente, sendo possível – e até bastante

---

[563] OLIVEIRA, Ana Perestrelo de. *Causalidade e imputação na responsabilidade civil ambiental.* Coimbra: Almedina, 2007. p. 51-53.
[564] ZAPATER, Tiago Cardoso. Responsabilidade civil do poluidor indireto e do cocausador do dano ambiental: observações e distinções sobre a solidariedade na obrigação de reparar o dano. In: ROSSI, Fernando F; DELFINO, Lúcio; MOURÃO, Luiz Eduardo Ribeiro; GUETTA, Maurício (Coords.). *Aspectos controvertidos do direito ambiental*: tutela material e tutela processual. Belo Horizonte: Fórum, 2013. p. 343.
[565] FARIAS, Cristiano Chaves de; BRAGA NETTO, Felipe Peixoto; ROSENVALD, Nelson, *op. cit.*, p. 911.
[566] OLIVEIRA, Ana Perestrelo de, *op. cit.*, p. 54.

frequente – que haja mais de um sujeito nessa condição caso mais de uma atividade tenha concorrido, simultaneamente ou não, para causar ou reforçar o dano.⁵⁶⁷ ⁵⁶⁸ Nesse caso, a causalidade é aferida de modo direto e imediato, vez que foi a própria atividade que gerou a lesão.

Já o causador indireto do dano ambiental (ou "poluidor indireto") é o agente que, embora não pratique pessoalmente a atividade que resulta no dano, responde pelo ato daqueles que o causaram,⁵⁶⁹ sendo a sua definição prática um dos grandes desafios da responsabilidade civil por danos ambientais.

Nesse particular, concorda-se com a conceituação de Tiago Zapater, que defende que um agente somente pode ser qualificado como causador indireto do dano – e, portanto, por ele responsabilizado – se ele possuir um dever de segurança em relação à atividade que diretamente provocou o resultado danoso ao meio ambiente, e se a lesão tiver decorrido do descumprimento desse dever de controle.⁵⁷⁰

Sobre essa questão, em sentido semelhante, Anderson Moura pontua que a definição do poluidor indireto não é feita arbitrariamente pelo intérprete, sendo possível apenas se o agente indireto possuir um dever de controle, defesa ou preservação sobre o poluidor direto, que foi descumprido e que, por ter sido inobservado, acabou dando causa ao evento lesivo.⁵⁷¹

Ou seja, será indireta e solidariamente responsável pela reparação do dano ambiental apenas o agente que tiver descumprido um dever de segurança, controle ou preservação que possuía em relação à atividade diretamente causadora da lesão, desde que essa inobservância tenha contribuído para o dano ambiental, e não qualquer sujeito possivelmente conectado de modo naturalístico com o evento lesivo.

---

[567] ZAPATER, Tiago Cardoso, op. cit., p. 363.
[568] Ana Perestrelo de Oliveira leciona que as múltiplas causas diretas para o dano ambiental podem ter natureza cumulativa, quando a supressão de uma for suficiente para impedir o dano, ou aditiva, quando a acumulação de causas servir apenas para potencializar um dano que já ocorreria. A autora fala ainda em causalidade alternativa, que ocorreria quando não fosse possível identificar quem exatamente causou o dano, caso em que se presumiria a responsabilidade de todos, caso não fosse possível provar o contrário, pois todos teriam concorrido para amplificar o risco (OLIVEIRA, Ana Perestrelo de, op. cit., p. 104-111).
[569] MOURA, Anderson Luis Martins de. Responsabilidade civil ambiental do poluidor indireto: reflexões e tendências. In: QUERUBINI, Albenir; BURMANN, Alexandre; ANTUNES, Paulo de Bessa (orgs.). Direito ambiental e os 30 anos da Constituição de 1988. Londrina: Thoth, 2018. p. 56.
[570] ZAPATER, Tiago Cardoso, op. cit., p. 365.
[571] MOURA, Anderson Luis Martins de, op. cit., p. 59-62.

Não se trata de efetuar uma avaliação subjetiva das condutas do agente indireto, e sim analisar, de modo objetivo, se sua atividade possui um dever de controle em relação ao poluidor direto, se esse dever foi cumprido ou não, e se o dano ocorrido sucedeu em decorrência de eventual descumprimento dessa obrigação.

Esse dever de segurança é que representa o risco agravado (ou criado) da atividade do poluidor indireto, vez que introduziu como risco de sua atividade eventual resultado danoso provocado pelo sujeito que se obrigou a controlar.

Não se trata de risco integral, pois o nexo causal é imprescindível, mas de risco agravado ou criado, que admitirá exclusão de responsabilidade se ficar caracterizado que a lesão ocorreu por fortuito externo em relação à atividade do pretenso poluidor indireto, e não como concretização de um risco inerente à atividade, por um fortuito interno.

Vale registrar que esse entendimento já está inclusive sendo aplicado no âmbito do Superior Tribunal de Justiça, muito embora os julgados ainda insistam em referir textualmente que continuam aplicando o risco integral, possivelmente por não querer admitir estar aplicando uma teoria que, em tese, pareça menos protetiva ao meio ambiente.

Essa mudança conceitual foi empreendida a partir do julgamento, em sede de recurso repetitivo, dos Recursos Especiais nº 1.596.081/PR e 1.602.106/PR, que conferiram tratamento uniforme aos pedidos de indenização relacionados aos danos ambientais individuais causados pela explosão do Navio Vicuña, ocorrido no Paraná em 2004.

Em suma, entendeu-se que as empresas adquirentes da carga transportada pelo navio não poderiam ser responsabilizadas pelo dano ambiental reflexo provocado por sua explosão, por ser impossível fixar nexo de causalidade entre a atividade desempenhada (aquisição dos produtos) e o resultado lesivo provocado pelo acidente.

Precisamente, por ser elucidativo para a discussão empreendida neste tópico, confira-se excerto da ementa do Recurso Especial nº 1.602.106/PR:

> 4. Em que pese a responsabilidade por dano ambiental seja objetiva (e lastreada pela teoria do risco integral), faz-se imprescindível, para a configuração do dever de indenizar, a demonstração da existência de nexo de causalidade apto a vincular o resultado lesivo efetivamente verificado ao comportamento (comissivo ou omissivo) daquele a quem se repute a condição de agente causador.

5. No caso, inexiste nexo de causalidade entre os danos ambientais (e morais a eles correlatos) resultantes da explosão do navio Vicuña e a conduta das empresas adquirentes da carga transportada pela referida embarcação.

6. Não sendo as adquirentes da carga responsáveis diretas pelo acidente ocorrido, só haveria falar em sua responsabilização – na condição de poluidora indireta – acaso fosse demonstrado: (i) o comportamento omissivo de sua parte; (ii) que o risco de explosão na realização do transporte marítimo de produtos químicos adquiridos fosse ínsito às atividades por elas desempenhadas ou (iii) que estava ao encargo delas, e não da empresa vendedora, a contratação do transporte da carga que lhes seria destinada.⁵⁷²

Nota-se que, não obstante o Superior Tribunal de Justiça insistir em afirmar pela aplicação da teoria do risco integral, a presença do nexo de causalidade é reputada como requisito indispensável.

Mais que isso, no caso, considerou-se que esse liame não foi configurado, pois a atividade das empresas adquirentes não tem como risco inerente a possível explosão do navio que lhes transporta a carga comprada, e porque não era seu encargo contratar o transporte, e sim das empresas vendedoras, ou seja, aplicou-se uma excludente de responsabilidade para afastar o nexo causal com o evento lesivo.

Logo, diferentemente do que sustenta de modo equivocado a visão majoritária, por precisão técnica, o correto é afirmar que a responsabilidade civil por danos ambientais é informada pela teoria do risco agravado (ou criado), e não pela teoria do risco integral, visto que o nexo de causalidade é imprescindível, podendo ser afastado caso o evento lesivo ocorra por fortuito externo, que, no caso do poluidor indireto configura-se quando sua atividade não tiver dever e capacidade de controle sobre a atividade diretamente causadora da lesão.

### 3.2.2.2 O ônus da prova em matéria de responsabilidade civil ambiental sob a égide do Código de Processo Civil de 2015

Outra característica da responsabilidade civil por danos ambientais que merece discussão detalhada neste livro se relaciona com

---

⁵⁷² BRASIL. Superior Tribunal de Justiça. *Recurso Especial 1.602.106/PR*. Relator Ministro Ricardo Villas Bôas Cuevas. Segunda Seção. Julgamento: 25/10/2017. Publicação: Diário de Justiça Eletrônico 22/11/2017.

o ônus probatório imposto sobre as partes em ações que versem sobre danos ambientais.[573]

Nesse sentido, ressaltou-se no item 3.2.1 que a doutrina e a jurisprudência do Superior Tribunal de Justiça entendem que, quando se tratar de matéria ambiental, o ônus da prova deve ser invertido em desfavor do réu "poluidor", a despeito da inexistência de previsão normativa específica nesse sentido.

A propósito, registrou-se também que o tema foi tão recorrentemente debatido pelo Superior Tribunal de Justiça, que acabou sendo objeto da Súmula 618 do Tribunal da Cidadania, aprovada em outubro de 2018 com a seguinte redação: "a inversão do ônus da prova aplica-se às ações de degradação ambiental".

Em suma, o Superior Tribunal de Justiça entende que em ações coletivas que tratem de matéria ambiental deve ser aplicada a autorização legal de inversão do ônus da prova prevista no artigo 6º, VIII, do Código de Defesa do Consumidor, com pretenso respaldo na previsão do artigo 21 de Lei de Ação Civil Pública, que admite a aplicação da Lei Consumerista nas ações civis públicas que versarem sobre direitos difusos, coletivos e individuais homogêneos em geral, entre eles incluído o direito ao meio ambiente ecologicamente equilibrado, baseando-se, para tanto, no princípio ambiental da precaução.

Contudo, deixou o Superior Tribunal de Justiça de considerar que o artigo 21 da Lei de Ação Civil Pública apenas admite a aplicação extensiva dos dispositivos previstos no Título III do Código de Defesa do Consumidor, que aborda a "defesa do consumidor em juízo" e não abrange o referido artigo 6º, VIII, que autoriza a inversão do ônus da prova.

Analisando esse ponto, Édis Milaré ressalta que a constatação, por si só, de que o artigo 21 da Lei de Ação Civil Pública não autoriza a utilização do artigo 6º, VIII, do Código de Defesa do Consumidor em prol da defesa de outros direitos coletivos é suficiente para que esse dispositivo não seja aplicado em ações ambientais, em observância ao princípio da legalidade e também pelas regras de direito positivo em geral.[574][575]

---

[573] Essa questão já foi debatida brevemente em outra oportunidade, em artigo no qual se criticou o ativismo judicial em matéria de meio ambiente (cf. BRITO, Luis Antonio Gomes de Souza Monteiro de. Direito ambiental cit.).

[574] MILARÉ, Édis, *op. cit.*, p. 673.

[575] Na mesma linha, cf. GRINONER, Ada Pellegrini. Ações ambientais hoje e amanhã. *In*: BENJAMIN, Antonio Herman V (coord.). *Dano ambiental*: prevenção, reparação e repressão. São Paulo: Editora Revista dos Tribunais, 1993. p. 253.

Mais que isso, assevera Milaré que não se pode sustentar uma interpretação extensiva ou analógica do artigo 6º, VIII, do CDC nas ações civis públicas que não envolvam relações de consumo, entre as quais se incluem as ambientais, tendo em vista que é vedada a interpretação analógica ensejadora de restrição a direitos, tal qual a inversão do ônus da prova, que consiste em claro gravame em desfavor do réu.[576]

Por isso, considera-se que a inversão do ônus da prova em matéria ambiental realizada a partir de aplicação analógica da regra estabelecida pelo Código de Defesa do Consumidor representa equívoco técnico, pois desconsidera os limites da legalidade vigente (a inexistência de autorização legal para aplicação da regra consumerista em lides coletivas ambientais), ainda que pretensamente esteja respaldada em uma leitura principiológica do ordenamento (aplicação do princípio da precaução), pois representa uma interpretação ampliativa para restringir direitos individuais.

Contudo, embora se considere pela inaplicabilidade analógica da regra de inversão do ônus da prova do Código de Defesa do Consumidor em ações coletivas ambientais, contemporaneamente a discussão merece contornos diferentes, a partir do novo regramento sobre distribuição do ônus probatório estabelecido pelo Código de Processo Civil de 2015.

Precisamente, estabelece o artigo 373, §1º, do novo diploma processual que:

> Nos casos previstos em lei ou diante de peculiaridades da causa relacionadas à impossibilidade ou à excessiva dificuldade de cumprir o encargo nos termos do *caput* ou à maior facilidade de obtenção da prova do fato contrário, poderá o juiz atribuir o ônus da prova de modo diverso, desde que o faça por decisão fundamentada, caso em que deverá dar à parte a oportunidade de se desincumbir do ônus que lhe foi atribuído.

Ou seja, agora a inversão do ônus passou a ser admitida de forma ampla, e não mais restrita às lides consumeristas, desde que o caso concreto indique impossibilidade ou excessiva dificuldade de produção de prova pela parte responsável pelo encargo, ou mesmo uma maior facilidade da prova do fato contrário à parte adversa, devendo o juiz fundamentar a decisão que alterar a distribuição do encargo

---

[576] MILARÉ, Édis, *op. cit.*, p. 673.

probante e oportunizar à parte desfavorecida pela ordem a chance de se desincumbir do ônus que lhe foi atribuído.

Esse dispositivo, que é aplicável às ações coletivas por força do artigo 19 da Lei de Ação Civil Pública, consagrou o que se tem chamado de "ônus da prova dinâmico", que visa atribuir o encargo probatório sobre a parte que melhor tiver condições de efetuar a prova (ou a contraprova), podendo gerar efeitos práticos iguais ao que se obtinha com aplicação analógica da inversão do ônus da prova consumerista, com a diferença de que, agora, há autorização legal para tanto.

Vale frisar, contudo, que essa dinamização do ônus da prova não é automática, pois é exigida prévia decisão fundamentada, que seja assegurado o contraditório e que a mudança de ônus probatório não crie encargo impossível ou excessivamente difícil (artigo 373, §2º, Código de Processo Civil).[577]

Além disso, entende-se que o ônus probatório não pode ser redistribuído quando implicar em situação de produção de "prova contra si mesmo", vez que o direito à não-autoincriminação representa direito humano previsto no artigo 8º, 2, g, da Convenção Interamericana de Direitos Humanos (Pacto de San José da Costa Rica), com plena vigência no Brasil.[578]

Essa aplicação condicionada talvez seja o ponto central a ser destacado no que se refere à distribuição do ônus da prova em ações que discutam danos ambientais.

Isso, porque não raro a inversão do ônus da prova é defendida como automática, por se considerar que, por precaução, dada a incerteza científica, o suposto poluidor tem mais capacidade para fazer a contraprova do que o autor de provar.

Ocorre que essa concepção absoluta seria não apenas ilegal, por desconsiderar o estabelecido pelo Código de Processo Civil, mas também injusta, porque há contextos de incerteza em que a prova é impossível para ambas as partes.[579]

Na verdade, a dinamização do ônus da prova, por importar em exceção à regra de distribuição, deve ser aplicada com "redobrada

---

[577] Essa inadmissibilidade de inversão do ônus da prova quando implicar em produção de prova impossível já é acertadamente criticada há vários anos por Paulo de Bessa Antunes, muito antes da edição do Código de Processo Civil de 2015 (cf. ANTUNES, Paulo de Bessa. *A tutela judicial do meio ambiente*. Rio de Janeiro: Lumen Juris, 2005. p. 95).

[578] NERY JÚNIOR, Nelson; NERY, Rosa Maria Barreto Borrielo de Andrade. *Comentários ao Código de Processo Civil*. São Paulo: Revista dos Tribunais, 2015. p. 997.

[579] CARVALHO, Delton Winter de, *op. cit.*, p. 155-156.

cautela"⁵⁸⁰ apenas nos casos em que realmente houver impossibilidade ou extrema dificuldade de produção da prova pelo autor ou uma inegável facilidade pelo réu, sempre com cuidadosa fundamentação pelo juízo para justificar a dinamização do ônus e garantia do exercício do contraditório pela parte desfavorecida.

Finalmente, vale ressaltar que, por uma questão lógica, ao menos um indicativo indiciário deve ser demonstrado para justificar a dinamização do ônus em desfavor do réu, não bastando afirmar que sua condição de possível poluidor lhe confere maior capacidade probatória e que, por precaução,⁵⁸¹ ⁵⁸² a incerteza científica advoga contra o empreendedor, vez que, dessa forma, estar-se-ia dinamizando o ônus de modo automático por via transversal e absolutamente arbitrária.

Não pode a possível dinamização servir para embasar ações precárias, ajuizadas sem estofo probatório ou indiciário mínimo, criando encargos impossíveis e, mais que isso, constrangimentos injustos aos acusados. A pretensa defesa do meio ambiente, embora um dos objetivos fundamentais do ordenamento jurídico brasileiro, não pode servir de justificativa para o ajuizamento de ações desprovidas de fundamento.

### 3.2.2.3 A inadequação da atribuição de caráter *propter rem* à responsabilidade civil ambiental

Obrigações *propter rem* (ou *ob rem*) são aquelas que são atribuídas sobre um sujeito dada a sua condição de proprietário de uma coisa ou titular de um direito real de uso e gozo dela. Têm, portanto, caráter misto, pois são obrigações vinculadas a um direito real, situando-se em uma zona limítrofe entre esta classe de direitos e os direitos pessoais.⁵⁸³

---

[580] NERY JÚNIOR, Nelson; NERY, Rosa Maria Barreto Borrielo de Andrade. *Comentários, cit.*, p. 997.
[581] Romeu Thomé e Jamile Mata Diz lecionam que o princípio da precaução teve seu significado distorcido, permitindo sua utilização como fundamento para decisões arbitrárias, pelo que deve ter sua aplicação condicionada à observância de determinados critérios. Em suma, defendem que o princípio da precaução somente pode ser aplicado em situações concretas em que seja constatado risco ao meio ambiente ou à saúde humana e desde que esse risco possa ser caracterizado como grave e irresistível (SILVA, Romeu Faria Thomé da; DIZ, Jamile Bergamaschine Mata. Princípio da precaução: definição de balizas para a prudente aplicação. *Veredas do Direito*. Belo Horizonte. v. 15. nº 32. Maio/Agosto de 2018. p. 39-66).
[582] Também em sentido crítico à aplicação irrestrita, incondicionada e superdimensionada do princípio da precaução, cf. ANTUNES, Paulo de Bessa. Princípio da precaução no direito ambiental brasileiro. *Veredas do Direito*. Belo Horizonte. v. 13. nº 27. Set./Out. 2016. p. 63-88.
[583] VENOSA, Silvio de Salvo. *Direito civil*: teoria geral das obrigações e teoria geral dos contratos. 10. ed. São Paulo: Atlas, 2010. p. 37-39.

O ordenamento jurídico brasileiro possui algumas previsões legais de obrigações ambientais de natureza *propter rem*, sendo as mais conhecidas aquelas relacionadas aos deveres de preservação e recomposição de Áreas de Preservação Permanente e Reserva Legal, estabelecidas pelo artigo 2º, §2º, pela Lei nº 12.651/2012 (Código Florestal).[584]

Não obstante, tem havido um movimento doutrinário e, principalmente, jurisprudencial no sentido de conferir caráter *propter rem* absoluto sobre o dever de reparar dano ambiental derivado de responsabilidade civil.

Esse posicionamento, como registrado no item 3.2.1, foi explicitado no julgamento do Recurso Especial nº 1.251.697/PR, no qual se consignou que:

> Esta Corte Superior possui entendimento pacífico no sentido de que a responsabilidade civil pela reparação dos danos ambientais adere à propriedade, como obrigação *propter rem*, sendo possível cobrar também do atual proprietário condutas derivadas de danos provocados pelos proprietários antigos.[585]

Precisamente, como se depreende da leitura do voto do relator, considerou-se que esse caráter *propter rem* derivaria da definição de poluidor prevista no artigo 3º, IV, da Lei nº 6.938/1981, pois, se poluidor é "todo aquele que seja responsável pela degradação ambiental – e aquele que, adquirindo a propriedade, não reverte o dano ambiental, ainda que não causado por ele, já seria um responsável indireto por degradação ambiental (poluidor, pois)".

Contudo, essa tendência já era identificada, pelo menos, desde o julgamento do já amplamente referenciado Recurso Especial nº 650.728/SC (que consolidou a amplitude da responsabilidade solidária), quando se entendeu que o adquirente de uma propriedade tinha obrigação de reparar danos ambientais nela causados pelo depósito irregular de lixo, ainda que a lesão ambiental tenha sido provocada por terceiros e em momento anterior à aquisição.

---

[584] Além da disposição geral do artigo 2º, §2º, o Código Florestal também prevê obrigações *propter rem* nos artigos 7º, §2º (dever de recompor Área de Preservação Permanente), e no artigo 66, §1º (obrigação de cumprir plano de recuperação de área degradada no âmbito de programa de regularização ambiental).

[585] BRASIL. Superior Tribunal de Justiça. *Recurso Especial 1.251.697/PR*. Relator Ministro Mauro Campbell. Segunda Turma. Julgamento: 12/04/2012. Publicação: Diário de Justiça Eletrônico 17/04/2012.

Aliás, a exemplo do que ocorreu com a inversão do ônus da prova, a temática foi tão debatida no STJ, que acabou sendo objeto da recente Súmula 623 do Tribunal da Cidadania, com a seguinte redação – "as obrigações ambientais possuem natureza *propter rem*, sendo admissível cobrá-las do proprietário ou possuidor atual e/ou dos anteriores, à escolha do credor" –, refletindo a visão abrangente da jurisprudência do STJ nesse particular.

No mesmo sentido da jurisprudência tem se aproximado parte da doutrina, que passou a reputar como *propter rem* não apenas as obrigações de natureza real estabelecidas em lei, mas qualquer dever de reparar decorrente de responsabilidade civil ambiental, sempre que o dano ao meio ambiente pudesse ser vinculado a uma propriedade, pelo que a obrigação de reparar se ampliaria para alcançar adquirentes, ainda que não vinculados ao dano.

Nessa linha, Regina Villas Bôas e Karla Harada sustentam que, "ocorrendo degradação em determinada propriedade, a reparação ou compensação desta pode ser cobrada diretamente do proprietário, mesmo que ele não seja o agente causador do dano".[586]

Mais que isso, justificam que atribuir caráter *propter rem* à responsabilidade civil por danos ambientais é possível para que se evite os dispêndios e as dificuldades relacionados à tentativa de identificação do causador do dano, o que poderia gerar um alto índice de insatisfatoriedade na reparação da lesão.[587]

Em sentido semelhante, Elizabeth Ferguson Pimentel assevera que a transferência de patrimônio provoca obrigação *propter rem*, pelo que a sucessão empresarial promoveria solidariedade na responsabilidade civil de reparar danos ambientais.[588]

Não obstante a relevância dos argumentos, certamente bem-intencionados, acredita-se que a questão merece reflexão e uma solução distinta, embora seja pouco debatida pela doutrina.

Nessa toada é a crítica feita por Édis Milaré, que registra que obrigação *propter rem* não se confunde com a responsabilidade civil, pois não tem necessário cunho reparatório ou mesmo depende da preexistência de danos, tendo relação com deveres relacionados à conservação da coisa. Com efeito, seriam as obrigações *propter rem* vinculadas a um bem

---

[586] VILLAS BÔAS, Regina Vera; SOUZA, Karla Karolina Harada, *op. cit.*, p. 315.
[587] Idem. Ibidem, p. 316.
[588] PIMENTEL, Elizabeth Ferguson, *op. cit.*, p. 111-113.

(decorrente de um direito real, portanto), enquanto a responsabilidade civil se atrelaria a um ou mais sujeitos (pessoal).[589]

A ponderação é precisa, haja vista que a responsabilidade civil, mesmo quando aplicada como reação a danos ambientais, tem como elemento essencial o nexo de causalidade que vincula, direta ou indiretamente, a atividade do agente com o resultado lesivo ao meio ambiente, independentemente de sua condição de proprietário, e sim pela sua condição pessoal em relação ao dano.

Por sua vez, na obrigação *propter rem*, mesmo quando relacionada a um dever de recuperação (por exemplo, recomposição de reserva legal desmatada), o nexo de causalidade com o dano é dispensável, importando apenas o vínculo com o imóvel detentor do passivo florestal. Até porque, como bem pontuou Milaré, essa obrigação não depende do dano em si, mas do dever de manter o imóvel conservado pela condição de proprietário.

Logo, para se conferir caráter *propter rem* absoluto à responsabilidade civil ambiental, seria necessário admitir a possibilidade de ser imposto dever de indenizar sem liame causal, o que tem sido repudiado pelo Superior Tribunal de Justiça mesmo em seus julgados mais incisivos de defesa da solidariedade e da aplicação da teoria do risco integral, pois, como se ressaltou no item 3.2.2.1, mesmo nesses casos o nexo de causalidade é reputado como fator aglutinante indispensável da responsabilidade civil.

Além disso, o posicionamento favorável à atribuição de caráter *propter rem* à responsabilidade civil desconsidera que essa espécie de obrigação somente pode ser criada por força normativa, por convenção entre as partes ou, no máximo, por uma convergência fática entre dois titulares de direitos reais (casos envolvendo limitações entre vizinhos, por exemplo).[590]

Em suma, quem tem o dever de reparar danos é aquele que, direta ou indiretamente, o provocou. Logo, o adquirente de imóvel no qual há dano ambiental provocado por outro sujeito, se não tiver vínculo de causalidade com a geração dessa lesão, não se enquadra nessa premissa e, portanto, não tem responsabilidade civil. A condição de proprietário de um imóvel, de detentor de direito real, por si própria não é suficiente para criar esse vínculo, pois não tem o condão de conectar um sujeito com a geração do dano.

---

[589] MILARÉ, Édis, *op. cit.*, p. 449.
[590] VENOSA, Silvio de Salvo, *op. cit.*, p. 41.

À evidência, não se pode negar, essa visão representa entendimento menos protetivo ao meio ambiente, pois se está restringindo a solidariedade no dever de reparação ambiental e, em alguma medida, resguardando o adquirente de imóveis contra a imposição de dever de indenizar. Contudo, bem ou mal, representa, entende-se, o posicionamento adequado nos termos do ordenamento jurídico brasileiro no que se refere a essa situação.

Até porque a busca pela reparação integral não pode ser realizada com o desvirtuamento de institutos consagrados pelo Direito, como as obrigações *propter rem* e a responsabilidade civil, não se podendo admitir inobservâncias ao Estado Democrático de Direito e suas bases fundamentais, por mais virtuosa que seja a intenção.

Logo, considera-se que não é possível atribuir caráter *propter rem* à responsabilidade civil ambiental, pois esta sempre depende da existência de nexo de causalidade entre o resultado danoso e a atividade do pretenso causador da lesão, ao passo que as *ob rem*, criadas por força normativa, dependem apenas de vínculo com a coisa, em nada dependendo da geração de danos.

### 3.2.2.4 A prescritibilidade da pretensão jurídica de reparar danos ambientais

Finalmente, o último dogma da responsabilidade civil ambiental que se discutirá de modo mais detalhado consiste na possível limitação temporal para exercício da pretensão jurídica de reparar danos ambientais,[591] a qual, como se registrou no item 3.2.1, é reputada, na visão majoritária da doutrina e da jurisprudência, como sendo imprescritível, ou seja, como sendo passível de ser suscitada a qualquer tempo.

Especificamente no âmbito do Superior Tribunal de Justiça, a questão já está relativamente assentada, vez que, pelo menos desde 2007, quando do julgamento do Recurso Especial 647.493/SC, mas principalmente a partir do Recurso Especial nº 1.120.117/AC, firmou-se entendimento pela imprescritibilidade da pretensão jurídica de reparação de danos ambientais.

---

[591] Essa temática já foi objeto de análise em outra oportunidade, em que se fez um estudo específico acerca da prescritibilidade da pretensão jurídica de reparar danos ambientais (cf. BRITO, Luis Antonio Gomes de Souza Monteiro de. Rediscutindo a (im)prescritibilidade da pretensão jurídica para reparação de danos ambientais. In: QUERUBINI, Albenir; BURMANN, Alexandre; ANTUNES, Paulo de Bessa (orgs.). *Direito ambiental e os 30 anos da Constituição de 1988*. Londrina: Thoth, 2018. p. 293-312)

Não obstante, em 1º de junho de 2018, o Supremo Tribunal Federal reconheceu a constitucionalidade e a repercussão geral da matéria, pelo que a temática será objeto de julgamento no âmbito do Recurso Extraordinário 654.833/AC,[592] sendo possível que a decisão siga entendimento diverso, alterando o parâmetro decisório hoje vigente para a questão.

Nesse contexto, para resolver o debate acerca da prescritibilidade – ou não – da pretensão de reparar danos ambientais, é preciso primeiro analisar o próprio conceito de prescrição, instituto que, em nosso ordenamento, tem sua definição inferida a partir do artigo 189 do Código Civil, que dispõe que "violado o direito, nasce para o titular a pretensão, a qual se extingue, pela prescrição, nos prazos a que aludem os arts. 205 e 206".

Em outros termos, estabelece o dispositivo que o descumprimento de deveres contrapostos a direitos subjetivos faz surgir aos titulares destes a pretensão jurídica[593] de exigir seu cumprimento, a qual se extingue com o decurso temporal em caso de inércia, caracterizando a prescrição.

Partindo dessa concepção, Flávio Tartuce assevera que a prescrição incide sobre a pretensão de exigir o cumprimento de deveres, obrigações e responsabilidades decorrentes da inobservância das regras ditadas pelas partes ou pela ordem jurídica, permanecendo o contraposto direito subjetivo violado incólume, porém sem exigibilidade judicial.[594]

Na mesma linha, Cristiano Chaves de Farias, Felipe Peixoto Braga Netto e Nelson Rosenvald conceituam a prescrição como um fato jurídico que cria exceção de direito material que pode paralisar a pretensão do credor.[595]

---

[592] Curiosamente, o caso discutido no RE 654.633/AC é o mesmo que foi objeto de julgamento pelo STJ no REsp 1.120.117/AC, que é precedente frequentemente utilizado como paradigma decisório pelo Judiciário e também como referência para a doutrina especializada.

[593] "Pretensão jurídica" pode ser conceituada como o direito de exigir que assiste a uma parte nos casos em que outra tenha violado um dever que tinha para com a primeira (nesse sentido, cf. AMARAL, Francisco. *Direito civil: introdução*. 7. ed. Rio de Janeiro: Renovar, 2008. p. 593).

[594] TARTUCE, Flávio. *Manual de direito civil*. 3. ed. Rio de Janeiro: Forense. São Paulo: Método, 2013. p. 262-264.

[595] FARIAS, Cristiano Chaves de; BRAGA NETTO, Felipe Peixoto; ROSENVALD, Nelson, *op. cit.*, p. 412-414.

Como consequência dessa definição, diferentemente do que se afirma com certa usualidade, a prescrição representa a extinção da pretensão jurídica pelo decurso temporal, e não do direito de ação que viabiliza sua judicialização,[596] o qual é constitucionalmente assegurado (artigo 5º, XXXV) e continua plenamente exercitável, pois mesmo uma pretensão prescrita pode ser submetida à apreciação do Judiciário.[597]

Logo, o titular do direito subjetivo que pretenda exigir a pretensão jurídica subjacente em face de lesão causada a tal direito tem assegurado o direito de acionar o Judiciário para sua tutela, mas poderá ter a demanda obstada pela extinção de sua pretensão ante a ocorrência da prescrição.

A propósito, nesse ínterim, vale registrar interessante pontuação realizada por Cristiano Farias, Felipe Braga Netto e Nelson Rosenvald, que afirmam que, desde a alteração realizada no CPC/1973 pela Lei nº 11.280/2006, confirmada no artigo 487, II, do CPC/2015, a prescrição se tornou uma "objeção", e não mais uma "exceção", institutos de direito processual que, no entender dos autores, são distintos.

Precisamente, entendem os autores que uma exceção seria um instrumento de defesa de direito material que somente poderia ser apreciado pelo juiz caso suscitado pela parte interessada, ao passo que uma objeção consistiria em matéria de ordem pública conhecível de ofício pelo juiz.[598]

Em todo caso, à parte a questão terminológica, ao positivar o reconhecimento da prescrição como sendo tema de interesse público, pode-se afirmar que a lei resguardou a segurança jurídica como fundamento do Direito, sobrepondo-se, em certa medida,[599] até mesmo ao próprio interesse particular das partes envolvidas,[600] como forma de manter a confiança no Direito pela previsibilidade dos efeitos no transcurso do tempo.

---

[596] TARTUCE, Flávio, op. cit., p. 264.
[597] FARIAS, Cristiano Chaves de; BRAGA NETTO, Felipe Peixoto; ROSENVALD, Nelson, op. cit., p. 415.
[598] Idem. Ibidem, p. 416-417.
[599] Diz-se "em certa medida" porque o artigo 191 do Código Civil autoriza a renúncia expressa ou tácita da prescrição, desde que não haja prejuízo para terceiro, então é possível que, nessa hipótese, o interesse particular se sobreponha ao público.
[600] A despeito disso, Francisco Amaral assevera que, embora de modo geral realmente se resguarde o interesse público, principal e imediatamente, a finalidade da prescrição é proteger o interesse individual, punindo a negligência do titular do direito subjetivo lesado em exercer sua pretensão jurídica (AMARAL, Francisco, op. cit., p. 597), caráter sancionatório que também é reconhecido por Flávio Tartuce (TARTUCE, Flávio, op. cit., p. 265).

Isso, porque a intenção de limitar temporalmente a exigibilidade de direitos subjetivos é justamente resguardar a segurança e a certeza jurídica, como forma de garantir paz e ordem, ainda que com a convalescença de uma lesão a um direito,[601] protegendo o indivíduo tanto da tutela privada quanto da ação estatal, obstando a perpetuidade da exigência contra ele.

Por isso, pela sua função garantidora da segurança jurídica, ao menos em princípio, é possível afirmar que o ordenamento jurídico brasileiro estabeleceu a prescritibilidade das pretensões jurídicas como sendo a regra e a imprescritibilidade como a exceção, que depende de expressa ressalva constitucional ou, pelo menos, legal.[602][603]

Corroborando com esse posicionamento, Lúcio Picanço Facci afirma que, quando o ordenamento não houver fixado prazo prescricional específico, "competirá ao aplicador da lei integrar a lacuna existente através dos elementos que lhe são conferidos pelo ordenamento jurídico, aplicáveis na espécie – os princípios gerais de direito e a analogia".

E prossegue o autor, especificamente no que se refere à analogia, lecionando que só seria admissível sua utilização para identificar os prazos prescricionais aplicáveis nos casos omissos, nunca para criar novas hipóteses de imprescritibilidade, que, portanto, seriam adstritas àquelas expressamente previstas pela legislação.[604]

Ainda nesse contexto, vale relembrar a lição clássica de Agnelo Amorim Filho,[605] que afirma que a prescrição se aplicaria apenas a pretensões exigíveis por ações condenatórias (que seriam sempre

---

[601] AMARAL, Francisco, op. cit., p. 595-596.
[602] Nesse sentido, v.g., DINIZ, Maria Helena. Curso de direito civil brasileiro: teoria geral do direito civil. v. 1. 21. ed. São Paulo: Saraiva, 2004. p. 371; NERY JÚNIOR, Nelson; NERY, Rosa Maria Barreto Borrielo de Andrade. Constituição Federal comentada e legislação constitucional. 6. ed. São Paulo: Revista dos Tribunais, 2017. p. 579; BARROSO, Luís Roberto. A prescrição administrativa no direito brasileiro antes e depois da Lei nº 9.873/99. In: Temas de direito constitucional. Rio de Janeiro: Renovar, 2001. p. 501; FACCI, Lúcio Picanço. Do prazo prescricional para o ajuizamento de ação civil pública. Revista da AGU. Ano 8. Número 20. abr./jun. 2009. p. 231.
[603] Especificamente acerca do posicionamento de Nelson Nery Júnior e Rosa Nery, vale registrar que, em outra oportunidade, em artigo já referenciado neste livro, tratando do direito à reparação de danos ambientais, os autores defenderam que, na falta de previsão legal sobre o prazo prescricional aplicável, a pretensão de reparação e a ação que a tutela devem ser reputadas como sendo imprescritíveis (cf. NERY JÚNIOR, Nelson; NERY, Rosa Maria de Andrade. Responsabilidade, cit., p. 292).
[604] FACCI, Lúcio Picanço, op. cit., p. 232.
[605] AMORIM FILHO, Agnelo. Critério científico para distinguir a prescrição da decadência e para identificar as ações imprescritíveis. Revista de Direito Processual Civil. Vol. 2, nº 3. São Paulo: Ed. Revista dos Tribunais, jan./jun. 1961. p. 95-132.

prescritíveis), entre as quais se inclui o direito à reparação civil, não abrangendo, assim, apenas as pretensões declaratórias e as constitutivas não sujeitas a prazos legais de exercício.

Excetuando a regra geral da prescritibilidade, nosso ordenamento estabelece, em nível constitucional, certas pretensões jurídicas como sendo imprescritíveis, ou seja, que não se extinguem pelo decurso temporal, podendo ser exigidas a qualquer tempo pelo titular do direito subjetivo violado.

É o caso dos crimes de racismo e de terrorismo (artigo 5º, XLVII e XLIV), dos direitos sobre terras indígenas tradicionalmente ocupadas (artigo 231, §4º) e da impossibilidade de aquisição de imóveis públicos por prescrição aquisitiva (artigo 183, §3º), usualmente designada usucapião.

Esse caráter excepcional é um dos pontos centrais de contestação em face da tese que defende a imprescritibilidade da pretensão jurídica de reparar danos ambientais, inclusive no âmbito do Recurso Extraordinário nº 654.833/AC, no qual se reputa, em resumo, que julgar tal pretensão como sendo imprescritível é inconstitucional, por violação aos artigos 1º, III, 5º, *caput*, V e X, e 225, §3º, da Constituição, haja vista que não há fundamento constitucional ou mesmo legal que respalde essa extraordinariedade.

De fato, o ordenamento jurídico brasileiro não estabelece essa imprescritibilidade, sendo silente a respeito da matéria, que é basicamente uma criação doutrinária que foi referendada pela jurisprudência mesmo sem base constitucional.

Em termos comparativos, a Convenção de Lugano, no âmbito do direito comunitário europeu, tratou particularmente sobre a prescrição do dano ambiental em seu artigo 17, que estabelece um prazo prescricional de três anos contados da data em que o demandante tenha ou deveria ter razoável conhecimento do dano e a identidade do explorador.

O direito alemão também reconhece essa prescritibilidade ao estabelecer que a prescrição dos danos ambientais deve seguir a regra do BGB (Código Civil alemão), submetendo-se a um prazo prescricional de 30 anos, portanto.

Por fim, no direito italiano, como o Estado tem o monopólio da reparação do dano ambiental, a pretensão é imprescritível.[606]

---

[606] LEITE, José Rubens Morato; AYALA, Patrick de Araújo, *op. cit.*, p. 208-209.

Logo, embora as comparações entre ordenamentos jurídicos distintos devam sempre ser feitas de modo ponderado, nota-se que a imprescritibilidade também não é uma regra em outros sistemas, variando de acordo com a legislação aplicável.

Nesse contexto, entende-se que a ausência de previsão normativa no direito brasileiro é suficiente, por si só, para que, a despeito do posicionamento majoritário, a pretensão de reparar danos ambientais seja, sim, prescritível.

Isso, porque, reitera-se, a regra no ordenamento brasileiro é a prescrição, não se admitindo criação jurídica em sentido contrário em nível jurisprudencial e doutrinário, ainda que a reivindicação faça sentido política e moralmente. Na hipótese em debate, nem se trataria de interpretação ampliativa ou analógica, e sim de "criação" jurídica sem respaldo normativo.

Sem embargo, para resolver de fato a discussão é necessário analisar e contrapor individualmente os argumentos favoráveis à imprescritibilidade, brevemente referenciados no item 3.2.1.

Primeiramente, a despeito do que se afirma com frequência,[607] não há uma relação direta entre o caráter difuso do interesse de reparar danos ambientais e preservar o meio ambiente com a imprescritibilidade, tanto é que a ação popular, que também pode tutelar interesse difuso, é prescritível.

De fato, ainda que interesse difuso, a falta de previsão normativa não conduz à imprescritibilidade, como pretende a doutrina majoritária, e sim, pelo contrário, à definição da norma de prescrição aplicável analogicamente.

Se não há regra de prescrição específica para tutela desse direito difuso, deve ser aplicada regra congênere por analogia, até porque não é admissível interpretação extensiva para restringir direitos, inclusive o da segurança jurídica, principalmente quando se considera que a imprescritibilidade surge não de uma analogia, mas de uma criação extrajurídica pura e simples, pois não há norma correlata que a fundamente.

É igualmente equivocado afirmar que não há prescrição em razão da indeterminação e da intergeracionalidade da titularidade sobre o

---

[607] Nesse sentido, *v.g.*, cf. MAZZILLI, Hugo Nigro. *A defesa dos interesses difusos em juízo*. 27. ed. São Paulo: Saraiva, 2014. p. 685-686; NERY JÚNIOR, Nelson; NERY, Rosa Maria de Andrade. Responsabilidade, *cit.*, p. 291-292.

bem ambiental, pois nesse caso não haveria "inércia" que pudesse ser sancionada com a prescrição.[608] Quanto a esse ponto, duas ponderações devem ser feitas.

Primeiro, embora o interesse pelo equilíbrio ambiental seja da coletividade (difuso, portanto), a Lei nº 7.347/1985 (Lei de Ação Civil Pública) resolveu o problema de sua tutela ao estabelecer, em seu artigo 5º, um amplo rol de legitimados ativos que podem agir para proteção da sociedade.[609]

Além disso, a prescrição não existe apenas para sancionar aquele que permaneceu inerte no exercício de pretensão jurídica que lhe assistia, mas também, principalmente, para resguardar a segurança jurídica e a paz social, para não aprisionar o dito ofensor perpetuamente aos seus erros do passado. E isso vale mesmo para violações consideravelmente gravosas a bens jurídicos diversos, como lesões à vida.

Quanto à tese de que a imprescritibilidade decorreria de suposta não patrimonialidade do bem ambiental,[610] não assiste razão também porque não há relação necessária entre interesse difuso e não patrimonialidade.

Em verdade, a dificuldade de precificação não implica em ausência de valor econômico. Se o bem ambiental não tem "preço" imediato, no mínimo sua preservação e recuperação geram custos, e estes são indenizáveis. Aliás, sua titularidade difusa tampouco impede que o meio ambiente tenha valor econômico, como de fato tem e deve ter, até para viabilizar a sua reparação.[611]

Da mesma forma, o fato de o meio ambiente ter elevada importância não faz com que ele não seja passível de precificação. Outros bens jurídicos igualmente relevantes também são lesados com lamentável frequência e são compensados com indenizações. É o caso, por exemplo, de indenizações civis por morte, danos à saúde ou incapacitação laboral.[612]

Com relação ao possível caráter continuado da lesão ambiental e à inexistência de direito adquirido de poluir,[613] sua refutação pode ser feita em conjunto, pois a lógica é semelhante para ambos os casos.

---

[608] MILARÉ, Édis, *op. cit.*, p. 691-693.
[609] Cf. ANTUNES, Paulo de Bessa. *Direito, cit.*, p. 1.384.
[610] Nessa linha, também cf. MILARÉ, Édis, *op. cit.*, p. 691-693.
[611] Para uma análise acurada acerca do valor econômico do meio ambiente, cf. SIQUEIRA, Lyssandro Norton, *op. cit.*
[612] ANTUNES, Paulo de Bessa, *op. cit.*, p. 1.386.
[613] Por exemplo, cf. LEITE, José Rubens Morato; AYALA, Patrick de Araújo, *op. cit.*, p. 209.

Primeiro, destaca-se que o fato de inexistir direito adquirido a poluir (*rectius*: direito adquirido a provocar danos ambientais) não impossibilita a prescrição. Na verdade, a prescrição deve correr para situações lesivas que se consumaram, e não para aquelas que continuam sendo provocadas.

Assim, caso a causa lesiva continue ocorrendo, é legítimo atuar para fazê-la cessar. Contudo, se a lesão encerrou e, mais ainda, se o próprio meio ambiente já tiver se readequado ou estiver se readequando, não há como se falar em direito adquirido e, muito menos, em imprescritibilidade.

Evidentemente não há direito a causar danos, tampouco a continuar os causando por força do decurso temporal. Com efeito, a prescrição correrá para os atos lesivos consumados, ainda que os efeitos em si possam se prolongar. Logo, a contagem do prazo prescricional deve ser realizada a partir do momento em que a atividade causadora do dano se consumou, e não quando não for mais possível notar qualquer efeito negativo.

Mais precisamente, considerando a aplicação flexibilizada da teoria da *actio nata*,[614] que indica que a contagem do prazo prescricional deve iniciar apenas quando se tiver conhecimento do dano, a existência de prescrição também não prejudica a proteção do meio ambiente nos casos de danos "invisíveis", pois o prazo só começará a correr a partir do momento em que se tiver indícios de que determinada atividade possa ter sido causadora de dano ambiental.

Frisa-se que não se pode exigir certeza da lesão para que o prazo prescricional inicie, e sim que se tenha razoável dúvida de que determinada atividade causou dano, no momento em que os efeitos lesivos começarem a ser percebidos, ainda que o nexo causal não esteja inequivocamente configurado, sob pena de indiretamente perpetuar a exigência.

Por fim, o argumento de que a imprescritibilidade da pretensão de reparar danos ambientais decorreria de uma "logicidade hermenêutica", pois seria depreendida da maior importância conferida pelo

---

[614] Em suma, a "teoria da *actio nata*" reputa que o prazo prescricional somente começa a fluir quando o lesado toma conhecimento da violação ao seu direito subjetivo, e não necessariamente no dia em que a lesão ocorreu. Essa forma de contagem está expressa, por exemplo, no artigo 27 do Código de Defesa do Consumidor, mas, entende-se em particular, pode ser depreendida do próprio artigo 189 do Código Civil, pois se concebe que, enquanto não há conhecimento de lesão a direito subjetivo, é impossível afirmar pela existência da pretensão jurídica.

ordenamento jurídico ao meio ambiente em relação aos demais bens jurídicos com os quais se confronta, é certamente o mais polêmico, pois, rigorosamente, trata-se de uma valoração particular do intérprete, mas que se pretende conferir aparência jurídica a partir de uma leitura pretensamente principiológica.

Esse argumento foi utilizado pelo Superior Tribunal de Justiça no julgamento do Recurso Especial 1.120.117/AC,[615] *leading case* que serviu de paradigma decisório na matéria. Precisamente, a relatora, Ministra Eliana Calmon, defendendo a imprescritibilidade da pretensão jurídica de reparar danos ambientais, afirmou:

> Sabemos que a regra [no ordenamento jurídico brasileiro] é a prescrição, e que o seu afastamento deve apoiar-se em previsão legal. É o caso da imprescritibilidade de ações de reparação dos danos causados ao patrimônio público, regra prevista na Constituição Federal de 1988, no art. 37, §5º.
>
> Entretanto, o direito ao pedido de reparação de danos ambientais, dentro da logicidade hermenêutica, também está protegido pelo manto da imprescritibilidade, por se tratar de direito inerente à vida, fundamental e essencial a (sic) afirmação dos povos, independentemente de estar expresso ou não em texto legal.
>
> (...)
>
> No conflito entre estabelecer um prazo prescricional em favor do causador do dano ambiental, a fim de lhe atribuir segurança jurídica e estabilidade, com natureza eminentemente privada, e tutelar de forma mais benéfica bem jurídico coletivo, indisponível, fundamental, que antecede todos os demais direitos – pois sem ele não há vida, nem saúde, nem trabalho, nem lazer –, este último prevalece, por óbvio, concluindo pela imprescritibilidade do direito à reparação do dano ambiental.

Nota-se que a própria relatora assentiu que a regra do ordenamento jurídico é a prescrição, e que seu afastamento deve encontrar esteio em previsão legal. Porém, justificou sua posição contrária na afirmação de que, por "logicidade hermenêutica", é mais adequado conferir prevalência ao direito ambiental em face do direito à segurança jurídica, pois seria o mais justo, dada a importância do meio ambiente.

Particularmente, considera-se equivocado esse entendimento, embora provavelmente bem intencionado, pois, apesar de ter realmente

---

[615] BRASIL. Superior Tribunal de Justiça. *Recurso Especial 1.120.117/AC*. Relatora Ministra Eliana Calmon. Segunda Turma. Julgamento: 10/11/2009. Publicação: Diário de Justiça Eletrônico 19/11/2009.

conferido relevância à questão ambiental, a Constituição brasileira também estabeleceu diversos outros direitos relevantes à sociedade, em muitas oportunidades definindo soluções especiais, mas, em outras, deixando ao legislador o papel de definir os arranjos político-morais para regular as situações jurídicas de modo particular.

Logo, se não há previsão específica estabelecendo a imprescritibilidade do dano ambiental, então, ao "criar" essa regra supostamente como forma de resguardar o direito ao meio ambiente ecologicamente equilibrado, na verdade o intérprete "protege" a Constituição através do seu desprestígio, por violar a segurança jurídica.

Não há ativismo bom ou ruim, pois a invasão do Judiciário na esfera de competência de outro Poder representa sempre uma violação democrática. Concordar com o ativismo quando se aprova uma decisão específica é assumir o risco de ter de aceitá-lo quando a solução não for aquela que se considere a mais justa.

Embora bem intencionada, a tentativa de justificar a imprescritibilidade, mesmo sem base legal, sob o argumento de que não é justo que um indivíduo se sobreponha à sociedade, em verdade acaba por recair em um perigoso argumento utilitarista e consequencialista.

Isso porque, dessa forma, aceita-se como possível a submissão de um indivíduo em prol do "bem maior" da coletividade, ainda que com a inobservância ao sistema de garantias constitucionais, raciocínio em dissonância com o direito contemporâneo.

Destaca-se que admitir a prescrição não implica em uma impunibilidade pura e simples, pois há que se considerar que só haverá prescrição caso, após o conhecimento do fato reputado como danoso, transcorra determinado lapso temporal com inércia de todos os legitimados ativos para ajuizamento de ação civil pública.

Na verdade, em termos práticos, admitir a prescritibilidade pode até ser mais vantajoso ao meio ambiente, pois tende a impulsionar a atuação ágil dos legitimados ativos, o que é muito importante para o resguardo ambiental.

Demandar contra um causador de dano ambiental longos anos após a consumação da lesão é, na verdade, permitir que um problema se agrave por inércia, pois quanto antes se atua para minimizar o prejuízo, maiores as chances de êxito.

Ainda, ressalta-se que aceitar a prescrição não significa negar a importância que o equilíbrio ambiental possui para a vida sadia e digna de todos, mas sim compreender os limites do ordenamento aplicável sem a "criação" de normas casuísticas ao sabor do interesse tutelado.

A relevância do bem jurídico não é justificativa para subverter a ordem jurídica vigente.

Por fim, como se entende que, diferentemente do que reputa a visão majoritária, trata-se a reparação de danos ambientais de uma pretensão prescritível, é necessário definir o prazo prescricional aplicável.

Sobre a questão, sinteticamente, considera-se que não parece ser o caso de aplicar o prazo de três anos estabelecido no artigo 206, §3º, V, do Código Civil, pois se trata de regra direcionada à reparação civil relacionada a interesses individuais, tampouco parece ser aplicável o prazo residual de 10 anos previsto no artigo 205 do Código Civil.

Na verdade, entende-se que deve ser aplicado, por analogia, o prazo prescricional de cinco anos estabelecido pelo artigo 21 da Lei da Ação Popular (Lei nº 4.717/1965), tendo em vista que compõe, junto com o Código de Defesa do Consumidor e a Lei de Ação Civil Pública, o microssistema de tutela dos interesses coletivos em geral.[616]

Logo, em sentido contramajoritário, considera-se que a pretensão jurídica de reparar danos ambientais prescreve em cinco anos, contados da ciência pública acerca da ocorrência de uma lesão ao meio ambiente.

À evidência, a questão da prescritibilidade, assim como os demais dogmas rediscutidos nos subitens anteriores, tem importância para os danos ambientais em geral, e não apenas aos danos ambientais minerários, que mais propriamente compõem o objeto deste livro. No entanto, a reflexão aqui empreendida é relevante por permitir uma delimitação precisa da responsabilidade civil, que, como já se registrou e se confirmará no tópico seguinte, é o principal instrumento para garantir a reparação de danos ambientais porventura ocorridos.

### 3.2.3  As funções da responsabilidade civil ambiental

Originalmente direcionada à punição do causador da lesão, a evolução da responsabilidade civil fez com que o instituto abandonasse o perfil punitivo, relegando-o ao direito penal, para se concentrar no ressarcimento do ofendido.[617]

---

[616] Nesse sentido já decidiu o STJ no REsp 910.625/RJ (BRASIL. Superior Tribunal de Justiça. *Recurso Especial 910.625/RJ*. Relator Ministro Francisco Falcão. Relator para o acórdão Ministro Luiz Fux. Primeira Turma. Julgamento: 17/04/2008. Publicação: Diário de Justiça Eletrônico 04/09/2008).

[617] Para uma análise histórica do instituto da responsabilidade civil, cf. FARIAS, Cristiano Chaves de; BRAGA NETTO, Felipe Peixoto; ROSENVALD, Nelson. p. 32-38. Na mesma linha, cf. CARRÁ, Bruno Leonardo Câmara, *op. cit.*, p. 115-160.

Mais recentemente, essa pretensão reparatória foi intensificada, por exemplo, com a objetivação da responsabilidade civil, que tornou prescindível a culpa para implicação do dever de indenizar, com a solidarização da responsabilidade, que ampliou a quantidade de responsáveis, e com a massificação do uso de seguros de responsabilidade civil, que tornaram a própria identificação do agente causador do dano uma tarefa prescindível para consecução do objetivo de reparar a lesão.

Na responsabilidade civil ambiental, ao menos segundo as características gerais admitidas pela doutrina majoritária, essa facilitação da reparação é ainda mais notável, pois se entende que a solidariedade é ampla, atingindo causadores diretos e indiretos do dano, que é informada pelo risco integral, o que veda as excludentes de responsabilidade, e que tem pretensão jurídica de natureza imprescritível, cobrável a qualquer tempo.

Não obstante, discute-se modernamente se a responsabilidade civil deve se restringir a essa pretensão reparatória ou se deve ser ampliada para abranger outras funcionalidades, entendidas neste trabalho como os objetivos pretendidos com a utilização de um instrumento jurídico.

Nesse contexto há uma razoável divergência doutrinária.

Há quem defenda que a responsabilidade civil essencialmente tem finalidade reparatória, pois traz como requisito inerente a ocorrência de um dano a ser recomposto, pelo que eventuais funções diversas teriam caráter meramente incidental em relação ao objetivo precípuo de reparar o evento lesivo ocorrido. Nessa linha, a concepção de uma responsabilidade civil sem dano estaria assentada em premissas equivocadas, por negar a própria essência desse instituto.[618]

Em sentido diverso, há quem sustente que deve haver uma ressignificação da responsabilidade civil, de modo que passe o instituto a abranger também pretensões preventivas, pedagógicas e punitivas, abandonando a clássica perspectiva estritamente reparatória, por essa corrente considerada também como sendo assentada em bases equivocadas.[619][620]

---

[618] Nesse sentido, por todos, cf. CARRÁ, Bruno Leonardo Câmara, *op. cit.*
[619] Seguem esse entendimento, por exemplo, FARIAS, Cristiano Chaves de; BRAGA NETTO, Felipe Peixoto; ROSENVALD, Nelson, *op. cit.*, p. 39-59. CARVALHO, Delton Winter, *op. cit.*, p. 207-214; LEITE, José Rubens Morato; AYALA, Patrick de Araújo, *op. cit.*, p. 141-144.
[620] Annelise Steigleder vai além e afirma que, fora as funções reparatória, preventiva e punitiva, a responsabilidade civil ambiental ainda tem como finalidade a conservação dos bens ecológicos protegidos (STEIGLEDER, Annelise, *op. cit.*, p. 115).

Rigorosamente, considera-se que ambas as visões podem ser defendidas como corretas, a depender da premissa científica adotada. Isso, porque a primeira assume que a responsabilidade civil só existe com dano, e que seu escopo essencial é repará-lo. A segunda admite uma ampliação de sentido, para que a responsabilidade civil abandone o perfil tradicional e assuma uma nova perspectiva semântica, o que, em verdade, permite um alargamento infinito para além da mera reparação.

Em particular, por uma questão de coesão conceitual, entende-se que a responsabilidade civil contemporânea mantém uma base funcional essencial, que é a finalidade reparatória, pois tem o dano como elemento inerente, mas permite que outros efeitos sejam produzidos de modo colateral ao dever de indenizar, como o preventivo e o pedagógico, sendo, por outro lado, discutível a readmissão do propósito punitivo.

Nesse contexto, discutir as funções da responsabilidade civil ambiental, como se fará na sequência, importa menos pela "finalidade" em si e mais pelas possíveis implicações decorrentes da admissão – ou não – de uma amplitude maior de objetivos, vez que, a depender da definição, um número maior de mecanismos correlatos ao tradicional dever de indenizar ínsito à responsabilidade civil poderá ser admitido.

### 3.2.3.1 Função reparatória: a essência da responsabilidade civil ambiental

A evolução da responsabilidade civil conduziu o instituto a se concentrar na reparação do prejuízo sofrido pela vítima, simplificando os requisitos necessários para estabelecimento do dever de indenizar e reduzindo, por consequência, os riscos de o lesado permanecer sem reparação, ainda que para isso tenha também atenuado o foco na conduta do ofensor e, em muito, atenuado o caráter de contraposição a atos ilícitos.

Em razão disso, contemporaneamente a responsabilidade civil tem como finalidade essencial garantir a reparação do dano causado, mantendo um perfil de justiça corretiva, como reação a uma lesão antijurídica.

Para alguns autores críticos, como Nelson Rosenvald, essa hiperbolização da função reparatória, intensificada com a responsabilidade civil objetiva, a solidarização da responsabilidade, a limitação das excludentes de responsabilidade e a securitização do dever de reparar, amplia a proteção da vítima, mas afasta o caráter moral da responsabilidade civil, porque muitas vezes a imputação reparatória não recairá sobre o verdadeiro causador do dano e não servirá para contrapor ilícitos.[621]

Particularmente, embora se entenda as razões desse posicionamento, que é em muito motivado por um receio de que esse sistema estritamente reparatório não seja suficiente para coibir a reiteração de novas condutas lesivas, acredita-se que a simplificação dos requisitos necessários para imposição do dever de indenizar é muito mais positiva que negativa, em especial quando se pensa em danos causados ao meio ambiente.

Isso, porque, considerando que as lesões ambientais são muitas vezes de difícil (ou impossível) reparação, além de frequentemente serem invisíveis e silenciosas, com quantificação complexa, tornar o sistema de responsabilidade civil mais simples favorece que o meio ambiente não seja ainda mais prejudicado pelos eventos lesivos, por, em tese, facilitar a definição dos possíveis responsáveis.

Com efeito, se já é difícil garantir a reparação do dano ao meio ambiente mesmo sendo a responsabilidade civil ambiental objetiva e amplamente solidária, dadas as características do dano ambiental e a burocracia do sistema processual de implementação do dever reparatório, imagine-se como seria caso fosse necessária a identificação do direto causador do dano e, principalmente, caso discussões sobre sua culpabilidade retornassem como requisito. O sistema provavelmente rumaria à ineficiência absoluta.

Sem embargo, é evidente que a crítica feita por Rosenvald à adstrição à funcionalidade reparatória não pretende que a responsabilidade civil retorne ao perfil de responsabilidade subjetiva anterior, como possível forma de valoração da conduta do agente causador do dano, mas sim que não se abandone totalmente a discussão em torno da conduta lesiva, pois a responsabilidade reparatória não é suficiente para anular o ilícito, mas apenas para neutralizar o prejuízo sofrido.[622] A crítica, em verdade, pretende servir como reforço à proposta de ampliação das funções da responsabilidade civil para além da reparação.[623]

---

[621] ROSENVALD, Nelson. *As funções da responsabilidade civil*: a reparação e a pena civil. 2. ed. São Paulo: Atlas, 2014. p. 91.
[622] *Idem. Ibidem*, p. 86.
[623] Precisamente, Nelson Rosenvald defende que agora é o momento de avaliar a culpabilidade não mais como filtro de responsabilidade, mas como parâmetro para punição do agente como forma de desestímulo (*Idem. Ibidem*, p. 112).

Essa pretensão de ampliar a responsabilidade civil para torná-la mais efetiva como prevenção de danos e como instrumento de punição, contudo, não pode conduzir a uma situação em que se admita a responsabilidade civil sem dano, pois representaria uma verdadeira negativa da essência da responsabilidade civil.[624]

Essa crítica é realizada de modo preciso por Bruno Carrá, que afirma ser inadequada a pretensão de revolucionar a responsabilidade para que ela, após abandonar a culpa e ver ampliado o conceito de dano, passe a prescindir da própria lesão para ser aplicada, vez que, para ele, uma responsabilidade civil preventiva sem danos diverge da própria essência da responsabilidade civil.[625]

Frisa Bruno Carrá, contudo, que a ideia revolucionária de reforçar o caráter preventivo da responsabilidade civil a partir da admissão de sua aplicação, mesmo sem dano, tem ganhado adeptos, pois, de fato, é sedutora, haja vista que todos são sensíveis à concepção de que é melhor prevenir que remediar o dano. Não obstante, reputa inadequada essa pretensão, justamente porque considera que aplicar responsabilidade civil sem dano na verdade não é realizar responsabilidade civil, e sim outro instrumento.[626]

Por consequência, concebendo-se o dano como elemento indispensável da responsabilidade civil, fica evidenciado o caráter reativo, repressivo e corretivo como essência do instituto, que hoje é voltado fundamentalmente a reparar os danos que ocorreram a despeito de eventuais esforços preventivos contrários.[627]

Em suma, a reparação é o objetivo primordial da responsabilidade civil.

Entretanto, isso não significa, como equivocadamente critica parte da doutrina, uma indiferença quanto à ocorrência ou não do dano, vez que, por certo, é melhor que nem mesmo ocorra, em especial no âmbito das lesões ao meio ambiente.

---

[624] Em sentido contrário, a favor da responsabilidade civil sem dano, merece registro ainda a lição de Paolo Gallo, jurista italiano de referência na temática, que afirma estar havendo uma renovação da pena privada nas últimas décadas, que teria como consequência na responsabilidade civil a desnecessidade de identificação do dano para sua aplicação, pois a lesão não é requisito para caracterização do ilícito civil (GALLO, Paolo. *Pene private e responsabilitá civile*. Milão: Giuffré, 1996. p. 8).

[625] CARRÁ, Bruno Leonardo Câmara, *op. cit.*, p. 63.

[626] *Idem. Ibidem*, p. 63-64.

[627] Corroborando com esse posicionamento, cf. ARTIGAS, Priscila Santos. *Medidas, cit.*, p. 89.

Na verdade, o que se afirma apenas é que a responsabilidade civil ambiental tem finalidade essencialmente reparatória, haja vista que depende da ocorrência do dano para ser ativada, o que não quer dizer, contudo, que ela será o único instrumento que servirá como gestão dos riscos de dano ambiental.

Essa é uma ponderação muito importante, embora frequentemente negligenciada.

Não se nega a importância da responsabilidade civil, porém, não é necessário e nem razoável que ela reúna de modo universal todos os atributos e consequências relacionados ao dano, pois diversos outros instrumentos servem ao propósito de prevenir e de punir condutas de risco de geração de danos ambientais, muitos deles com eficiência muito maior do que a responsabilidade civil.

No direito ambiental, por exemplo, todos os mecanismos estudados no Capítulo 2 deste livro, bem como as responsabilizações penal e administrativa, têm como escopo evitar que os resultados ambientais negativos indesejados e não tolerados (danos) ocorram. Essa é função do próprio direito ambiental, que tem perfil essencialmente preventivo.

Nesse contexto, a responsabilidade civil entraria como remédio a uma falha desse sistema preventivo. E não há um problema real nisso, vez que, como já se destacou diversas vezes, por mais rigoroso que sejam os mecanismos de prevenção, é inevitável que alguma medida de dano praticamente ocorra, pelo que deve haver um instrumento eficaz para garantir sua reparação, feita em especial pela responsabilidade civil.

Em síntese, por se entender o dano como elemento indispensável, entende-se que a responsabilidade civil tem como finalidade primária garantir a reparação dos resultados ambientais negativos indesejados e não tolerados que lamentavelmente ocorram, mesmo no âmbito do direito ambiental, a despeito de sua essência preventiva.

Não obstante, considera-se possível que, incidentalmente a esse escopo primordial, outras expressões funcionais possam decorrer da responsabilidade civil ambiental, ainda que não exatamente na perspectiva propugnada pela doutrina, como se detalhará nos subitens seguintes.

### 3.2.3.2 Funções preventiva e pedagógica: efeitos incidentais ao dever de indenizar

Incidentalmente à função reparatória, que representa o objetivo principal da responsabilidade civil, inclusive na esfera ambiental, outros efeitos podem ser identificados de modo ao dever de indenizar. É o caso das funções preventiva[628] e pedagógica, que têm por escopo evitar que a lesão ocorra ou que não volte a ocorrer.

Entende-se que essas funções são meros efeitos incidentais à finalidade reparatória, porque são gerados após o dever de indenizar imposto (pedagógico) ou, pelo menos, a partir do receio de ter de cumprir uma obrigação reparatória pela geração de danos (prevenção). Precisamente, considera-se que haveria função preventiva incidental quando o agente, de modo a minimizar os riscos de provocar lesões não toleradas ao meio ambiente, por exemplo, implementasse procedimentos para minimização de riscos ambientais. Ou seja, para evitar que o problema ocorresse, e isso lhe gerasse prejuízos, o possível causador de danos ambientais adotaria condutas de proteção com natureza preventiva.

Da mesma forma, reputa-se que seria possível falar em função pedagógica colateral ao escopo reparatório quando o causador do dano ambiental assumisse um cuidado mais intenso na gestão para mitigação dos riscos de causar lesões ao meio ambiente, após ter passado por uma situação de lesividade ambiental por ele provocada, que lhe tivesse movimentado a assumir custos imprevistos ou, pelo menos, indesejados.

Em ambos os casos, verifica-se que a responsabilidade civil não é direcionada propriamente a prevenir a ocorrência de danos ou a "educar" o causador da lesão a adotar uma postura mais cautelosa, e sim um efeito colateral ao dever de indenizar ou, ao menos, à possibilidade de essa obrigação lhe ser imputada.

Como se registrou no tópico anterior, há parcela da doutrina que critica essa visão por entendê-la como excessivamente restritiva. É o caso de Nelson Rosenvald, que afirma que o foco exclusivo na reparação gera uma situação de neutralidade e objetividade à responsabilidade civil, em que não há juízo de valor sobre o causador do dano, o que provocaria, por consequência, uma certa indiferença em relação à gestão de risco, pois reduziria ("amesquinharia") a contraposição do dano a um ressarcimento financeiro.[629]

---

[628] Cristiano Farias, Felipe Braga Netto e Nelson Rosenvald preferem tripartir as funções da responsabilidade civil em reparatória, punitiva e precaucional, em vez de preventiva, pois consideram que a prevenção é um princípio geral de responsabilidade civil, que exerce influência sobre todas as três funções específicas, que teriam como finalidade ínsita sempre a prevenção de novos eventos lesivos (FARIAS, Cristiano Chaves de; BRAGA NETTO, Felipe Peixoto; ROSENVALD, Nelson, op. cit., p. 39-40).

[629] Além disso, afirma ainda o autor que a reparação anula as consequências, mas não recompõe a ordem jurídica violada (ROSENVALD, Nelson. Funções, cit., p. 83-87).

Não obstante, não se considera que enfocar a responsabilidade civil na reparação gere um problema prático de fato, pois, em especial na esfera ambiental, há múltiplos outros instrumentos tendentes, de modo específico, a prevenir, educar e punir condutas geradoras de danos, pelo que impor à responsabilidade civil um escopo prevalentemente reparatório não implica em uma indiferença com relação ao causador do dano e ao seu comportamento.

Com efeito, instrumentos como, por exemplo, o licenciamento ambiental e os estudos ambientais servem como tutela preventiva não apenas dos impactos ambientais negativos, como colateralmente acabam servindo para reduzir os riscos de ocorrência de danos ao meio ambiente também, pois induzem o empreendedor a conhecer melhor os potenciais lesivos de seu empreendimento e evitar aqueles indesejados.

Da mesma forma, no âmbito processual, é cabível a utilização de tutelas inibitórias como forma de conter atividades e comportamentos potencialmente lesivos antes mesmo que o dano ocorra. Essa tutela, normalmente relacionada a uma obrigação de não fazer, configura-se claramente como um instrumento de prevenção propriamente dito, pois independe do dano, não se confundindo com a responsabilidade civil.

Em suma, nota-se que, embora se refute a ideia de uma responsabilidade civil preventiva sem danos, que representaria a função preventiva pura, pois aplicada antes mesmo do dano ocorrer, não fica a gestão de risco prejudicada, pois diversos outros mecanismos já seguem essa finalidade.

Nesse contexto, pode-se afirmar que há no ordenamento jurídico brasileiro – em especial no direito ambiental, que é preventivo por essência – uma "gestão conglobante de danos", que independe da responsabilidade civil, pois lastreada em diversos outros instrumentos.[630]

Mais que isso, entende-se que propor uma responsabilidade civil sem dano é uma *contraditio in terminis*, vez que, repise-se, o dano é um elemento imprescindível para a configuração do dever de indenizar, sem o qual se geraria uma obrigação ilegítima.[631]

---

[630] CARRÁ, Bruno Leonardo Câmara, *op. cit.*, p. 63-64.
[631] Como afirma Gustavo Tepedino, "o dever de reparar não há de ser admitido sem a presença do dano e do nexo de causalidade entre a atividade e evento danoso, tendo por escopo o ressarcimento da vítima", e prossegue "(...), tão grave quanto a ausência de reparação por um dano injusto mostra-se a imputação do dever de reparar sem a configuração de seus elementos essenciais, fazendo-se do agente uma nova vítima" (TEPEDINO, Gustavo. O futuro da responsabilidade civil. *Revista Trimestral de Direito Civil (RDTC)*. Rio de Janeiro: Padma. v. 24., (editorial), 2004).

Nomear instrumentos de prevenção propriamente ditos como sendo responsabilização civil é conceitualmente inadequado, pois ignora a necessidade de haver dano para imposição do dever de reparar. Logo, quando fundamentalmente preventivo, trata-se de outro instrumento, e não de responsabilidade civil, sendo, com efeito, até mais importante que ela.

Por isso, na esteira do que defende Bruno Carrá,[632] entende-se que se deve restringir a responsabilidade civil ambiental àquilo que a responsabilidade civil em geral sempre objetivou, a reparação de danos, deixando que a efetiva prevenção e a repressão de condutas sejam realizadas por outros instrumentos de direito ambiental ou mesmo por responsabilizações nas esferas administrativa e penal.

Sem embargo, apesar de não se concordar com a utilização da responsabilidade civil ambiental como instrumento de prevenção pura e simples, desvinculado da ocorrência concreta de um dano para agir apenas sobre o risco, reitera-se que, tal como arguido no início deste tópico, considera-se plenamente possível que a responsabilização civil mantenha certo caráter preventivo e pedagógico incidental como efeito colateral ao dever de indenizar imposto ou ao menos potencialmente aplicável sobre o agente.

Em suma, reputa-se que as funções preventiva e pedagógica da responsabilidade civil decorrem basicamente da coerção psicológica operada sobre o (possível) agente causador do dano, e não através de medidas de força destinadas a combater a ilicitude.

Para os críticos, pode ser que esse efeito meramente colateral pareça pouco diante da importância da prevenção dos danos ambientais, mas, como pontua também Bruno Carrá, é "bem mais importante a certeza de que chegará a sanção jurídica do que a imposição de formas extremadas de punição".[633][634]

Ou seja, a segurança na imputação do dever de indenizar e os reflexos patrimoniais e reputacionais negativos derivados dos eventos lesivos podem impor um efeito dissuasório significativo sobre possíveis causadores de danos ambientais, ainda que em caráter apenas incidental em relação à primária função reparatória.

---

[632] CARRÁ, Bruno Leonardo Câmara, op. cit., p. 106.
[633] Idem. Ibidem.
[634] Em sentido semelhante, Patrícia Fagas Iglesias Lemos assevera que sem um sistema de responsabilização efetivo e exigente, a responsabilidade civil não gerará qualquer efeito preventivo (LEMOS, Patrícia Fagas Iglesias. *Direito ambiental*: responsabilidade civil e proteção ao meio ambiente. 3. ed. São Paulo: Revista dos Tribunais, 2010. p. 175).

### 3.2.3.3 Função punitiva: impossibilidade presente e perspectiva futura

Certamente a questão mais controversa acerca das possíveis funções da responsabilidade civil se refere ao seu potencial uso como ferramenta de punição do causador do dano pela ilicitude de sua conduta.

Em suma, discute-se se é admissível que, através da responsabilidade civil, o sujeito que provocou o dano não apenas seja obrigado a reparar a vítima integralmente, neutralizando o efeito negativo gerado, como também seja obrigado a pagar um valor a mais como punição pela conduta lesiva, ou seja, a pagar uma multa civil.

Nesse contexto, seria retomada a discussão em torno da culpa do agente não para fins de imposição do dever de indenizar, mas para servir como parâmetro para aplicação de uma punição como forma de desestímulo ao cometimento de novas condutas congêneres.[635] Ou seja, para a mera reparação poderia continuar a ser aplicado o sistema de responsabilidade objetiva, independente de culpa, que, portanto, seria aferida apenas para aplicação de uma pena civil complementar e não necessariamente simétrica em relação ao fato lesivo em si.

A expansão dessa função punitiva na responsabilidade civil ambiental teria como consequência, ao menos em tese, uma valoração do instituto e do seu papel como controle de danos ambientais, porque serviria não apenas como sanção em si, mas também geraria, como efeitos colaterais, um reflexo pedagógico no ofensor, pois a pena civil serviria como um reforço de desestímulo à realização de novas condutas lesivas, além do fator preventivo, pelo receio de perceber um prejuízo ainda maior do que o causado.

A concepção-base para inclusão de uma penalização como parte da responsabilidade civil é importada do instituto dos *punitive damages*, típico do direito norte-americano, cuja tradução literal, "danos punitivos", na verdade, representa uma contradição terminológica, porque, em verdade, é uma pena civil, e não exatamente uma nova forma de dano. Por isso, considerando que a reparação de danos compensa, e não pune, a tradução mais precisa seria "condenação punitiva".[636]

Como concebido no direito estadunidense, os *punitive damages* são aplicados para punir o dolo ou uma conduta arbitrária, tendo como

---

[635] ROSENVALD, Nelson. *Funções, cit.*, p. 115.
[636] Idem. Ibidem, p. 167.

finalidade deter o ofensor e evitar a reiteração de condutas lesivas similares no futuro, além de servir como exemplo para conter outros possíveis causadores de danos de assumir posturas semelhantes.[637] Ou seja, é um instrumento não apenas punitivo, mas também com caráter dissuasório.

No direito brasileiro, por sua vez, não há autorização específica que legitime de modo expresso a aplicação de pena civil em caráter congênere aos *punitive damages* no âmbito da responsabilidade civil. Em verdade, afora instrumentos como, por exemplo, as *astreintes*, que têm natureza processual, e as cláusulas penais, que têm caráter civil, mas relacionado a direito contratual, não há previsão legal que autorize a aplicação de penas civis correlatas à responsabilidade civil, o que suscita debates quanto à sua aplicabilidade.

Como forma de solucionar essa lacuna legal, a doutrina se divide em propor formas alternativas que permitam a aplicação de responsabilizações excepcionais como resposta a fatos especialmente lesivos e, assim, conferir certo caráter punitivo à responsabilidade civil, ainda que às vezes afirme não se tratar propriamente de pena civil.

A primeira delas, como já antecipado no item 3.1.2, é conferir maior onerosidade à indenização por dano moral, em especial quando se tratar de dano extrapatrimonial de natureza coletiva, justamente o que mais interessa a este trabalho, pois consiste na espécie que pode ser gerada em subjacência a um dano ambiental material expressivo e persistente.

Nessa linha, asseveram Cristiano Farias, Felipe Braga Netto e Nelson Rosenvald que, na verdade, dano moral coletivo de fato consiste em "peculiar espécie de pena civil", que em nada se assemelha à natureza do dano extrapatrimonial, por não ter real caráter compensatório, e sim escopo pedagógico-punitivo, direcionado ao causador do dano, relacionando-se com os princípios da precaução e do poluidor-pagador.[638][639]

Ainda, destacam os autores que reconhecer o caráter de pena civil à indenização por dano moral coletivo não apenas é correto

---

[637] Idem. Ibidem, p. 169.
[638] FARIAS, Cristiano Chaves de; BRAGA NETTO, Felipe Peixoto; ROSENVALD, Nelson, *op. cit.*, p. 350-352.
[639] Em outro trabalho, Nelson Rosenvald detalha que "na pena civil, a sanção se prende a um ilícito sintomático. As penas civis possuem finalidade punitiva primária, pois o essencial da sanção será uma função preventiva de dissuasão da conduta em si" (ROSENVALD, Nelson. O dano moral coletivo, *cit.*, p. 112).

conceitualmente, como resolve a discussão acerca de sua admissibilidade, vez que se deixa de tentar fazer uma caracterização inadequada, buscando associar ao coletivo aquilo que se identifica apenas individualmente.

Admitem, por outro lado, que, sendo pena civil, o dano moral coletivo não é compatível com o ordenamento jurídico atual, pois, por ser direito punitivo, depende de previsão legislativa prévia e detalhada, sem a qual o ordenamento não se admite punição.[640]

Como se registrou no item 3.1.2, embora, diferente dos autores, entenda-se que é cabível a aplicação de indenização por danos morais coletivos em casos excepcionais de expressiva lesividade e persistência, concorda-se que, sem a caracterização dessa extraordinariedade, essa condenação indenizatória é utilizada como forma de escamotear uma pena civil que não tem previsão legal.

Em sentido semelhante, mas considerando admissível a utilização da indenização por dano moral como pena civil, a despeito de inexistir previsão legal, Bruno Carrá, em consonância com sua teoria crítica à possibilidade de responsabilização civil por mera conduta, reputa que essa condenação punitiva deve ser concebida de modo que não implique em admitir responsabilidade civil sem dano.[641]

A propósito, a crítica à utilização da indenização por danos morais coletivos como forma de mascarar o caráter de pena civil da condenação deve valer não apenas para a própria fixação da indenização, como para a sua quantificação, que evidentemente não pode ser definida em montante excessivo que transborde os limites da compensação para atingir finalidade ilegalmente punitiva.[642]

Essa questão já foi discutida inclusive no âmbito jurisprudencial pelo Superior Tribunal de Justiça, precisamente no julgamento do Recurso Especial nº 1.354.536/SE,[643] de relatoria do Ministro Luís Felipe Salomão, e julgada na forma de recurso repetitivo, no qual se considerou impossível a ampliação de indenização por dano moral individual, pois, se assim fosse feito, implicaria em enriquecimento ilícito do autor do pedido, punição indevida do causador do dano (vez que inexistem

---

[640] FARIAS, Cristiano Chaves de; BRAGA NETTO, Felipe Peixoto; ROSENVALD, Nelson, *op. cit.*, p. 353-354.
[641] CARRÁ, Bruno Leonardo Câmara. A (in)viabilidade, *cit.*, p. 69.
[642] Nesse sentido, cf. STEIGLEDER, Annelise Monteiro, *op. cit.*, p. 252-253.
[643] BRASIL. Superior Tribunal de Justiça. *Recurso Especial 1.354.536/SE*. Relator Ministro Luis Felipe Salomão. Segunda Seção. Julgamento: 26/03/2014. Publicação: Diário de Justiça Eletrônico 05/05/2014.

*punitive damages* no Brasil) e *bis in idem*, tendo em vista que o mesmo fato poderia ser punido também nas esferas penal e administrativa.

Outra forma de incluir penalizações na responsabilidade civil parte de um alargamento do conceito de dano, para admitir como reparáveis isoladamente o dano-evento, que seria a lesão ao direito subjetivo ou ao interesse juridicamente protegido, e o dano-prejuízo, que seria a consequência dessa lesão.

Com efeito, há autores que defendem que o mero evento potencialmente lesivo é suficiente para se configurar dano indenizável, independentemente de haver ou não um prejuízo concreto como consequência dessa lesão.[644]

Não obstante, a visão preponderante, com a qual se concorda, é a de que, mesmo que se conceba essas duas facetas do dano (evento e prejuízo), somente será haverá responsabilidade civil quando ambos estiverem configurados simultaneamente, pois somente há resultado danoso reparável quando o evento tiver gerado prejuízo concreto.[645]

Logo, a visão contrária – de que é cabível indenizar o mero evento, mesmo sem prejuízo – representa tentativa de emplacar responsabilidade civil sem dano e espécie de pena civil mascarada de dano em conceito alargado, posicionamento com o qual não se concorda, pois, reitera-se, reputa-se o dano, em sua faceta de prejuízo concreto, como elemento indispensável para a configuração do dever de indenizar.

Nota-se dessa exposição que, embora a doutrina intencione ampliar a funcionalidade da responsabilidade civil para lhe conferir caráter punitivo, a intenção esbarra nas limitações do ordenamento jurídico brasileiro.

Isso, porque, primeiro, por não haver previsão legal da pena civil aquiliana, a pretensão encontra barreira no princípio da reserva de lei, que rege o direito punitivo e impede a imposição de penas sem prévia estipulação legal.[646]

Segundo, por força da limitação estabelecida pelo artigo 944 do Código Civil, que estipula a reparação integral como baliza de dúplice resguardo, pois protege a vítima lhe garantindo compensação por todos

---

[644] Nesse sentido, LEAL, Pastora do Socorro Teixeira; BONNA, Alexandre Pereira. Responsabilidade civil sem dano-prejuízo? *Revista Eletrônica Direito e Política*. Programa de Pós-Graduação *Stricto Sensu* em Ciência Jurídica da UNIVALI, Itajaí, v.12, nº 2, 2º quadrimestre de 2017.

[645] Por todos, em trabalho de referência sobre a temática, cf. FLUMIGNAN, Silvano José Gomes. *Dano-evento e dano-prejuízo*. Dissertação de mestrado. São Paulo: USP, 2009.

[646] ROSENVALD, Nelson. *Funções, cit.*, p. 232-243.

os danos sofridos, mas também o próprio causador do dano, que não pode ser compelido a arcar em expressão superior à lesão que causou.

Não obstante, considera-se que, havendo a devida alteração legislativa, de modo a incluir a previsão de pena civil como complemento autônomo em relação à responsabilização civil, é plenamente cabível que, no futuro, esse instrumento passe a ser utilizado e, quem sabe, contribua para a contenção de comportamentos lesivos, mormente em questões ambientais.

Em todo caso, particularmente se entende como sendo prescindível – fora não ser razoável – a criação de mais um instrumento punitivo a ser acumulado no direito ambiental.

Frisa-se que, em matéria de danos ao meio ambiente, o sujeito causador, por força do artigo 225, §3º, da Constituição de 1988, pode ser responsabilizado civil, penal e administrativamente, o que implica que, no mínimo, o agente poderá ser submetido a punições administrativas e criminais, as quais têm a mesma finalidade punitiva precípua e as funções preventiva e pedagógica colaterais que pretende incluir a doutrina com a pena civil adjacente à responsabilidade civil.

Não parece necessário, tampouco razoável, essa pretensão, pois configura um excesso punitivo que, francamente, pode até mesmo causar embaraços na consecução do objetivo principal do direito ambiental nos casos em que o dano ocorra, que é garantir a sua reparação o mais perfeitamente possível, dado que tende a tornar as negociações de ajuste de conduta e as ações coletivas de reparação mais complexas e, portanto, mais longas.

Por isso, considera-se que, em termos de responsabilidade civil, ainda que seja possível fazer uma alteração legislativa para incluir penas aquilianas e implementar funcionalidade punitiva hoje inaplicável, é despiciendo fazer essa alteração, valendo mais incrementar procedimentos para intensificar e agilizar a reparação ambiental, relegando a punição dos causadores de danos às esferas administrativa e penal, quando cabível.

## 3.3 Reações punitivas ao dano ambiental minerário: função preventivo-pedagógica das sanções e os métodos alternativos de indução à reparação

Neste item final, pretende-se demonstrar que, embora as responsabilidades penal e administrativa tenham caráter fundamentalmente punitivo, a lógica peculiar do direito ambiental impulsiona que sejam instituídos, nesses sistemas de responsabilização, instrumentos alternativos que induzam à reparação dos danos ambientais, ainda que em detrimento da pena que seria cabível pelo cometimento do crime ou da infração administrativa ambiental causadora de danos ao meio ambiente.

A abordagem será ainda mais breve do que se realizou em relação à responsabilidade civil, vez que o objetivo deste último capítulo é analisar os instrumentos de reparação dos danos ambientais, pelo que a avaliação sobre a questão punitiva propriamente dita e típica dessas esferas de responsabilização será apenas lateral, para que o foco, também neste item, seja em abordar os principais métodos alternativos de indução à reparação de danos que derivam das responsabilidades penal e administrativa ambiental.

### 3.3.1 Responsabilidades penal e administrativa ambiental: direito punitivo e as finalidades da pena

Por terem como finalidade comum a punição de particulares pela violação a bens jurídicos especialmente protegidos pelo Estado, as responsabilidades administrativa e penal são caracterizadas como expressões do direito público punitivo, não configurando propriamente um ramo jurídico em si, mas sim dois conjuntos normativos que representam manifestações punitivas do Estado, derivadas da Constituição e sem real distinção ontológica.

Precisamente, como assevera Fábio Medina Osório, direito penal e direito administrativo sancionador representam os dois caminhos distintos pelos quais o Estado, na atual quadra de nosso ordenamento jurídico, exerce seu *jus puniendi*.[647][648]

---

[647] OSÓRIO, Fábio Medina. *Direito administrativo sancionador*. 5. ed. São Paulo: Revista dos Tribunais, 2015. p. 155-157.

[648] Vale anotar, contudo, que há outros instrumentos não-penais e não-administrativos pelos quais o Estado pune o particular que descumpre uma obrigação e o coage a adotar determinado comportamento. Nesse sentido, merece registro a possibilidade de o juiz fixar *astreintes* como punição pelo descumprimento de ordens judiciais, as quais se configuram como punição de natureza processual. Na mesma linha, ainda exemplificativamente, pode-se citar a multa por litigância de má-fé e a multa por ato atentatório à dignidade da justiça.

A principal consequência da comunhão do caráter punitivo que sustenta as responsabilidades administrativa e penal seria a submissão de ambas a um sistema de garantias mais rigoroso em favor dos particulares, de base constitucional, mais comumente relacionado de modo exclusivo às questões penais, mas que abrangeria também, evidentemente, as sanções administrativas, ainda que em gradação distinta.[649]

Apenas a título exemplificativo, uma das implicações dessa caracterização como direito punitivo sobre o direito administrativo sancionador ambiental seria a necessária subjetivação da responsabilidade, tal como é regra inquebrantável no direito penal, vez que não seria admissível a punição do particular sem a configuração de sua culpabilidade.[650]

É verdade que, durante muito tempo, a responsabilidade administrativa foi equivocadamente reputada, pela doutrina majoritária[651] e pela jurisprudência, como sendo objetiva e independendo de culpa, seguindo a lógica da responsabilidade civil ambiental, e não a do direito punitivo, como é o correto.

No entanto, a partir do julgamento do Agravo Regimental no Agravo em Recurso Especial nº 62.584/RJ,[652] [653] o Superior Tribunal de Justiça renovou seu entendimento para, em alinhamento com a doutrina crítica à objetivação da responsabilidade administrativa ambiental e, logo, favorável à aplicação da teoria da culpabilidade no direito punitivo,[654] [655] admitir que somente é cabível a punição do infrator ambiental caso demonstrada sua culpa.

---

[649] OSÓRIO, Fábio Medina, *op. cit.*, p. 170.
[650] *Idem. Ibidem*, p. 353.
[651] Exemplificativamente, por todos, MACHADO, Paulo Affonso Leme, *op. cit.*, p. 376; FREITAS, Vladimir Passos de; FREITAS, Mariana Almeida Passos de. *Direito administrativo e meio ambiente*. 5. ed. Curitiba: Juruá, 2014. p. 112-113.
[652] BRASIL. Superior Tribunal de Justiça. *Agravo Regimental no Agravo em Recurso Especial 62.584/RJ*. Relator Ministro Sérgio Kukina. Relatora para o acórdão Ministra Regina Helena Costa. Primeira Turma. Julgamento: 18/06/2015. Publicação: Diário de Justiça Eletrônico 07/10/2015.
[653] Antes, ainda na fase de indefinição, mas com prevalência da natureza objetiva, o STJ já havia esposado entendimento pela responsabilidade subjetiva no julgamento do Recurso Especial nº 1.251.697/PR (BRASIL. Superior Tribunal de Justiça. *Recurso Especial 1.251.697/PR*. Relator Ministro Mauro Campbell. Segunda Turma. Julgamento: 12/04/2012. Publicação: Diário de Justiça Eletrônico 17/04/2012).
[654] Nesse sentido, além do já citado Fábio Medina Osório, ilustrativamente, cf. BIM, Eduardo Fortunato. O mito da responsabilidade objetiva no direito ambiental sancionador: imprescindibilidade da culpa nas infrações administrativas ambientais. *Revista de Direito Ambiental*. São Paulo: Revista dos Tribunais. v. 57. p. 35. 2010; VITTA, Heraldo Garcia. *Responsabilidade civil e administrativa por dano ambiental*. São Paulo: Malheiros, 2008. p. 157.
[655] Merece ainda registro o posicionamento sustentado por Édis Milaré, que concorda com a natureza subjetiva, mas entende que vigora um sistema de "culpa presumida", em que se

Embora tenha importância lateral para esta obra, essa aparente mudança de posicionamento do STJ merece deferência por representar um atendimento ao direito posto e às garantias estabelecidas pela Constituição e pela própria lógica sistemática do ordenamento jurídico brasileiro, que, em se tratando de direito punitivo, no qual a finalidade precípua é a aplicação de penalidades a particulares, exige o elemento subjetivo para admissibilidade da responsabilização, seja essa pena de natureza criminal, seja administrativa, mesmo ao tratar de matéria ambiental.

Essa punição, como asseverado por José Rubens Morato Leite e Patrick de Araújo Ayala, tem como objetivos sancionar o descumprimento de obrigações administrativo-ambientais ou a lesão a importantes bens jurídicos protegidos, a ressocialização do criminoso/infrator e a manutenção da paz social.[656]

Ou seja, embora tenha por função fundamental a aplicação de sanção como punição a um ilícito,[657] o direito punitivo penal e administrativo pode gerar, também como efeitos reflexos, a prevenção a ilegalidades gerada pelo receio da aplicação da penalidade, e ainda a "educação" do infrator/criminoso pelo efeito pedagógico da punição.[658][659]

Essa lógica preventivo-pedagógica se alinha de modo mais preciso ao escopo do direito ambiental na perspectiva macro, pois tem como possível consequência a contenção de resultados lesivos indesejados ao meio ambiente. Dessa forma, ainda que a finalidade do direito ambiental seja alcançada pela via da ameaça ou do medo da punição, e não pela conscientização voluntária, o benefício em si será identificado, porque o dano será evitado.

---

presume a culpa do autuado pela fé pública do ato administrativo, cumprindo ao acusado demonstrar a ausência de culpabilidade, no que diferiria do sistema penal, em que há presunção de inocência do réu (MILARÉ, Édis, *op. cit.*, p. 356-362).

[656] LEITE, José Rubens Morato; AYALA, Patrick de Araújo, *op. cit.*, p. 126-129.

[657] Especificamente sobre a sanção administrativa, Fábio Medina Osório assevera que seus efeitos são *pro futuro* e que sua finalidade é repressora, punitiva e disciplinar (OSÓRIO, Fábio Medina, *op. cit.*, p. 107).

[658] MILARÉ, Édis, *op. cit.*, p. 480.

[659] Também nesse sentido, mas tratando especificamente do direito administrativo ambiental, Pedro de Menezes Niebuhr argumenta que a finalidade da sua tutela é orientar, ordenar, autorizar e, em último caso, sancionar como forma de induzir que a atividade particular seja conduzida em consonância com as normas ambientais ou, se for o caso, punir aquele que desrespeitou a obrigação, em lógica pedagógica e desestimuladora (NIEBUHR, Pedro de Menezes. *Processo administrativo ambiental*. Lumen Juris: Rio de Janeiro, 2014. p. 13-14).

Não obstante, vale ressaltar que, apesar de se estar afirmando que a responsabilidade administrativa e a responsabilidade penal se aproximam, por serem facetas específicas do direito público punitivo, não são – ou pelo menos não deveriam ser – as duas tutelas aplicadas inadvertidamente como tendo características absolutamente iguais.

Com efeito, a tutela penal deveria ser utilizada apenas como um recurso extremo (*ultima ratio*) do Estado para coibição de condutas reputadas como ilícitas,[660] caso as alternativas tenham falhado, dado o seu caráter muito mais gravoso. Essa perspectiva é uma derivação direta do princípio da intervenção mínima do direito penal.

Não é o que tem vigorado no direito penal ambiental brasileiro, contudo.

Isso, porque a Lei nº 9.605/1998, popularmente conhecida como Lei de Crimes Ambientais e responsável pela positivação sistemática (ainda que não exaustiva) dos delitos de natureza ambiental, acaba gerando o efeito contrário, porque tipifica como criminosas um amplo rol de condutas, muitas vezes com baixa punibilidade e meramente reproduzindo tipificações de infrações administrativas, no que transparece um caráter punitivo mais simbólico do que propriamente repressivo, além de ter inovado pela introdução legal da responsabilização penal das pessoas jurídicas.[661][662]

No mesmo sentido é a crítica de Luiz Régis Prado, que assevera que, embora a matéria ambiental seja peculiar e mereça proteção legal especial, não se pode esquecer que se trata de questão penal, que tem efeitos graves e, portanto, deve ser realmente excepcional e direcionada apenas às condutas mais gravosas.[663]

Por isso, reputa-se que é mais adequada a utilização do direito administrativo sancionador como regra de tutela preventivo-pedagógica de punição de condutas ilícitas prejudiciais ao meio ambiente,[664]

---

[660] FREITAS, Vladimir Passos de; FREITAS, Mariana Almeida Passos de, *op. cit.*, p. 28.
[661] MILARÉ, Édis, *op. cit.*, p. 474-476.
[662] Outra crítica realizada contra a Lei nº 9.605/1998 se relaciona com a excessiva quantidade de normas penais em branco e tipos penais abertos, que, embora sejam pretensamente justificadas, por permitirem que a tutela penal se adéque à flexibilidade do meio ambiente, representam violações aos princípios da legalidade e da tipicidade, pois remetem a textos normativos diversos ou dependem de avaliações subjetivas excessivas do intérprete para configuração (MILARÉ, Édis; COSTA JÚNIOR, Paulo José da; COSTA, Fernando José da. *Direito penal ambiental*. 2. ed. São Paulo: Revista dos Tribunais, 2013. p. 51-53).
[663] PRADO, Luiz Régis. *Direito penal do ambiente*. 6. ed. São Paulo: Revista dos Tribunais, 2016. p. 176-177.
[664] Nesse sentido, cf. NIEBUHR, Pedro de Menezes, *op. cit.*, p. 25.

devendo ser relegadas à tutela penal apenas casos extraordinários que sejam realmente gravosos, sob pena de banalizar, ainda mais do que já está banalizada pela amplitude da Lei nº 9.605/1998, a aplicação da responsabilização penal.

Nesse particular, precisa é a crítica efetuada por Luiz Gustavo Ribeiro e Marina Costa, que defendem que o direito administrativo sancionador, pela sua maior flexibilidade e lógica preventiva, deve ser utilizado como *prima ratio*, enquanto que o direito penal ambiental, por ter um núcleo duro mais gravoso (no qual se insere a possível pena de privação de liberdade), deve ser a última alternativa reativa do Estado.[665]

Mais que isso, criticam que, apesar de não haver *a priori* problema em ser efetuada imputação simultânea nas esferas penal e administrativa, a legislação penal ambiental acaba por violar a vedação ao duplo sancionamento, na acepção material, vez que a previsão penal é muitas vezes idêntica à administrativa, não se indicando qualquer agravante fático que justifique o acionamento extraordinário – e subsidiário – da instância penal.[666]

Particularmente, a exemplo do que se ressaltou na crítica à tentativa de instituição do caráter punitivo à responsabilidade civil para criação de uma nova via de punição, considera-se que esse sancionamento dúplice sem diferenciação nos pressupostos fáticos estabelecido pela legislação ambiental penal e administrativa representa clara expressão de uma pretensa visão moralizante sobre o meio ambiente, que intenciona – muitas vezes a qualquer custo – criar um cenário teoricamente mais protetivo, ainda que, para isso, banalize a tutela penal e concretize um certo fetichismo punitivista que não necessariamente é eficaz.

Até porque, como se tem defendido reiteradamente neste livro, a tutela ambiental é essencialmente preventiva, no que as tutelas repressivas assumem caráter subsidiário, pois a necessidade de punição pela ocorrência de um dano ao meio ambiente é a representação de que o sistema de proteção ambiental falhou. Isso vale para a responsabilidade civil, cujo escopo é prevalentemente reparatório, mas também para a tutela administrativa e, principalmente, para a instância punitiva penal.

É verdade que nem todos os tipos infracionais e penais ambientais têm como pressuposto o dano ao meio ambiente, vez que uma

---

[665] RIBEIRO, Luiz Gustavo Gonçalves; COSTA, Marina Lage Pessoa da. *O papel e os limites do direito penal como instrumento de proteção do meio ambiente*: uma análise sob o viés do direito de intervenção proposto por Winfried Hassemer. Rio de Janeiro: Lumen Juris, 2016. p. 114 e 124.

[666] Idem. Ibidem, p. 154.

parcela considerável deles se caracteriza como crimes formais, de mera conduta ou de perigo concreto ou abstrato. O dano, com efeito, é um pressuposto da responsabilidade civil, não do direito punitivo. Dependem da lesão ambiental, por exemplo, a infração administrativa prevista no artigo 61 do Decreto nº 6.514/2008 e o seu correspondente tipo penal estabelecido no artigo 54 da Lei nº 9.605/1998, que abstratamente permitem a responsabilização administrativa e penal daquele que "causar poluição de qualquer natureza em níveis tais que resultem ou possam resultar em danos à saúde humana, ou que provoquem a mortandade de animais ou a destruição significativa da flora", ou seja, daqueles que causarem danos ao meio ambiente.

Não obstante, é compreensível a previsão de infrações administrativas e tipos penais que visem punir condutas prévias ao dano, pois servem como efetivação da lógica preventivo-pedagógica que recai sobre as responsabilidades administrativa e penal ambiental em razão da matriz relacionada ao meio ambiente, que intenciona evitar a lesão.

Por isso, embora se discorde da banalização que a tutela penal enfrenta na esfera ambiental, e se entenda, por conseguinte, que a punição poderia em muitos casos se restringir à penalidade administrativa, parece, ao menos em tese, que a previsão de tipos não dependentes do dano, pois anteriores a ele, colabora para que se atinja o precípuo objetivo preventivo do direito ambiental.

A propósito, e este é o ponto da discussão que mais interessa a este livro, além de exercer influência para intensificar o colateral caráter preventivo-pedagógico às tutelas penal e administrativa do meio ambiente, a lógica do direito ambiental fez com que o legislador introduzisse instrumentos alternativos que estimulassem a reparação do dano ocorrido, ainda que com a extinção da punição ou, pelo menos, o seu abrandamento.

Ou seja, privilegiou-se a hierarquia da tutela ambiental, pois a preferência realmente é pela prevenção aos resultados ambientais negativos indesejados, com subsidiária utilização de instrumentos reparatórios – com destaque para a responsabilidade civil, mas também com métodos alternativos relacionados às tutelas penal e administrativa – e apenas por último a punição em si.

Nesse contexto, pretende-se estudar os principais instrumentos reparatórios alternativos às sanções administrativas e penais nos subitens seguintes, de modo a demonstrar que o legislador ambiental, ciente de que a reparação dos danos é mais importante que a punição, privilegiou métodos que possam concretizar essa substituição de modo eficiente e positivo para o meio ambiente, ainda que para isso abrande ou mesmo prescinda da pena.

## 3.3.2 O procedimento de conversão de multa simples em serviços de preservação, melhoria e recuperação da qualidade do meio ambiente

Com previsão legal no artigo 72, §4º, da Lei nº 9.605/1998 e regulamentação nos artigos 139 e seguintes do Decreto nº 6.514/2008 – hoje vigente de acordo com as modificações promovidas pelo Decreto nº 9.760 – o procedimento de conversão de multa simples em serviços de preservação, melhoria e recuperação da qualidade do meio ambiente representa uma alternativa protetiva e reparatória em relação à punição pecuniária integral do infrator administrativo.

Esse procedimento está previsto em âmbito federal, mas nada impede que seja refletido nas esferas estadual e municipal, a depender do interesse de cada ente federativo na implementação de procedimento congênere ou mesmo na adoção interna do processo criado pela União Federal.

Em síntese, o autuado que teve contra si aplicada uma multa simples poderá converter parte da pena pecuniária em serviços ambientais que contribuam para a política ambiental, reduzindo, segundo a regulação atual, a importância originalmente fixada em até 60% (sessenta por cento), excetuadas, na forma do parágrafo único do artigo 139 do Decreto nº 6.514/2008, as multas aplicadas em face de condutas infracionais ambientais que tenham provocado mortes humanas.

Precisamente, o Decreto nº 6.514/2008 determina que o desconto será de 60% quando a conversão da multa for requerida na audiência de conciliação ambiental (novidade procedimental introduzida no Decreto nº 9.760/2019[667]), de 50% quando requerida após a audiência e

---

[667] Embora seja inovação instrumental cuja análise detida transbordaria os limites deste livro, merece registro que a criação dos Núcleos de Conciliação Ambiental alterou a própria lógica do sistema processual administrativo ambiental federal, para lhe conferir um perfil favorável à resolução compositiva e mais célere das autuações, em contexto mais alinhado aos objetivos propugnados pelo novo Código de Processo Civil de 2015. Em síntese, os Núcleos devem realizar uma análise preliminar dos autos de infração, podendo corrigir vícios sanáveis, declarar nulidade quando o vício for incorrigível ou decidir sobre medidas assecuratórias (apreensão, embargo etc.). Além disso, os Núcleos são responsáveis por realizar as audiências de conciliação com os autuados, para explicar as razões fáticas e jurídicas que ensejaram a autuação, informar a possibilidade de pagamento, parcelamento ou conversão da multa simples em serviços ambientais e decidir sobre questões de ordem

antes do julgamento de primeira instância e de 40% quando posterior a esse julgamento, mas anterior à decisão de segunda instância.

O procedimento, contudo, não é simples, além de ser muito menos discricionário do que se poderia supor, vez que é defeso ao gestor ambiental prescindir das balizas fixadas no regulamento em referência, pelo que está adstrito à observância desses ditames mínimos, seja quando lhe favorece, seja principalmente quando lhe é contrário.

Rigorosamente, depois das alterações introduzidas pelo Decreto nº 9.179/2017 (mantidas mesmo após o Decreto nº 9.760/2019), o procedimento recebeu a designação de "Programa de Conversão de Multas Ambientais", tendo como objeto as multas simples emitidas por entes ambientais federais, que podem, em tese, ser convertidas em serviços ambientais a requerimento do interessado até o julgamento de segunda instância do processo administrativo.

Na forma atual do artigo 140 do Decreto nº 6.514/2008, são considerados serviços de preservação, melhoria e recuperação ambiental as ações, atividades e obras constantes em projetos que tenham pelo menos um dos seguintes objetivos: recuperação ambiental, proteção e manejo de flora nativa e de animais silvestres, monitoramento da qualidade do meio ambiente, mitigação ou adaptação às mudanças do clima, manutenção de espaços públicos destinados à proteção ambiental, educação ambiental, promoção de regularização fundiária em unidades de conservação, saneamento básico, garantia de sobrevivência de espécies da flora nativa e da fauna silvestre, mantidos pelo órgão ou pela entidade federal emissora da multa ou implantação, gestão, monitoramento e proteção de unidades de conservação.

Esses serviços podem ser prestados diretamente pelo autuado, ainda que em conjunto com outros infratores, como forma de viabilizar a proposta, ou por adesão a projeto previamente selecionado pelo órgão ambiental federal emissor da multa.

Anteriormente às alterações do Decreto nº 9.760/2019, quando a conversão da multa em serviços ambientais fosse deferida, seria aplicado um desconto de 35% (trinta e cinco por cento) quando se tratasse de execução direta do projeto, ou de 60% (sessenta por cento) quando a realização dos serviços se desse indiretamente, através da adesão e custeio total ou parcial de projeto selecionado pelo órgão

---

pública (ex: prescrição). Não havendo conciliação ou não comparecendo o autuado na audiência, iniciará o prazo de 20 (vinte) dias para apresentação de defesa.

ambiental, salvo se a redução pudesse implicar em multa inferior ao mínimo cominado para a infração.

Nota-se que, à época, havia uma clara preferência do legislador pela execução indireta de serviços ambientais, na medida em que previa a concessão de desconto consideravelmente mais vantajoso na hipótese, o que, somado à simplicidade de meramente custear um projeto e não o executar, serve de incentivo à adoção ao Programa nesse sentido.

Essa tendência parecia vantajosa, porque, ainda que implicasse em redução maior da multa, o controle ambiental sobre projetos executados indiretos é, em tese, mais simples do que fiscalizar a execução pelos próprios autuados, de modo pulverizado. Além disso, essa estratégia regulamentar garantia a seleção prévia dos projetos que seriam meramente financiados, pois executados por outro sujeito já devidamente credenciado.

Hoje, porém, com a entrada em vigor do Decreto nº 9.760/2019, essa diferenciação regulamentar entre os descontos das execuções de serviços ambientais diretos e indiretos deixou de existir, havendo, com efeito, uma mesma gradação percentual para ambas as hipóteses, que considera como parâmetro o momento de requerimento da conversão, não mais o modelo de serviço adotado.

Assim, importa menos a forma de implementação do serviço ambiental e mais a celeridade do pleito para fins de obtenção de um desconto mais expressivo, o que pode servir para reduzir a complexidade regulatória imposta para as execuções indiretas e estimular a realização de projetos diretamente pelo autuado.

Ainda, não obstante se considere positiva a intenção de dar preferência à realização de serviços ambientais efetivos em substituição ao simples pagamento de multas, é importante frisar uma limitação relevante do Programa, que não admite a conversão de multa para reparação dos danos ambientais decorrentes das próprias infrações, na forma dos artigos 141 e 143, §1º, do Decreto nº 6.514/2008, bem como do artigo 11, I, da Instrução Normativa IBAMA nº 06/2018, restrição não só mantida no Decreto nº 9.760/2019, como por ele reforçada em seu artigo 145, §1º.[668]

---

[668] Nova redação do artigo 145, §1º, a ser conferida pelo Decreto nº 9.760/2019: O Núcleo de Conciliação Ambiental, a autoridade julgadora ou a autoridade superior considerarão as peculiaridades do caso concreto, os antecedentes do infrator e o efeito dissuasório da multa ambiental, e poderão, em decisão motivada, deferir ou não o pedido de conversão formulado pelo autuado, observado o disposto no art. 141 e as diretrizes estabelecidas em portaria conjunta do Ministro de Estado do Meio Ambiente e dos dirigentes máximos dos órgãos e das entidades da administração pública federal ambiental.

Ou seja, ainda que se esteja incentivando a adoção de medidas protetivas e reparatórias efetivas ao meio ambiente em detrimento da sanção pecuniária, o dever de recuperar os danos causados pelo infrator subsistirá em qualquer hipótese, não havendo, por conseguinte, propriamente uma substituição da multa pela reparação dos danos causados, e sim um abrandamento da punição como forma de estimular a realização de serviços ambientais, muito mais benéficos ao meio ambiente que o pagamento de multas.

Essa restrição reflete a preocupação do legislador com a reparação dos danos ambientais, primeira alternativa a ser adotada no insucesso da prevenção efetiva, vez que condiciona a própria adesão ao Programa à assinatura de termo de compromisso que tem como cláusula obrigatória a assunção expressa da obrigação de reparar os danos, se houver, na forma do artigo 146, §1º, VI, do Decreto nº 6.514/2008.

De todo modo, estimula-se com o Programa de Conversão de Multas Ambientais a realização de serviços de preservação, melhoria e recuperação ambiental, prescindindo-se da sanção pecuniária e abrandando o *quantum* punitivo para incentivar os infratores a adotarem ações imediatamente favoráveis ao meio ambiente, ainda que não se admita a inclusão dos danos causados pelo próprio infrator nessa conversão.

Assim, privilegia-se a reparação – e mesmo medidas de preservação com perfil mais preventivo – em detrimento da punição, que, de fato, possui um caráter secundário no direito ambiental não propriamente por ser escusável o cometimento de infrações, mormente aquelas que tenham danos ambientais subjacentes ao fato infracional, mas sim porque, para a tutela ambiental, é mais vantajoso prevenir e reparar do que punir.

Essas reflexões foram realizadas em uma perspectiva abrangente do Programa de Conversão de Multas Ambientais, haja vista que sua previsão tem de fato perfil genérico como regulamentado pelo Decreto nº 6.514/2008, mas tem evidente aplicabilidade no âmbito da mineração, nas hipóteses em que tenham sido provocados danos ambientais minerários.

De todo modo, a aplicação do Programa por mineradores está mais associada ao cometimento de infrações ambientais em geral, ainda que eventualmente derivem de fatos geradores de danos ambientais minerários, do que a alguma particularidade da atividade.

Contudo, é certo que o estudo do procedimento de conversão de multa simples em serviços de preservação, melhoria e recuperação da qualidade do meio ambiente é importante para os fins deste livro, não apenas pela sua potencial aplicabilidade a atividades minerárias, mas por servir de ilustração à conclusão formulada neste trabalho de que o direito ambiental confere prevalência a medidas preventivas e reparatórias em detrimento de instrumentos punitivos, tanto que admite, em algumas hipóteses, a conversão e o abrandamento da pena pela prestação de serviços ambientais.

### 3.3.3 O condicionamento da transação penal e da suspensão condicional do processo ao prévio compromisso de reparação do dano ambiental

Na mesma linha do procedimento de conversão de multa simples em serviços de preservação, melhoria e recuperação da qualidade do meio ambiente, que representa a preferência do legislador ambiental pela prevenção e pela reparação em relação à penalização administrativa, cumpre analisar a transação penal e a suspensão condicional do processo como métodos reparatórios alternativos à responsabilização punitiva penal.

Instituída pelo artigo 76 da Lei nº 9.099/1995, que regula os Juizados Especiais Cíveis e Criminais, a transação penal tem aplicabilidade sobre os crimes de menor potencial ofensivo (aqueles cuja pena privativa de liberdade seja de no máximo dois anos) e consiste na oferta ao acusado, por parte do Ministério Público, de pena antecipada, de multa ou restritiva de direito, antes do oferecimento da denúncia, no que representa relativização do princípio da obrigatoriedade da ação penal de iniciativa pública.[669]

A transação penal, na ótica da doutrina penalista majoritária, é um direito subjetivo do réu, pelo que deve ser oportunizada ao acusado sempre que preenchidos os requisitos legais.[670] Por conseguinte, teria o Ministério Público discricionariedade apenas para definição da pena a ser proposta, não para decidir se proporá ou não a transação penal.[671]

Acolhida pelo acusado e por seu advogado a transação penal proposta pelo Ministério Público, o juiz aplicará a pena restritiva de direitos ou a multa, penalidade que não servirá como antecedente criminal, importando em reincidência apenas para limitar novo usufruto

---
[669] LOPES JÚNIOR, Aury. *Direito processual penal*. 15. ed. São Paulo: Saraiva. 2018, p. 479.
[670] Idem. Ibidem.
[671] OLIVEIRA, Eugênio Pacelli de. *Curso de processo penal*. 22. ed. São Paulo: Atlas, 2017.

do benefício da transação em um prazo de cinco anos, nos termos do artigo 76, §§4º e 6º, da Lei nº 9.099/1995.

Especificamente em relação aos crimes ambientais de menor potencial ofensivo, a Lei nº 9.605/1998, através de seu artigo 27, estabeleceu que somente poderá ser formulada a transação penal se tiver havido prévia composição do dano ambiental, salvo se ficar constatada a impossibilidade de reparação.

Por isso, em abstrato a transação penal tem potencial para ser ainda mais efetiva como método alternativo de reparação do dano ambiental que o procedimento administrativo de conversão da multa em serviços ambientais, pois está diretamente relacionada ao dano provocado pelo próprio autor do delito ambiental, vez que sua admissão é condicionada ao prévio compromisso de reparar a lesão provocada ao meio ambiente, ainda que em sentido amplo, como composição do dano, no que permite as diversas alternativas reparatórias.

Frise-se que não é necessário que a recomposição do dano ambiental tenha sido concluída para que a transação penal seja aceita, mesmo porque restringiria excessivamente o favor legal. Na verdade, basta que o acusado assuma o compromisso quando da realização da audiência preliminar através de instrumento adequado, via de regra um termo de ajustamento de conduta.[672]

É bem verdade que esse estímulo à composição civil não se restringe aos crimes ambientais, pois, na forma dos artigos 72 e 74, *caput* e parágrafo único, da Lei nº 9.099/1995, na audiência preliminar dos juizados especiais criminais – logo, em qualquer crime de menor potencial ofensivo – o juiz conduzirá tentativa de composição, que, se aceita e caso se trate de ação penal privada ou pública condicionada à representação, importará na renúncia ao direito de queixa ou representação.

Contudo, na esfera ambiental essa composição civil é expressamente referida como pressuposto para a transação penal, o que lhe confere um caráter especial quando se tratar de crime ambiental.

Esse regramento especial, entende-se, reflete também a preferência do legislador ambiental por medidas preventivas e – nesse caso especialmente – reparatórias em detrimento da punição pura e simples. Pela lógica, mais vale o dano ambiental reparado que a aplicação de penalidade integral sobre o criminoso.

---

[672] MILARÉ, Édis; COSTA JÚNIOR, Paulo José da; COSTA, Fernando José da, *op. cit.*, p. 79.

A propósito, vale frisar que, embora não se aplique especificamente ao crime de poluição dolosa (crime ambiental de dano por excelência) tipificado no *caput* do artigo 54 da Lei nº 9.605/1998, vez que a pena privativa de liberdade máxima cominável é de quatro anos, a maioria dos crimes ambientais admite a transação penal,[673] entre eles vários crimes que pressupõem danos ambientais para sua caracterização.[674]

Logo, por ter aplicabilidade sobre um amplo rol de crimes ambientais, a transação penal serve como instrumento reparatório alternativo, ainda que provoque uma substituição da responsabilização penal integral.

A propósito, o risco de punição criminal serve como instrumento coativo decisivo para incentivar a adesão à proposta de transação penal e, por consequência no ambiental, à pretensão reparatória. Isso, porque, para evitar o risco de ser condenado criminalmente, o acusado tende a aceitar a transação, mesmo em casos em que acredita ser inocente.

Em certa medida, esse cenário representa uma violação de direitos, pois constrange o réu a transacionar, mesmo quando, em princípio, não tiver culpa. Porém, trata-se, em verdade, de uma análise de custo-benefício que pode, no fim, ser mais vantajosa ao acusado. Aceitar a transação penal e, com isso, o tombamento do antecedente criminal, ainda que com o cumprimento de pena alternativa, pode conferir mais tranquilidade que a *via crucis* de um quase sempre imprevisível processo penal.

No mesmo sentido da transação penal, a suspensão condicional do processo, regulada originariamente pelo artigo 89 da Lei nº 9.099/1995, também representa método alternativo de reparação de danos ambientais, pois a condição depende do prévio compromisso compositivo para ser aplicado, além de impor a conclusão da reparação para que, enfim, seja extinta a punibilidade.

Especificamente nos crimes ambientais, o artigo 28 da Lei nº 9.605/1998 prevê que a extinção da punibilidade é condicionada à apresentação de laudo de constatação de reparação do dano ambiental, que deve ser concluída no prazo máximo de quatro anos, admitindo-se prorrogação por mais um ano, com suspensão do prazo prescricional.

---

[673] LECEY, Eládio. Direito penal ambiental reparador: composição e reparação do dano ao meio ambiente: reflexos no juízo criminal e a jurisprudência. *Revista de Direito Ambiental*. v. 45. São Paulo: Revista dos Tribunais, 2009. p. 96.

[674] Édis Milaré lista 20 delitos como sendo passíveis de transação penal (MILARÉ, Édis, *op. cit.*, p. 479, nota de rodapé 19).

Sem embargo, a exigência de reparação do dano para encerramento da suspensão condicional do processo com extinção de punibilidade é um requisito geral, previsto no referido artigo 89 da Lei nº 9.099/1995, não se restringindo aos crimes ambientais. Contudo, dado o perfil reparatório do direito ambiental, assume especial importância nesse contexto.

Em suma, da breve análise do regime jurídico da transação penal e da suspensão condicional do processo no âmbito dos crimes ambientais, nota-se que o direito penal ambiental, a exemplo do que ocorre com o direito ambiental em geral, tem perfil mais marcadamente preventivo e reparador do que punitivo.[675][676]

Essa preferência se adéqua ao perfil e ao objetivo do direito ambiental, que, como se registrou em diversas oportunidades neste livro, intenta evitar resultados ambientais negativos, prevenindo, mitigando e compensando impactos ambientais e, quando impossível, agindo para reparar os danos ao meio ambiente.

Nesse contexto, a punição penal, tal qual a administrativa, assume um caráter secundário e, em alguns casos, até mesmo prescindível, como forma de estimular a prevenção e a reparação de danos ambientais.

Especificamente no caso da mineração, o crime ambiental diretamente relacionado à atividade (executar pesquisa, lavra ou extração de minérios sem autorização ou em desacordo com a obtida, previsto no artigo 55 da Lei nº 9.605/1998) é passível tanto de transação penal quanto de suspensão condicional do processo, vez que tem punição máxima equivalente a um ano de detenção.

Por conseguinte, também no âmbito específico da mineração há uma prevalência da prevenção e da reparação sobre a punição, lógica do direito ambiental, que, com efeito, é mais marcante e necessária em atividades minerárias, dado o seu caráter inevitavelmente interventor no meio ambiental, que torna o controle ambiental ainda mais importante.

---

[675] MILARÉ, Édis, *op. cit.*, p. 478

[676] Na mesma linha, enaltecendo o perfil particular do direito penal ambiental, Eládio Lecey o nomeia como "direito penal reparador" (LECEY, Eládio, *op. cit.*).

# CONCLUSÃO

Nesta obra se demonstrou que impacto ambiental negativo e dano ambiental representam categorias jurídicas distintas, que têm por consequência a aplicação de instrumentos jurídicos de prevenção e controle distintos.

Embora essa distinção tenha aplicabilidade ampla no direito ambiental, utilizou-se a mineração como setor econômico paradigma para fazer a análise e a demonstração dessa diferenciação, por manter caráter economicamente estratégico e ambientalmente impactante, o que lhe confere cenário regulatório especial.

Indispensável para o cotidiano social e estratégica para o desenvolvimento nacional, a atividade minerária tem sua regulação fortemente influenciada pelas características que lhe são inerentes, entre as quais se destacou neste livro a rigidez locacional, a distribuição assimétrica e a esgotabilidade dos recursos.

Como decorrência das duas primeiras características, a atividade extrativa mineral somente poderá ser realizada nos locais em que os minérios estiverem naturalmente situados, sendo que essa localização é difusa e assimétrica. Assim, por mais que se prefira evitar, muitas vezes as jazidas estão localizadas em locais social e ambientalmente sensíveis, no que se enfrentará cenário de escolha trágica, em que se deverá optar por minerar – e causar impactos – ou deixar de minerar em absoluto.

No que se refere à finitude dos recursos minerais, que confere inevitável prazo de expiração aos empreendimentos minerários e dificulta o usufruto intergeracional dos recursos, demonstrou-se que a chamada economia dos recursos naturais não renováveis, derivação da economia do bem-estar social, direciona para uma utilização dos minérios que tenha como contrapartida o pagamento de compensação à sociedade que abrande o esgotamento do recurso a partir de investimentos em longo prazo que gerem riqueza intergeracional.

Aliás, também da não renovabilidade dos recursos minerais decorre a criação de instrumentos que sirvam para controle do uso, como forma de evitar a ocorrência do fenômeno conhecido como "tragédia dos comuns", no qual se verificaria uma intensa demanda pela utilização do bem, sem contrapartida que estimulasse o ônus preservacionista.

Esse contexto é agravado quando se considera que a mineração é uma atividade geradora de externalidades à sociedade, as quais também devem ser controladas – seja pela expansão, seja pela regulação do mercado –, de modo a internalizar os benefícios e os prejuízos do empreendimento mineiro, não apenas como imposição econômica, como por uma questão de justiça.

Essa concepção de internalização das externalidades ambientais negativas e positivas foi incorporada pelo direito através de princípios jurídico-ambientais como o poluidor-pagador, usuário-pagador e protetor-recebedor, que podem ser agrupados em torno de um princípio-matriz que se opta por nomear como princípio da eficiência econômico-ambiental, o qual orienta pela incorporação das externalidades por seu gerador, sejam elas positivas ou negativas, bem como pela prevenção a condutas prejudiciais e pelo estímulo a comportamentos benéficos ao meio ambiente.

Especificamente no âmbito da mineração, para evitar um cenário de colapso, o direito brasileiro impõe diversos limites ao uso dos recursos minerais, entre os quais merecem destaque a titularização federal sobre os minérios (*property right*) e no condicionamento à prévia autorização para desenvolvimento de atividades minerárias (regulação de mercado), fora o pagamento de *royalties* como compensação à sociedade pelos impactos sociais, econômicos e ambientais causados pela atividade (renda mineral).

Essa titularidade federal sobre os minérios é constatada contemporaneamente no ordenamento jurídico brasileiro, que promove, pelo menos, uma tripartição dominial nas relações jurídico-minerárias, vez que, na regra, a União detém os minérios *in situ* (estáticos na jazida), o proprietário da terra é titular do solo e do subsolo não mineral, e o concessionário será titular do produto da lavra, entendido como o minério regularmente extraído.

A essas três titularidades ainda é possível identificar, no regime constitucional atual, um quarto sujeito com interesse jurídico sobre os minérios, que se consubstancia na própria coletividade interessada na garantia do equilíbrio ambiental, que é influenciado pela utilização do recurso natural minério, seja pela extração do bem em si, seja pela intervenção no meio ambiente que inevitavelmente é provocada para realização da mineração.

Essa é, a propósito, a razão pela qual a atividade minerária deve ser reputada como intrinsecamente relacionada e essencialmente impactante ao meio ambiente, pois se estrutura sobre a exploração por um particular de um recurso natural não renovável de titularidade federal e sobre o qual recai interesse difuso da sociedade, bem como por depender de inevitável intervenção em maior ou menor grau no meio ambiente para ser viabilizada.

Além disso, por ter conexão intrínseca com o meio ambiente, a regulação adequada da atividade minerária tem considerável repercussão sobre as bases nas quais se assentam o direito ambiental, pois influencia na garantia do direito(-dever) fundamental ao meio ambiente ecologicamente equilibrado e na promoção do desenvolvimento sustentável.

Em todo caso, essa inevitabilidade dos impactos ambientais provocados pela mineração é reconhecida e tolerada pela Constituição da República de 1988, que em seu artigo 225, §2º, dispõe que o minerador será obrigado a recuperar a área que for degradar com o desenvolvimento de sua atividade.

A partir dessa estipulação, o Constituinte implicitamente reconheceu que a mineração vai provocar alterações ambientais adversas, que poderão ser admitidas caso o empreendedor assuma a obrigação de recuperar a área de acordo com solução técnica indicada pelo órgão competente, no caso o ente licenciador, através do Plano de Recuperação de Área Degradada, e a Agência Nacional de Mineração, pelo Plano de Controle de Impacto Ambiental na Mineração e pelo Plano de Fechamento de Mina.

Essa caracterização da atividade minerária serviu como panorama para a diferenciação conceitual entre impacto ambiental negativo e dano ao meio ambiente, objetivo central deste livro. Isso, porque se referendou que o resultado ambiental negativo que é admitido para a realização da mineração – assim como seria para as demais atividades interventoras no meio ambiente – são impactos ambientais, e não danos.

Com efeito, demonstrou-se que, apesar de doutrina e jurisprudência muitas vezes reputarem impactos ambientais e danos como sendo sinônimos representativos de uma mesma categoria jurídica, na verdade os institutos são distintos e se distinguem em relação ao momento de ocorrência, à origem, à previsibilidade, à tolerabilidade e ao instrumento jurídico de controle aplicável.

Em síntese, quanto ao momento e à origem, registrou-se que impacto e dano se diferenciam pelo primeiro ser previsto ou identificado no âmbito de processo de licenciamento ambiental ou de procedimento congênere (*ex ante*), permitindo antecipadamente o estabelecimento de medidas de mitigação ou compensação, enquanto que o segundo é identificado posteriormente à atividade (*ex post*), mesmo que pudesse ter sido previsto antes, impedindo a ação antecipada de prevenção, pois extraordinário.

Quanto à previsibilidade, apesar de ambos os institutos em regra representarem consumação de risco concreto, diferenciam-se por ser o impacto efetivamente antecipado em estudos ambientais, mormente no curso do licenciamento ambiental, sendo tido como esperado e inevitável para atividade, enquanto que o dano ambiental, apesar de também ser previsível por ser uma possível consequência ambiental negativa da atividade realizada, por algum motivo não foi antecipado na prática, por negligência ou mesmo por desconhecimento científico que permitisse sua previsão, ou, se foi previsto, os efeitos ambientais negativos não foram devidamente estimados ou controlados, gerando um resultado lesivo inesperado.

Quanto à tolerabilidade, o elemento distintivo mais importante, concluiu-se que o impacto ambiental negativo é caracterizado justamente por ser reputado pelo órgão ambiental como uma alteração adversa ao meio ambiente tolerada para a realização da atividade, enquanto que o dano ambiental não é admitido em qualquer hipótese, seja no caso de ser antecipado e não tolerado em absoluto, seja no caso de não haver antecipação, mas o efeito lesivo se concretizar com prejuízo ambiental indesejado e gerador de reparação civil.

Aliás, ainda sobre a tolerabilidade como elemento distintivo, demonstrou-se que pode até mesmo ocorrer de uma alteração ambiental adversa receber qualificação jurídica diferente a partir da admissão dela pelo órgão ambiental. Por exemplo, retirar cobertura vegetal para minerar pode ser um impacto ambiental negativo, se tolerado expressamente, ou então um dano ao meio ambiente, se for causado sem prévia admissibilidade.

Ainda, registrou-se que, não obstante seja pontualmente utilizada como fator de diferenciação, a magnitude da alteração ambiental adversa não é um elemento preciso para distinguir as categorias, pois resultados mais brandos podem ser reputados como danos, e outros, mais intensos, podem ser reputados impactos, a depender do fator tolerabilidade.

Isso, porque, se for adversa, mas não tolerada, ainda que não tão expressiva (desde que não insignificante), a alteração será um dano, e não um impacto ambiental negativo, que será assim caracterizado mesmo que o intervenção no meio ambiente seja intensa e extensa, desde que tenha havido previsibilidade, controle e, principalmente, tolerabilidade pelas autoridades ambientais competentes.

Por fim, quanto à forma de controle, evidenciou-se que os impactos ambientais negativos são fiscalizados através de políticas de comando e controle, quer sejam aquelas previstas em regulações ambientais, quer sejam aquelas derivadas da imposição do órgão ambiental licenciador, que indicam as medidas preventivas, mitigatórias ou compensatórias cabíveis como remediação desse impacto ambiental, ou por instrumentos econômicos, ao passo que os danos ambientais são corrigidos por mecanismos de responsabilização, em especial por responsabilidade civil, cuja finalidade precípua é a reparação de danos.

À evidência, esses critérios objetivos de distinção servem para evidenciar que, para o direito ambiental, existem duas categorias distintas de alterações ambientais adversas, sendo, com efeito, as designações impacto ambiental negativo e dano ambiental opções terminológicas feitas por este trabalho.

Por isso, em princípio, nada impediria que fossem adotadas nomenclaturas distintas, como dano tolerável e dano intolerável, por exemplo. Contudo, considera-se que dividir em impacto e dano é cientificamente mais adequado, não apenas porque facilita a divisão das categorias pela clara divergência terminológica, mas também porque se reputa tecnicamente imprecisa a expressão "dano tolerável", vez que, para o Direito, o dano é sempre inadmissível e tem relevância jurídica que legitime instrumentos de correção.

De posse dessa distinção conceitual, analisou-se a implicação dessa diferenciação entre os institutos sobre os possíveis instrumentos jurídicos de controle de alterações ambientais adversas provocadas pela mineração.

Nesse ínterim, demonstrou-se que os instrumentos de controle de impactos ambientais negativos decorrentes da atividade minerária têm como objetivo essencial antecipar, prevenir, mitigar e compensar esses resultados adversos ao meio ambiente, como forma de viabilizar a atividade, sem prescindir do controle ambiental.

Dentre os instrumentos analisados, verificou-se que o licenciamento ambiental exerce uma função central no controle de impactos ambientais, por se tratar do instrumento de prevenção ambiental por excelência, destinado a, previamente ao início de empreendimentos, avaliar os possíveis impactos a serem gerados e indicar as medidas de prevenção, mitigação e controle aplicáveis.

No âmbito da mineração, embora não assuma finalidade distinta, o licenciamento ambiental tem função especialmente relevante, dada a sensibilidade ambiental da atividade, o que intensifica a importância desse instrumento para assegurar o abrandamento dos efeitos ambientais negativos que a mineração inevitavelmente gera.

Intimamente relacionados com o licenciamento, os estudos ambientais têm o objetivo de avaliar aspectos variados dos empreendimentos para identificar pontos de impacto e indicar medidas de controle para viabilização das atividades. Logo, embora o licenciamento seja o procedimento central, os estudos servem como subsídios imprescindíveis para a definição de decisões mais seguras por parte dos órgãos ambientais.

Nesse contexto, o Estudo de Impacto Ambiental (e seu respectivo Relatório de Impacto sobre o Meio Ambiente) representa o estudo ambiental por excelência, tendo em vista ser avaliação abrangente, complexa e técnica, destinada a analisar previamente os empreendimentos que tenham ao menos o potencial de serem causadores de significativo impacto ambiental, como é o caso dos grandes projetos mineradores.

Por outro lado, o Plano de Recuperação de Áreas Degradadas, que tem previsão constitucional no artigo 225, §2º, da Carta Magna, é estudo que tem aplicabilidade especial no âmbito da mineração, vez que representa a solução projetada para a reabilitação ambiental das áreas degradadas pelo projeto minerador.

Inclusive, demonstrou-se que esse estudo é aquele que melhor evidencia a relevância da tolerabilidade como fator diferenciador entre impacto ambiental negativo e dano ambiental, vez que nele são previstos impactos que efetivamente ocorrerão, mas que serão transitoriamente tolerados durante a lavra da mina, para serem reabilitados na conclusão do projeto minerador.

Assim, embora sejam resultados adversos efetivos, são impactos, não danos, que, embora não possam ser prevenidos, mitigados ou mesmo compensados, estratégias usuais do controle de impactos, serão objeto de recuperação (ou reabilitação) da função ambiental da área degradada, no que o estudo identificou uma nova categoria de medida de controle.

No que tange aos estudos minerários estudados, especificamente sobre o Relatório Final de Pesquisa e o Plano de Aproveitamento Econômico, concluiu-se que, apesar de não terem finalidade ambiental imediata, acabam incidentalmente também servindo como controle de impactos, como consequência de suas exigências regulatórias, reforçando as análises empreendidas pelos estudos ambientais propriamente ditos.

Já no que concerne ao Plano de Segurança de Barragem, que embora não seja exatamente um estudo minerário, pois é exigido também para outros barramentos que não aqueles usados para depositar e conter rejeitos minerais, evidenciou-se que sua finalidade central é mitigar os riscos relacionados às barragens de rejeitos, servindo, ao mesmo tempo, para controlar impactos ambientais negativos, pois regula o barramento de rejeitos minerais, tolerado subproduto inevitável da atividade minerária, e prevenir danos ambientais, vez que idealmente tem como escopo reduzir os riscos de rompimento do barramento e também mitigar as lesões geradas caso essa ruptura infelizmente ocorra.

Além do licenciamento e dos estudos ambientais e minerários, demonstrou-se que as medidas administrativas de compensação ambiental representam importante instrumento de controle de impactos ambientais, vez que, genericamente, servem para contrapor tais impactos com ações positivas ao meio ambiente, compensando a alteração adversa tolerada efetivamente ocorrida com uma alternativa ecológica equivalente.

Na mesma linha, os *royalties* minerários, que no Brasil têm previsão no artigo 20, §1º, da Constituição, e são cobrados na forma de Compensação Financeira pela Exploração de Recursos Minerais (ou simplesmente CFEM), evidenciou-se que servem como controle de impactos na medida em que visam contrapor os efeitos sociais, econômicos e ambientais negativos provocados pelas atividades minerárias, contrapondo as externalidades negativas geradas com o pagamento de valor compensatório cuja destinação deve ser direcionada a investimentos positivos intergeracionais.

Já no que se refere aos instrumentos de controle dos danos ambientais, concluiu-se que, como alterações ambientais adversas imprevistas e não toleradas, sua correção será realizada basicamente através da tríplice responsabilização.

Aliás, é importante repisar que se identificou com a pesquisa que a ocorrência dos danos ambientais representa, de certa forma, uma falha do direito ambiental, visto que o objetivo fundamental desse ramo do Direito é preventivo, sendo a reação repressiva uma anomalia nessa ordem ideal. Em todo caso, como não é possível evitar todos os resultados lesivos, a estruturação de instrumentos de repressão eficientes é necessária para garantir que, se o dano lamentavelmente ocorrer, ao menos sua reparação será simplificada.

Nessa linha, a responsabilidade civil por danos ambientais se afigura como o principal instrumento, por ter finalidade essencialmente reparatória, embora incidentalmente possa provocar efeitos preventivos e pedagógicos ante o receio da responsabilização. Por outro lado, em nosso atual ordenamento, diferente do que sustenta parte da doutrina, entendeu-se que a responsabilidade não tem escopo punitivo, pois esbarra nos limites da reparação integral e na inadmissibilidade da responsabilidade civil sem dano.

Sistematicamente, registrou-se que a visão dominante acerca da responsabilidade civil ambiental a reputa como sendo de natureza objetiva, amplamente solidária e informada pela teoria do risco integral, tendo como finalidade a reparação integral dos danos com preferência pela reparação *in natura*, admitindo a inversão do ônus da prova, tendo caráter *propter rem* e representando pretensão jurídica imprescritível.

Contudo, após análise crítica ponderada, evidenciou-se que, na verdade, a responsabilidade civil ambiental é informada por uma teoria de risco agravado (e não integral), na qual as hipóteses de fortuito externo, que admitem a exclusão da responsabilidade, são mais restritas em relação aos casos de fortuito interno, inerentes ao risco da atividade. O efeito prático é similar ao que tem sido realizado sob a equivocada classificação como "risco integral", mas tecnicamente a definição é mais precisa e condizente com o regramento de nosso ordenamento jurídico.

Demonstrou-se ainda que a inversão do ônus da prova em ações que discutam danos ambientais não é automática, devendo seguir a disposição do artigo 373, §1º, do Código de Processo Civil, que estipula o ônus da prova dinâmico.

No mesmo sentido, registrou-se que a responsabilidade civil ambiental não tem natureza *propter rem*, cujas obrigações se restringem às hipóteses legalmente instituídas (como as do Código Florestal) e derivam de um direito real, e não de um vínculo pessoal, necessário na responsabilidade civil dada a desnecessidade de demonstração do nexo de causalidade com a geração do dano.

Por fim, destacou-se que a pretensão de reparar danos ambientais, mesmo envolvendo interesse difuso, prescreve em cinco anos, contados da ciência pública acerca do evento lesivo, entre outros motivos, pela inexistência de ressalva constitucional ou legal que respaldasse o entendimento contrário pela imprescritibilidade. Essa posição, em verdade, afigura-se, em tese, até mesmo mais benéfica ao meio ambiente, pois conduz a iniciativas mais céleres para reparação dos danos, limitando seu agravamento pelo tempo de inércia.

No que se refere às responsabilidades penal e administrativa, cujo escopo é, por essência, punitivo, embora a pena tenha efeitos preventivos e pedagógicos incidentais, demonstrou-se que a preferência reparatória de reação ao dano ambiental influenciou o legislador a criar alternativas à punição integral que privilegiassem medidas de recuperação ambiental em detrimento da aplicação da pena.

No âmbito administrativo, essa alternativa se consubstancia no procedimento de conversão de multa simples em serviços de preservação, melhoria e recuperação da qualidade ambiental, que permite a redução das multas aplicadas em até 60%, ainda que não se admita que esse procedimento importe na reparação do dano subjacente à infração administrativa. Com efeito, sinaliza-se, com o instituto, que medidas de recuperação do meio ambiente são tão mais vantajosas para a política ambiental, que compensam o abrandamento da punição.

No mesmo ínterim, mas no âmbito da responsabilidade penal ambiental, demonstrou-se que o condicionamento da transação penal e da suspensão condicional do processo representam a preferência do legislador pela composição do dano em detrimento da punição criminal, ao menos no que se refere aos crimes de menor potencial ofensivo.

Em síntese, concluiu-se, neste livro, a partir do paradigma da mineração, que impacto ambiental negativo e dano ambiental são institutos diferentes, que ensejam a aplicação de instrumentos de controle distintos.

A exemplo da própria funcionalização do direito ambiental, há preferência pelos mecanismos preventivos, mas, como forma de compatibilização de interesses, são admitidas medidas mitigadoras, compensatórias e até mesmo recuperatórias de impactos ambientais negativos provocados, mas tolerados como inevitáveis para o desenvolvimento das atividades.

No caso das responsabilizações, a despeito de serem falha nesse escopo preventivo, verificou-se que há uma tendência clara do direito ambiental em privilegiar a reparação do dano em relação à punição do causador, pois mais vale o equilíbrio ambiental recuperado que a aplicação da pena por si só.

Espera-se que este livro tenha contribuído para a Ciência Jurídica e para a prática do direito ambiental, por ter delimitado categorias jurídicas que usualmente são objeto de confusão conceitual, mas que são institutos próprios, com regimes jurídicos particulares e submetidos a instrumentos de controle específicos, que não devem ser confundidos entre si.

# REFERÊNCIAS

ALVES, Marcelo Luiz de Souza. Reflexões preliminares sobre a compensação financeira pela exploração dos recursos naturais: CFEM. *In:* GANDARA, Leonardo André *et al.* (coord.). *Direito minerário:* mining law. Belo Horizonte: Del Rey, 2011.

AMARAL, Francisco. *Direito civil: introdução.* 7. ed. Rio de Janeiro: Renovar, 2008.

AMORIM FILHO, Agnelo. Critério científico para distinguir a prescrição da decadência e para identificar as ações imprescritíveis. *Revista de Direito Processual Civil.* Vol. 2, nº 3. São Paulo: Ed. Revista dos Tribunais, jan./jun. 1961. p. 95-132.

ANTUNES, Paulo de Bessa. *A tutela judicial do meio ambiente.* Rio de Janeiro: Lumen Juris, 2005.

ANTUNES, Paulo de Bessa. *Dano ambiental:* uma abordagem conceitual. 2. ed. São Paulo: Atlas, 2015.

ANTUNES, Paulo de Bessa. *Direito ambiental.* 18. ed. São Paulo: Atlas, 2016.

ANTUNES, Paulo de Bessa. Limites da responsabilidade objetiva ambiental. *R. TRF1.* Brasília. v. 28. nº 9/10. set./out. 2016, p. 53-64.

ANTUNES, Paulo de Bessa. Princípio da precaução no direito ambiental brasileiro. *Veredas do Direito.* Belo Horizonte. v. 13. nº 27. set./out. 2016. p. 63-88.

ARAGÃO, Maria Alexandra de Sousa. O princípio do poluidor pagador: pedra angular da política comunitária do ambiente. *In:* BENJAMIN, Antonio Herman; LEITE, José Rubens Morato. *Série Direito Ambiental para o Século XXI.* Vol. 1. São Paulo: O Direito por um Planeta Verde, 2014.

ARAÚJO, Flávia Möller David. *O licenciamento ambiental no direito minerário.* São Paulo: Verbatim, 2015.

ARRUDA, André Felipe Soares de; SOUZA, Carolina Ferreira. O princípio da sustentabilidade e o direito minerário: antinomia entre necessidade e permanência. *In:* YOSHIDA, Consuelo Yatsuda Moromizato; REMÉDIO JÚNIOR, José Ângelo (org.). *Direito minerário e ambiental:* fundamentos e tendências. Rio de Janeiro: Lumen Juris, 2014.

ARTIGAS, Priscila Santos. *Medidas compensatórias no direito ambiental:* uma análise a partir da Lei do SNUC. Rio de Janeiro: Lumen Juris, 2017.

ARTIGAS, Priscila Santos. O dano ambiental e o impacto negativo ao meio ambiente. *Revista do Advogado.* Ano XXXVII. Mar. 2017. nº 133. p. 174-179.

ATAÍDE, Pedro. *Direito minerário*. Salvador: Jus Podivm, 2017.

ATHIAS, Jorge Alex Nunes. *A ordem econômica e a Constituição de 1988*. Belém: CEJUP, 1997.

ATHIAS, Jorge Alex Nunes. O novo marco regulatório da mineração e o meio ambiente. *In*: YOSHIDA, Consuelo Yatsuda Moromizato; REMÉDIO JÚNIOR, José Ângelo (org.). *Direito minerário e ambiental*: fundamentos e tendências. Rio de Janeiro: Lumen Juris, 2014.

ATHIAS, Jorge Alex Nunes. Responsabilidade civil e meio ambiente: breve panorama do direito brasileiro. *In*: BENJAMIN, Antonio Herman V (coord.). *Dano ambiental*: prevenção, reparação e repressão. São Paulo: Revista dos Tribunais, 1993. p. 237-249.

ATHIAS, Jorge Alex Nunes; SCAFF, Fernando Facury. Mineração e sustentabilidade ambiental: questões contemporâneas. *In*: VILLAS BOAS, Regina Vera; REMÉDIO JÚNIOR, José Ângelo; VILHENA, Marlene S. (coord.). *Contemporaneidade do direito ambiental e minerário em debate*: estudos em homenagem à Professora Consuelo Yatsuda Moromizato Yoshida. Rio de Janeiro: Jurismestre, 2017. p. 187-207.

BARROSO, Luís Roberto. A prescrição administrativa no direito brasileiro antes e depois da Lei nº 9.873/99. *In: Temas de direito constitucional*. Rio de Janeiro: Renovar, 2001.

BECHARA, Erika. *Licenciamento Ambiental e Compensação Ambiental na Lei do Sistema Nacional de Unidades de Conservação (SNUC)*. Atlas: São Paulo, 2009.

BECK, Ulrich. *Sociedade de risco*: rumo a uma outra modernidade. 2. ed. São Paulo: Editora 34, 2011.

BEDRAN, Elias. *A mineração à luz do direito brasileiro*: comentário, doutrina e jurisprudência. Rio de Janeiro: Elba, v. 1, 1957.

BELISÁRIO, Ana Carolina Valladares; VIAL, Gabriella Fernandes de Assunção. O aproveitamento mineral de rejeitos de mineração estocados em barragem. *In*: THOMÉ, Romeu. *Mineração e meio ambiente*: análise jurídica interdisciplinar. Rio de Janeiro: Lumen Juris, 2017. p. 105-124.

BENJAMIN. Antonio Herman Vasconcellos e. Função Ambiental. *BDJur*, Brasília, DF. Disponível em: http://bdjur.stj.jus.br/dspace/handle/2011/8754. Acesso em: 5 nov. 2017.

BENJAMIN. Antonio Herman Vasconcellos e. Os princípios do estudo de impacto ambiental como limites da discricionariedade administrativa. *BDJur*, Brasília, DF. Disponível em: http://bdjur.stj.jus.br//dspace/handle/2011/8746. Acesso em: 4 fev. 2018.

BENJAMIN. Antonio Herman Vasconcellos e. Responsabilidade civil pelo dano ambiental. *Revista de direito ambiental*. São Paulo: Revista dos Tribunais. v. 3. nº 9. 1998. p. 50-51.

BENJAMIN. Antonio Herman Vasconcellos e.; MILARÉ, Édis. O impacto ambiental. *In*: MILARÉ, Édis; BENJAMIN. Antonio Herman Vasconcellos e. *Estudo prévio de impacto ambiental*: teoria, prática e legislação. São Paulo: Revista dos Tribunais, 1993. p. 9-57. Disponível em: http://bdjur.stj.jus.br/dspace/handle/2011/17706. Acesso em: 19 fev. 2018.

BERCOVICI, Gilberto. *Direito econômico do petróleo e dos recursos minerais*. São Paulo: Quartier Latin, 2011.

# REFERÊNCIAS

BIBLIOTECA NACIONAL. *A Carta de Pero Vaz de Caminha*. Disponível em: www. objdigital.bn.br. Acesso em: 09 out. 2017.

BIM, Eduardo Fortunato. *Licenciamento ambiental*. 2. ed. Rio de Janeiro: Lumen Juris, 2015.

BIM, Eduardo Fortunato. O mito da responsabilidade objetiva no direito ambiental sancionador: imprescindibilidade da culpa nas infrações administrativas ambientais. *Revista de Direito Ambiental*. São Paulo: Revista dos Tribunais. v. 57. p. 35. 2010.

BORGES, Felipe Garcia Lisboa; TUPIASSU, Lise Vieira da Costa. Função de reparação do princípio do poluidor-pagador e o posicionamento do STJ: uma análise crítica da questão. *Revista de Direito Ambiental*. v. 87. ano 22. p. 17-36. São Paulo: Revista dos Tribunais, jul.-set. 2017.

BRASIL. *Diário da Assembleia Nacional Constituinte*. Ata da 329ª Reunião, de 27.08.1988, ano II, nº 301, publicada em 28.08.1988. Disponível em: www.imagem.camara.gov.br. Acesso em: 06 out. 2017.

BRASIL. Superior Tribunal de Justiça. *Agravo Interno no Recurso Especial 1.532.643/SC*. Relatora Ministra Assusete Magalhães. Segunda Turma. Julgamento: 10/10/2017. Publicação: Diário de Justiça Eletrônico 23/10/2017.

BRASIL. Superior Tribunal de Justiça. *Agravo Regimental no Agravo em Recurso Especial 62.584/RJ*. Relator Ministro Sérgio Kukina. Relatora para o acórdão Ministra Regina Helena Costa. Primeira Turma. Julgamento: 18/06/2015. Publicação: Diário de Justiça Eletrônico 07/10/2015.

BRASIL. Superior Tribunal de Justiça. *Agravo Regimental no Recurso Especial 1.404.858/RN*. Relator Ministro Humberto Martins. Segunda Turma. Julgamento: 24/11/2015. Publicação: Diário de Justiça Eletrônico 18/12/2015.

BRASIL. Superior Tribunal de Justiça. *Agravo Regimental no Recurso Especial 1.570.537/AL*. Relator Ministro Humberto Martins. Segunda Turma. Julgamento: 10/11/2016. Publicação: Diário de Justiça Eletrônico 19/04/2017.

BRASIL. Superior Tribunal de Justiça. *Recurso Especial 605.323/MG*. Relator Ministro José Delgado. Primeira Turma. Julgamento: 18/08/2005. Publicação: Diário de Justiça 17/10/2005, p. 179.

BRASIL. Superior Tribunal de Justiça. *Recurso Especial 647.493/SC*. Relator Ministro João Otávio de Noronha. Segunda Turma. Julgamento: 22/5/2007. Publicação: Diário de Justiça 22/10/2007, p. 233.

BRASIL. Superior Tribunal de Justiça. *Recurso Especial 650.728/SC*. Relator Ministro Herman Benjamin. Segunda Turma. Julgamento: 23/10/2007. Publicação: Diário de Justiça Eletrônico 02/12/2009.

BRASIL. Superior Tribunal de Justiça. *Recurso Especial 910.625/RJ*. Relator Ministro Francisco Falcão. Relator para o acórdão Ministro Luiz Fux. Primeira Turma. Julgamento: 17/04/2008. Publicação: Diário de Justiça Eletrônico 04/09/2008.

BRASIL. Superior Tribunal de Justiça. *Recurso Especial 972.902/RS*. Relatora Ministra Eliana Calmon. Segunda Turma. Julgamento: 25/08/2009. Publicação: Diário de Justiça Eletrônico 14/09/2009.

BRASIL. Superior Tribunal de Justiça. *Recurso Especial 1.114.398/PR*. Relator Ministro Sidnei Beneti. Segunda Seção. Julgamento: 08/02/2012. Publicação: Diário de Justiça Eletrônico 16/02/2012.

BRASIL. Superior Tribunal de Justiça. *Recurso Especial 1.120.117/AC*. Relatora Ministra Eliana Calmon. Segunda Turma. Julgamento: 10/11/2009. Publicação: Diário de Justiça Eletrônico 19/11/2009.

BRASIL. Superior Tribunal de Justiça. *Recurso Especial 1.180.078/MG*. Relator Ministro Herman Benjamin. Segunda Turma. Julgamento: 02/12/2010. Publicação: Diário de Justiça Eletrônico 28/02/2010.

BRASIL. Superior Tribunal de Justiça. *Recurso Especial 1.251.697/PR*. Relator Ministro Mauro Campbell. Segunda Turma. Julgamento: 12/04/2012. Publicação: Diário de Justiça Eletrônico 17/04/2012.

BRASIL. Superior Tribunal de Justiça. *Recurso Especial 1.255.127/MG*. Relator Ministro Herman Benjamin. Segunda Turma. Julgamento: 18/08/2016. Publicação: Diário de Justiça Eletrônico 12/09/2017.

BRASIL. Superior Tribunal de Justiça. *Recurso Especial 1.269.494/MG*. Relatora Ministra Eliana Calmon. Segunda Turma. Julgamento: 24/09/2013. Publicação: Diário de Justiça Eletrônico 01/10/2013.

BRASIL. Superior Tribunal de Justiça. *Recurso Especial 1.354.536/SE*. Relator Ministro Luis Felipe Salomão. Segunda Seção. Julgamento: 26/03/2014. Publicação: Diário de Justiça Eletrônico 05/05/2014.

BRASIL. Superior Tribunal de Justiça. *Recurso Especial 1.355.574/SE*. Relatora Ministra Diva Malerbi (Desembargadora Convocada do Tribunal Regional Federal da 3ª Região). Segunda Turma. Julgamento: 16/08/2016. Publicação: Diário de Justiça Eletrônico 23/08/2016.

BRASIL. Superior Tribunal de Justiça. *Recurso Especial 1.374.284/MG*. Relator Ministro Luis Felipe Salomão. Segunda Seção. Julgamento: 27/08/2014. Publicação: Diário de Justiça Eletrônico 05/09/2014.

BRASIL. Superior Tribunal de Justiça. *Recurso Especial 1.602.106/PR*. Relator Ministro Ricardo Villas Bôas Cuevas. Segunda Seção. Julgamento: 25/10/2017. Publicação: Diário de Justiça Eletrônico 22/11/2017.

BRASIL. Superior Tribunal de Justiça. *Recurso Especial 1.643.365/RS*. Relatora Ministra Nancy Andrighi. Terceira Turma. Julgamento: 05/06/2018. Publicação: Diário de Justiça Eletrônico 07/06/2018.

BRASIL. Superior Tribunal de Justiça. *Recurso Especial 1.668.060/SP*. Relator Ministro Herman Benjamin. Segunda Turma. Julgamento: 27/06/2017. Publicação: Diário de Justiça Eletrônico 30/06/2017.

BRASIL. Supremo Tribunal Federal. *Ação Direta de Inconstitucionalidade 3378/DF*. Relator Ministro Carlos Ayres Britto. Tribunal Pleno. Julgamento: 09/04/2008. Publicação: Diário de Justiça Eletrônico 20/06/2008.

BRASIL. Supremo Tribunal Federal. *Recurso Extraordinário 228.800/DF*. Relator Ministro Sepúlveda Pertence. Primeira Turma. Julgamento: 25/09/2001. Publicação: Diário de Justiça 16/11/2001, p. 21.

BRASIL. Tribunal Regional Federal da 1ª Região. *Agravo de Instrumento 0000102-37.2012.401.0000/MG*. Relator Desembargador Federal Kássio Nunes Marques. Sexta Turma. Decisão: 14/08/2017. Publicação: Diário de Justiça Federal Eletrônico 25/08/2017.

BRASIL. Tribunal Regional Federal da 1ª Região. *Apelação Cível 0008438-10.2001.4.01.3300/BA*. Relator Desembargador Federal João Batista Moreira. Quinta Turma. Decisão: 20/01/2016. Publicação: Diário de Justiça Federal Eletrônico 01/02/2016.

BRASIL. Tribunal Regional Federal da 4ª Região. *Apelação Cível 5006053-13.2013.4.04.7208*. Relator Desembargadora Federal Vânia Hack de Almeida. Terceira Turma. Decisão: 21/08/2018. Publicação: Diário de Justiça Eletrônico 22/08/2018.

BRÄTLAND, John. Rawlsian investment rules for "intergenerational equity": breaches of methods and ethics. *Journal of libertarian studies*: an interdisciplinary review. v. 21. nº 04. 2007.

BRITO, Luis Antonio Gomes de Souza Monteiro de. Análise da tarifa de contingência e do bônus tarifário na cobrança pelo consumo de água à luz dos princípios ambientais e consumeristas. *In*: José Rubens Morato Leite; Heline Sivini Ferreira. (Org.). *Temas emergentes em ambiente, sociedade e consumo sustentável*. São Paulo: Instituto O Direito por um Planeta Verde, 2016, v. 1, p. 35-73.

BRITO, Luis Antonio Gomes de Souza Monteiro de. Direito ambiental *versus* justiça ambiental: crítica ao ativismo judicial em matéria de meio ambiente. *Revista de Direito Ambiental*. vol. 89. ano 23. p. 133-156. São Paulo: Revista dos Tribunais. jan.-mar. 2018.

BRITO, Luis Antonio Gomes de Souza Monteiro de. *Direito tributário ambiental*: isenções fiscais e proteção do meio ambiente. Rio de Janeiro: Lumen Juris, 2017.

BRITO, Luis Antonio Gomes de Souza Monteiro de. Mineração e meio ambiente: o licenciamento ambiental como instrumento de realização do desenvolvimento sustentável. *In*: BASTOS, Elísio Augusto Velloso; FONSECA, Luciana Costa da; CICHOVSKI, Patrícia Blagitz (coords). *Direitos humanos na Amazônia*. Salvador: JusPodium, 2017. p. 529-564.

BRITO, Luis Antonio Gomes de Souza Monteiro de. O dever geral de preservação como parâmetro da liberdade na teoria de justiça de Ronald Dworkin. *Revista Fórum de Direito Urbano e Ambiental*. Belo Horizonte: Fórum. Ano 15. nº 87. maio/junho 2016. p. 56-65.

BRITO, Luis Antonio Gomes de Souza Monteiro de. Rediscutindo a (im)prescritibilidade da pretensão jurídica para reparação de danos ambientais. *In*: QUERUBINI, Albenir; BURMANN, Alexandre; ANTUNES, Paulo de Bessa (orgs.). *Direito ambiental e os 30 anos da Constituição de 1988*. Londrina: Thoth. 2018. p. 293-312.

BRITO, Luis Antonio Gomes de Souza Monteiro de. *Royalties* minerários e os princípios ambientais do poluidor-pagador e do usuário-pagador. *Revista de Direito Ambiental*. São Paulo: Revista dos Tribunais. v. 84. 2016. p. 501-521.

BRITO, Luis Antonio Gomes de Souza Monteiro de; KZAM NETO, Calilo Jorge. Análise das inconstitucionalidades da taxa de mineração do Estado do Pará (TFRM). *In:* KZAM NETO, Calilo Jorge; SILVA, Maria Stela Campos da; NEVES, Rafaela Teixeira Sena. (Org.). *Tributação e direito humanos.* Rio de Janeiro: Lumen Juris. 2018. v. 1. p. 183-214.

BRITO FILHO, José Claudio Monteiro de. *Direitos humanos.* 2. ed. São Paulo: LTr, 2018.

CALÓGERAS, José Pandiá. *As minas do Brasil e sua legislação.* 3 volumes. Rio da Janeiro: Imprensa Nacional, 1905.

CARRÁ, Bruno Leonardo Câmara. A (in)viabilidade jurídica do dano moral coletivo. *In:* ROSENVALD, Nelson; TEIXEIRA NETO, Felipe (org.). *Dano moral coletivo.* Indaiatuba: Editora Foco, 2018. p. 53-72.

CARRÁ, Bruno Leonardo Câmara. *Responsabilidade civil sem dano*: uma análise crítica: limites epistêmicos a uma responsabilidade civil preventiva ou por simples conduta. São Paulo: Atlas, 2015.

CARSON, Rachel. *Silent spring.* Boston & New York: Houghton Mifflin Company, 1994.

CARVALHO, Delton Winter de. *Dano ambiental futuro*: a responsabilização civil pelo risco ambiental. 2. ed. Porto Alegre: Livraria do Advogado, 2013.

CASTRO, Antonio Falabella de. O manifesto de mina em face da compensação financeira (Lei nº 7.990/89). *In:* SOUZA, Marcelo Mendo Gomes de (coord.). *Direito minerário aplicado.* Belo Horizonte: Mandamentos, 2003. p. 221-262.

CAVALIERI FILHO, Sérgio. *Programa de responsabilidade civil.* 2. ed. São Paulo: Malheiros, 2002.

CELENTANO, Danielle; VERÍSSIMO, Adalberto. O avanço da fronteira na Amazônia: do *boom* ao colapso. Belém, PA: Instituto do Homem e Meio Ambiente da Amazônia (IMAZON), 2007.

CERRI NETO, Mauro. *Impacto ambiental, degradação ambiental, poluição, contaminação e dano ambiental*: comparação entre conceitos legal e técnico. 2008. 127f. Dissertação (Mestrado em Geociências e Meio Ambiente). Programa de Pós-Graduação em Geociências e Meio Ambiente. Universidade Estadual Paulista. Rio Claro.

COASE, Ronald. The problem of social cost. *The Journal of Law & Economics.* 1960.

COIMBRA, José de Ávila Aguiar; GUETTA, Maurício. O conceito jurídico de dano ambiental. *In:* ROSSI, Fernando F. *et al.* (coords.). *Aspectos controvertidos do direito ambiental*: tutela material e tutela processual. Belo Horizonte: Fórum, 2013. p. 237-259.

DALEFFE, Adriano. Ilegalidade da Compensação Financeira por Exploração de Recursos Minerais. *Revista Dialética de Direito Tributário – RDDT*, nº 33, São Paulo: Dialética, jun. 1998, p. 7-16.

DERANI, Cristiane. *Direito ambiental econômico.* 3. ed. São Paulo: Saraiva, 2008.

DI PIETRO, Maria Sylvia Zanella. *Direito administrativo.* 22. ed. São Paulo: Atlas, 2009.

DINIZ, Maria Helena. *Curso de direito civil brasileiro*: teoria geral do direito civil. v. 1. 21. ed. São Paulo: Saraiva, 2004.

ENRÍQUEZ, Maria Amélia. Mineração e desenvolvimento sustentável: é possível conciliar? *Revista Iberoamericana de Economia Ecológica*. v. 12. 2009. p. 51-66.

ENRÍQUEZ, Maria Amélia. *Mineração*: maldição ou dádiva? Os dilemas do desenvolvimento sustentável a partir de uma base mineira. São Paulo: Signus, 2008.

FARIAS, Cristiano Chaves de; BRAGA NETTO, Felipe Peixoto; ROSENVALD, Nelson. *Novo tratado de responsabilidade civil*. São Paulo: Atlas, 2015.

FARIAS, Talden. Considerações a respeito do Plano de Recuperação de Área Degradada. *Fórum de Direito Urbano e Ambiental – FDUA*. Belo Horizonte. Ano 15. nº 90. nov./dez. 2016. p. 46-51

FARIAS, Talden. *Licenciamento ambiental*: aspectos teóricos e práticos. 6. ed. Belo Horizonte: Fórum, 2017.

FACCI, Lúcio Picanço. Do prazo prescricional para o ajuizamento de ação civil pública. *Revista da AGU*. Ano 8. Número 20. abr./jun. 2009.

FEIGELSON, Bruno. *Curso de direito minerário*. São Paulo: Saraiva, 2012.

FERRAZ JÚNIOR, Tércio Sampaio. *Introdução ao estudo do direito*: técnica, decisão, dominação. 9. ed. São Paulo: Atlas, 2016.

FERREIRA, Gabriel Luis Bonora Vidrih. Mineração, meio ambiente e ordem econômica. *In*: YOSHIDA, Consuelo Yatsuda Moromizato; REMÉDIO JÚNIOR, José Ângelo (org.). *Direito minerário e direito ambiental*: fundamentos e tendências. Rio de Janeiro: Lumen Juris, 2014. p. 113-135.

FIGUEIREDO, Guilherme José Purvin de. *Curso de direito ambiental*. 4. ed. São Paulo: Revista dos Tribunais, 2011.

FINK, Daniel Roberto; MACEDO, André Camargo Horta de. Roteiro para o licenciamento ambiental e outras considerações. *In*: FINK, Daniel Roberto; ALONSO JÚNIOR, Hamilton; DAWALIBI, Marcelo (org.). *Aspectos jurídicos do licenciamento ambiental*. 2. ed. Rio de Janeiro: Florense Universitária, 2002.

FIORILLO, Celso Antonio Pacheco. *Curso de direito ambiental brasileiro*. 18. ed. São Paulo: Saraiva, 2018.

FLUMIGNAN, Silvano José Gomes. *Dano-evento e dano-prejuízo*. Dissertação de mestrado. São Paulo: USP, 2009.

FORGIONI, Paulo Andrea. *Fundamentos do antitruste*. 6. ed. São Paulo: Revista dos Tribunais, 2013.

FREIRE, William. *Código de mineração anotado*. 5. ed. Belo Horizonte: Mandamentos, 2010.

FREITAS, Mariana Almeida Passos de. *Direito administrativo e meio ambiente*. 5. ed. Curitiba: Juruá, 2014.

GALLO, Paolo. *Pene private e responsabilitá civile*. Milão: Giuffré, 1996.

GARCIA, Maria da Glória F. P. D. *O lugar do direito na protecção do ambiente*. Coimbra: Almedina, 2015.

GICO JR. Ivo. Introdução ao direito e economia. *In:* TIMM, Luciano Benetti (org.). *Direito e economia no Brasil*. 2. ed. São Paulo: Atlas, 2014.

GOMES, Carla Amado. *Introdução ao direito do ambiente*. 2. ed. Lisboa: AAFDL, 2014.

GONÇALVES, Albenir Itaboraí Querubini; ZIBETTI, Darcy Walmor. Os recursos minerais segundo a classificação dos bens ambientais e suas implicações jurídicas. *In:* THOMÉ, Romeu. *Mineração e meio ambiente*: análise jurídica interdisciplinar. Rio de Janeiro: Lumen Juris, 2017. p. 45-56.

GONÇALVES, Andréa Viggiano. A participação do proprietário do solo nos resultados da lavra de mina manifestada. *In:* SOUZA, Marcelo Mendo Gomes de (coord.). *Direito minerário em evolução*. Belo Horizonte: Mandamentos, 2009. p. 277-291.

GORDON, H. Scott. The economic theory of a commom-property resource: the fishery. *The Journal of Political Economy*. v. 62. nº 2. 1954.

GOUVÊA, Yara Gomide. A interpretação do artigo 2º da Resolução CONAMA 1/86. *In:* GOUVÊA, Yara Gomide; ACKER, Francisco Thomaz Van; SÁNCHEZ, Luiz Enrique *et al. Avaliação de impacto ambiental*. São Paulo: Secretaria de Meio Ambiente. 1998. p. 11-23.

GRAU, Eros Roberto. *A ordem econômica na Constituição de 1988*: interpretação e crítica. 2. ed. São Paulo: Revista dos Tribunais, 1991.

GRINONER, Ada Pellegrini. Ações ambientais hoje e amanhã. *In:* BENJAMIN, Antonio Herman V (coord.). *Dano ambiental*: prevenção, reparação e repressão. São Paulo: Editora Revista dos Tribunais, 1993. p. 250-256.

HANESSON, Rögnvaldur. *Investing for sustainability*: the management of mineral wealth. Norwell: Klumer, 2001.

HARDIN, Garrett. The tragedy of the commons. *Science*. New Series. v. 162. nº 3859. 1968.

HARTWICK, John M. Intergenerational equity and the investing of rents from exaustible resources. *The American economic review*. v. 67. nº 5. 1977.

HOTELLING, Harold. The economics of exhaustible resources. *Journal of political economy*. v. 39, nº 1, 1931.

INSTITUTO BRASILEIRO DE MINERAÇÃO – IBRAM. *Economia mineral – 2017*. Disponível em: www.portaldamineracao.com.br. Acesso em: 23 nov. 2020.

INSTITUTO BRASILEIRO DE MINERAÇÃO – IBRAM. *Relatório anual de atividades:* julho 2018 a junho 2019. Disponível em: www.ibram.org.br. Acesso em: 23 nov. 2020.

INSTITUTO BRASILEIRO DO MEIO AMBIENTE E DOS RECURSOS NATURAIS RENOVÁVEIS – IBAMA. *Manual de recuperação de áreas degradadas pela mineração*: técnicas de revegetação. Brasília: IBAMA, 1990.

JENKINS, Glenn Paul; LAMECH, Ranjit. *Green taxes and incentive policies*: an international perspective. San Francisco: International Center for Economic Growth & Harvard Institute for International Development, 1994.

KISS, Alexandre; SHELTON, Dinah. *Guide to international environmental law*. Leiden/Boston: Martinus Hijhoff Publishers, 2007.

KRELL, Andreas Joachim. Concretização do dano ambiental: algumas objeções à teoria do risco integral. *Revista de Informação Legislativa*. Brasília. ano 35. nº 139. jul./set. 1998. p. 23-37.

KRELL, Andreas Joachim. Problemas do licenciamento ambiental no sistema nacional do meio ambiente. *Revista de Direitos Difusos*. nº 27. p. 3765-3781. São Paulo: IBAP/ADCOAS, set./out. 2004.

LATHAM, Mark; SCHWARTZ, Victor E.; APPEL, Christopher E. The intersection of tort and environmental law: where the twains should meet and depart. *Fordham Law Review*. vol. 80. Issue 2. 2011. p. 737-773.

LEAL, Pastora do Socorro Teixeira; BONNA, Alexandre Pereira. Responsabilidade civil sem dano-prejuízo? *Revista Eletrônica Direito e Política*. Programa de Pós-Graduação Stricto Sensu em Ciência Jurídica da UNIVALI, Itajaí, v.12, nº 2, 2º quadrimestre de 2017.

LECEY, Eládio. Direito penal ambiental reparador: composição e reparação do dano ao meio ambiente: reflexos no juízo criminal e a jurisprudência. *Revista de Direito Ambiental*. v. 45. São Paulo: Revista dos Tribunais, 2009. p. 92-106.

LEITE, José Rubens Morato; AYALA, Patrick de Araújo. *Dano Ambiental*: do individual ao coletivo extrapatrimonial: teoria e prática. 6. ed. São Paulo: Revista dos Tribunais, 2014.

LEMOS, Patrícia Fagas Iglesias. *Direito ambiental*: responsabilidade civil e proteção ao meio ambiente. 3. ed. São Paulo: Revista dos Tribunais, 2010.

LÉVÊQUE, François. Externalities, public goods and the requirement of a state's intervention in pollution abatement. In: *Conference "Economics and Law of Voluntary Approaches in Environmental Policy"*. 1996.

LOPES JÚNIOR, Aury. *Direito processual penal*. 15. ed. São Paulo: Saraiva, 2018.

MANKIW, Nicholas Gregory. *Introdução à economia*. São Paulo: Cengage Learning, 2005.

MARSHALL, Alfred. *Principles of economics*. 8. ed. Londres: Macmillan & Co, 1920.

MARTIN MATEO, Ramon. *Manual de derecho ambiental*. 3. ed. revisada, ampliada y puesta al día. Navarra: Thomson Aranzadi, 2003.

MAZZILLI, Hugo Nigro. *A defesa dos interesses difusos em juízo*. 27. ed. São Paulo: Saraiva, 2014.

MELLO, Celso Antonio Bandeira de. *Curso de direito administrativo*. 22. ed. São Paulo: Malheiros, 2007.

MILARÉ, Édis. *Direito do ambiente*. 11. ed. São Paulo: Revista dos Tribunais, 2018.

MILARÉ, Édis. COSTA JÚNIOR, Paulo José da; COSTA, Fernando José da. *Direito penal ambiental*. 2. ed. São Paulo: Revista dos Tribunais, 2013.

MILARÉ, Lucas Tamer. *O licenciamento ambiental*: contribuições para um marco legislativo à luz do pacto federativo ecológico instituído pela Lei Complementar 140/2011. 2016. 337f. Tese (Doutorado em Direito). Programa de Pós-Graduação em Direito. Pontifícia Universidade Católica de São Paulo. São Paulo.

MILL, John Stuart. *Sistema de lógica dedutiva e indutiva*. 2. ed. São Paulo: Abril Cultural, 1979.

MIRRA, Álvaro Luiz Valery. *Impacto ambiental*: aspectos da legislação brasileira. 2. ed. São Paulo: Juarez de Oliveira, 2002.

MOURA, Anderson Luis Martins de. Responsabilidade civil ambiental do poluidor indireto: reflexões e tendências. *In:* QUERUBINI, Albenir; BURMANN, Alexandre; ANTUNES, Paulo de Bessa (orgs.). *Direito ambiental e os 30 anos da Constituição de 1988*. Londrina: Thoth, 2018. p. 53-73.

NERY JÚNIOR, Nelson. *Princípios do processo na Constituição Federal*. 12. ed. São Paulo: Revista dos Tribunais, 2016.

NERY JÚNIOR, Nelson; NERY, Rosa Maria Barreto Borrielo de Andrade. *Comentários ao Código de Processo Civil*. São Paulo: Revista dos Tribunais, 2015.

NERY JÚNIOR, Nelson; NERY, Rosa Maria Barreto Borrielo de Andrade. *Constituição Federal comentada e legislação constitucional*. 6. ed. São Paulo: Revista dos Tribunais, 2017.

NERY JÚNIOR, Nelson; NERY, Rosa Maria Barreto Borrielo de Andrade. Responsabilidade civil, meio ambiente e ação coletiva ambiental. *In:* BENJAMIN, Antonio Herman V (coord.). *Dano ambiental*: prevenção, reparação e repressão. São Paulo: Revista dos Tribunais, 1993. p. 278-307.

NIEBUHR, Pedro de Menezes. *Processo administrativo ambiental*. Lumen Juris: Rio de Janeiro, 2014.

NUNES, Paulo Henrique Farias. *Meio ambiente & mineração*: o desenvolvimento sustentável. 1. ed. (2006), 4ª reimpressão. Curitiba: Juruá, 2011.

NUSDEO, Fábio. *Curso de economia: introdução ao direito econômico*. 9. ed. São Paulo: Editora Revista dos Tribunais, 2015.

OCDE. *Guiding principles concerning the international economic aspects of environmental policies*. Recommendation C(72)128. Paris, 1972.

OCDE. *The implementation of the polluter-pays principle*. Recommendation C(74)223. Paris, 1974.

OLIVEIRA, Ana Perestrelo de. *Causalidade e imputação na responsabilidade civil ambiental*. Coimbra: Almedina, 2007.

OLIVEIRA, Eugênio Pacelli de. *Curso de processo penal*. 22. ed. São Paulo: Atlas, 2017.

OLIVEIRA, José Marcos Domingues de. A chamada "compensação financeira SNUC". *Revista Dialética de Direito Tributário*. nº 133. out. 2006.

ORGANIZAÇÃO DAS NAÇÕES UNIDAS. *Declaração do Rio sobre meio ambiente e desenvolvimento*. Conferência das Nações Unidas sobre Meio Ambiente e Desenvolvimento. Rio de Janeiro. 1992.

OSÓRIO, Fábio Medina. *Direito administrativo sancionador*. 5. ed. São Paulo: Revista dos Tribunais, 2015.

OTTO, James M. *Mining taxation in developing countries*. Estudo preparado para a UNCTAD (Conferência das Nações Unidas sobre Comércio e Desenvolvimento). Nov./2000.

PIGOU, Arthur Cecil. *The economics of welfare*. 4. ed. Londres: Macmillan & Co, 1932.

PIMENTEL, Elizabeth Ferguson. *A responsabilidade civil ambiental na sucessão entre empresas*: a solidariedade e a obrigação *propter rem*. Curitiba: Prismas, 2015.

PINTO, Cláudio Lúcio Lopes; SALUM, Maria José Gazzi. Mineração: aspectos ambientais e socioeconômicos. *In:* THOMÉ, Romeu (org.). *Mineração e meio ambiente*: análise jurídica interdisciplinar. Rio de Janeiro: Lumen Juris, 2017. p. 27-44.

POSTALI, Fernando Antônio Slaibe. *Renda mineral, divisão de riscos e benefícios governamentais na exploração de petróleo no Brasil*. Rio de Janeiro: BNDES, 2002.

PRADO, Luiz Régis. *Direito penal do ambiente*. 6. ed. São Paulo: Revista dos Tribunais, 2016.

RAMOS, Bruno Yoheiji Kono. *A questão fundiária na Amazônia e os reflexos jurídicos no uso e ocupação do solo público pela mineração*: estudo de caso do estado do Pará. 2014. 186f. Dissertação (Mestrado em Direito). Programa de Pós-Graduação em Direito. Pontifícia Universidade Católica de São Paulo. São Paulo.

RAMOS, Bruno Yoheiji Kono. Ensaio sobre a questão fundiária no Estado do Pará e seus efeitos sobre os empreendimentos minerários diante das perspectivas do novo marco regulatório da mineração. *In:* YOSHIDA, Consuelo Yatsuda Moromizato; REMÉDIO JÚNIOR, José Ângelo (org.). *Direito minerário e direito ambiental*: fundamentos e tendências. Rio de Janeiro: Lumen Juris, 2014.

RAWLS, John. *Uma teoria da justiça*. Nova tradução baseada na edição americana revista pelo autor, Jussara Simões; revisão técnica e da tradução, Álvaro de Vitta. 3. ed. São Paulo: Martins Fontes, 2008.

REALE, Miguel. *Lições preliminares de direito*. 27. ed. São Paulo: Saraiva, 2002.

REMÉDIO JÚNIOR, José Ângelo. *Direito ambiental minerário*: mineração juridicamente sustentável. Rio de Janeiro: Lumen Juris, 2013.

RIBEIRO, Carlos Luiz. *Direito minerário*: escrito e aplicado. Belo Horizonte: Del Rey, 2006.

RIBEIRO, Luiz Gustavo Gonçalves; COSTA, Marina Lage Pessoa da. *O papel e os limites do direito penal como instrumento de proteção do meio ambiente*: uma análise sob o viés do direito de intervenção proposto por Winfried Hassemer. Rio de Janeiro: Lumen Juris, 2016.

RODRIGUES, Marcelo Abelha. Aspectos jurídicos da compensação ambiental do art. 36, §1°, da Lei Brasileira das Unidades de Conservação (Lei 9.985/2000). *Revista de Direito Ambiental*. vol. 46. São Paulo: RT. 2007.

ROSENVALD, Nelson. *As funções da responsabilidade civil*: a reparação e a pena civil. 2. ed. São Paulo: Atlas, 2014.

ROSENVALD, Nelson. O dano moral coletivo como uma pena civil. *In:* ROSENVALD, Nelson; TEIXEIRA NETO, Felipe (org.). *Dano moral coletivo*. Indaiatuba: Editora Foco, 2018. p. 97-127.

ROSSI, Fernando F.; DELFINO, Lúcio. A "compensação" [compartilhamento] ambiental como obrigação: sucintas considerações sobre o art. 38 da Lei do SNUC. *In:* ROSSI, Fernando F. *et al.* (coords.). *Aspectos controvertidos do direito ambiental*: tutela material e tutela processual. Belo Horizonte: Fórum, 2013. p. 163-181.

SÁNCHEZ, Luis Enrique. *Avaliação de impacto ambiental*: conceitos e métodos. 2. ed. São Paulo: Oficina de Textos, 2013.

SARLET, Ingo Wolfgang. *A eficácia dos direitos fundamentais*. 10. ed. Porto Alegre: Livraria do Advogado, 2009.

SARLET, Ingo Wolfgang; FENSTERSEIFER, Tiago. *Direito ambiental*: introdução, fundamentos e teoria geral. São Paulo: Saraiva, 2014.

SARLET, Ingo Wolfgang; FENSTERSEIFER, Tiago. *Direito constitucional ambiental*: Constituição, direitos fundamentais e proteção do ambiente. 3. ed. São Paulo: RT, 2013.

SARLET, Ingo Wolfgang; FENSTERSEIFER, Tiago. Estado socioambiental e mínimo existencial (ecológico): algumas aproximações. *In:* SARLET, Ingo Wolfgang. *Estado Socioambiental e direitos fundamentais*. Porto Alegre: Livraria do Advogado, 2010.

SARLET, Ingo Wolfgang; FENSTERSEIFER, Tiago. *Princípios do direito ambiental*. São Paulo: Saraiva. 2014.

SARLET, Ingo Wolfgang; FENSTERSEIFER, Tiago. MACHADO, Paulo Affonso Leme. *Constituição e legislação ambiental comentadas*. São Paulo: Saraiva, 2015.

SCAFF, Fernando Facury. Aspectos controvertidos sobre a CFEM – Compensação Financeira pela Exploração de Recursos Minerais (*royalties* da mineração). *In:* SCAFF, Fernando Facury; ATHIAS, Jorge Alex Nunes (coord.). *Direito tributário e econômico aplicado ao meio ambiente e à mineração*. São Paulo: Quartier Latin, 2009. p. 282-310.

SCAFF, Fernando Facury. Royalties *do petróleo, minério e energia*: aspectos constitucionais, financeiros e tributários. São Paulo: Revista dos Tribunais, 2014.

SCHOUERI, Luís Eduardo. *Normas tributárias indutoras e intervenção econômica*. Rio de Janeiro: Forense, 2005.

SERRA, Silvia Helena; ESTEVES. Cristina Campos. *Mineração*: doutrina, jurisprudência, legislação e regulação setorial. São Paulo: Saraiva, 2012.

SILVA, Bruno Campos. O nexo de causalidade no âmbito da responsabilidade civil ambiental e da responsabilidade civil ambiental pós-consumo. *In*: ROSSI, Fernando F; DELFINO, Lúcio; MOURÃO, Luiz Eduardo Ribeiro; GUETTA, Maurício (Coords.). *Aspectos controvertidos do direito ambiental*: tutela material e tutela processual. Belo Horizonte: Fórum, 2013. p. 39-60.

SILVA, José Afonso. Bens de interesse público e meio ambiente. *Revista Crítica Jurídica*. nº 19. jul-dez/2001. p. 159-162.

SILVA, José Afonso. *Direito ambiental constitucional*. São Paulo: Malheiros, 2003.

SILVA, Romeu Faria Thomé da. A função socioambiental da CFEM – Compensação Financeira por Exploração de Recursos Minerais. *Revista de Direito Ambiental*. São Paulo: Revista dos Tribunais. v. 55. 2009. p. 175-188.

SILVA, Romeu Faria Thomé da. *Manual de direito ambiental*. 3. ed. Salvador: JusPodium, 2013. p. 648.

SILVA, Romeu Faria Thomé da; DIZ, Jamile Bergamaschine Mata. Princípio da precaução: definição de balizas para a prudente aplicação. *Veredas do Direito*. Belo Horizonte. v. 15. nº 32. maio/agosto de 2018. p. 39-66.

SILVA, Romeu Faria Thomé da; LAGO, Talita Martins Oliveira. Barragens de rejeitos da mineração: o princípio da prevenção e a implementação de novas alternativas. *In*: THOMÉ, Romeu. *Mineração e meio ambiente*: análise jurídica interdisciplinar. Rio de Janeiro: Lumen Juris, 2017. p. 81-104.

SILVEIRA, Alexandre Coutinho da. *Governança pública de royalties*: federalismo fiscal e futuras gerações. 2014. 392p. Dissertação (Mestrado em Direito). Departamento de Direito Econômico, Financeiro e Tributário da Faculdade de Direito. Universidade de São Paulo, São Paulo.

SINDICATO DAS INDÚSTRIAS MINERAIS DO ESTADO DO PARÁ (SIMINERAL). *8º Anuário Mineral do Pará*: 2019. Dados da mineração. Disponível em: www.simineral. org.br. Acesso em: 16 nov. 2019.

SIQUEIRA, Lyssandro Norton. *Qual o valor do meio ambiente?*: previsão normativa de parâmetros para a valoração econômica do bem natural impactado pela atividade minerária. Rio de Janeiro: Lumen Juris, 2017.

SIRVINSKAS, Luís Paulo. *Manual de direito ambiental*. 15. ed. São Paulo: Saraiva, 2017.

SOLOW, Robert Merton. An almost practical step towards sustainability. *Resources for the Future*. Washington,1992.

SOLOW, Robert Merton. Intergenerational equity and exhaustible resources. *The review of economic studies*, v. 41, Symposium on the economics of exhaustible resources. 1974.

SOLOW, Robert Merton. On the intergenerational allocation of natural resources. *The Scandinavian journal of Economics*, v. 88, nº 1, Growth and Distribution: Intergenerational Problems. 1986.

SOUZA, José Mendo Mizael de. Brasil, país mineiro. *In*: SOUZA, Marcelo Gomes de (coord.). *Direito minerário aplicado*. Belo Horizonte: Mandamentos, 2003.

SOUZA, Marcelo Mendo Gomes de. A compensação financeira pela exploração dos recursos minerais – CFEM e o incremento da mineração. *In*: THOMÉ, Romeu (org.). *Mineração e meio ambiente*: análise jurídica interdisciplinar. Rio de Janeiro: Lumen Juris, 2017. p. 183-211.

SOUZA, Marcelo Mendo Gomes de. *Direito minerário e meio ambiente*. Belo Horizonte: Del Rey, 1995.

STEIGLEDER, Annelise Monteiro. *Responsabilidade civil ambiental*: as dimensões do dano ambiental no direito brasileiro. 2. ed. Porto Alegre: Livraria do Advogado, 2011.

TARTUCE, Flávio. *Manual de direito civil*. 3. ed. Rio de Janeiro: Forense. São Paulo: Método, 2013.

TEPEDINO, Gustavo. O futuro da responsabilidade civil. *Revista Trimestral de Direito Civil (RDTC)*. Rio de Janeiro: Padma. v. 24, (editorial), 2004.

TRENNEPOHL, Curt; TRENNEPOHL, Terence. *Licenciamento ambiental*. 6. ed. São Paulo: Revista dos Tribunais, 2016.

TRINDADE, Adriano Drummond Cançado. Princípios de direito minerário brasileiro. *In*: SOUZA, Marcelo Mendo Gomes de (coord.). *Direito minerário em evolução*. Belo Horizonte: Mandamentos, 2009. p. 47-76.

TUPIASSU, Lise. Fundamentos econômicos da tributação ambiental. *In*: TUPIASSU, Lise; MENDES NETO, João Paulo (Coords.). *Tributação, meio ambiente e desenvolvimento*. São Paulo: Forense. Belém: Editora CESUPA, 2016. p. 47-77.

VALE, Caroline Fernandes do; PEREIRA, Antônio Carlos Tozzo Mendes. O princípio da prioridade na mineração: acertos e desacertos. *In*: AZEVEDO, Marcelo; CASTRO JÚNIOR, Paulo Honório; MATTOS, Tiago; FREIRE, William (coords.). *Direito da mineração*: questões minerárias, ambientais e tributárias. Belo Horizonte: D'Plácido, 2017. p. 163-180.

VENOSA, Silvio de Salvo. *Direito civil*: teoria geral das obrigações e teoria geral dos contratos. 10. ed. São Paulo: Atlas, 2010.

VIANNA, José Ricardo Alvarez. *Responsabilidade civil por danos ao meio ambiente*. 2. ed. Curitiba: Juruá, 2009.

VILLAS BÔAS, Regina Vera; SOUZA, Karla Karolina Harada. Tutela do direito fundamental ao meio ambiente nos casos de danos causados por atividade minerária. *In*: VILLAS BÔAS, Regina Vera; REMÉDIO JÚNIOR, José Ângelo; VILHENA, Marlene S (coords). *Contemporaneidade do direito ambiental e do direito minerário em debate*: estudos em homenagem à Professora Consuelo Yatsuda Moromizaro Yoshida. Rio de Janeiro: Jurismestre, 2017. p. 307-334.

VITTA, Heraldo Garcia. *Responsabilidade civil e administrativa por dano ambiental*. São Paulo: Malheiros, 2008.

VIVACQUA, Atílio. *A nova política do subsolo e o regime legal das minas*. Rio de Janeiro: Panamericana, 1942.

WILSON, John. *Pensar com conceitos*. 2. ed. São Paulo: Martins Fontes, 2005.

WINTER, Gerd. *Desenvolvimento sustentável, OGM e responsabilidade civil na União Europeia*. Campinas: Millenium, 2009.

XAVIER, Alberto. Natureza jurídica e âmbito de incidência da Compensação Financeira por Exploração de Recursos Minerais. *Revista Dialética de Direito Tributário*. nº 29. São Paulo: Dialética. 02/1998. p. 10-25

YOSHIDA, Consuelo Yatsuda Moromizato. A efetividade e a eficiência ambiental dos instrumentos econômico-financeiros e tributários. Ênfase na prevenção. A utilização econômica dos bens ambientais e suas implicações. *In:* TORRES, Heleno Taveira (org.). *Direito tributário ambiental*. São Paulo: Malheiros, 2006. p. 527-564.

YOSHIDA, Consuelo Yatsuda Moromizato. Critérios de definição de competência em matéria de direito ambiental na estrutura federativa brasileira. *In:* RASLAN, Alexandre Lima. *Direito ambiental*. Campo Grande: Editora UFMS, 2010.

YOSHIDA, Consuelo Yatsuda Moromizato. *Tutela dos interesses difusos e coletivos*. 1. ed. 2. tiragem. rev. atual. São Paulo: Juarez de Oliveira, 2006.

YOSHIDA, Consuelo Yatsuda Moromizato; REMÉDIO JÚNIOR, José Ângelo. Direito minerário e direito ambiental: fundamentos do regime jurídico-ambiental. *In:* THOMÉ, Romeu (org.). *Mineração e meio ambiente*: análise jurídica interdisciplinar. Rio de Janeiro: Lumen Juris, 2017. p. 3-14.

ZAPATER, Tiago Cardoso. Responsabilidade civil do poluidor indireto e do cocausador do dano ambiental: observações e distinções sobre a solidariedade na obrigação de reparar o dano. *In:* ROSSI, Fernando F; DELFINO, Lúcio; MOURÃO, Luiz Eduardo Ribeiro; GUETTA, Maurício (Coords.). *Aspectos controvertidos do direito ambiental*: tutela material e tutela processual. Belo Horizonte: Fórum, 2013. p. 339-372.

Esta obra foi composta em fonte Palatino Linotype, corpo 10
e impressa em papel Offset 75g (miolo) e Supremo 250g (capa)
pela Gráfica Paulinelli, em Belo Horizonte/MG.